제대로 배우는

# 비트코인과 블록체인

# 제대로 배우는
# 비트코인과
# 블록체인

**페드로 프랑코** 지음
**염후권** 감수 | **김동은 · 어경훈** 옮김

J 중앙경제평론사

2008년 10월 31일 사토시 나카모토(Satoshi Nakamoto)라는 인물이 가명으로 〈비트코인: P2P 전자화폐시스템〉이라는 논문을 발표했다. 이 논문에서 처음으로 블록체인(Block chain)이라는 개념이 제시되었고 이듬해 1월 3일 비트코인이 세상에 태어났다. 비트코인은 블록체인기술로 구현한 최초의 디지털 콘텐츠 결과물 중 하나이다. 이것이 바로 암호화폐의 효시이다.

블록체인기술은 컴퓨터공학과 암호학이 그 근간을 이룬다. 여기에 경제학의 한 분야인 화폐금융론이 융합되어 하나의 학문적 체계를 이룬다.

블록체인은 블록체인 네트워크에 연결된 모든 거래자의 거래원장, 즉 블록을 이 시스템에 연결된 모든 참여자에게 암호화하여 분산, 공유하는 디지털 원장이다. 이것을 구현하는 기술이 블록체인기술인데, 이 기술은 컴퓨터공학과 암호화 알고리즘 보안기술에 기반을 두고 있다. 그 때문에 일반 독자들은 블록체인 네트워크가 구축되고 작동되는 원리를 이해하기 쉽지 않다.

특히 블록체인이 채택한 방식은 기존의 전통적인 방식과는 근본적으로 다르기 때문에 더더욱 이해하기 쉽지 않다. 기존의 방식은 데이터를 중앙 서버에 총괄 저장하는 중앙집중방식인 반면에 블록체인이 채택한 방식은 노드의 PC에 분산, 저장하는 탈중앙화된 방식이기 때문이다.

　이 책은 비트코인과 블록체인의 개념과 체계를 교과서적으로 잘 설명하고 있다. 책의 전반부는 비트코인의 기본개념과 기술의 원리를 서술하고 있어 일반 독자들이 이해하는 데 어려움이 없다. 책의 후반부에는 암호화 기술에 관한 상세한 설명과 정보를 담고 있어 암호화폐 개발자를 비롯한 전문가에게 많은 도움을 줄 수 있다.

　블록체인은 4차 산업혁명시대를 선도할 기술로 주목받고 있다. 금융, 물류, 의료 등 다양한 산업과 결합하여 효율성을 높이고 새로운 경제적 가치를 창출할 것으로 예상한다. 이 책을 통해 블록체인과 암호화폐의 본질을 바르게 이해하고 미래의 변화에 능동적으로 준비하는 기회가 되기를 바란다.

감수자 염후권

한때 한국 사회를 휘몰아쳤던 비트코인 투자 열풍이 잠잠해진지도 벌써 1년이 지났다. 높은 가격 변동성과 중독성으로 인해 비트코인은 여전히 도박과 다름없다는 인식이 강한 상태이다. 이는 과도한 열풍이 가져온 부작용이다. 하지만 위험하다는 이유로 그것을 이루는 훌륭한 기술까지 함께 폄하되는 것 같아 안타까울 나름이다.

본 도서를 읽다 보면 자연히 알게 되겠지만, 비트코인은 본래 투기 상품으로 개발된 것이 아니다. 현대 금융 시스템의 문제점을 해결하겠다는 철학 아래 개발된 혁신적인 기술이다. 우리들이 흔히 아는 블록체인은 비트코인을 필두로 탄생했으며, 지금 이 순간에도 세상의 많은 부분을 변화시키고 있다.

비트코인이 블록체인이라는 중요한 기술을 탄생시킨 원천임에도, 시중에 출간된 비트코인 관련 서적은 대부분 투자와 가격에만 초점을 맞추고 있다. 비트코인 내부의 시스템이 어떻게 작동하는지, 기술 메커니즘은 어떻게 되는지와 같은 전문적인 내용이 전무하다.

역자 또한 컴퓨터 전공으로 비트코인 투자 서적까지 집필했지만 피상적인 내용만 알 뿐 그 심연의 전문 기술에 대해서는 잘 알지 못했다. 나름 도서 저자라는 내가 이럴 정도인데 그렇지 않은 사람들은 훨씬 더 심각할 것이다. 이런 문제를 해결하고 우리 사회에도 진짜배기 블록체인 전문가가 나올 수 있도록 돕고 싶었다. 한국 사회에 전문성 있는 비트코인 서적이 없으니 자연스럽게 해외로 눈을 돌렸고 이 도서의 원서인 《Understanding Bitcoin》을 찾을 수 있었다.

본 저서는 다른 서적들과 달리 비트코인 기술에 적용된 암호학 기술, 해시함수 등과 같은 전문적인 내용들을 쉽고 자세하게 설명하고 있다. 또한 이 책은 대학교 전공 도서로 사용될 수 있을 정도로 블록체인 기술의 본질적이고 구체적인 내용들이 담긴 전문 서적이기도 하다. 세계에서 알아주는 암호화폐 시장인 한국에 이 정도 지식이 담긴 도서가 없다는 것은 심각한 문제다. 이제는 우리도 암호학과 블록체인 기술에 대해 깊은 내용을 다루는 서적이 출판되어야 한다. 이 책이 그 시작을 알리는 출발점이 되길 바란다.

번역자 김동은·어경훈

# 추천사

나는 한동안 누군가 비트코인을 뒷받침하는 기술과 개념에 대한 훌륭한 책을 써주길 바랐다.

암호화폐에 대한 정보는 풍부하지만 이 분야의 발전속도가 무척 빠르다 보니 초보자들이 기본원리를 이해하고 새로운 발전사례를 따라잡기는 여간 쉽지 않다. 이 책은 비트코인을 구성하는 여러 분야에 대한 사전지식 없이도 독자들이 암호화폐의 기술뿐 아니라 그것이 앞으로 경제와 기술발전에 미칠 영향 등에 대한 이해를 도울 것이다. 독자들이 이 원대한 모험에 참여해서 이바지할 에너지를 불어넣는 내용이 담겨 있다.

이 책은 주로 암호화폐 세계에 몸담은 내부자들에게 익숙했던 여러 개념을 명확하게 전달한다. 경제학이나 기본적인 기술(암호기술, 머클트리, 블록체인 등)부터 고급 암호기술 개념(영지식 증명 등)에 이르기까지 폭넓은 주제를 다루고 이 개념들을 바탕으로 탄생한 여러 애플리케이션(다중서명 지갑이나 완전 익명 지불시스템 등)을 다루었다. 이 모든 것에 접근하기 쉽고 이해하기 쉽도록 정리하였다.

비트코인을 처음 접한 독자들은 이 기술의 정교함과 이것이 구현한 폭넓은 애플리케이션들이 놀라울 것이다. 비트코인에 익숙한 독자들이라면 암호화폐의 고급 애플리케이션과 경제학에 관한 내용을 비롯해 여러 내용이 유익할 뿐만 아니라 생각할 거리를 제공할 것이다.

나는 이 책이 일반 대중은 물론이고 비즈니스와 금융 커뮤니티에서 환영받아 비트코인에 관한 지식을 전파하는 한편, 이 기술이 초기 진입자(Early majority: 평균 사람들보다 약간 먼저 신제품을 수용하는 사람들을 일컫는 말-옮긴이)와의 거리를 좁히도록 이바지할 것이라고 믿는다.

제프 가직(Jeff Garzik)

비트코인 코어 개발자

## 머리말

    비트코인에 대한 의견은 열성 팬과 회의론자 두 분류로 확연히 구분된다. 본 저자가 생각하기에 비트코인 기술에 익숙하지 않은 사람이라면 회의론자의 견해가 더 쉽게 와 닿을 것이다. 이 책의 목표는 독자들이 정보를 바탕으로 본인의 의견을 형성할 수 있도록 기술에 대한 양쪽 주장을 소개하는 데 있다.

    비트코인은 수많은 새롭고 흥미로운 애플리케이션을 창조하는 기술혁신이다. 새로운 기술이 그렇듯이 지금은 미래에 등장할 기술의 수많은 애플리케이션을 상상하지 못할 것이다. 1994년에 누가 비디오 스트리밍이나 소셜 네트워크가 성공할 것이라고 상상했겠는가? 열성 팬들은 앞으로 수년 동안 이 기술에서 예측하지 못한 애플리케이션이 많이 탄생할 것으로 예상한다. 애플리케이션들 대부분이 화폐금융과 뒤얽혀 있다는 사실을 생각하면 이 기술은 더욱 흥미로워진다.

    비트코인의 경제적인 측면과 기술적인 측면 복잡하게 얽혀 있어서 한데 묶어서 이해야 한다는 것이 본 저자의 지론이다. 이 가운데 한쪽 측면은 이해하지 못한 채 다른 한쪽에 대해서만 주장한다면 그것은 발판이 하나뿐인 자동차를 액셀러레이터나 브레이크 페달 중 어느 한쪽만 밟으며 운전하려고 애쓰는 것이나 다름이 없다. 하지만 그 이상 멀리 가지는 못한다. 이 책에서는 암호기술부터 소프트웨어 엔지니어링, 화폐금융에 이르기까지 비트코인을 뒷받침하는 기술을 살펴볼 것이다.

이 책의 군데군데에서, 특히 기술과 관련된 장에서 비트코인의 소스코드를 언급했다. 이는 비트코인 프로토콜의 실행(implementation)에 관심이 있는 독자들에게 단서를 제공하기 위한 것이다.

이 책은 세 PART로 구성된다. PART 1은 비트코인의 기술적 이해와 철학을 소개하는 서론에 해당한다(1장과 2장). 또한 이 부분에서는 비트코인의 화폐적 측면에 대한 찬반 논쟁(3장)과 일부 비즈니스 애플리케이션(4장)을 다룰 것이다. 비트코인 기술이 비즈니스와 경제에 미치는 영향에 관심이 있지만 시간을 내기 어려운 독자들을 위해 구성한 부분이다.

PART 2에서는 공개키 암호기술(5장), 트랜잭션(6장), 블록체인(7장)으로 시작해 비트코인의 원리를 자세히 다룬다. 마지막 두 장은 관련 주제, 즉 지갑(8장)과 채굴(9장)로 범위를 넓힌다. 이 방면의 개발자를 위한 훌륭한 추가 자료로서 비트코인 재단(Bitcoin Foundation)에서 관리하는《개발자 가이드(Developer Guide)》와《레퍼런스 가이드(Reference Guide)》그리고 안드레아스 안토노풀로스(Andreas Antonopoulos)의 책을 소개한다.

PART 3은 암호화폐의 판도를 빠짐없이 살펴본다. 우선 비트코인보다 먼저 등장한 디지털 통화기술을 다룬다(10장). 그다음에 결제시스템 분야

뿐 아니라 폭넓게 등장하는 암호화폐의 새로운 애플리케이션을 다룬다 (11장). 암호화폐 커뮤니티에서 취하는 조치는 대부분 이 새로운 애플리케이션에 초점을 맞춘다. 현재 설계 중인 몇몇 새로운 프로젝트를 11장에서 소개할 것이다. 비트코인은 익명성(anonymous)을 가지지 않는다. 사용자의 익명성을 제거할 수 있는 테크닉과 이런 테크닉에 맞서 사용자가 프라이버시를 제고할 목적으로 현재 개발 중인 기술을 12장에서 살펴볼 것이다. 영지식 증명(zero-knowledge proofs)을 토대로 익명 탈중앙화 디지털 통화를 완벽하게 창조할 기술을 소개하면서 이 장을 마무리할 것이다. 마지막으로 이 책은 몇 가지 기술과 관련한 주제와 커뮤니티에서 현재 논의하고 있는 최신 발전사례를 살펴보면서 끝을 맺을 것이다.

이 책의 이전 버전은 블록체인에 등록되어 있다. 이 버전의 해시는 1324585ce12bdf2c16995835e1ba1a04246592e7755c6c1933419fe80f97f10e이며 트랜잭션 e144275426185d0a0b85e7bdcfdfbbaa6f7f750a522007aeaae6f0f8708838bb의 블록체인에 등록되었다. 이 책의 블로그 주소는 <u>understandingbitcoin.blogspot.com</u>이다.

마드리드에서

- 비트코인이 뭡니까?

- 디지털 화폐(digital currency)입니다.

- 예, 그렇군요. 그런데 비트코인의 배후 인물은 누구입니까?

- 배후는 없습니다.

- 배후가 없다니 무슨 말입니까? 누군가 통제하고 있겠죠!

- 아무도 통제하지 않아요. 그건 알고리즘(algorithm)이거든요.

- 뭐라고요? 터미네이터 비슷한 겁니까? 그러니까 기계가 세상을 장악
  할 거라는 말인가요?

- 세상은 아니지만 몇몇 기업이 장악하게 될 겁니다.

- 그렇군요. 그런데 누가 알고리즘을 통제합니까? 개발자?

- 그건 오픈소스 프로젝트(open source project)입니다.

- 오픈 뭐라고요?

- 예, 프리(free) 코드입니다. 인터넷에서 다운로드해서 원하는 일은 뭐
  든 할 수 있죠.

− 그러니까 '프로그램'에 돈을 낼 필요가 없다는 말입니까?

− 자유(freedom)의 프리입니다. 맥주의 프리(무알코올)가 아니라.

− 맥주가 그거랑 무슨 상관인가요?

− 프로그램을 무료로 사용할 수 있다는 점에서 프리일 뿐만 아니라 코드를 가져다가 변경하고 당신의 프로그램을 발표할 수 있다는 의미에서 프리입니다.

− 잠깐만요! 내가 그렇게 할 수 있다면 내 비트코인을 만들 수 있겠군요. 그런데 비트코인에는 어떤 가치가 있나요?

− 그렇지 않아요. 당신의 비트코인은 만들 수 없습니다. 당신이 할 수 있는 일은 당신의 화폐를 발명하는 겁니다. 그런 다음 그게 수용될 수 있게 만들어야 하죠….

− 하지만 이건 분명 비트코인의 종말이군요. 당신이 원하는 만큼 마음껏 화폐를 만들 수 있다면 그중에 가치가 있는 건 전혀 없을 테니 말입니다.

− 화폐가 가치가 있는 건 사회적 관습 때문이죠. 비트코인은 사람들이 그것에 가치를 부여하니까 가치가 있는 겁니다.

− 맞는 말 같지는 않군요. 유로나 달러는 가치가 있습니다. 그건 누구나 아는 사실이죠.

− (웃으면서) 비트코인이 아무 가치가 없다면 나는 기꺼이 당신의 비트코인을 받겠습니다.

− 비트코인은 무엇으로도 뒷받침되지 않잖아요. 그러니 가치를 가질 수

없는 겁니다.

– 비트코인뿐만 아니라 유로나 달러도 무언가의 뒷받침을 받지 않아요. 그 모든 것이 '합의에 의한 환상(Consensual Hallucination)'의 결과라고 말할 수 있죠. 사람들이 그것에 가치를 주기 때문에 가치가 있는 겁니다. 이런 점에서 보면 그것들은 별반 차이가 없습니다.

– 제 생각은 다릅니다. 유로나 달러로는 물건을 살 수 있잖아요. 그런데 비트코인으로는 뭘 살 수 있습니까?

– 거의 다 살 수 있습니다. 무엇이든 구매할 때 사용할 수 있는 일반 화폐 대신 기꺼이 당신의 비트코인을 받을 회사들이 있거든요. 비트코인을 법정화폐로 바꾸는 것은 그저 기술 인터페이스에 지나지 않는데 이 서비스를 제공하는 회사가 많습니다. 게다가 비트코인으로 법정화폐로는 할 수 없는 일까지 할 수 있답니다.

– 이를테면?

– 예를 들면 크라우드펀딩(crowdfunding)을 출범할 수 있죠. 그냥 특수한 유형의 비트코인 트랜잭션을 창조하는 겁니다.

– 근사하게 들리네요.

– 비트코인 이전엔 지금껏 불가능했던 애플리케이션이 더 많았습니다. 이를테면 클라우드에서 소유권을 알아내는 자동차처럼 말입니다. 자동차를 사고 싶으면 소유주에게 비트코인으로 지불합니다. 그러면 자동차는 당신이 새 주인이라는 걸 자동으로 알게 됩니다. 자동차가 비트코인데이터베이스에서 소유권을 찾아볼 수 있거든요. 인터넷이 그

랬듯 아직 아무도 생각하지 못했던 애플리케이션이 앞으로 더 많이 등장할 수 있습니다.

– 그런 식으로 생각하지는 못했네요.

– 화폐는 그냥 최초의 애플리케이션일 뿐입니다. 이 기술을 이용하면 안전하게 탈중앙화 방식(decentralized)으로 가치를 이전할 수 있고 그러면 근사한 애플리케이션이 많이 등장할 겁니다.

– 흥미롭네요. 더 알고 싶어요.

– 훌륭해요! 제게 당신에게 꼭 맞는 책이 있는 것 같은데….

# 차 례

## PART 1
# 비트코인의 기초 이해

# PART 2
# 비트코인 기술의 이해

**PART 3**
# 암호화폐의 세계

# 비트코인의
# 기초 이해

# Bitcoin

# 1장
# 비트코인 기초개념

지금까지 비트코인에 대한 언론 보도는 적지 않았으며, 수많은 유명인 사가 그에 관한 의견을 내놓았다. 비트코인은 암호와 소프트웨어 엔지니어링, 화폐를 총망라하는 복잡한 실체이기 때문에 겉핥기식으로만 살펴보아서는 비트코인의 본질과 그것이 미치는 영향을 파악하기 어렵다. 따라서 비트코인이 어떻게 작동하고 어떤 영향력이 있는지 명확히 파악하는 일은 전문가에게도 만만치 않다. 이 책의 목표는 독자들이 이 기술의 장점을 평가할 수 있게끔 정보를 제공하는 데 있다.

〈그림 1.1〉에서는 비트코인을 둘러싼 몇 가지 오해를 요약했다.

비트코인은 탈중앙화된 디지털 통화이다. 어떤 사람이나 기관이 비트코인의 배후에서 그것을 후원하거나 통제할 수 없다. 또한 비트코인은 귀금속같이 물리적인 재화를 뒷받침하지 않는다.

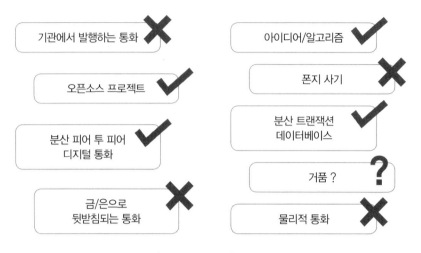

**그림 1.1 비트코인의 올바른 정의**

　언뜻 보면 이는 상식적이지 않게 보일지도 모른다. 통제하는 사람이 없는데 어떻게 존재할 수 있을까? 누가 창안한 것일까? 창안자는 어찌하여 통제권을 잃었을까? 역설처럼 보이는 이 문제에 대한 해답은 간단하게도 비트코인이 컴퓨터 프로그램이라는 데 있다. 이 컴퓨터 프로그램의 정확한 원리는 이 책의 PART 2에서 다룰 것이다. 물론 이 프로그램의 창안자가 존재하지만 그 정체는 알 수 없다. 창안자가 사토시 나카모토(Satoshi Nakamoto)라는 가명으로 비트코인 소프트웨어를 발표했기 때문이다. 비트코인은 누구에게도 엄격한 통제를 받지 않는다. 성별조차 알 수 없는 창안자가 애초에 코드를 소유한 적이 없었으니 통제권을 잃었다고 표현할 수도 없다. 코드는 오픈소스이기 때문에 공용 도메인에 속한다. 공용 도메인에 대해서는 섹션 1.2에서 더 자세히 설명할 것이다.

비트코인의 가장 혁신적인 특징 중 하나는 바로 탈중앙화이다. 비트코인이 운영되는 곳에는 중앙서버가 따로 없다. 비트코인은 서로 연결된 컴퓨터 간의 피어 투 피어 네트워크(peer to peer network, P2P: 중앙 컴퓨터 없이 각각의 컴퓨터가 동등한 위치에서 인터넷에 직접 접속하여 데이터를 송수신하는 네트워크-옮긴이)를 통해 운영된다. 그것은 탈중앙화 방식으로 만들어진 최초의 디지털 통화이며, 이는 획기적인 기술이라 할 만하다. 비트코인의 탈중앙화적인 성격은 섹션 1.1에서 더 살펴볼 것이다.

비트코인은 프로그램이며 프로그램 통화이다. 비트코인이라는 통화의 발행은 두 가지 목적을 동시에 성취하기 때문에 퍼블릭블록체인 네트워크에서 반드시 필요한 요소이다. 첫째, 통화는 가치를 나타낸다. 둘째, 비트코인을 발행해 원장을 생성하고 거래를 검증하는 네트워크의 운영자, 즉 채굴자에게 보상으로 비트코인이 제공된다. 만일 이 두 가지 기능을 분리하면 설계가 크게 바뀔 수도 있다.

비트코인 네트워크의 핵심은 현재의 코인 소유자뿐만 아니라 과거의 트랜잭션을 기록하는 데이터베이스이다. 코인 소유자들이 거래한 기록을 보관한다는 점에서 이 데이터베이스를 원장(ledger)이라고 일컫는다. 하지만 비트코인이 최초의 분산 데이터베이스는 아니다. 어떤 금융 데이터베이스의 요구사항은 파일 공유나 메시징 시스템 같은 다른 애플리케이션과는 다르다. 특히 금융 데이터베이스에는 이중으로 자금을 지불하려는 사용자를 방지할 수 있는 안전장치가 있어야 하는데, 비트코인은 이 문제를 무난히 해결했다. 이 점에 대해서는 다음 섹션과 2장에서 살펴볼 것이다.

혹자는 비트코인을 폰지 사기(Ponzi scheme: 신규 투자자의 돈으로 기존 투자자에게 이자나 배당금을 지급하는 다단계 금융사기를 일컫는 말-옮긴이)의 일종이라고 비판하지만 그렇지 않다. 그 이유는 첫째, 폰지 사기는 중앙 운영자가 새롭게 유입된 자금으로 기존 투자가들에게 수익을 지급하는 방식이다. 하지만 비트코인에는 자금을 이전하는 방법으로 이익을 거둘 수 있는 중앙 운영자가 없다. 둘째, 수익을 지급하는 데 신규 투자액을 유용할 수 있는 메커니즘도 존재하지 않는다. 비트코인 프로토콜에서 인정한 자금은 비트코인이라는 화폐뿐이다. 비트코인은 사용자가 본인의 의지에 따라 다른 사람에게 전송할 수 있다. 셋째, 비트코인에 신규 투자액이 들어오면 다른 측에서 투자회수가 동시에 일어난다. 비트코인에 투자한다는 것은 투자액을 매각하는 다른 투자가로부터 비트코인을 구매한다는 뜻이다. 따라서 비트코인으로 새롭게 유입되는 자금이 존재하지 않는 셈이다. 비트코인으로 유입된 통화의 액수는 비트코인에서 유출된 액수와 정확히 일치한다.

그러나 통화로서의 비트코인은 거품으로 끝날 수 있다. 비트코인의 가치가 붕괴 혹은 유지되거나 높아질지는 그것이 앞으로 다른 용도로 사용될 것인지 아닌지에 달려 있다. 비트코인은 몇몇 측면에서 흥미로운 용도로 사용할 수 있다. 그중 가장 단순한 용도는 거래와 가치 저장의 수단이다. 이러한 비트코인의 용도가 앞으로 중요해질 것인지 점치기는 아직 너무 이르다. 거래와 가치 저장수단으로서 비트코인의 장점은 3장에서 살펴볼 것이다.

마지막으로 비트코인은 단순히 화폐가 아니라 디지털 방식으로 가치를 이전할 수 있는 기반 기술을 프로그래머들에게 제공한다.

## 1.1 탈중앙화

오늘날 사용되는 통화는 대부분 정부가 발행하고 중앙은행이 공급을 관리하는 법정 신용통화이다.

### 피아트 머니(Fiat money)

오늘날의 화폐[유로, 미국 달러(이하 USD)]는 법정 신용화폐(fiat money)이다. 어떤 것도 그 가치를 보장하지 않으므로 신용화폐에는 소재 가치가 없다. 정부가 '법령(fiat)'으로 법정통화를 선포한다는 의미에서 신용화폐라고 일컬어진다. 기대와 사회적 관습에 따라 신용화폐를 수용할지 결정된다. 흔히 볼 수 있듯이 무책임한 통화정책의 결과로 통화에 대한 신뢰가 사라지면 신용화폐는 수용되지 않는다. 경험에 비추어 볼 때 정부에게 통화정책을 맡기는 것은 그리 바람직하지 않다. 정부는 절박하고 단기적인 재정문제를 해결할 목적으로 통화공급량을 증가시켜야 할 동기가 있기 때문이다. 그렇게 되면 높은 인플레이션이 일어나고 통화에 대한 신뢰가 무너진다. 전통적으로는 통화정책을 준독립적인(semi-independent) 중앙은행에 맡기는 방법으로 이 문제를 해결한다. 중앙은행에 대개 경제성장과 물가안정, 그리고 어떤 경우에는 금융시스템 안정을 목표로 삼아 통화정책을 관리하는 임무를 맡는다.

비트코인의 토대는 소프트웨어를 운영하는 컴퓨터의 피어 투 피어 네트워크이다. 이들 컴퓨터를 노드(node)라고 부른다. 네트워크에 참여하는 사람들이 노드를 작동시키는 이유는 제각기 다양하다. 이를테면 채굴자들의 경우처럼 이익을 얻거나, 풀 노드(full-node: 블록체인을 통째로 다운받은 개체로서, 블록에 포함된 트랜잭션들과 블록 전체의 정합성을 검증한다-옮긴이) 지갑을 관리하거나, 네트워크에 관한 정보를 수집하고 연구하거나, 아니면 그저 사회적 선을 위해 즉, 이윤 추구가 없는 순수한 동기만으로 노드를 작동시킨다.

비트코인의 탈중앙화(decentralized)적인 성격은 신용통화의 구조와 대비된다. 중앙은행은 경제 변화상황에서 얻은 증거를 평가한 다음, 그것을 토대로 통화정책을 결정한다. 비트코인과 같은 탈중앙화적인 시스템에서는 재량에 따른 결정이 불가능하다. 시스템의 원래 고안자가 설계단계에서 미리 대부분의 결정을 내린다. 이처럼 여러 결정 간의 균형을 세심하게 맞추고 다양한 사용자의 동기를 고려한다. 그렇지 않으면 탈중앙화 시스템은 실패할 수밖에 없다. 비트코인에서 통화정책은 단순한 규칙을 따른다. 최종 통화 규모는 약 2,100만 비트코인으로 고정되어 있으며, 계획된 일정에 따라 새로운 비트코인을 발행해 네트워크 안정에 기여하는 사용자에게 지급한다. 그러면 그 희소성 덕분에 비트코인의 가치는 높아진다. 그렇기 때문에 사용자들이 네트워크에 참여해 계산능력을 제공함으로써 네트워크를 안정시키는 데 일조할 동기가 생긴다.

중앙집권 시스템의 통제권은 대개 한 기관이나 소집단의 핵심 인물에게 집중된다. 따라서 중앙집권 시스템에서는 변화를 결정하고 이를 실행하기가 비교적 간단하다. 반면에 피어 투 피어 네트워크를 통제하는 일은 이보다 더 복잡하다. 피어 투 피어 네트워크에서 어떤 변화를 주려면 적어도 참가자의 다수가 동의해야 한다. 이때 영향력 있는 소수가 변화에 동의하지 않으면 네트워크가 분열될 위험에 처한다. 따라서 변화를 실행하기는 절차상 녹록지 않다.

탈중앙화의 한 가지 장점을 들자면 대다수 사용자의 이익을 해치는 변화가 거부될 것이라는 점이다. 이와 대조적으로 중앙집권적인 시스템에서는 종종 참여자 대부분에게 불리한 결과가 발생한다. 이를테면 과도하게 화폐를 발행한 여파로 화폐가치가 하락해서 높은 인플레이션이 일어난다.

탈중앙화 시스템의 또 다른 특징은 안정성이다. 탈중앙화 시스템은 내부자나 외부세력의 공격에 강하다. 어쩌면 이 특성은 비트코인이 존재하는 데 결정적인 요소였을지도 모른다. 비트코인에 앞서 중앙집권적인 디지털 통화를 구축하려던 시도는 정부의 강압으로 무산되었다. 그러나 탈중앙화 시스템을 강압적으로 무산시키려면 모든 개별 사용자에게 압력을 행사해야 하는데 이는 훨씬 더 어려운 일이다. 지지자들의 주장에 따르면 비트코인은 피어 투 피어 방식이어서 정부 검열의 영향을 받지 않는다. 다시 말해 규제 검열 저항적(censorship-resistant)이다.

디지털 방식으로 안전하게 암호화하여 가치를 이전하는 기술은 비트코인이 등장하기 수년 전부터 이미 존재했다. 그러나 이 기술에는 중앙집권적인 신뢰기관이 필요했다. 비트코인은 중앙 신뢰기관이 없어도 운영할 수 있을 뿐만 아니라 피어 투 피어 네트워크에 악의를 품은 사람들의 공격에 안전하도록 설계되었다. 이 악의적인 참가자들이 네트워크 대부분을 통제하지 않는 한 이런 공격이 성공할 리는 만무하다.

비트코인이 성취한 획기적인 결과물은 탈중앙화 금융 데이터베이스의 이중지불 문제(double spending problem)를 해결한 기술이다. 이중지불이란 사용자가 어떤 자금을 두 번 사용하는 것을 의미한다. 어떤 금융시스템이든 이중지불 시도를 막을 수 있어야 한다. 중앙집권 시스템의 경우 이 문제는 비교적 간단히 해결된다. 트랜잭션이 중앙 데이터베이스에 기록되고 이후에 사용자에게 지불하려는 시도가 일어나면 먼저 이 데이터베이스와 대조해서 확인한다. 탈중앙화 시스템에서는 구성원들이 데이터베이스의 복사본을 공유하므로 데이터베이스의 상태를 일관적으로 유지하려면 복잡한 계산능력이 필요하다.[1] 비트코인의 경우 노드 사이에서 수상한 메시지가 오가거나 분산 데이터베이스를 파괴하려는 공격자가 있다고 의심될 경우 네트워크 참가자들이 탈중앙화 데이터베이스를 어떤 상태로 유지하기로 합의하는지가 중요하다. 비트코인은 이런 문제를 훌륭하게 해결한다.

---

1) 이 계산문제를 비잔틴 장군의 딜레마(Byzantine Generals' problem)라고 일컫는데 이 개념은 램포트 등 (1982)에 의해 처음 소개되었다(비잔틴 장군의 딜레마: 비잔틴 군대의 여러 사단이 적군의 도시 바깥에 진을 치고 있고 각 사단은 장군들이 통솔하고 있다. 장군들은 서로 멀리 떨어진 상태에서 공동의 행동계획을 세워야 한다. 하지만 이들 가운데 배신자가 존재할 수도 있어서 장군들은 합의점을 도출하는 과정에서 딜레마에 빠진다. 피어 투 피어 네트워크상에서도 모두가 진짜 전자상거래내역을 가지고 있을 거라 믿기 어렵다는 의미에서 이를 비잔틴 장군의 딜레마라고 일컫는다-옮긴이).

## 1.2 오픈소스

비트코인은 오픈소스(open source) 소프트웨어이다. 누구든 오픈소스 소프트웨어의 소스코드를 무료로 사용하고 변경하며 재배포할 수 있다. 유명한 오픈소스 소프트웨어로는 리눅스(Linux), 안드로이드(Android) 운영체제, 파이어폭스(Firefox) 웹 브라우저 등이 있다. 이보다 인지도가 낮은 오픈소스 소프트웨어로 운영되는 인터넷 프로그램도 많다. 소프트웨어 개발을 학계의 동료평가 연구와 비슷하게 만드는 것이 오픈소스의 목표이다. 오픈소스는 누구나 보고 점검할 수 있는 소스코드를 공개함으로써 소프트웨어의 질을 개선하기 위해 노력한다.

오픈소스 소프트웨어와 독점적 특허 소프트웨어의 차이는 라이선스이다. 특허 소프트웨어 인가는 최종 사용자에게 프로그램 복사본을 사용할 권리를 부여하지만, 소프트웨어의 소유권은 여전히 소프트웨어 개발자에게 있다. 이와 대조적으로 오픈소스 라이선스는 사용자에게 소프트웨어를 사용할 권리뿐 아니라 복사하고, 변경하고, 재배포할 권리도 부여한다. 소프트웨어의 저작권은 개발자에게 있으나 오픈소스 소프트웨어 라이선스의 개발자가 라이선스의 의무조항을 준수한다는 조건을 붙여 사용자에게 권리를 이전한다.

특허 프로그램과 오픈소스 프로그램의 또 다른 차이를 들자면 특허 프로그램은 대개 컴파일된 바이너리(compiled binary)로 배포된다. 이는 기계어로 소프트웨어를 배포한다는 뜻이다. 만약 사용자가 소프트웨어의 기능을 알고 싶다면 리버스 엔지니어링(reverse engineering: 이미 만들어진 시스템을 역으로 추적하여 처음의 문서나 설계기법 등의 자료를 얻어 내는 일, 역설계라고도 한다-옮긴이)이라는 지루한 과정을 거치면서 기계코드를 해석해야 한다. 특허 라이선스는 대부분 이런 역설계 기술을 사용하지 못하도록 금하기 때문에 소프트웨어의 실제 기능에 대한 정보를 구하거나 파악할 수 없다. 이와 반대로 오픈소스 소프트웨어는 항상 소스코드 복사본과 함께 배포된다. 소프트웨어의 기능이 궁금하면 소스코드만 읽으면 된다. 암호화된 오픈소스 소프트웨어는 사용자가 코드에 백도어(인증되지 않은 사용자가 컴퓨터의 기능을 무단으로 사용할 수 있도록 컴퓨터에 몰래 설치한 통신 연결기능-옮긴이)나 보안 취약점이 있는지 확인할 수 있다는 장점이 있다.[2]

비트코인을 특허 라이선스로 발행할 수는 없었을 것이다. 만약 클로즈드 소스(closed source: 개발자가 일반 대중들이 사용하지 못하게 만든 컴퓨터 소스코드-옮긴이)로 발행되었다면 창안자가 설계에서 벗어난 코드를 쉽게 삽입할 수 있었을 것이다. 다시 말해 새로운 비트코인을 만들어 창안자가 통제하는 주소로 보낼 수 있었을 것이다. 사용자 대부분은 특허 라이선스에 따라 컴파일된 바이너리로 배포되는 분산 암호 금융 소프트웨어를 용인하지 않았을 것이다. 확실히 가장 경쟁력 있는 암호화폐는 오픈소스를 이용

---

2) 이 말을 오픈소스코드에 보안 결함이나 백도어가 없다는 의미로 해석해서는 안 된다. 사실 오픈소스 프로젝트에서 많은 보안 결함이 결함이 발견되었다[그린(Green), 2014b; 폴센(Poulsen), 2014: 연도 뒤의 알파벳은 동일한 저자가 동일한 해에 여러 저술을 발표해 알파벳 순서대로 표기한 것이다-옮긴이]. 오프소스 지지자들의 주장에 따르면 오픈소스 프로그램의 경우 조사과정이 더욱 엄격해서 특허 소프트웨어에 비해 유사한 결함을 더 빨리 발견하고 바로잡을 수 있으므로 결함과 백도어가 존재할 가능성이 적다[레이먼드(Raymond), 2001].

해 출시되었거나 오프소스 라이선스로 전환되었다.

오픈소스 라이선스는 사용자에게 소프트웨어를 사용하고, 복사하고, 변경하고, 재배포할 권리를 부여한다. 사용자에게 부가하는 의무는 라이선스마다 다를 것이다. 크게 나누면 오픈소스 라이선스는 다음 두 가지 중 하나에 속한다.

- **카피레프트(Copyleft)**

이 라이선스는 파생된 작품을 같은 라이선스에 따라 배포할 의무를 부가한다. 만일 사용자가 소프트웨어를 변경했다면 같은 라이선스에 따라 변경한 소프트웨어를 발표할 의무가 있다. 이를 동일조건 변경 허락(share—alike requirement)이라고 일컫는다. 따라서 '카피레프트' 라이선스는 변경될 때 소프트웨어의 오픈소스의 성격을 그대로 유지한다. '카피레프트'의 일례로 일반 공개 사용 허가서(GNU Public License, GPL)가 있다.

- **퍼미시브(Permissive)**

이 라이선스는 소프트웨어 재배포에 거의 제약을 두지 않는다. 파생된 소프트웨어가 원본 소프트웨어를 인정하고 저작권 공고를 보유하기 때문이다. 오픈소스 '퍼미시브' 라이선스로 출시된 소프트웨어를 통합한 특허 소프트웨어에는 특허의 성격이 있다. 이는 그 특허가 대개 저작권 공고를 포함해야 한다는 점만 요구하기 때문이다. BSC 라이선스(BSD license), MIT 라이선스(MIT License), 아파치 라이선스(Apache License) 등 일부 일반적인 오픈소스 라이선스가 여기에 속한다. 비트코인은 MIT 라이선스로 출시되었다.

특허 소프트웨어는 소프트웨어를 발행하는 회사가 그것을 유지하고 업데이트해야 한다고 규정한다. 이와 대조적으로 오픈소스 소프트웨어는 일단 발행되면 자생력을 얻는다. 다른 개발업자들이 넘겨받을 수 있을 때 원래 개발자가 오픈소스 프로젝트로 진행하던 것을 중단하는지 여부는 대개 중요하지 않다. 그렇기 때문에 사토시 나카모토가 누구인지나 그가 손을 뗐다는 사실이 중요하지 않다. 오픈소스 프로젝트는 탄력적이다. 어떤 개발업자가 프로젝트를 진행하지 못하도록 방해나 금지를 받는다고 해도 전 세계의 다른 개발업자들이 프로젝트를 넘겨받을 수 있다.

오픈소스 라이선스에 따르면 원본 프로젝트의 복사본을 바탕으로 독자적인 새로운 소프트웨어를 만드는 것은 합법이다. 이 프로세스를 포킹(forking: 기술이 여러 개의 호환 불가능한 버전으로 분리되는 과정-옮긴이)이라고 일컫는다. 포킹이 일어날 가능성이 있으므로 오픈소스 프로젝트의 개발자는 대개 속임수를 쓰지 않는다. 만일 어떤 프로젝트의 개발자가 소프트웨어 사용자에게 해로운 변화를 도입하면 누구든 포크를 만들어 그 변화를 원상태로 돌리고 계속 개발할 수 있다. 사용자 대부분은 자신이 원하지 않는 포크는 사용하지 않을 것이다. 따라서 포킹은 사용자에게 해로운 프로젝트를 전개하지 못하도록 막는 킬 스위치(kill switch: 분실한 정보기기를 원격으로 조작해 개인 데이터를 삭제하고 사용을 막는 일종의 자폭기능-옮긴이)인 셈이다. 대규모 오픈소스 프로젝트를 포크하는 경우는 드물다.3) 이런 점에

---

3) 대부분의 프로젝트에서는 개별 사용자들이 그것을 약간 수정하거나 새로운 특성을 시험하기 위해 그야말로 여러 번 포킹한다. 하지만 오픈오피스(OpenOffice)에서 파생된 리버오피스[LibreOffice(폴, 2011)]처럼 개발자 베이스를 분할하는 대규모 오픈소스 프로젝트의 포크는 오히려 드물다.

서 보면 비트코인은 다소 특별하다. 사실 새로운 개념을 시험하고 싶었던 개발자들이 여러 차례 비트코인을 포크한 적이 있었다. 이 때문에 알트코인이라는 대체 암호화폐가 많이 등장했다. 알트코인에 대해서는 13장에서 더 자세히 살펴볼 것이다.

오픈소스 옹호자들은 특허 소프트웨어 중 어떤 제품이 시장에서 지배적인 위치에 도달하면 혁신할 동기를 잃는다고 주장한다. 많은 소프트웨어 시장에서는 선발자 이익(first mover advantage: 시장에서 먼저 진입한 기업이 가지는 이점-옮긴이)이 자연독점처럼 작용해 높은 시장점유율을 차지할 수 있다. 옹호자들은 이런 현상 때문에 여러 소프트웨어 분야에서 혁신이 저조하다고 말한다. 이와 대조적으로 오픈소스 소프트웨어의 경우에 혁신이 끝나지 않는다. 어떤 소프트웨어가 대부분의 시장을 장악한다 해도 누구든 추가로 그 소프트웨어를 개선할 수 있기 때문이다. 이런 점에서 볼 때 오픈소스 소프트웨어의 혁신속도가 클로즈드 소스 소프트웨어보다 빠를 수 있다.

많은 오픈소스 소프트웨어가 직면하는 한 가지 문제는 '공유지의 비극(tragedy of the commons: 지하자원, 공기, 물 등 공동체가 함께 사용해야 할 자원을 시장경제에 맡기면 사람들의 이기심 때문에 결국 큰 위기가 발생한다는 이론-옮긴이) 현상'이다. 다시 말해 오픈소스 프로젝트로부터 혜택을 받는 사람들은 많으나, 그것에 공헌해야 할 동기가 있는 개발업자는 드물다. 적절한 자금이나 개발기간을 확보하지 못한 오픈소스 프로젝트가 많다. 비트코인도 이와 같은 문제에 직면할 수 있다는 조짐이 몇 차례 나타났다.

# 1.3 공개된 원장

비트코인의 핵심은 공개된 거래원장(public asset ledger)의 복사본을 담고 있는 분산 데이터베이스이다. 이 데이터베이스는 분산되기 때문에 네트워크의 모든 참가자(노드)가 그 복사본을 소장할 수 있다. 다른 노드들이 소장하는 데이터베이스의 복사본은 원칙적으로 같다.

반면에 모든 사용자는 암호 개인키를 통해 자신의 자금을 통제할 수 있다. 자금을 지출하려는 사용자는 이 개인키를 이용해 송금할 액수뿐 아니라 수령할 당사자까지 메시지로 전송해야 한다. 사용자가 서명한 이 메시지를 네트워크에 뿌리면 네트워크의 모든 참가자가 그것의 메시지 복사본을 받는다. 그러면 각 노드에서 독자적으로 메시지의 유효성을 확인하고 그에 따라 내부 데이터베이스를 업데이트할 수 있다.4)

전통적인 금융시스템에서 가치정보는 금융기관이 관리하는 원장(데이터베이스)에 표시된다. 사용자는 이런 데이터베이스가 내부자나 외부 공격자에게 파괴되는 일이 없을 것으로 믿고 금융기관을 신뢰한다. 전통적인 금융 데이터베이스를 보호하는 프로토콜(컴퓨터 사이에서 정보를 주고받을 때의 통신 방법에 대한 규칙과 약속-옮긴이)과 프러시저(프로그램에서 어떤 문제를 해결하기 위하여 수행하는 절차-옮긴이)는 일반적으로 대중에게 공개되지 않는다. 이와 대조적으로 비트코인은 데이터베이스를 공개하고 그것을 안전

---

4) 이 프로세스는 사실 사용자가 네트워크의 다른 부분에 다른 메시지를 발송하는 이중지불 공격을 방지하기 위한 것이다. 비트코인이 이중지불 공격을 방지하는 방법은 7장에서 다룬다.

하게 지킬 오픈소스 소프트웨어 프로토콜을 수립한다. 이 프로토콜의 목적은 네트워크 공격에 대한 안정성을 확보하는 것이다. 비트코인 사용자는 어떤 실체를 신뢰할 필요가 없다. 이런 측면에서 비트코인은 무신뢰 방식(trust-less way)이다.

거래당사자의 신분 이외에 비트코인 코인 네트워크를 통해 오가는 모든 금융정보가 공개된다. 비트코인은 개인정보를 이용해서 자금 보유자의 신분을 확인하지 않으나 어드레스는 표시한다. 어드레스란 이를테면 '13mc kXcnnEd4SEkC27PnFH8dsY2gdGhRvM'처럼 무작위로 보이는 글자와 숫자의 긴 배열이다. 비트코인이 모든 사람의 통장을 온라인에 공개하지만 신분은 공개되지 않는다.

원칙적으로 어드레스를 통해 신분을 유추할 방법은 없으나 네트워크를 통해 오가는 정보를 분석해서 비트코인 어드레스와 어드레스의 사용자에 관해 다양한 정보를 얻을 수 있는 기술은 많다.

비트코인은 익명이 아닐뿐더러 전통적인 결제시스템보다 익명성이 보장되지 않는 경우도 있다. 이를테면 전통적인 결제시스템에서는 거래 은행에 직원이 받은 임금을 어디에 지출하는지 등의 정보가 있으나 고용주는 그 정보를 알 수 없다. 그런데 직원에게 비트코인으로 임금을 지급하면 고용주가 임금을 송금한 어드레스에 나타나는 트랜잭션 기록을 추적해 직원의 지출내역을 알 수 있다. 반면 직원은 몇 가지 방법을 통해 이 트랜잭션 기록을 숨길 수 있다.

다른 경우에는 이런 투명성이 장점으로 작용할 수 있다. 일례로 공공기관에서 자금의 용도가 투명하게 기록되면 행정의 질을 높이고 부패를 방지하는 데 도움이 된다. 상업기업의 경우에는 공개원장과 비교해 확인할 수 있는 재무제표처럼 일정 수준의 투명성이 이로울 수 있다. 현재까지 공개원장 시스템에서 다양한 수준의 투명성을 확보할 수 있는 기술이 어느 정도 발전했다.

## 1.4 비트코인은 프로그램이다

전통적으로 가치 이전은 느리고 매우 수동적인 과정이었다. 비트코인은 본질적으로 분산합의를 창조하는 프로토콜이다. 이 프로토콜을 이용하면 무신뢰 방식으로 가치를 안전하게 이전할 수 있다. 이 프로토콜은 화폐를 위한 오픈 플랫폼이지만 화폐에만 국한되지 않는다. 비트코인과 유사한 프로토콜을 이용하면 어떤 디지털 자산이든 이전할 수 있다. 이 기술은 대부분의 다른 대안과 비교할 때 더 저렴하고 빠르며, 그 결과 새로운 애플리케이션이 탄생할 기회를 만든다.

가치를 디지털 방식으로 이전하면 스마트 계약(smart contract)을 채택할 수 있다. 스마트 계약이란 인간의 해석이나 개입이 없어도 성사되는 계약이다. 가치의 무신뢰 디지털 이전을 통해 스마트 계약을 이용하는 새로운 애플리케이션들이 등장할 것이다.

일례로 자동화 에이전트가 있다. 자동화 에이전트는 인공지능과 혼동하기 쉬우니 유의해야 한다. 자동화 에이전트는 특정한 임무를 위해 만든 간단한 컴퓨터 프로그램에 지나지 않는다. 예를 들어 클라우드에서 최종 사용자에게 저장공간을 빌려주고 파일 공유 서비스를 제공하는 컴퓨터 프로그램이 있다. 이제까지 컴퓨터 프로그램은 가치를 저장하거나 프로그램의 이름으로 은행계좌를 개설할 수 없다. 비트코인이 도입되면 컴퓨터 프로그램이 스스로 자금을 통제하고 클라우드 서비스 제공자와 클라우드 저장공간과 계산능력을 빌려주는 스마트 계약을 맺을 수 있다. 이와 비슷하게 저장 에이전트는 최종 사용자와 스마트 계약을 체결할 수 있다. 그리고 이런 스마트 계약을 체결함으로써 최종 사용자는 클라우드 제공자에게 비트코인으로 결제하고, 반대로 클라우드 제공자는 최종 사용자로부터 비트코인으로 결제를 받을 수 있다.

자동화 에이전트는 일례에 지나지 않으며 현재진행으로 개발 중인 더욱 혁신적인 아이디어도 많다. 이 가운데 일부 아이디어는 실행가능성이 없다고 판명될 가능성도 있으나 일부는 주류에 합류할 수도 있다. 혁신자들이 아이디어를 실험할 때 누군가의 승인이 필요하지 않기 때문에 탈중앙화 시스템은 이런 기술들을 위한 이상적인 시험의 장이 된다. 탈중앙화 시스템을 이용하면 허가가 필요 없는 혁신(permissionless innovation)이 가능하다.

비트코인은 금융 API(Application Programming Interface, 응용 프로그램 인터페이스)이며 화폐인 비트코인은 최초의 애플리케이션에 지나지 않는다. 인터넷이 정보교환을 위한 오픈 플랫폼이듯 비트코인은 가치교환을 위한 오픈 플랫폼이다. 이메일이나 웹 브라우징, 혹은 인터넷 전화가 TCP/IP 프로토콜을 기반으로 구축된 것과 비슷하게 애플리케이션이 구축될 수 있는 프로토콜로서 비트코인을 이용할 수 있다. 비트코인과 관련 기술에 사람들이 열광하는 것은 대부분 이 때문이다. 비트코인이 통화로서 살아남을 것인지 아닌지와 상관없이 그 기술은 현재 여러 가지 애플리케이션이 가능하다는 사실을 입증했으므로 혁신자들은 계속해서 새로운 아이디어들을 내놓을 것이다. 비트코인은 금융 혁신을 위한 플랫폼이 될 수 있다.

《기업의 본질(The Nature of the Firm)》에 실린 로널드 코스(Ronald Coase)의 가장 중요한 경제적 통찰 중 하나는 기업 설립에 영향을 미치는 한 가지 요인이 높은 거래비용이라는 사실이었다. 거래비용이 없다면 기업가가 오픈 마켓에서 필요한 모든 재화를 계약할 수 있으며 그렇게 되면 효율적일 것이다. 효율적인 시장이 언제나 재화의 최고 가격을 얻을 수 있다. 그러나 정보수집, 협상, 계약 감시, 비밀유지 등과 같은 거래비용이 시장과 계약을 맺는 전체 비용에서 상당 부분을 차지할 수 있다. 그렇기 때문에 기업가가 내부에서 재화를 생산하는 몇몇 직원을 고용해 기업을 설립하면 비용이 줄어든다. 거래비용은 공공재와 정부활동에서도 가장 중요한 요소이다.

비트코인의 기술혁신은 스마트 계약을 통해 계약을 맺고 이행하는 비용을 줄일 기회를 만든다. 이 계약은 기업과 정부활동을 변화시킬 잠재력을 가지고 있다.

# 2장
# 비트코인 기술의 원리

비트코인이 등장하기 전까지 돈을 이체하려면 제3의 중재자가 필요했다. 제3의 신뢰기관이 없어도 디지털 결제를 할 수 있다는 점이 비트코인의 획기적인 장점이다. 이 장에서는 비트코인 기술을 대략적으로 살펴볼 것이다.

## 2.1 중앙 집중 데이터베이스

디지털 가치를 창조하는 가장 간단한 방법은 특정한 데이터 패턴, 다시 말해 기본적으로 0과 1의 연속에 가치를 부가하는 것이다. 이 방식에 문제가 있다면 기본적으로 비용을 들이지 않고 복제가 쉽다는 점이다. 이 때

문에 〈그림 2.1〉에서 예시한 이중지불 문제가 발생한다. 가령 앨리스(Alice)
가 2진법 숫자 01000101로 표현되는 디지털 동전을 가지고 있다고 하자.
그녀는 이 숫자가 담긴 메시지를 전달함으로써 밥(Bob)에게 이 가치를 이
전할 수 있다. 그러면 밥은 그 숫자의 복사본과 그것에서 파생되는 가치를
가진다. 문제는 앨리스가 다른 사용자, 더 나아가 수많은 다른 사용자에게
이와 똑같은 숫자를 보내지 못하도록 막을 수단이 전혀 없다는 사실이다.

따라서 디지털 가치는 어떤 숫자로 간단히 표현할 수 없다. 디지털 데이
터는 여러 번 쉽게 복제할 수 있으므로 숫자를 안다는 사실만으로 아무런
가치도 없기 때문이다. 일반적인 상식에 따르면 무언가가 가치가 있으려
면 반드시 희소해야 한다. 그러므로 정보를 완벽하게 복제할 수 있는 디지
털 기술을 이용해 어떻게 희소성을 창출할 것인지가 관건이다.

디지털 결제시스템을 구축하기 위한 다음 단계로서 사용자와 그들이 보
유한 자금의 목록을 보유한 중앙 데이터베이스를 만들어야 한다. 〈그림

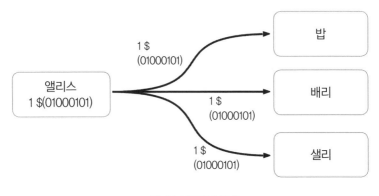

그림 2.1 이중지불 문제

2.2〉는 이 시스템을 묘사한 것이다. 이제 예컨대 앨리스가 01000101이라는 숫자로 표현되는 토큰(token) 한 단위를 밥에게 전달하고 싶다면 중앙집권 데이터베이스를 운영하는 서버에 연결해 밥에게 이 토큰을 전달하라고 지시한다. 서버는 데이터베이스를 업데이트하며 이제 토큰은 밥의 소유가 된다. 이번에는 앨리스가 이 토큰 01000101을 배리에게 보내며 이중으로 지불하려면 다시 중앙서버에 연결해 배리에게 토큰을 보내라고 지시해야 한다. 하지만 서버는 데이터베이스를 점검하자마자 토큰 01000101은 이제 앨리스의 소유가 아니기에 그것을 사용할 권한이 없다는 사실을 확인한다.

이중지불 문제는 중앙집권 데이터베이스로써 해결할 수 있다. 그러나 중앙 데이터베이스에 관해서 몇 가지 문제점이 존재한다. 우선 모든 사용자가 중앙서버에 이미 등록된 상태여야 한다. 따라서 중앙 데이터베이스

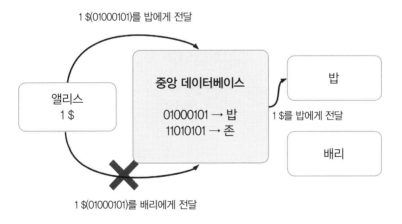

그림 2.2 중앙집권 데이터베이스를 보유한 중앙청산소

는 모든 사용자의 신분을 알고 그들의 금융 기록5)을 수집한다. 게다가 중앙 데이터베이스는 내부자나 외부자가 공격하기 쉬운 표적이 된다. 공격자가 중앙 데이터베이스를 통제하면 모든 자금의 소유권을 변경함으로써 합법적인 소유자로부터 자금을 훔칠 수 있다. 혹은 새로운 자금(토큰)을 만들어 본인에게 할당할 수 있다.

〈그림 2.3〉에서 알 수 있듯이 중앙서버의 주된 단점은 어쩌면 그것이 단일 오류지점으로 구성된다는 사실이다. 즉 중앙서버를 차단하면 결제시스템을 쉽게 붕괴시킬 수 있다는 의미이다.

초창기의 몇몇 디지털 결제시스템은 모든 사용자의 위치를 보유한 중앙 데이터베이스의 개념을 토대로 삼았다. 널리 알려진 예로 e-골드(e-gold)와 리버티 리저브(Liberty Reserve)가 있다. e-골드와 리버티 리저브는 각각

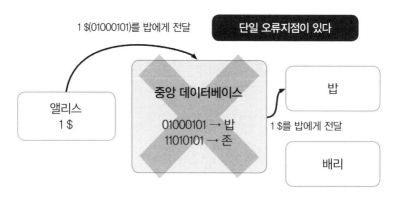

그림 2.3 중앙청산소 단일 오류지점

---

5) 사용자가 익명성을 유지하는 중앙 서비스를 토대로 결제시스템을 실행할 기술이 존재한다. 이 기술은 차단된 서명을 토대로 삼고 있는데 섹션 10.1에서 중점적으로 다루었다.

2009년과 2013년에 운영을 중단했다.

〈그림 2.4〉는 비트토렌트(BitTorrent)와 비트코인을 비교한 것이다. 비트토렌트와 비트코인은 모두 탈중앙화 방식으로 정보를 조정하는 시스템이다. 비트토렌트 프로토콜에서는 모든 사용자가 토렌트 기술자(descriptor, 記述子)를 만들고 그 파일을 네트워크에 심을 수 있다. 그러면 토렌트 기술자를 보유한 다른 사용자들이 네트워크에 연결해 그 파일을 회수할 수 있다. 비트코인의 원장 데이터베이스는 노드라고 일컫는 여러 컴퓨터로 분산되고 유지된다. 비트코인 사용자는 새로운 거래내역을 이 분산 데이터베이스에 보낼 수 있는데 그러면 내역이 기록된다. 네트워크의 많은 부분이 붕괴된 상황이라도 두 시스템은 회복될 수 있다.

| 비트토렌트 | 비트코인 |
| --- | --- |
| • P2P 파일 공유를 위한 프로토콜이다<br>• 2001년에 출범했다<br>• 2009년 40%가 넘는 인터넷 트래픽을 차지했다<br>• '토렌트' 기술자 파일로 평가되는 탈중앙화 데이터베이스 파일이다<br>• 사용자가 [시딩(seeding: 소스의 소유자가 파일을 오픈시켜 놓는 것―옮긴이)을 통해] 데이터베이스에 직접 공헌할 수 있다 | • P2P 분산 암호통화로 분산된다<br>• 2009년에 오픈소스 프로젝트가 발표되었다<br>• 2014년 초반 자본 평가가 수십억 USD에 이르렀다<br>• 탈중앙화 데이터베이스가 처음부터 모든 트랜잭션을 보관한다<br>• 사용자(노드)가 데이터베이스에 직접 공헌한다 |

그림 2.4 비트토렌트와 비트코인 비교

## 2.2 어드레스, 트랜잭션

비트코인 네트워크의 핵심은 모든 비트코인 사용자의 잔고가 포함된 분산원장이다. 비트코인은 '13mckXcnnEd4SEkC27PnFH8dsY2gdGhRvM' 같은 글자와 숫자 조합의 긴 배열을 통해 사용자를 확인한다. 어드레스는 공개-비밀 암호키6) 중에서 공개되는 부분이다. 키의 비밀 부분은 사용자가 통제한다. 〈그림 2.5〉는 어떤 사용자(앨리스)가 일부 자금을 밥에게 송금하는 방식을 나타낸 것이다.

앨리스는 자신의 개인키를 이용해 서명과 함께 "나는 1gr6U6에게 1 비트코인(BTC)을 보내고 싶다"라는 메시지를 네트워크에 발송한다. 이때 앨리스가 자금을 보내고 싶은 사용자가 아니라 자금을 받는 어드레스만 밝

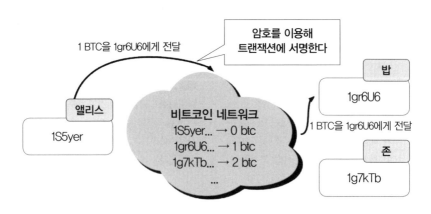

그림 2.5 자금을 송금하는 사용자. 트랜잭션이 마무리된 이후 데이터베이스의 상태

---

6) 비트코인 어드레스는 엄격히 말해 공개키는 아니지만 공개키에서 파생된다(섹션 5.6 참고).

힌다는 사실에 주목하라. 따라서 앨리스는 다른 수단을 통해 밥의 어드레스를 알아내야 한다.

네트워크의 노드는 앨리스의 메시지를 받자마자 다음과 같은 단계를 거친다.

- 서명이 정확한지 확인한다. 정확하지 않으면 메시지를 거부한다.
- 발신 어드레스에 트랜잭션을 준수할 만큼 충분한 자금이 있는지 점검한다. 충분한 자금이 없다면 트랜잭션을 무효라고 판단한다.
- 마지막으로 데이터베이스를 업데이트하고 어드레스에서 자금을 인출해 상대방에게 기입한다.

중요한 세부사항을 한 가지 짚고 넘어가자면 사용자를 어드레스로만 확인하므로 네트워크의 노드는 앨리스나 밥의 신분을 모른다는 점이다. 비트코인 사용자는 가명으로 신분이 확인된다. 즉 비트코인은 준익명성(pseudonymity)을 제공한다.

또 다른 중요한 세부사항은 네트워크에서 어드레스를 부여하지 않는다. 공개 및 비밀 암호키를 생성하는 비트코인 소프트웨어를 운용할 때 어드레스는 사용자의 디바이스 안에서 만들어진다. 공개 및 개인키는 밀접한 관계가 있으므로 사용자의 디바이스에서 국소적이고 합동으로 생성되어야 한다. 어드레스 생성 프로세스는 간단하기 때문에 랩탑이나 스마트폰 등 어떤 디바이스에서든 거의 순식간에 끝낼 수 있다. 사용자가 만들 수 있는 어드레스의 개수에는 제한이 없다. 실제로 사용자가 여러 어드레스를 생성해 프라이버시를 강화하는 것이 바람직하다.

비트코인을 사용할 때 사전에 등록할 필요는 없다. 신규 사용자는 어드레스를 네트워크에 전달하지 않아도 자금을 받을 수 있다. 이를테면 밥 같은 사용자는 어드레스를 생성한 뒤 이메일이나 스마트폰 페어링과 같은 다른 수단을 통해 앨리스에게 자금을 전달할 수 있다. 그러면 앨리스는 밥의 어드레스로 자금을 보내고 네트워크는 이전에 한 번도 보지 못한 어드레스라 해도 트랜잭션을 수락한다.

중앙집권 시스템에서 자금은 중앙의 실체가 보유한다. 이뿐만 아니라 이를테면 원장의 기입 내용을 변경함으로써 자금을 통제할 수단까지 보유한다. 반면에 탈중앙화 시스템에서는 오로지 최종 소유자만이 자금의 접근권한을 부여하는 개인키를 가지고 있다. 어드레스, 공개-개인키, 그리고 트랜잭션에 대해서는 5~6장에서 더욱 심층적으로 살펴볼 것이다.

## 2.3 블록체인은 분산 데이터베이스이다

비트코인의 분산 데이터베이스는 블록체인(block chain)이라고 일컬어진다. 매 10분 동안의 트랜잭션을 블록에 담는다. 그런 다음에 트랜잭션을 담은 블록이 차례대로 기록된다고 해서 블록체인이라는 이름을 얻었다. 예컨대 표준 관계형 데이터베이스(regular relational database: 일련의 정형화된 테이블로 구성된 데이터 항목들의 집합체-옮긴이)와 비교했을 때 블록체인은 생소한 정보기록방식처럼 보일 수 있다. 블록체인을 설계한 목적은 네트워크에 공격자가 나타났을 때 안정성을 높이기 위함이었다. 블록들은 서로 연결되어 있기 때문에 트랜잭션을 변경할 수 없다. 또한 블록과 블록은 암호화되어 연결되어 있기 때문에 엄청난 계산능력을 보유한 공격자가 아니라면 위조할 수 없다.

블록체인과는 별도로 노드는 소비되지 않은 거래(Unspent Transaction Outputs cache, UTXO: 아직 소비하지 않고 지갑에 남아 있는 비트코인 화폐를 뜻하는 말-옮긴이)라는 추가 데이터베이스를 보유한다. UTXO는 모든 어드레스의 사용가능 자금을 기록하는 원장으로서, 본질적으로 블록체인 캐시(cache)의 역할을 수행한다. 신규 트랜잭션이 진행되면 UTXO가 업데이트된다. 발신 어드레스의 자금이 인출되어 수신 어드레스에 추가된다. UTXO는 중앙집중도가 가장 높은 시스템 중 중심부에 있는 중앙 데이터베이스와 유사하다. 〈그림 2.6〉은 비트코인을 간단하게 묘사한 것이다. 비트코인은 모든 어드레스의 사용 가능 자금 기입항목이 있는 분산원장이며 UTXO와 대략 일치한다. 네트워크의 모든 노드는 분산원장의 복사본을 보유한다. 그뿐만 아니라 원장의 복사본들은 모든 노드에서 동일하며 신규 트랜잭션은 이 모든 복사본에 똑같이 영향을 미친다.

비트코인은 몇 가지 암호 구성을 이용하는 분산 데이터베이스의 합의(consensus)를 얻는다. 세부적인 내용은 7장에서 살펴보겠지만 간단히 말하자면 엄청난 계산능력을 동원해 합의가 확보된다. 이 계산능력을 이용

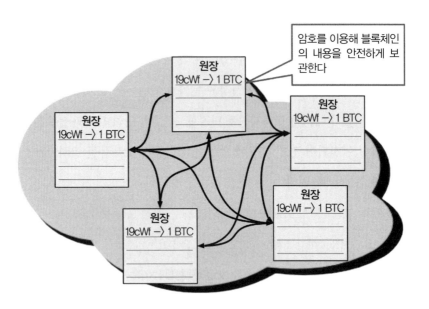

암호를 이용해 블록체인의 내용을 안전하게 보관한다

원장
19cWf → 1 BTC

원장
19cWf → 1 BTC

원장
19cWf → 1 BTC

원장
19cWf → 1 BTC

원장
19cWf → 1 BTC

그림 2.6 분산원장으로 쓰이는 비트코인

해 공격으로부터 데이터베이스를 보호하며 신규 원장, 즉 블록을 생성함으로써 보상을 받는다. 프로토콜은 신규 비트코인 발행일정을 암호화하고 새로 발행한 모든 비트코인이 블록체인을 보호한 사람들에게 분배되는데 이들을 채굴자(miners)라고 부른다. 채굴자들은 앞다투어 블록체인에 추가되는 트랜잭션 블록을 생성한다. 한 블록을 생성하는 채굴자에게 일정 수의 신규 비트코인으로 보상이 제공된다. 신규 통화를 발행해 분산원장을 보호하는 비용을 충당하므로 비트코인 설계에는 반드시 화폐(native currency)가 필요하다.

〈그림 2.7〉은 비트코인 발행일정이다. 신규 발행속도는 4년마다 약 절반씩 줄어들어 비트코인의 총개수는 결국 약 2,100만 개에 이르게 된다.

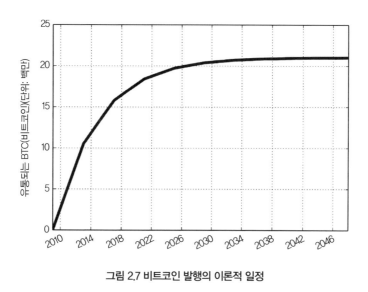

그림 2.7 비트코인 발행의 이론적 일정

앞으로 발행될 비트코인 수가 한정되어 있으니 이 희소성에서 비트코인의 가치가 발생한다.

또한 채굴자들은 블록생성에 대한 보상으로 비트코인을 얻을 뿐만 아니라 블록체인 네트워크에서 이루어지는 트랜잭션으로부터 수수료를 받는다. 수수료는 채굴자들이 받는 보상 가운데 극히 적은 부분을 차지하며, 현재는 전체 보상의 1% 미만에 머물고 있다. 신규 비트코인 발행이 줄어들면 트랜잭션 수수료가 채굴자들의 중요한 보상으로 부상할 것으로 예상한다.

2013년 말에서 2014년 초 동안 비트코인 채굴장비에 대한 투자가 호황기를 맞았다. 2013년 비트코인에 투자된 액수가 미화 2억 달러를 넘어선 것으로 추정된다. 채굴장비의 기술발전과 비트코인 가격 덕분에 투자 열

풍은 더욱 뜨거워졌다. 시간이 지나면서 이와 같은 투자 추세가 잦아들 것이다. 그 결과 앞으로 신규 비트코인 발행이 줄어드는 한편 채굴기술이 첨단 반도체 프로세스 기술을 따라잡으면서 비트코인의 가격이 다시금 큰 폭으로 상승하지 못하도록 제동을 걸 것이다.

분산 데이터베이스를 파괴해 이중지불 공격을 감행하려는 공격사는 합법적인 노드로 경쟁에 뛰어들어야 한다.[7] 이 경쟁의 결과는 계산능력(computational power)으로 결정된다. 정면공격을 감행하려면 합법적인 네트워크에 맞먹는 계산능력이 필요하다. 다시 말해 네트워크의 연합 능력 가운데 50% 이상을 통제해야 한다. 이런 유형의 공격을 51% 공격(51% attack)이라고 일컫는다. 이보다는 적은 계산능력이 필요한 다른 유형의 공격도 있다. 어떤 경우든 간에 블록체인을 공격하려면 공격자가 막대한 투자를 퍼부어야 한다.

## 2.4 지갑

사용자의 자금관리를 돕는 소프트웨어를 지갑(wallets)이라고 부른다. 지갑 소프트웨어의 기능은 사용자의 개인키를 안전하게 유지하는 것이고 네트워크로 보내는 트랜잭션을 처리한다. 그리고 전송 및 수신 트랜잭션을

---

7) 유능한 공격자라면 본인이 관리하는 계정에서 이중지불을 시도할 수 있지만 다른 계정은 공개키 암호로 보호되기 때문에 잔액을 바꿀 수 없다.

수집해 사용자에게 사용 가능한 잔액을 보여준다. 사용자가 여러 어드레스를 소유할 수 있기 때문에 소프트웨어 지갑 대부분은 여러 어드레스를 관리하고 전체 어드레스의 자금을 합산할 수 있다.

이를테면 모든 지갑 소프트웨어는 처음 운용할 때와 같이 신규 어드레스를 만들 수 있다. 신규 어드레스를 만들 때는 키 생성 알고리즘을 실행한다. 비트코인 어드레스를 만드는 과정은 간단하며 순식간에 끝난다.

또한 지갑 소프트웨어는 개인키로 트랜잭션에 서명할 때 암호 프로토콜을 시행한다. 개인키는 대개 디바이스에 보관된다. 이 개인키를 잃어버리면 사용자가 자금에 접근할 수 없다. 자금은 여전히 분산원장에 남아 있어도 개인키가 없으면 트랜잭션에 정확히 서명해 자금을 사용할 방법이 없으니 잃어버린 것으로 간주된다. 따라서 개인키를 백업할 것을 적극적으로 추천한다. 대부분의 지갑 소프트웨어는 디지털 백업을 지원한다.

지갑의 또 다른 위험요소는 공격자처럼 권한이 없는 사람이 개인키를 보유할 가능성이 있다. 어떤 공격자가 개인키에 접근할 권한을 얻으면 연결된 어드레스의 자금을 본인이 관리하는 어드레스로 보낼 수 있다. 따라서 인터넷에 연결된 디바이스에 저장된 개인키를 안전하게 지켜야 한다. 어떤 위치에 저장하기에 앞서 개인키의 암호화[8]를 제공하는 지갑이 많다. 그러면 사용자가 트랜잭션 개인키를 해독해 사용하기 위한 암호를 입력해야 하므로 더 불편해질 수 있다. 그 결과 공격자는 디바이스를 손상시킬 수 있지만 얻을 수 있는 것은 단지 암호화된 개인키의 복사본뿐이다.

---

8) 대칭암호 이용하기(섹션 8.1 참고).

공격자는 그것을 해독해야 하는데 만약 사용자가 부호화된 암호를 적절히 선택했을 경우에는 해독하는 데 많은 시간이 걸린다. 개인키를 안전하게 관리할 수 있는 기술에 대해서는 8장에 더욱 심층적으로 다룰 것이다.

개인키를 종이 같은 물리적인 매체나 인터넷에 연결되지 않은 디지털 매체에 보관할 수도 있다. 이런 방법은 인터넷으로 접근할 수 없으므로 디지털 공격으로부터 안전하다고 하여 콜드 스토리지(cold storage)라고 일컫는다. 반면 물리적인 도난을 당할 가능성이 있으므로 적절한 방법으로 안전하게 보관해야 한다.

일부 지갑 프로그램은 풀 비트코인 노드를 운용한다. 풀 노드는 분산 데이터베이스, 즉 블록체인의 완벽한 복사본을 보관한다. 이 지갑은 트랜잭션 데이터베이스를 저장하고 처리해야 하는 대신 제3자 서버에 의존할 필요가 없다는 장점이 있다.

라이트(lightweight: 전체 블록 데이터를 검증하거나 모든 데이터를 저장하지 않는 노드-옮긴이) 지갑 프로그램을 이용할 수도 있다. 이들은 제3자 노드에 의존해 지갑에 있는 어드레스의 잔액과 같이 필요한 정보를 준다. 그뿐만 아니라 지갑이 수행하는 트랜잭션을 전달할 때도 제3자 노드에 의존한다. 라이트 지갑은 스마트폰처럼 메모리와 프로세싱/배터리 역량이 한정적인 디바이스에 더 적절하다. 지갑을 뒷받침하는 기술은 섹션 8.8에서 더욱 심층적으로 다룰 것이다.

오픈소스에 의해 만들어진 지갑을 사용하는 것이 바람직하다. 지갑의 개발자가 바이너리에 백도어를 포함하기로 결정할 경우 오픈소스가 아닌

지갑은 안전상 위험요소가 될 수 있다.**9)** 풀 노드 지갑과 라이트 지갑의 몇몇 오픈소스 프로그램이 존재한다.

세 번째 형태의 지갑은 웹지갑이다. 웹지갑에서는 제3자, 흔히 웹사이트로 자금이 이체되고, 그런 다음 제3자가 사용자를 대신해 자금을 관리한다. 웹지갑의 사용자 경험(사용자가 어떤 시스템, 제품, 서비스를 직·간접적으로 이용하면서 느끼고 생각하게 되는 지각과 반응, 행동 등 총체적 경험-옮긴이)은 기존 온라인 금융 서비스와 비슷하다. 웹지갑이 개인키를 관리하기 때문에 사용하기 편리하다. 하지만 웹 서비스 자체가 사용자의 자금을 훔치거나 웹 서비스가 공격을 당할 수 있는 위험이 있다. 어떤 경우든 웹지갑 서비스가 개인키를 전적으로 통제하고 있으므로 사용자의 자금을 모조리 잃을 수 있다. 이런 서비스에 대한 공격과 절도 사례가 잇달아 일어난 이후 사용 가능한 기술(다중서명)을 이용해 웹지갑 서비스를 만들어야 한다는 주장이 끊이지 않았다. 다중서명이 있으면 서비스 운용자 혹은 공격자가 고객의 자금을 통제할 수 없다.

---

9) 오픈소스 지갑의 바이너리에 백도어도 포함될 수 있는데 그런 바이너리는 웹사이트의 다운로드로 제공된다. 그러나 오픈소스 지갑의 경우 사용자가 언제나 소스코드를 다운로드해서 검토하고 직접 편집하는 (혹은 대신 이 일을 해주는 사람에게 지불할) 옵션이 있다.

# 2.5 비트코인의 다양한 의미

비트코인의 의미는 무척 다양하다.

- **프로토콜(protocol)**

프로토콜은 분산 데이터베이스를 구축하는 법, 그것을 설명하는 법, 트랜잭션을 짜 맞추는 방법, 유효한 트랜잭션을 구성하는 요소 등에 관한 명세이다.

- **네트워크(network)**

이는 노드가 연결된 피어 투 피어 네트워크이다. 이 피어 투 피어 네트워크의 노드는 블록체인에 추가되는 새로운 블록과 발표되는 트랜잭션을 담은 메시지를 교환한다.

- **화폐(currency)**

비트코인은 비트코인 네트워크의 고유 통화 단위이다. 앞으로 약 2,100만 비트코인이 발행된다. 비록 비트코인이 계정의 주요 단위이지만 모든 비트코인은 사토시(Satoshi)[10]라고 불리는 1억 개의 조각으로 나눌 수 있다.

- **오픈소스 프로그램(open source implementation)**

이는 C++라고 표기하는 오픈소스 프로젝트로 프로토콜을 시행한다. 이 프로젝트는 최근 비트코인 코어(Bitcoin Core)로 브랜드를 바꾸었는데 비트코인의 다양한 의미를 혼동하는 일을 피하는 것이 한 가지 목적이었다. bitcoin.org/en/download

---

10) 프로토콜을 변경하면 추가 가분성[비트코인을 사토시(비트코인의 최소 단위로 0.00000001 비트코인에 해당)로 더욱 세분할 수 있는 성질로 이 덕분에 전통 화폐와는 달리 소액 거래가 가능하다-옮긴이]을 얻을 수 있을 것이다. 현재 프로토콜은 사토시의 양이 담긴 64비트 정수를 이용해 양을 표현한다. 프로토콜을 다른 표현으로 바꾸면 추가 가분성을 얻을 수 있다. 그러려면 모든 비트코인 사용자가 소프트웨어를 업그레이드하기로 합의해야 한다.

에서 소스코드와 컴파일된 바이너리를 무료로 내려받을 수 있다.

비트코인 코어는 단일 컴퓨터 프로그램이지만 두 가지 다른 서비스가 포함된다.

■ **비트코인 코어 월렛(bitcoin core wallet)**

비트코인 qt(bitcoin-qt)로 알려진 비트코인 코어 월렛은 지갑을 위한 디폴트 기반 기술이다. 이를 운용하려면 풀 노드가 필요하므로 이 지갑은 풀 노드 지갑이다. 비트코인 코어 월렛은 qt 프레임워크를 사용하는 사용자에게 GUI를 제공한다. 그래서 비트코인 qt라는 이름으로 불리기도 한다.

■ **비트코인 코어 서버(bitcoin core server)**

비트코인(bitcoind)로 알려진 비트코인 코어 서버는 네트워크 노드를 실행한다. 그래픽 사용자 인터페이스가 없이 데몬(daemon: 사용자가 직접 실행하지 않아도 보이지 않는 백그라운드에서 자동으로 실행되는 프로그램-옮긴이)으로 운용될 수 있기 때문에 비트코인드라는 이름을 얻었다. 비트코인 코어 서버는 비트코인 네트워크에 연결하고, 메시지를 교환하고, 블록체인을 해석하고, 네트워크의 신규 트랜잭션을 처리하는 등 여러 목적으로 이용된다.

최근 커뮤니티에서는 지갑과 노드 소프트웨어의 표적 사용자가 다양화되면서 비트코인 코어 프로젝트를 별도의 두 가지 독립형 프로그램으로 나누는 과정에 주목했다.

# 3장
# 화폐로서의 비트코인

인류 역사상 다양한 형태의 화폐가 사용되었다. 비트코인 또한 화폐의 형식적인 특성을 충족시키므로 원칙적으로 화폐의 역할을 할 수 있다. 그것은 내구적이고, 분할할 수 있고, 대체할 수 있고, 이체하기 쉽고, 위조할 수 없다. 현대 주류 경제학자들은 대개 화폐의 기능을 세 가지로 규정한다.

- **교환수단**

제품과 서비스로 교환할 수 있다.

- **가치 저장**

현재에서 미래로 구매력을 이전하는 데 이용할 수 있다.

- **계산단위**

제품과 서비스를 화폐단위로 나타낼 수 있다.

비트코인이 화폐인지 아닌지를 둘러싼 경제계의 논의가 많았다. 비트코인 비판자들은 비트코인이 화폐의 세 가지 기능을 수행하지 못한다는 점에서 화폐의 정의에 부합하지 않는다고 주장한다. 반대로 비트코인 지지자들은 화폐의 세 가지 기능을 수행해야만 자산이 가치 있는 것은 아니라고 주장한다. 그러면서 이런 논쟁을 '화폐가 아니면 아무것도 아니다(money or nothing)'의 오류라고 일컫는다. 덧붙여 화폐의 전통적인 세 가지 기능을 분리할 수 있다는 경제적인 증거가 존재한다.

오스트리아학파의 경제학자들은 비트코인을 화폐로서 기꺼이 수용한다. 이 학파는 19세기 후반 빈(Vienna)에서 시작된 경제사상학파로서 개인행동분석을 토대로 삼는 방법론을 채택한다. 이 학파의 공헌 가운데 가장 논란이 많은 몇 가지를 살펴보면 다음과 같다.

■ 이들은 몇몇 교환수단이 서로 경쟁하다가 화폐가 등장한다고 믿는다. 이런 경쟁적인 교환매체 중에서 가장 많이 수용되는 것이 화폐로 자리 잡는다. 다른 교환수단은 서로 공존할 수 있으며 이것들은 제2의 교환수단 혹은 준(準)화폐(quasi-money)라고 일컬어진다. 이와 대조적으로 주류 경제학자들은 정부가 신용화폐를 법정화폐로 규정함으로써 수요를 창조한다고 믿는다. 그러면 그 화폐를 공적이든 사적이든 상관없이 모든 부채를 청산하는 결제수단으로 받아들여야 한다.

■ 이들은 화폐공급의 증가나 신용확대가 어쩔 수 없이 물가상승과 경제 불안정을 초래할 것이라고 믿는다. 따라서 이들에게 인플레이션은 제품과 서비스 가격의 상승이 아니라 단지 화폐공급의 증가를 의미한다.

- 이들은 기술진보나 화폐공급 감소로 디플레이션이 야기될 수 있다고 믿는다. 기술진보에서 발생한 디플레이션은 경제성장에 해롭지 않으므로 두 번째 원인을 해로운 것으로 여긴다. 따라서 이들은 고정 통화공급을 옹호한다. 주류 경제학자들에 따르면 경제는 고정 임금처럼 가격 경직성이 있어서 평형상태에 이르지 못한다. 또한 그들은 가벼운 인플레이션이 경제성장에 윤활유가 된다고 믿는다.
- 이들은 부분 지급준비금을 통해 과도한 신용을 창출함으로써 경기순환이 이루어진다고 믿는다.[11] 이는 경제 자원 배분의 왜곡과 그로 인한 경기침체를 유발한다. 주류 경제학자들은 확장기에는 할 일이 별로 없고 수축기 동안에는 할 일이 많다(통화공급량과 정부지출을 증가시킨다)고 믿는다. 반면에 이들은 수축기 동안(경제가 스스로 과잉을 걸러내도록 내버려 둘 뿐) 할 일은 별로 없고 확장기 동안에 조치를 취해야 한다(통화공급량의 증가를 제한한다)고 믿는다.

주류 경제학자들은 이런 개념들 중 어떤 것도 타당하다고 생각지 않는다. 이보다 논란이 적은 것은 미제스(Mises: 오스트리아 출신의 미국 경제학자-옮긴이)의 회귀정리(regression theorem)에서 소개된 화폐발행에 관한 오스트리아 학자들의 이론이다. 미제스의 회귀정리에 따르면 시간이 흘러도 통화가치는 사용자가 가치를 계속 보유할 것이라고 하는 가정에서 비롯된다. 오늘 어떤 통화가 가치가 있는 것은 내일 보유자가 제품이나 서비스로 교환할 때 그것을 이용할 수 있다고 기대하기 때문이다. 오늘 통화의 가치는 어제의 가치로부터 발생한 것이다. 시간을 거슬러 올라가면 어떤 시점

11) 부분 지급준비금에 따르면 고객 예금의 일부만이 준비금으로 보관되고 나머지는 대출된다.

에서 틀림없이 통화가 그것의 가치가 파생된 어떤 가치 있는 실물과 밀접하게 연결되어 있다. 따라서 신용화폐의 현재 가치는 실물화폐, 즉 귀금속같은 실물이 뒷받침하는 화폐에 근거를 두고 있다.

오스트리아학파의 많은 경제학자들은 통화로서 비트코인의 역할을 지지한다. 하지만 혹자는 비트코인이 실물화폐에서 유래하지 않았기 때문에 미제스의 회귀정리에 부합하지 않는다는 근거를 내세워 비판한다.

일부 연구집단에서는 좀 더 현실적인 근거에 따라 통화로서 비트코인의 역할에 대해 비판했다. 그러나 비트코인은 훌륭한 교환수단이고 위험한 가치 저장수단이며 형편없는 계산단위라는 것이 중론이다. 다음 장에서는 암호화폐가 어떻게 화폐의 세 가지 기능을 수행하는지 다룰 것이다. 이 장의 마지막 섹션에서는 변동성과 디플레이션, 그리고 규제라는 주제를 다룰 것이다. 이 장과 다음 장에 실린 주장은 대부분 비트코인뿐 아니라 모든 암호화폐에 적용된다는 점을 명심해야 한다.

# 3.1 교환수단

이미 많은 상점에서 비트코인을 받고 있다. 심지어 비판자들 사이에서도 비트코인이 교환수단의 역할을 할 수 있다는 합의에 이른 것처럼 보인다. 〈그림 3.1〉은 일일 트랜잭션 횟수를 나타낸다. 비트코인은 트랜잭션 횟수 면에서 꾸준히 증가했지만 일일 10만 건 이하라는 횟수는 여전히 다

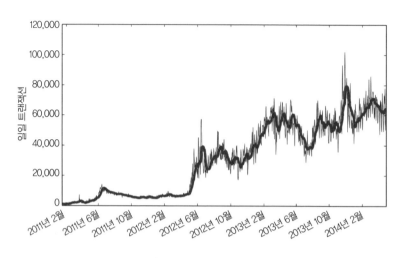

그림 3.1 일일 트랜잭션(14일간의 이동 평균 포함). 출처: blockchain.info

른 결제방법보다는 상당히 적다.

경제학자 대부분은 비트코인의 사용자 기반이 여전히 적어 보편적인 교환수단이 되려면 임계치를 달성해야 한다는 데 뜻을 모은다. 임계치란 신규 사용자의 혜택이 새로운 기술을 채택하는 비용을 능가하는 지점이다. 디지털 통화 같은 일부 기술의 경우 이미 그 기술를 채택한 다른 사용자의 수와 함께 신규 사용자의 혜택이 증가하는데 이는 거래할 기회가 더 많기 때문이다. 따라서 모든 사용자가 얻는 전체 혜택은 사용자 수에 비례해서 증가한다. 이를 네트워크 효과라고 한다. 어떤 테크놀로지가 일단 임계치에 도달해서 그것을 능가하면 긍정적인 피드백이 등장하기 시작하고 기술 채택이 폭발적으로 증가한다.

〈그림 3.2〉는 비트코인의 일일 추정 트랜잭션 양이며 〈그림 3.3〉은 그

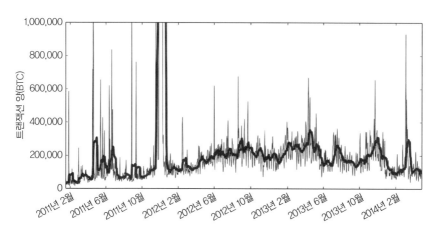

그림 3.2 일일 비트코인 트랜잭션 양에서 추정. 출처: blockchain.info

것을 토대로 삼아 USD로 나타낸 일일 추정 트랜잭션 양이다. 지지자들은 비트코인이 성장의 측면에서 자연스럽게 몇 가지 주기를 따른다고 주장한다. 기술에 정통한 얼리어답터들 사이에서 광범위하게 채택될 수 있는 임계질량은 2013년 말에 넘어섰으며(《그림 3.3》 참고) 자연스럽게 다지기 기간이 뒤따랐다. 이들 지지자는 단골 사용자들이 비트코인을 이용할 수 있는 기반 기술을 기업가들이 구축해 이후 성장의 물결을 위한 토대를 마련하고 있다고 주장한다.

그러나 비판자들은 몇몇 인터넷 거대 기업이 별도로 디지털 결제 기반 기술을 구축할 수 있다고 맞선다. 그러면 오픈소스 프로젝트인 비트코인이 막대한 재력을 갖춘 기업들과 경쟁해야 하는 표준전쟁(standards war)이 발발할 수 있다. 이 가상의 표준전쟁의 결과가 대기업에 유리하다면 경제 이론상 비트코인 혹은 다른 암호화폐가 시장에서 밀려날 수 있다. 비판자

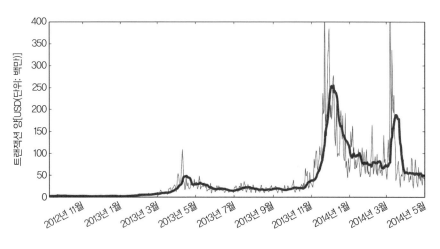

그림 3.3 USD로 나타낸 일일 추정 트랜잭션 양. 출처: blockchain.info

들은 또한 막대한 채굴 비용 때문에 비트코인이 새로운 다른 결제시스템 이나 기존 결제시스템과 경쟁할 수 없을 것이라고 주장한다.

〈그림 3.4〉는 전체 채굴자의 총수입을 트랜잭션 규모의 백분율로 나타 낸 것이다. 채굴자들이 받는 보상은 신용카드 트랜잭션 수수료와 비슷하 게 1~5% 범위를 오르내렸다. 이 총수입은 대부분(현재 99% 이상) 채굴자 들에게 보상을 제공하기 위해 발행하는 신규 비트코인에서 비롯된다. 최 종 소비자에게 지불되는 트랜잭션 수수료에서 얻는 보상은 아주 낮은 비 율에 지나지 않는다. 비판자들은 시간이 지나면서 블록 보상이 감소하면 트랜잭션 수수료로 이 비용을 충당해야 할 것이라고 주장한다. 그러면 트 랜잭션 수수료가 현재 신용카드 수수료와 맞먹는 수준으로 높아질 것이 다. 이런 분석에서는 채굴자들에 대한 보상이 일정할 것이라고 가정한다. 그러나 채굴자들에 대한 보상 때문에 골드러시가 일어나 채굴산업에 막

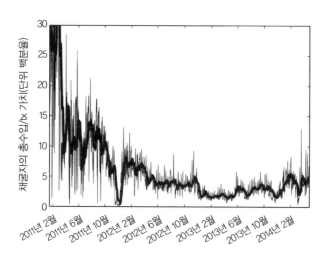

그림 3.4 14일 이동 평균을 포함한 채굴자 총수입/트랜잭션 가치. 출처: blockchain.info

대한 투자가 쏟아졌다는 증거가 있다. 채굴자들에 대한 이 가시적인 보상
은 블록 보상 때문에 과대평가될 수 있으며, 네트워크의 채굴자들에 대한
보상 수준이 낮은 상태로 안정될 수 있다.

### 3.1.1 교환수단으로서의 이점

이 장에서는 교환수단으로서 비트코인의 몇 가지 장점[12]을 살펴볼 것
이다.

비트코인 사용자들은 보안 침입을 당할 위험이 없다. 소매업체가 침입
당할 경우 전통적인 금융정보를 잃는 것과는 대조적이다. 비트코인 결제

---

12) 반대로 이런 특성 가운데 몇 가지는 장점이나 단점이라기보다는 단지 특성으로 생각되며 다음 섹션에
서 다루는 장단점 분류도 마찬가지이다.

를 이용하는 소매업체가 침입당해서 공격자가 소매업체의 개인키에 접근하면 소매업체는 재정적으로 손실을 볼 수 있다. 하지만 비트코인 사용자들은 자신의 개인키를 직접 통제하므로 사용자의 자금에 위협이 되지 않는다. 비트코인 비판자들은 디지털 지갑과 교환 모두 보안 침입을 받을 가능성이 있으며 실제로 침입당했을 때 최종 사용자들이 의지할 수단이 없다고 주장한다.

비트코인과 관련 기술을 채택하면 통화는 물론이고 모든 디지털 자산을 이체할 수 있다. 그뿐만 아니라 새로운 프로토콜을 통해 계약과 관련된 애플리케이션을 실행할 기회가 생긴다.

비트코인은 현금과 비슷한 푸시 결제시스템(push payment system: 인터넷상에서 결제 전송 요청이 중앙서버에서 시작되는 정보전달방식-옮긴이)으로, 사용자가 트랜잭션을 선행적으로 생성해야 한다. 이와 대조적으로 신용카드 같은 다른 결제시스템은 풀 시스템(full system: 전송 요청이 클라이언트에서 시작되는 방식-옮긴이)으로 사용자가 소매업체에 승인하면 소매업체가 사용자의 계정으로부터 지불액을 인출한다. 푸시 결제시스템은 구매과정의 통제권이 사용자에게 있기 때문에 사기나 원치 않는 구매를 줄이는 데 유리할 수 있다.

비트코인 결제는 전통적인 결제 결제방법보다 익명성이 크거나 작을 수 있다. 익명성이 커지는 원인은 가명을 사용하기 때문이다. 반면 공격자가 사용자와 일치하는 어드레스의 익명성을 해제할 수 있으면 사용자의 완벽한 금융정보에 접근할 수 있으므로 프라이버시가 줄어든다.[13]

비트코인은 전통적인 금융 분야와 독립된 새로운 결제시스템이다. 평행 결제시스템(parallel payment system)을 창조할 수 있으므로 경제 위기를 맞았을 때 회복력을 제공할 수 있다.

### 3.1.2 교환수단으로서의 약점

다음은 교환수단으로서 비트코인의 약점을 나열한 것이다.

비트코인이 편리해서든 아니면 너무 버거운 기술이라고 생각하든지 간에 사용자 대부분은 결국 가치 이전의 매개물로 사용하게 된다. 이런 경우 주로 기업에서 새로운 기술을 이용하며 그래도 비용은 크게 줄어들지 않는다.

EUR/USD나 GBP/USD와 같이 교차(cross)를 위한 외환시장의 규모에서 입증되듯이, 비트코인은 법정화폐보다 유동성이 적다. 이들 시장은 비트코인 트랜잭션 양보다 최대 1,000배 크다. 그뿐만 아니라 기존 법정화폐는 네트워크 외부효과가 더 커서 대체통화가 경쟁하기 어렵다.

신용카드와는 반대로 비트코인 트랜잭션은 신용 옵션을 제공하지 않는다. 신용카드에는 신용 옵션이 자동으로 내장되어 있다. 비트코인 지지자들은 웹지갑 공급업체나 이미 소비자 신용을 관리한 경험이 있는 기존 금융기관이 이 서비스를 비트코인 트랜잭션에 추가할 수 있다고 주장한다.

비트코인을 자본자산으로 분류하는 IRS(Internal Revenue Service, 미국 국세청) 판결 같은 규제가 신고와 준법감시비용을 크게 높여 교환수단으로서

---

13) 사용자나 사용자의 지갑이 여러 어드레스를 생성할 수 있으나 이것들은 서로 연결될 것이다.

비트코인을 사용할 때 걸림돌이 될 수 있다. 소비자를 보호하기 위한 좀 더 강력한 규제가 비트코인 사용을 막을 수도 있다.

트랜잭션이 승인되기까지는 몇 분이 걸린다. 한편 승인되지 않은 트랜잭션의 잔액은 고정되어 트랜잭션이 완료될 때까지 사용하지 못한다. 그렇기 때문에 이를테면 쇼핑몰에서처럼 일상적인 패턴으로 쇼핑하는 사용자는 불편할 수 있다. 트랜잭션 출력값을 이용하는 사용자는 블록체인에서 이 트랜잭션의 잔액이 승인될 때까지 기다려야 한다. 이를테면 큰 트랜잭션 출력값을 쉽게 사용할 수 있도록 소량의 여러 출력값으로 펼치는 등 지갑으로 이 문제를 해결할 수 있다.

유럽 주변 지역의 문제에서 입증되듯이 전 세계에서 단일통화를 사용하는 방안은 효율적인 해결책이 아닐지도 모른다. 비트코인 지지자들은 지역통화와 공존하면서 그들 사이의 통로를 성공적으로 제공할 수 있다고 주장한다.

비트코인이 보편적으로 사용되면 확장성 문제(scalability pressures: 비트코인 블록체인의 블록 크기가 1메가바이트로 제한되는 결과 발생하는 문제, 2018년에 전 세계적인 비트코인 투자 광풍이 불어닥치며 실제로 확장성 문제에 직면했다-옮긴이)에 직면할 수 있다.

기존 기업과 정부에서 기술을 채택할 가능성이 있다. 예를 들면 어떤 정부가 신용화폐를 대신해 전액 상환할 수 있는 암호화폐를 발행할 수 있다. 그러면 사용자가 비트코인과 다른 암호화폐에서 이 기술로 전환할 수 있다.

## 3.2 가치 저장수단

가치 저장수단으로서 비트코인이 비판받는 이유는 주로 변동성 때문이다. 〈그림 3.5〉는 지금까지 비트코인 가격의 변천사이다. 경제학자들은 비트코인이 안정된 가치 저장수단이라기보다는 새로운 비즈니스 모형에 대한 위험한 투자라는 데 어느 정도 동의한다. 이런 견해에 따르면 비트코인 가격은 스타트업과 유사한 역학(similar dynamics)을 따른다.

교환수단으로서 비트코인의 용도와 투자대상으로서 용도 사이에는 밀고 당기기가 작용한다. 〈그림 3.6〉은 비트코인의 현재 공급량을 기준으로 일간 트랜잭션 양으로 계산한(곱하기 365) 비트코인의 연간 회전율이다. 비트코인 회전율은 선진국의 신용화폐 회전율과 비슷하게 줄곧 한 자릿수였으나 다른 암호화폐의 회전율보다 훨씬 낮다.

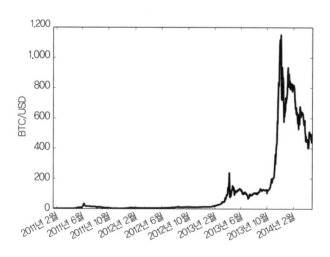

그림 3.5 BTC/USD. 출처: blockchain.info

비트코인의 회전율이 낮은 이유는 사재기(hoarding)로 설명할 수 있다. 사재기란 개인이 투자를 목적으로 유통되는 많은 양의 비트코인을 보관하는 것을 뜻한다. 다수의 비트코인이 '휴면'계좌에 보관되어 있다는 증거가 있다. 그뿐만 아니라 표 3.1에서 알 수 있듯이 비트코인의 소유권은 대부분 얼리어답터(early adopters)인 극소수에 매우 집중되어 있다.

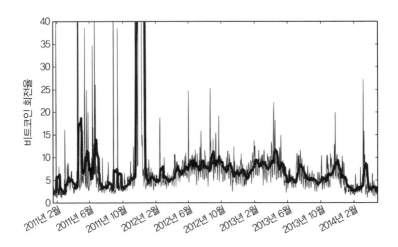

그림 3.6 비트코인 연간 회전율. 출처: blockchain.info

표 3.1 비트코인 부의 집중 와일(Wile)의 데이터(2013)

| 사용자 수 | 백분율 |
|---|---|
| 47 | 28.9% |
| 880 | 21.5% |
| 1,000 | 24.8% |
| 1,000,000 | 20.7% |
| 분실 | 4.1% |

이뿐만 아니라 소멸한 코인데이(coin-days destroyed)를 이용해 사재기 효과를 측정할 수 있다. 트랜잭션에서 소멸한 코인데이는 사용 액수에 그 자금이 마지막으로 사용된 이후 기간을 곱해서 계산한다. 예컨대 사용자가 100 비트코인을 받아서 100일 동안 보관한 후에 사용한다면 이 마지막 트랜잭션은 100×100 = 10,000 코인데이를 소멸시킬 것이다. 〈그림 3.7〉은 발행된 코인데이와 소멸된 축적 코인데이를 묘사한 것이다. 시간이 지나거나 신규 비트코인이 발행되면 코인데이가 발생하며 그 타원곡선이 증가한다는 점에 주목하라. 발생된 코인데이의 약 절반이 소멸하였고 두 코인데이의 차이가 사재기한 양이다.

통화의 가치 저장과 교환수단기능은 보완적이다. 만일 비트코인이 아무 가치가 없다면 아무도 그것을 교환수단으로 사용하지 않을 것이다. 이와 반대로 용도가 전혀 없다면 아무도 비트코인을 가치 저장수단으로 사용

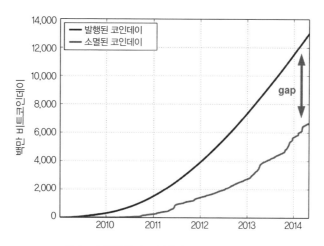

그림 3.7 소멸한 축적 코인데이. 출처: blockchain.info

하지 않을 것이다. 시스템이 성장하려면 비트코인이 두 가지 용도의 균형을 맞추어야 할 것이다. 비트코인을 지나치게 사재기한다면 구하기 어렵다고 인식되어 교환수단으로서의 매력을 잃게 될 것이다.

### 3.2.1 투자수단으로서의 비트코인

비트코인 투자의 위험/수익은 안정적인 가치 저장수단에 대한 투자보다는 위험이 큰 스타트업에 대한 투자와 비슷하다. 위험/수익이 비슷한 다른 투자와 비교할 때 비트코인의 장점은 유동성과 누구든지 투자할 수 있다는 데 있다. 투자로서 비트코인의 또 다른 장점은 다른 자산과 상관관계가 낮다는 데 있다.

'비트코인 스타트업(Bitcoin start-up)'은 새로운 결제시스템이자 그것을 이용해 출시할 수 있는 관련 제품들을 뜻한다. 비트코인은 이 시스템에 접근할 수 있는 토큰에 지나지 않는다. 시스템을 이용하는 자금량이 많을수록 이 토큰의 가치는 더 커진다. 이 토큰을 위한 시장이 개발되어 참가자들이 여기에서 트랜잭션을 진행하거나 토큰의 미래 가치에 투자할 목적으로 토큰을 요구한다.

일단 안정상태에 이르면 투자가들이 비트코인을 보유할 동기는 줄어든다. 반면 가치가 안정적이라면 그것을 가치 저장수단으로 이용할 수요는 커진다.

초기단계 스타트업과 마찬가지로 비트코인이 결제시장에서 상당한 시장점유율을 확보할 만큼 성장할 가능성과 실패하여 투자가치가 제로로 떨어질 가능성이 공존한다. 스타트업이 실패해서 가격이 제로로 붕괴할 몇 가지 시나리오를 살펴보면 다음과 같다.

- 보안상 중대한 결함이 발견된다. 그러면 대대적인 해킹이 일어날 것이다. 반면 결함을 차근차근 해결한다면 순조롭게 과도기를 넘길 수 있다.
- 공격이 일어나 기술에 대한 신뢰가 훼손된다. 그러면 사용자들은 악순환의 늪에 빠지고 이 악순환은 저절로 악화할 것이다.
- 예컨대 알트코인(alt-coin), 메타코인(meta-coin) 혹은 인터넷 대기업의 결제 플랫폼 같은 경쟁기술이 비트코인을 대체한다. 이 시나리오에서는 쉽게 대체기술로 방향을 전환할 수 있기 때문에 이 분야에 대한 투자가 대부분 그대로 남는다. 하지만 사용자와 기업이 새로운 네트워크로 옮겨가고 그 결과 비트코인의 가치는 붕괴될 것이다.
- 비트코인은 전기와 네트워크 연결성이 없는 세계에서는 가치를 잃을 것이다.

## 3.2.2 투자수단으로서의 이점

비트코인은 몰수나 자본규제 혹은 불균형 과세를 피할 수 있다. 이와 대조적으로 신용화폐나 귀금속은 물리적으로나 그것을 보유한 금융 중개업체에 대한 명령을 통해 몰수할 수 있다. 비트코인을 소유한 사용자는 인터넷에 연결된 디바이스에 접근해서 개인키의 복사본을 보유하는 한 자금에 대한 접근권한을 뺏기지 않는다.

저장비용이 들지 않는다. 비트코인 사용자는 지갑을 구축해 적절히 보호하는 비용을 부담하지만 일단 이 초기 구축단계가 끝나면 비트코인을 저장하는 데 추가비용이 들지 않는다.

비트코인은 운반하기 쉽다. 개인키를 USB 플래시 드라이브 같은 저장 매체에 담거나 클라우드에 올릴 수 있다. 이와 대조적으로 신용화폐와 물자는 양이 많을 때, 특히 운반하기가 부담스럽다.

비트코인은 알고리즘으로 희소성이 유지된다. 비트코인 문서의 규정에 따르면 비트코인 공급량을 바꾸려면 비트코인 보유자들의 합의가 필요하다. 그뿐만 아니라 모든 비트코인 사용자가 공급량을 바꾸겠다고 만장일치로 합의한다고 하더라도 발행된 통화는 원래 디자인에서 지나치게 벗어나므로 비트코인이라고 불릴 수 없다. 따라서 어떤 중앙기관도 통화를 변조하겠다고 결정할 수 없다. 비판자들은 다수의 결정을 통해 비트코인 공급량을 바꿀 수 있고, 이 결정에 관여한 사람들이 통화 전문가가 아닐뿐더러 이런 점에서 중앙은행이 통화의 비교적 안정적인 가치를 보존하는 임무를 맡는 신용화폐 대부분과 대조된다고 주장한다. 일부 비트코인 지지자들은 통화공급량을 불필요하게 팽창시킨 사실을 근거로 내세우며 중앙은행이 임무를 제대로 수행했다는 데 동의하지 않는다.

각각 물리적인 보안이나 기관의 보안을 이용하는 귀금속과 신용화폐와는 달리 비트코인은 암호 보안을 이용한다.

비트코인은 자동으로 기록을 관리한다. 모든 트랜잭션이 블록체인에 기록되기 때문에 자동으로 기록이 생성된다.

비트코인은 통화공급이 고정되어 있다는 점에서 디플레이션의 성격이 있다. 그뿐만 아니라 개인키가 끊임없이 사라지기(constant loss) 때문에 실제로 통화공급이 감소한다. 주류 경제학자들은 디플레이션이 일어나는 통화가 해롭다고 생각한다. 대개 그것이 명목상 가치로 규정되는 부채부담을 증가시킨다는 사실과 경제의 물가/급여 경직성을 근거로 내세운다. 그러나 일부 비트코인 지지자들을 포함한 오스트리아학파 경제학자들은 기술진보로 말미암아 디플레이션이 일어날 수 있으니 고정 통화공급이 반드시 해롭지만은 않다고 주장한다.

〈그림 3.8〉은 가치 저장수단으로서 비트코인의 장단점을 다른 대안과 비교해 요약한 것이다. 비트코인의 특성은 대안들과 사뭇 다르다. 이 때문에 일부 사용자나 애플리케이션에 비트코인은 매력적일 수 있다.

| 은행예금 | 현금/귀금속 | 비트코인 |
|---|---|---|
| · (인플레이션 통화의) 이자 지급<br>· 거래당사자 위험(예금보험과 가능한 예금 헤어컷)<br>· 과세와 몰수 위험<br>· 통화가치 하락 위험 | · 이자 포기<br>· 익명<br>· 절도/손실 위험<br>· 대량으로 운반하기가 번거롭다<br>· 통화(현금)가치 하락 위험 | · 무(無)이자(디플레이션적 화폐)<br>· 준익명성<br>· 절도/손실 위험<br>· 대량으로 운반하기가 쉽고 빠르며 저렴하다<br>· 가격 변동성이 높다<br>· 법정통화 지위가 없다 |

그림 3.8 다른 자산과 비교한 가치 저장수단으로서의 비트코인

### 3.2.3 투자수단으로서의 약점

비트코인의 소스코드는 오픈소스이며 따라서 합법적으로 쉽게 복제할 수 있다. 그렇기 때문에 수많은 대용물이 등장할 가능성이 있다. 비판자

들은 많은 암호화폐가 만들어져 바닥으로 곤두박질치는 경주를 벌이면서 경쟁하고, 그 결과 초인플레이션과 붕괴로 끝날 것이라고 주장한다. 이런 견해는 모든 암호화폐가 어느 정도 수용되고 있다는 가정을 근거로 삼는다. 비트코인 지지자들은 기반 기술 투자, 마케팅, 마인드셰어(mind-share: 제품, 브랜드에 관한 소비자의 인식도-옮긴이), 유동성 덕분에 암호화폐가 네트워크 효과의 영향을 받는다고 주장한다. 비트코인은 현재 선발자 이익에 힘입어 선두를 유지하고 있다. 그러나 미래에 다른 암호화폐에 밀려난다면 네트워크 효과는 선두주자로 나선 암호화폐에 유리할 것이다. 네트워크 효과 덕분에 이 암호화폐를 중심으로 시장이 형성될 것이기 때문이다.

비판자들은 비트코인이 변동성 때문에 가치 저장수단으로 쓰일 수 없다고 주장한다. 신용통화와 대조적으로 가치의 안정성을 보장할 수 있는 중앙은행 같은 기관이 없다. 따라서 비트코인 가격은 자기실현적 역학의 영향을 받는다. 즉 한 가지 사건이 일어나면 그 여파가 저절로 커지면서 전면적인 신용위기로 곤두박질치는 것이다.

통화공급량에 대한 규제가 없다. 처음에는 오픈소스 프로젝트, 이후에는 변화에 동의하는 채굴자와 사용자들이 다수결로 통화공급량을 바꿀 수 있다.

비트코인을 보유하는 것이 인플레이션을 막는 효과적인 보호책은 아니다. 인플레이션이 일어난 여파로 신용통화보다 비트코인 가격이 크게 상승하면 수익에 과세할 수 있기 때문이다. 비트코인 지지자들은 대부분의 자산에도 이런 현상이 일어날 뿐 아니라 어떤 경우든 비트코인을 보유하면 인플레이션 때문에 신용통화의 공급량이 증가할 때 부분적인 방지책이 될 수 있다고 주장한다.

암호화폐는 법정통화의 지위가 없다. 이와 대조적으로 신용통화는 대개 법정통화의 지위를 가지는데 이는 각 나라에서 모든 부채를 신용통화로 상환할 수 있다는 뜻이다.

정부가 암호화폐 사용을 금지할 수 있다. 이를테면 정부는 암호화폐의 불법사용을 예방하거나 통화규제를 시행하는 등 몇몇 이유로 암호화폐를 금지할 수 있다. 비트코인 지지자들은 암호화폐의 분산적인 성격 때문에 암호화폐를 금지할 확실한 방법이 없다고 말한다. 그러나 교환 및 결제 프로세스 같은 시스템의 게이트웨이[gateways: 컴퓨터 네트워크에서 현재 사용자가 위치한 네트워크에서 다른 네트워크(인터넷 등)로 이동하기 위해 반드시 거쳐야 하는 거점-옮긴이]는 금지할 수 있다.

비트코인은 그것을 뒷받침하는 물리적인 금융이 없다. 따라서 그것을 지지하는 내재가치가 없다. 비트코인 지지자들은 금의 가치는 대부분 내재가치가 아니라 통화가치이며, 비트코인도 마찬가지라고 말한다. 일부 지지자들은 채굴자들이 수행하는 작업증명(Prove-of-Work, POW)에서 비트코인의 내재가치가 비롯된다고 주장한다.

금과 같은 물자의 경우에는 생산 한계비용이 가격 수준을 뒷받침한다. 물자의 가격이 생산 한계비용 아래로 하락할 때 시장에서 채굴 능력이 빠져나가 공급량이 감소하며, 그 결과 가격이 상승한다. 반면 비트코인에는 가격을 안정시키는 생산 한계비용이 없다.[14] 그렇기 때문에 가격이 더욱 급락할 수 있다.

은행 예금과 대조적으로 비트코인에는 사용자를 위한 예금보험이 없다. 비트코인 지지자들은 발행자와 교환과 같은 서비스, 지갑 공급자가 후속으로 등장한다면 예금보험이 필요하지 않다고 주장한다(섹션 4.5 참고).

## 3.3 계산단위

비트코인은 일반적으로 계산단위(unit of account)로서 효과적이라고 생각되지 않는다. 물론 비트코인을 여러 제품이나 서비스와 교환할 수 있으나 비트코인으로 직접 가격을 명시하는 제품과 서비스는 드물다. 그뿐만 아니라 변동성이 높은 비트코인은 효과적인 계산단위라 할 수 없다. 비트코인 지지자들은 비트코인 가격이 안정되면 비트코인으로 가격을 명시하는 판매업체들이 점점 증가할 것이라고 주장한다.

반면 비판자들은 비트코인 경제가 존재하지 않으므로 비트코인이 효과적인 계산단위라 할 수 없다고 주장한다. 채굴장비나 하드웨어 지갑처럼 비트코인 팬을 표적으로 삼은 극소수의 제품이 비트코인으로 가격을 명시한다.

비트코인 지지자들은 자동화 에이전트를 토대로 한 애플리케이션[15]이

---

14) 그러나 비트코인 채굴에는 전기소비처럼 비용이 든다(9장 참고).

15) 자동화 에이전트란 일단 만들어지면 인간의 도움이 필요 없는 컴퓨터 프로그램을 뜻한다. 암호화폐를 이용하면 이런 에이전트가 자동으로 금융 트랜잭션에 참여할 수 있다.

확산된다면 비트코인이 그런 에이전트의 자연스러운 계산단위가 되어 수요가 더 커질 것이라고 주장한다.

마지막으로 일부 경제학자들은 새로운 기술이 도입된 덕분에 화폐의 세 가지 기능이 분리되기 시작했다고 주장한다. 이 견해에 따르면 비트코인이 화폐의 다른 기능을 한다면 당장 계산단위 역할을 수행하지 못해도 문제 되지 않을 것이다.

# 3.4 디플레이션

신규 비트코인의 통화공급량 경로는 비트코인의 소스코드에 프로그램되어 있다. 섹션 2.3의 〈그림 2.7〉은 시간에 따른 비트코인 통화공급의 증가상황을 묘사한 것이다. 발행된 비트코인은 최종적으로 약 2,100만에 이른다. 비트코인은 이처럼 통화공급량이 고정되어 있어서 디플레이션적 화폐이다.

게다가 소유자가 개인키를 잃어버리면 유통과정에서 비트코인이 줄어든다. 현재 유통되는 비트코인 가운데 약 4%가 사라졌다(표 3.1). 잃어버린 비트코인의 총량은 분명 갈수록 증가할 것이다.

주류 경제학자들은 비트코인의 디플레이션 모형을 거부한다. 이들의 주장에 따르면 비트코인이 신용화폐의 대안으로 입지를 굳히면 중앙은행이 통화정책을 시행하기 어렵고, 화폐를 발행해 정부가 창출하는 총수입이 감소한다. 아울러 비트코인 매각이 쇄도하면 이후 금융시스템은 불안정해질 수 있다.

반면 오스트리아학파 경제학자들은 일반적으로 비트코인의 디플레이션 모형을 긍정적인 결과로 본다. 이들의 경기순환이론에서 주장하듯이 통화공급량이 증가할 때 발생할 신용확대를 예방할 수 있기 때문이다.

경제에서 비트코인이 차지하는 비중이 지극히 적다는 사실을 고려하면 어떤 의미에서 비트코인 디플레이션 모형이 경제에 미치는 영향을 논하기에는 시기상조이다. 비트코인 디플레이션 모형이 한 가지 특성이라기보다는 필수요소로 간주되어 비트코인에 희소가치를 부여할 수 있었을지도 모른다.

일부 비판자들은 그레셤의 법칙(Gresham's Law)에 따라 비트코인이 어쩔 수 없이 구축(drive out, 驅逐)될 것이라고 주장했다. 그레셤의 법칙은 유통되는 몇 가지 통화와 그들 사이의 (예컨대 정부가 부가하는) 고정환율을 고려해 사람들이 저평가된 통화를 저장하고, 고평가된 통화를 사용하는 경향이 있다고 규정한다. 따라서 저평가된 통화는 유통에서 사라질 것이다. "악화(bad money)가 양화(good money)를 구축한다." 이 이론에 따르면 만일 비트코인이 디플레이션 편향 때문에 양화로 인식되는데 정부가 신용화폐를 결제수단으로 수용하라고 강요한다면 사람들은 '양화'(비트코인)가 더 이상 유통되지 않을 때까지 '양화'를 저장하고 '악화'를 제거할 것이다. 그러면 비트코인 교환수단으로 사용되지 못하고 결국 붕괴할 것이다. 비판자들은 이런 이유로 사람들이 비트코인을 사재기한다고 주장한다.

비트코인 지지자들은 정부가 설정한 고정환율이 아니라 비교적 유동적인 환율로 신용화폐와 비트코인을 교환할 수 있다고 말한다. 따라서 비트코인이 신용화폐보다 우수하다고 인식된다고 하더라도 비트코인 결제가 존재할 것이다. 사용한 비트코인은 교환을 통해 재빨리 보충될 수 있다. 반면 판매업체들의 입장에서 비트코인이 더 우수한 통화라고 인식하고 그것을 보유하기 위해 노력한다면 비트코인 결제에 할인을 제공할 수 있다.

# 3.5 변동성

〈그림 3.9〉는 6개월 단위마다 롤링 윈도(rolling window: 변동상황을 매일 업데이트하는 방식-옮긴이)를 이용해 비트코인 변동성(Volatility)의 시세를 묘사한 것이다. 비트코인 변동성은 지금껏 이머징마켓의 통화를 포함해도 외환 교차(exchange cross) 변동성보다 10배나 더 높았다.[16]

비트코인의 변동성은 규제의 불확실성, 낮은 유동성, 낮은 시가총액, 제한된 시장 접근, 한정적인 채택 등에서 그 원인을 찾을 수 있다. 비트코인 지지자들은 이런 요인 가운데 일부가 긍정적으로 발전하면 변동성이 줄어들 것이라고 주장한다.

그뿐 아니라 결제 프로세서가 이런 변동성으로부터 사용자와 판매업체

---

16) 외환 교차란 한 통화를 다른 통화와 교환할 수 있는 가격을 뜻한다. 가장 유동적인 편에 속하는 외환 교차로는 EUR/USD와 USD/GBP, USD/JPY(일본 엔화) 등이 있다.

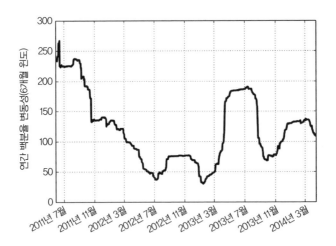

**그림 3.9 6개월 롤링 윈도를 이용한 비트코인 연간 퍼센트 가격 변동성, 비트코인 가격**
출처: blockchain.info

들을 보호한다는 이유를 들어 교환수단으로 비트코인을 채택할 때 변동
성을 장애물로 생각해서는 안 된다고 주장한다. 비트코인의 변동성을 줄
이기 위한 몇 가지 제안을 살펴보면 다음과 같다.

- 비트코인 알고리즘에 피드백 루프를 만들어 비트코인 가격이 상승하면 비트코
  인을 더 많이 발행하고 채굴자들에게 보상으로 제공하는 한편, 가격이 하락하면 더
  적게 발행한다. 블록체인에 입증할 수 있는 비트코인 가격 데이터 스트림을 어떻게
  삽입할 것인지가 관건이다. 채굴자들이 데이터를 공개하면 그들은 신규 비트코인
  발행에 관심을 가지게 되고 그러면 속임수를 쓸 동기가 생긴다.
- 비트코인의 구매력에 따라 모든 지갑의 자금 액수를 조정한다. 만일 (예컨대 신
  용화폐를 기준으로 평가하기 때문에) 비트코인 구매력이 상승하면 프로토콜에 따

라 한 비트코인의 구매력이 안정될 수 있도록 모든 지갑의 자금 액수를 줄일 것이다. 이런 계획을 실행하려면 블록체인에 비트코인의 구매력에 대한 데이터를 입력 (feed)해야 하는데 채굴자들이 이 임무를 수행할 수 있다. 이때 한 가지 현실적인 장애물을 들자면 비트코인을 발행할 때 속임수를 쓸 동기가 있다.

■ 비트코인의 통화정책을 인간에게 맡긴다. [17] 통화공급량의 속도를 알고리즘에 맡기는 대신 비트코인 중앙은행에 일임한다.

이 제안 가운데 실행될 가능성이 있는 것은 없다. 그렇게 되면 비트코인의 성질이 완전히 바뀌기 때문이다. 그러나 알트코인에 이런 제안들을 적용할 여지는 남아 있다.


# 3.6 금융산업과 통화정책에 미치는 영향

비트코인 옹호자는 비트코인이 금융 분야의 진입장벽을 낮춘다고 주장한다. 전통적으로 금융 분야에 새롭게 진입하는 경쟁자는 막대한 자본 기반을 갖추고 비용을 많이 들여 규제를 준수해야 했다. 그런데 비트코인이 등장하면서 소규모 스타트업이 결제 프로세스, 교환이나 송금 공급업체 같은 금융 분야에 진입할 기회가 생겼다. 그러면 경쟁이 치열해져서 판매수익을 낮출 수밖에 없을 것이다. 아울러 혁신속도가 가속화되는 한편 금

---

17) 심지어 퇴직한 중앙은행가에게 이 역할을 맡기라고 제안한 사람도 있다.

융기관들은 첨단 암호기술의 보안 수준을 따라잡기 위해 자사의 기반 기술을 전면적으로 개편할 수밖에 없을 것이다.

현재 금융기관에 불리한 또 다른 위험요소는 사용자가 암호화폐로 저장하고 싶어 하는 저축이 증가하면 탈중개화가 일어난다는 점이다. 그러면 세금(deposit taxes)이 인상되거나 대규모 금융기관이 파산할 수도 있다. 또한 정부가 예금액에 채무 삭감을 적용하기로 할 때 이런 추세가 가속화될 수 있다.

부분 지급준비금 제도를 비트코인에 실시할 수 있는지에 대한 논의가 벌어졌다. 부분 지급준비금 제도란 은행에서 고객의 예금 가운데 일부만 준비금으로 보유하고 나머지는 대출하는 것이다. 이 제도는 화폐 승수효과[18]를 통해 통화공급량을 증가시키는 데 일조한다. 어떤 기관이 비트코인 없이 부분 지급준비금 제도를 시행하지 못하도록 막을 방도는 없으나 사용자가 그런 기관을 선호할지는 미지수이다.

그러나 부분 지급준비금을 실시하는 기관에 미치는 거래상대방 위험[19]

---

18) 중앙은행이 100 통화 단위를 새로 발행하면 자금의 수령인은 은행에 그것을 예금할 것이다. 그 은행은 이 자금의 일부를 신규 융자로 대출할 것이다. 예컨대 은행이 예금의 10%를 준비금으로 남겨두어야 한다면 90%를 대출할 것이다. 아마 이 신규 융자는 금융시스템으로 돌아가서 다른 은행에 예금될 것이다. 이 새로운 은행은 예금된 자금의 90%(81 단위)를 신규 융자로 대출할 것이다. 이 과정은 끝없이 계속될 것이다. 모든 신규 예금을 합산한 결과는 다음과 같다.

$$90 + 81 + 72.9 + \cdots = \frac{100}{0.1} = 1000.$$

부분 준비금 제도의 효과를 통해 원금이 증가했다. 승수는 통화 당국이 요구하는 준비금 수준에 따라 달라진다. 이 예에서 요구된 예금 준비금은 10%며 따라서 승수는 다음과 같다.

$$10 = \frac{1}{0.1}$$

19) 거래상대방 위험이란 은행이 파산해 예금을 상환할 수 없는 위험이다.

은 여전히 남아 있다. 그뿐만 아니라 비트코인에는 거래상대방 위험을 제한할 수 있는 예금보험이나 최종 대출자가 없다. 따라서 부분 지급준비금 제도의 비판자들은 사용자가 자신의 자금을 그런 기관에 맡길 리 없다고 주장한다. 일부 경제학자들은 일부 교환에서는 부분 지급준비금 제도를 준수하지 못하므로 다른 기관들이 이런 사례들을 본보기로 삼아 암호화폐 분야에서 부분 지급준비금 제도를 시행하지 말아야 한다고 주장했다. 혹은 좀 더 정확히 말하면 이런 사례를 본보기로 삼아 사용자가 이런 회사를 믿지 않아야 한다.

반면 통화 당국이 통화공급량을 관리하며 최종 대출자 역할을 할 때 암호화폐를 만들 수 있다. 아마 그런 암호화폐는 시장점유율을 두고 기존 암호화폐와 경쟁해야 할 것이다. 비트코인 옹호자는 그런 시나리오에서 비트코인이나 유사한 암호화폐의 한 가지 장점이 '통화 당국을 솔직하게 만든다'는 점이라고 주장한다.

비트코인의 통화 기반은 여전히 기존 신용화폐보다 매우 낮다. 〈그림 3.10〉은 비트코인의 시가총액과 비교해서 유통되는 USD(미국 달러화), EUR(유럽연합 유로화), GBP(영국 파운드화)의 액수를 나타낸 것이다. 비트코인의 규모는 기존 통화보다 100배 작다.

사람들은 아직 디지털 통화의 규모가 너무 작아서 중앙은행정책에 영향을 미칠 수 없다고 생각한다. 그럼에도 정부와 중앙은행은 디지털 통화에 주목하기 시작했다.

〈그림 3.11〉은 화폐수량설(quantity theory of money: 화폐공급량의 증감이 물

가수준의 등락을 정비례적으로 변화시킨다고 하는 경제이론-옮긴이)과 관련된 방정식을 보여준다. 만일 화폐 유통속도와 경제의 실질 산출이 모두 일정하다면 통화공급량이 증가할 때 실질 경제에 전혀 영향을 미치지 않고 물가가 상승한다. 즉 인플레이션이 일어난다고 주장할 때 수량 방정식이 사용된다. 경제학자들을 대부분 결국에는 화폐수량설이 타당하다는 사실을 인정한다. 그러나 주류 경제학자들은 통화공급량의 증가가 단기적인 경제활동에 영향을 미칠 수 있다고 믿는다.

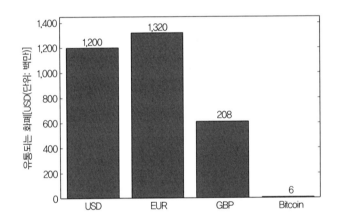

그림 3.10 법정 유통화폐 vs 비트코인의 시가총액, 모든 수치는 USD로 환산했다
출처: 노먼드(2014)

화폐 공급량×회전율 = 가격×트랜잭션

그림 3.11 화폐수량설과 비트코인의 잠재적 영향

한 최근 보고서에서는 비트코인이 USD의 통화정책에 미칠 수 있는 영향을 연구했다. 화폐수량설을 토대로 삼아 비트코인이 널리 사용되면 신용화폐를 보유해야 할 필요성이 줄어들어서 신용화폐의 유통속도가 빨라질 것이라고 주장할 수 있다. 유통속도가 빨라지면 인플레이션이 발생해 중앙은행에서 통화공급량을 줄여야 할 것이다. 다시 말해 긴축 통화정책을 시행해야 할 것이다.

반면 일부 경제학자는 비트코인이 광범위하게 사용되고 신용통화가 통화정책에 잠재적으로 영향을 미칠 수 있다는 사실을 긍정적인 일로 간주한다. 그들은 그런 결과를 금본위제의 귀환과 다름없는 현상이라고 생각한다.

마지막으로 비트코인과 다른 암호화폐가 경제의 안정성을 상승시킨다고 주장하는 일부 경제학자들이 있다. 기존 금융구조가 혼란스러워지거나 제 역할을 하지 못할 경우, 암호화폐에서 유용할 수 있는 대체 결제시스템을 얻을 수 있기 때문이다.

## 3.7 규제

이 섹션에서는 비트코인과 디지털 통화에 대한 미국의 규제(regulation) 상황을 검토할 것이다.[20] 다른 국가의 규제 프레임워크에 대한 검토 결과는 의회 법률 도서관(Law Library of Congress, 2014)을 참고하라. 암호화폐의 규제는 매우 포괄적인 주제이므로 이 섹션에서 간략히 검토했다.

대부분 국가에 이미 암호화폐에 관한 규제가 존재한다. 선불카드, 우수 고객 마일리지, 온라인 게임 화폐 같은 가상 제품과 관련된 규제가 시행되었다. 비트코인과 다른 암호화폐는 원칙적으로 이 규제에 영향을 받는다. 그러나 이런 규제들이 비트코인의 모든 측면을 다루지 못하며 특정 이용사례에 관해서는 규제의 회색지대가 있을 수 있다.

미국의 법정통화발행은 정부의 독점사업이다. 그러나 USD와 양태가 다르지만 민간통화도 법적으로 허용된다. 이 관점으로 보면 비트코인을 불법으로 간주할 수는 없다.

송금업체란 한 사람으로부터 다른 사람에게 자금을 보내는 회사이다. 비트코인 자체는 분산 네트워크이다. 따라서 송금업체로 분류될 수도 없다. 하지만 교환이나 결제 프로세서 등 비트코인에 참여하는 일부 기업은 일반적으로 송금업체의 정의에 부합한다. 송금업을 영위하는 업체는 모든 주에서 허가를 받아야 한다. 그래서 이들 업체들은 각 주에서 허가를 신청한다.[21] 전통적인 송금업체가 예금보험의 보호를 받지 못했다는 점을 고려하면 허가를 신청하는 것은 소비자를 보호하기 위해서이다.

또한 송금업체는 은행 비밀법의 적용대상이기 때문에 핀센(FinCEN, Financial Crimes Enforcement Network, 금융 범죄 단속 네트워크)의 감독을 받는다.

---

20) 이 섹션과 나머지 부분의 내용은 일반적인 정보를 제공하기 위한 것일 뿐, 투자나 법률 혹은 세금에 관한 조언을 제공하는 것이 목적은 아니다.
21) 뉴욕주는 특히 암호화폐 분야에 참여하는 기업을 대상으로 하는 비트라이선스(BitLicense)를 만들었다(브리토 외, 2014).

핀센의 목적은 자금세탁과 불법행위의 자금조달을 단속하고 예방하는 것이다. 핀센에 등록된 기업은 고객 신분확인제도(Know Your Customer, KYC)와 자금세탁 방지(Anti-Money Laundering, AML) 절차를 시행해야 한다. 이런 규칙들에 따라 기업은 고객의 신분을 확인하고 그들의 거래를 감시해 의심스러운 거래를 신고해야 한다.

비판자들은 이런 규제를 준수하려면 영업비용이 크게 증가할 수 있고 소비자를 보호하거나 불법행위를 방지하고자 마련된 규제가 궁극적으로 목적을 달성하지 못한 채 마찰만 크게 일으킬 수 있다고 주장한다. 그뿐만 아니라 모든 트랜잭션 기록이 블록체인에 보관된다는 점을 고려할 때 비트코인을 이용하는 자금세탁은 위험하다고 주장한다. 이것이 사실이라면 전통적인 금융 서비스보다 AML 규칙을 더욱 효율적으로 실시할 수 있을 것이다.

최근 핀센은 투자가나 채굴자를 송금업체로 생각해서는 안 된다고 판결했다. 그러나 이 판결에서는 웹지갑 서비스는 다루지 않았다.

IRS는 최근 세금 지침을 제정해 세법상 암호화폐를 재산으로 취급해야 한다고 결정했다. 비판자들은 이 결정이 사용자에게 불합리한 신고비용을 부가해 모든 트랜잭션을 과세대상으로 만든다[22)][산토리(Santori), 2014]고 주장했다. 그럼에도 일부 개발업자들은 이 도전에 뛰어들어 세금 기록 역량(tax recording capabilities)을 기존 비트코인 지갑에 통합하기 시작했다.

---

22) IRS가 비트코인을 통화로 취급해서 사용자가 비트코인을 이용할 때 약간의 이득과 손해를 무시하게끔 만들 수 있었다는 주장이 있었다.

암호화폐, 파생상품, 혹은 상장지수펀드(Exchange Traded Funds) 등에 관해 금융기관에 적용되는 여러 규제에 대한 논의는 아직 초기단계에 머물러 있다. 분산교환이나 베팅 등 비트코인이 소개한 분산기술의 새로운 애플리케이션은 규제기관에 골칫거리를 안기고 있다.

# 4장
# 비즈니스 애플리케이션

　최초의 비트코인 애플리케이션은 비용의 측면에서 효율적인 결제시스템이다. 이 장에서는 이 애플리케이션을 토대로 만들어진 몇 가지 비즈니스 모형을 제시할 것이다. 이 장에서 소개하는 비즈니스 모형은 암호화폐 생태계의 1세대 애플리케이션이라고 생각할 수 있다. 모든 신기술이 그렇듯이 비트코인은 예측하기 어려운 혁신적인 아이디어들을 양산해 새로운 세대의 비즈니스 모형을 제시할 수 있다.

# 4.1 송금

보고된 바에 따르면 송금(money transfer)시장의 평균 수수료는 8~9% 범위이다. 이 글을 쓰는 현재 비트코인 트랜잭션 수수료는 대략 0.01~0.05%이다(채굴자의 총수입 대부분은 블록 보상에서 발생한다). 원칙적으로 비트코인은 현재 송금업체보다 비용의 측면에서 유리하다. 그러나 이론적인 비용 우위를 제한하는 몇 가지 요소가 존재한다.

- 기존 송금업체의 비용 중 규제 및 준법 감시비용이 매우 많은 부분을 차지한다. 그래서 이 비용들은 소비자에게 이전되는데 상대적으로 수수료가 높은 것은 이 사실과 무관하지 않다. 비트코인을 이용해 송금 서비스를 제공하는 신생기업들에도 결국에는 이런 규제와 준법 감시비용이 발생할 것이다.
- 송금시장 진입 장벽. 송금시장에 진입할 때는 전통적인 기업에도 상당한 장벽들이 존재한다. 은행이 송금 회사에 서비스를 제공할 때 자금세탁 방지규제와 관련한 상당한 비용이 발생한다. 그러므로 그 가운데 한 가지 장벽은 금융과 관련된 관계를 맺고 유지하는 것이다.
- 블록 보상이 감소하고 트랜잭션 수수료가 채굴자들의 보상에서 차지하는 비중이 커짐에 따라 비트코인 트랜잭션 비용이 상승할 것이다.
- 개발도상국의 사용자들은 비트코인이나 다른 암호화폐를 사용할 기술적인 수단에 대해 똑같은 접근권한을 얻지 못할 것이다.
- 송금 사업의 여러 통화의 경우 비트코인을 신용화폐로 전환할 수 있는 유동성

이 매우 낮다. 그렇기 때문에 비트코인 자금을 수신 국가의 신용화폐로 전환할 때 비용이 크게 높아질 수 있다. 비트코인 옹호자들은 일부 대규모 송금시장에서 비트코인과 신용화폐 사이에 쌍방향 시장이 존재한다고 주장한다. 이 쌍방향 시장의 한편은 송금이며 다른 한편은 부의 이탈이다.

비트코인 지지자들은 비트코인 트랜잭션이 공개원장에 보관된다는 사실을 고려해 현행 규제 및 준법 감시규칙을 개정해야 한다고 주장한다. 이 투명성을 고려하는 규제 프레임워크라면 송금 서비스의 준법 감시비용을 줄이는 데 도움이 될 것이다.

〈그림 4.1〉은 송금시장에서 영업하는 최대 규모 기업과 비트코인의 시가총액을 비교한 것이다. 송금시장에서 일반적으로 비트코인을 채택해서 경쟁이 더욱 치열해질지는 여전히 미지수이다.

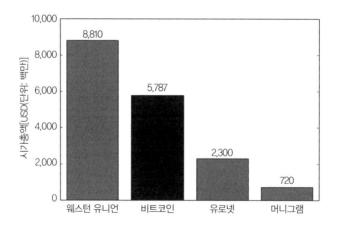

**그림 4.1 송금업체 시가총액 vs 비트코인.** 출처: 구글 파이낸스(Google Finance), 야후 파이낸스(Yahoo Finance), 그리고 2014년 5월 10일 blockchain.info

한 가지 문제는 비트코인 기술을 이용해 송금 서비스를 제공하는 기업이 지속가능한지 여부이다. 만일 사용자가 독자적으로 비트코인을 사용하는 데 익숙해진다면, 다시 말해 교환을 통해 비트코인을 신용화폐로 전환하는 데 익숙해진다면 이런 회사의 서비스가 없어도 불편하지 않을 것이다.

## 4.2 거래소

사용자들은 거래소(exchanges)를 통해 비트코인과 다른 암호화폐를 신용화폐로 바꾼다. 어떤 거래소에서는 비트코인과 다른 알트코인과 같은 다양한 암호화폐 사이의 전환이 가능하다.

거래소는 지정가 주문이나 시장가 주문 등 다양한 유형의 주문을 인정한다. 주문은 주문확인 알고리즘을 통해 운용되는 주문 기록원장에 모아둔다. 교환할 때 거래의 두 당사자에게 수수료를 부과한다. 대부분의 거래소는 1년 365일 진행된다.

〈그림 4.2〉는 최대 규모 거래소에서 일어나는 USD와 비트코인의 일일 트랜잭션 양이다. 비교하자면 2013년 4월 세계 외환시장의 일일 거래량은 53조 USD이었다[국제 결제 은행(Bank for International Settlements), 2013]. 따라서 비트코인 유동성은 기존의 다른 금융시장의 극히 일부분에 지나지 않는다.

거래소 섹터는 매우 역동적이다. 수많은 소형 거래소가 만들어지고 대형 거래소가 사라지기도 한다. 〈그림 4.3〉은 2013년 10월부터 2014년 까지 8개월 동안 일어난 최대 규모 거래소의 시장점유율 변동상황이다. 시

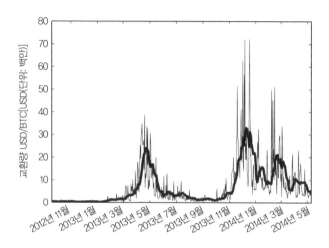

그림 4.2 BTC/USD 트랜잭션 양. 출처: blockchain.info

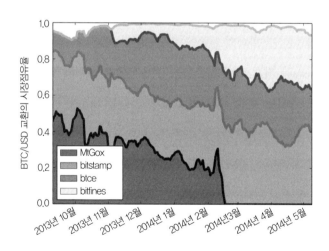

그림 4.3 BTC/USD 거래소 시장점유율. 출처: bitcoinaverage.com

장점유율의 큰 변화에서 알 수 있듯이 이 분야는 여전히 걸음마 단계에 있다.

BTC/USD 레이트의 선물[파생상품의 한 종류로, 선매후물(선매매, 후물건 인수도)의 거래방식을 말한다-옮긴이]같이 2세대 상품을 소개하는 몇몇 거래소가 있지만 최대 규모 거래소는 대부분 현물계약을 오퍼한다. 일부 옹호자들은 이 교환비율을 토대로 한 파생상품의 수요가 발생할 것이라고 주장한다. 그러면 채굴자들이 비트코인을 선매해서 콜 옵션을 매입하거나 풋 옵션을 매각하고 싶어 할지도 모른다.

거래소는 보통 신뢰할 수 있는 제3의 기관 모델에 따라 오프 블록체인으로 운영된다. 다시 말해 사용자는 거래소에서 비트코인이든 신용화폐든 상관없이 자금을 예금한다. 사용자는 비트코인과 USD같이 신용화폐로 명시된 거래소 계정을 보유한다. 일단 양쪽에서 주문을 확인하면 적절한 계정에 입출금되지만 자금은 그 거래소에서 이탈하지 않는다. 고객이 비트코인이나 신용화폐의 인출을 주문해야만 비로소 자금이 거래소를 벗어난다. 따라서 거래소 내에서 일어나는 트랜잭션은 블록체인에 기록되지 않는다. 거래소에서는 대개 비트코인 자금을 대부분 콜드 스토리지로 보유하며 자금 가운데 상환금을 충당할 소액만 온라인 지갑에 보관한다.

제1세대 디지털 지갑 역시 제3 신뢰기관 모델에 따라 운용된다. 이 두 가지 경우에서 사용자는 이들 회사에 자금을 예금할 때 거래당사자 위험에 직면하기 때문에 가능하다면 지갑의 비트코인 잔액을 직접 통제할 것을 권한다.

원칙적으로 거래소에서는 비트코인을 보유한 주소와 연결되는 개인키로 임의적인 메시지에 서명하거나 그들의 비트코인 보유액을 한 주소에서 다른 주소로 이체함으로써 일정량의 비트코인을 소유하고 있다는 사실을 입증할 수 있다. 이는 과거 일부 거래소에서 자신의 재정 안정에 대한 불안을 제거할 목적으로 썼던 방법들이다. 그러나 대부분의 거래소에서는 경쟁자에게 정보를 보내지 않도록 그런 절차를 피하는 편이 바람직할 것이다.

암호화폐 커뮤니티는 지금껏 거래소나 웹지갑과 관련된 거래당사자 위험을 해결할 혁신적인 아이디어들을 제시했다. 이런 제안에 뒤이어 제시한 일반적인 전략에서는 사용자가 다시 자신의 자금을 통제할 권리를 얻는다.

## 4.3 결제 프로세서

결제 프로세서(payment processors)는 판매업체에 비트코인을 결제수단으로 받아들이게끔 해결책을 제공한다. 〈그림 4.4〉는 결제 프로세서가 수행하는 임무를 도식으로 표현한 것이다. 상점은 USD로 제품이나 서비스의 가격을 표시하며 이 가격은 현물비율을 토대로 그에 해당하는 비트코인으로 전환된다. 그러면 고객은 비트코인으로 지불할 수 있다. 결제 프로세서는 거래소를 이용해 비트코인을 USD로 전환해서 판매업체에 돌려준

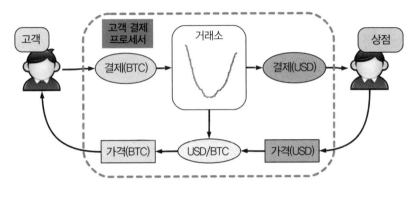

그림 4.4 결제 프로세서

다. 판매업체는 USD로 명시한 가격을 대금으로 받으며 그러면 결제 프로
세서는 현물 BTC/USD 레이트의 변동을 수용한다. 대개 결제시간이 짧
기 때문에(대략 몇 분) 결제 프로세서가 감당할 수 있는 전환 위험은 비교
적 작다. 그뿐만 아니라 결제 프로세서는 시장 주문을 분류함으로써 규모
의 경제를 달성한다.

현재 주요 결제 프로세서에 가입한 판매업체는 수천 군데에 이른다. 수
수료는 약 1%이다. 이는 신용카드 같은 다른 결제수단의 수수료인 2~3%
보다 저렴하다. 비트코인의 변동성이나 교환 수수료가 낮아지면 결제 프
로세서의 수수료가 낮아질 수 있다.

표 4.1은 다른 결제시스템과 비교한 일일 비트코인 트랜잭션 양이다.
비트코인 트랜잭션 양은 다른 결제시스템에 비교하면 여전히 보잘것없
는 수준이다.

비판자들은 비트코인이 결제 프로세싱 시장에서 효과적으로 경쟁할 수

표 4.1 일일 트랜잭션 양. 출처: 그로스먼(Grossman) 외(2014).

| 서비스 | 일일 트랜잭션 양<br>(단위: 100만 USD) |
|---|---|
| 비자(Visa) | 19,000 |
| 마스터카드(MasterCard) | 11,000 |
| 페이팔(PayPal) | 492 |
| 웨스턴 유니언(Western Union) | 225 |
| 비트코인 | 68 |

없는 몇 가지 이유를 제시한다.

■ 규모의 경제나 진입장벽 때문에 형성된 독점.

■ 고객 신분확인 제도와 자금세탁 방지 같은 규제가 비트코인 결제 프로세서의 비
용을 상승시키고 비용 효율성을 제한할 것이다.

■ 전통적인 결제방식에서 사기성 판매업체를 위한 신용 거절이나 신용 금융처럼
사용자가 기꺼이 대가를 지불할 서비스를 제공한다. 비트코인 지지자들은 비트코
인 생태계가 이런 기능을 대부분을 제공한다고 주장한다.

# 4.4 웹지갑

웹지갑(web wallets)은 사용자에게 비트코인을 관리하는 복잡함을 숨기고 온라인 뱅킹 서비스와 더 비슷한 경험을 제공하는 회사들을 말한다. 1세대 웹지갑을 이용하려면 사용자가 웹지갑 서비스에 비트코인을 입금하고 제공업체의 웹사이트에서 결제가 진행되도록 허용해야 한다. 웹지갑은 사용자에게 편리함을 제공한다. 그러나 사용자가 거래상대방 위험을 감수해야 한다. 웹지갑이 해킹을 당해서 자금을 도둑맞거나 내부자가 자금을 가지고 사라질 수 있다. 웹지갑은 일반 은행과 마찬가지로 부분 지급준비금 제도에 따라 운영할 수 있는데 사용자가 자신의 재정 안정을 추적할 수 있는 도구는 많지 않다.

사용의 용이성 외에도 웹지갑은 사용자에게 다른 장점을 제공할 수 있다.

- 사용자에게 본인의 지갑이 손상되었다고 경고할 수 있다.
- 사용자에게 평판이 나쁜 판매업체와 거래하지 말라고 조언할 수 있다.
- 어드레스 스푸핑(spoofing: 승인받은 사용자인 것처럼 시스템에 접근하거나 네트워크상에서 허가된 주소로 가장하여 접근 제어를 우회하는 공격행위–옮긴이)의 위험을 줄일 수 있다. 비트코인으로 제품이나 서비스를 구입할 때 사용자는 대개 무작위로 생성되는 어드레스로 자금을 보내야 한다. 이런 어드레스에는 신분 정보가 없기 때문에 공격자에게 스푸핑을 당할 수 있는데 지갑 서비스로 이런 위험을 줄일 수 있다. 위험을 줄일 수 있는 다른 방법으로는 결제 프로토콜(payment

protocol)이 있다.

- 자동적으로 사용자의 은행계좌에 연결된다.

- 에스크로 서비스를 투명하게 통합한다.

웹지갑 서비스 제공업체는 사용자로부터 수수료를 요구하는 방법으로 총수입을 거둘 수 있다. 아울러 웹지갑 서비스를 통해 수집한 사용자의 소비습관에 관한 데이터에서 얻을 수 있는 가치도 있다.23) 사용자가 거래하는 판매업체를 확인할 수 있는 장점도 있다. 수집된 정보를 이용해 사용자에게 서비스를 추천하거나 더 효과적인 광고를 제시할 수 있다. 그뿐만 아니라 어떤 상황에서는 지갑 서비스가 소매업체와 협력해 사용자에게 프로모션을 제공하거나 때로는 사용자가 선호하는 판매업체를 소개할 수 있다. 이 사업의 총수입 모형은 이메일 보관, 검색 등 다른 웹 서비스 모형과 유사하다.

사용자의 자금을 보유하는 웹지갑은 1세대 서비스로 생각된다. 이 1세대 지갑 서비스의 사용자는 상당한 거래상대방 위험에 노출된다. 2014년 초반 몇 차례 파산과 절도사건이 일어난 후에 다중서명 기술을 이용하는 2세대 웹 서비스로 변화했다. 이런 서비스는 다중서명 어드레스를 이용한다. 이때 키 하나는 일반 사용자 디바이스에 보관하고 두 번째 키는 웹지

---

23) 사용자로부터 소비 데이터를 수집하기를 원하는 기업이 반드시 웹지갑을 제공할 필요는 없다. 지갑과 연결되는 간편결제 확인(Simplified Payment Verification, SPV)을 노드에 제공할 수 있다. SPV 지갑 프로그램을 오픈소스로 만들어 사용자의 믿음을 높일 수 있다. 반면 SPV 고객 대부분은 블룸 필터를 사용해 노드와 소통하여 블룸 필터에 어느 정도 지갑정보를 숨길 수 있다. SPV와 블룸 필터에 관한 좀 더 상세한 내용은 섹션 8.8을 참고하라.

갑 서비스로 보관하며 세 번째 키는 안전한(오프라인) 장소에서 사용자가 보관한다. 3개 중 2개 어드레스에서 자금을 보관하기 때문에 트랜잭션을 하려면 3개의 서명 가운데 2개가 필요하다. 일반적으로 로컬 사용자 키와 지갑 서비스 키로 트랜잭션에 서명한다. 지갑 서비스는 사용자에게 인증을 요구한다. 따라서 자금을 지불할 수 있는 2팩터(two factor) 인증을 제공한다. 그러나 적절히 인증되지 않으면 사용자가 자금을 지불하지 않도록 막을 뿐이지 자금을 관리하지는 못한다. 따라서 웹지갑은 자금을 훔칠 수 없다. 아울러 사용자가 자금의 잠금을 풀 수 있는 세 번째 키를 가지고 있으므로 사용자에게 자금의 잠금을 풀어 '몸값' 결제를 요구할 수 없다.

다중서명 지갑 기술을 기계학습 사기탐지 알고리즘과 결합해 새롭게 요구되는 모든 트랜잭션에 위험 점수를 매기는 기업이 있다. 이 알고리즘은 사용자의 소비습관과 자금이 송금되는 어드레스의 주인, 다시 말해 회사의 신뢰도 같은 요소를 고려한다. 웹지갑 서비스는 이 위험 점수에 따라 트랜잭션을 자동으로 처리하거나 (위험 점수가 낮을 때) 2팩터 인증이나 아웃 오브 밴드 확인을 요구하거나(out-of-band confirmation: 인증에 두 개의 다른 네트워크나 채널로부터 두 개의 다른 시그널을 요구하는 프로세스-옮긴이) 혹은 (중급이나 고급 위험 트랜잭션일 때) 수동으로 트랜잭션을 확인해 회사 직원이 고객에게 전화를 걸게끔 한다.

웹지갑의 또 한 가지 문제는 규제이다. 최근 핀센 규제는 웹지갑의 역할을 다루지 않았다. 그 결과 웹지갑 서비스를 송금업체로 간주해야 할지, 다중서명 트랜잭션의 한 키인 개인키를 보유하고 있는지 아니면 키가 전혀 없는지에 따라 웹지갑에 대한 규제가 달라지는지 아닌지 확실치 않다. 앞으로의 판결이 웹지갑을 송금업체로 결정한다면 송금업체 허가를 받아야 할 것이다.

이와 관련된 비즈니스 모형은 하드웨어 지갑이다. 하드웨어 지갑을 다중서명 웹지갑 서비스와 결합할 수 있다.

마지막으로 교환과 결제 프로세서, 웹지갑의 기능 중에는 중복되는 부분이 있기 때문에 앞으로 이런 사업들을 통합할 수 있을지도 모른다.


## 4.5 다중서명 에스크로 서비스


결제방법으로 비트코인을 사용할 때 한 가지 문제점은 신용카드 같은 다른 디지털 결제 기술과 반대로 결제취소가 불가능하다는 점이다. 이런 테크놀로지에는 분쟁조정 서비스가 내장되어 있다. 비트코인에는 특히 판매업체가 더 저렴하게 신용 거절 사기를 처리할 수 있는 분쟁조정 서비스가 없다.

그러나 분쟁조정과 트랜잭션 취소가능성이 중요한 상황들이 있다. 일반적인 예로 고객과 온라인 판매업체의 분쟁조정을 들 수 있다. 에스크로 서비스(escrow services)는 다중서명(multi-signature) 트랜잭션을 이용하는 두 거래당사자 사이의 분쟁을 해결한다. 첫째, 고객과 판매업체가 모두 믿을 수 있는 에스크로 서비스를 선택한다. 에스크로 서비스는 개인키를 통제하는 비트코인 어드레스를 제공한다. 구매를 원하는 고객은 3개 중 2개 다중서명(M-of-N multisig: 트랜잭션을 승인하는 데 있어서 최소한 3개 중 2개의 서명이 필요하다. M(3개)은 필요한 수의 서명 또는 키이고 N(2개)은 트랜잭션에 관련된 총서명 또는 키의 수-옮긴이) 어드레스로 자금을 보낸다. 고객과 판매업체, 에스크로 서비스의 주소가 여기에 포함된다. 이때 다음과 같은 세 가지 상황이 일어날 수 있다.

- 제품을 정확하게 받은 경우, 고객은 3개 중 2개 다중서명 어드레스에서 판매업체의 어드레스로 자금을 보내는 트랜잭션에 서명하고 그 트랜잭션을 판매업체에 보낸다. 그러면 판매업체는 자신의 키로 3개 중 2개 다중서명 어드레스에 서명하고 그것을 블록체인에 기록한다.

- 제품을 받지 못했거나 불량품을 받았다면 판매업체는 3개 중 2개 다중서명 어드레스에서 고객의 어드레스로 자금을 보내는 트랜잭션에 서명한다. 그런 다음 고객에게 이 트랜잭션을 보내면 고객이 서명하고 블록체인에 기록해 그 자금을 되돌려 받는다.

- 만일 자금을 받아야 할 당사자에 대해 고객과 판매업체의 의견이 다르다면 에스크로 서비스의 중재를 요청할 수 있다. 이런 경우 에스크로 서비스는 누가 자금을 받아야 하는지 결정해서 수수료를 제외한 모든 자금을 돌려주는 트랜잭션에 서명한다. 에스크로 서비스에서 자금을 받아야 한다고 결정한 당사자에게 부분적으로 서명된 트랜잭션을 보내면 그 당사자가 트랜잭션에 서명하고 블록체인에 기록한다.

에스크로 서비스의 중재를 요청하는 것은 세 번째 상황뿐이다. 따라서 에스크로 서비스는 도움을 요청받은 경우에만 수수료를 부과하고 모든 판매업체와 사용자에게 비용을 분배하는 대신, 서비스를 이용한 당사자에게만 비용을 청구한다. 신용카드 프로세서는 분쟁 중재에 관한 전문지식을 이용해 이 같은 서비스를 제공할 수 있는 훌륭한 후보이다.

## 4.6 채굴

채굴자들은 블록 생성에 대한 보상과 트랜잭션 수수료를 통해 총수입을 거둔다. 수수료가 블록당 25 비트코인 현재 연간 채굴 총수입은 약 130만 비트코인이다. 1 비트코인 가격이 500 USD라고 가정하면 채굴산업의 연간 총수입은 6억 5,000만 USD에 이를 것이다. 따라서 채굴(mining)은 비트코인의 최대 사업으로 손꼽힌다.

다음은 채굴산업의 다양한 비즈니스 모형을 간단히 나열한 것이다.

■ 채굴장비 제조업체(mining equipment manufacturers)

이 회사는 ASIC(응용 주문형 직접 회로, application-specific integrated circuit: 반도체 업체가 사용자의 주문에 맞춰 설계하고 제작하는 주문형 반도체-옮긴이) 프로세서를 디자인하고, 칩 제조 대기업과 조립계약을 맺고, 최종 제품을 조립한다. 이 분야에서 경쟁하는 기업이 많다. 그러나 칩 제조가 첨단 수준에 도달하고 채굴장비의 수요가 안정되면 어느 정도 통합과정이 따를 것이다. 아울러 칩 제조 대기업이 시장에 진입할 가능성도 존재한다.

■ 데이터센터(data centers)

채굴장비를 호스팅(hosting: 기업의 대용량 메모리 공간 일부를 이용하여 사용자의 홈페이지나 웹서버 기능을 대행하는 서비스—옮긴이)하는 데이터센터를 임대하는 기업이 있다. 비트코인 채굴 데이터센터는 웹서버 같은 다른 유형의 컴퓨팅과 비교해 채굴이 더 높은 에너지 밀도를 요구한다는 특성이 있다.

■ 채굴자(miners)

ASIC 채굴 하드웨어를 운영해 운영비용을 부담하고 블록 보상을 받는다. 초창기 채굴자는 팬들이 대부분이었으나 ASIC가 등장하면서 최근 들어 채굴 분야가 전문화되었다.

■ 채굴 풀 운영자(mining pool operators)

채굴 풀은 개별 채굴자의 채굴 능력을 연합해 채굴의 보상을 처리하고 이따금 그들의 서비스에 대해 채굴 보상 중 소액을 청구한다.

■ 호스티드 채굴(hosted mining)

클라우드 채굴 서비스나 서비스로서의 채굴(mining as a service, MaaS)이라고 일컬어지는 호스티드 채굴. 이 서비스 제공업체는 모든 운영비용을 부담하고 클라우드에서 채굴 능력을 임대해 채굴산업에 진입하고 싶어 하는 사용자에게 편의를 제공한다.

루리아와 터너(Luria and Turner, 2014)의 추정에 따르면 2013년 채굴장비에 투자된 자금은 2억 USD에 달한다. 2014년 초반 이 추세가 계속되고 1만 5,000 TH/s(초당 테라 해시)[24]가 매달 추가되며 채굴장비가 1,000 USD/TH/s로 판매된다고 가정하면 2014년 채굴장비에 대한 총투자액은 1억 8,000만 USD[25]를 기록할 것이다. 만일 비트코인 가격이 일정하게 유지된다면 2014년 후반의 네트워크 추가 속도는 십중팔구 일정 수준까지 떨어져서 유지될 것이다. 경쟁이 치열해지기 때문에 추가되는 새로운 하드웨어 경제가 악화되기 때문이다. 그래도 비트코인 가격에 따라 계산능력

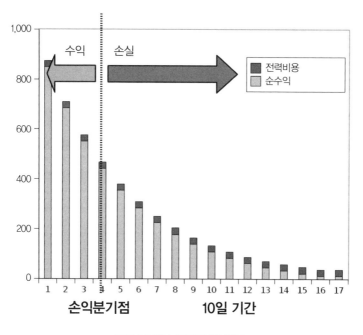

그림 4.5 채굴 ASIC의 캐시플로

24) TH/s는 채굴 계산능력의 척도이다.
25) 이 수치에는 데이터센터나 다른 기반 기술 같은 추가로 필요한 투자는 포함되지 않았다.

에 투자할 동기가 크게 좌우될 것이다. 〈그림 4.5〉는 채굴 비즈니스의 캐시플로를 분석하는 것이 얼마나 어려운지 보여준다. 그림의 캐시플로는 2014년 2월 당시 입수할 수 있는 데이터로 작성되었다. 〈그림 4.5〉는 10일 단위로 기간을 나누어 채굴 총수입과 전력비용을 나타낸 것이다. 다른 비용은 0으로 가정한다. 투자하는 것이 유리하다고 판단할 수 있는 두 가지 주된 요인은 비트코인의 가격과 네트워크 계산능력의 성장세이다. 비트코인 가격은 분석할 당시 시장가격인 650 USD/BTC로 가정했다. 네트워크 해시 레이트(채굴 난이도-옮긴이)는 대수(對數)적으로 증가한 것으로 가정했으며 대수 증가의 요인은 이전 5개월의 해시 레이트 증가를 토대로 추정했다. 당시 ASIC의 광고 가격으로 고려해 장비를 40일 이내에 받는다고 가정할 경우 투자에 대해 수익이 발생할 것이다. 반면 그 이후에 받는다면 투자는 손익분기점에 도달하지 못할 것이다.

비록 어림잡은 분석이지만 이 분석에서 기술이 급속도로 발전하고 계산능력이 기하급수적인 속도로 네트워크에 추가되는 시기에 채굴장비에 투자하기는 어렵다는 점을 알 수 있다.


## 4.7 ATM


비트코인 ATM을 이용하면 모든 사용자가 현금으로 비트코인을 구입하거나 판매할 수 있다. 비트코인 ATM의 작동은 몇 단계를 거친다. 첫째,

사용자가 본인의 신분증을 스캔하면 ATM이 그것의 유효성을 확인한다. 그런 다음 사용자는 현금을 넣고 ATM에 본인의 공개 어드레스를 QR코드로 제시한다. 이 QR코드는 스마트폰이나 태블릿에서 운용되는 지갑 애플리케이션에서 생성하거나 종이에 인쇄할 수 있다. 일부 ATM은 선택적으로 종이지갑을 생성해 지갑이 없는 사용자를 위한 공개 및 개인키를 담을 수 있다. 그러나 이런 경우에 ATM은 개인키의 일지를 작성하므로 보안상 위험이 발생한다. 마지막으로 ATM은 새로 구입한 비트코인을 명시된 어드레스로 보낸다.

비록 이 글을 쓰는 현재 비트코인 ATM을 구체적으로 다룬 핀센 판례는 없으나 이 분야의 기업가들은 대부분 자사가 송금업체 범주에 속한다고 믿는다. 따라서 ATM을 운영하는 기업은 대개 송금업체로 등록한다. 미국의 일부 주에서는 허가를 승인할 때 채권 등기를 요구하므로 등록과정이 번거로울 수 있다.

ATM은 사용자 대부분에게 신원을 밝히도록 요구하며 사용자의 운전면허증이나 신분증 같은 신분증명서를 스캔한다. 그런 다음 확인작업을 수행하는 제3 신분확인 회사[26]에 이 정보를 발송한다. 일부 비판자들은 이 확인작업의 과정이 일반 은행 ATM과 맞먹는 수준은 아니라고 주장한다.

교환비율은 대개 거래소에서 실시간 가격으로 얻는다. ATM 운영자는 시장가격에 3~7%의 수수료를 청구한다. 일부 ATM은 현금으로 비트코인

---

26) 이 이전의 일부 ATM 버전은 ID 정보를 기록하지 않아서 이 작업을 수동으로 수행해야 했다.

을 구입할 때만 이용할 수 있는 일방 ATM이다. 좀 더 최근에 나온 기계는 쌍방으로, 비트코인을 구입하거나 판매할 때 모두 사용할 수 있다. ATM을 운영하는 기업은 대개 어떤 거래소와 연결되어 현금과 비트코인 보유량의 균형을 맞출 수 있다. 그뿐만 아니라 기업에서 ATM이 생성하거나 요구하는 현금의 물류를 관리해야 한다. 현금 수익금을 어떤 거래소에 집중적으로 보내서 비트코인을 구입할 수 있는 뱅킹 관계가 필요한 경우도 있다.

ATM의 초기 사용자들은 대개 팬들이나 호기심에 이끌린 사람들이다.

흔히 회자되는 비트코인 ATM의 이용사례는 여행객들일 것이다. 여행객은 본국에서 비트코인을 구매해 ATM을 이용하는 여행국의 지역통화로 교환할 수 있다. 그러면 대개 비싼 소매 환전 수수료나 여행자수표를 현금화하는 비용이 들지 않는다. 이뿐만 아니라 여행이 끝날 무렵 남은 현금을 비트코인으로 바꿀 수 있다.

마지막으로 지지자들은 ATM을 이용하면 '언더뱅크트(underbanked)', 즉 전통적인 금융 서비스를 받지 못하는 사람들이 디지털 통화에 접근하고 전자상거래에 참여할 수 있다고 주장한다.

# PART 2

# 비트코인
# 기술의 이해

# Bitcoin

# 5장
# 공개키 암호

비트코인은 암호화폐이다. 그래서 비트코인을 디자인할 때 암호가 더욱 중요하다. 암호가 없었다면 비트코인은 존재할 수 없었을 것이다. 이 장의 목적은 암호를 소개하고 비트코인에서 이용하는 주된 공개키 암호(public key cryptography) 알고리즘에 대해 강조한다. 이 책 전체에서 이 알고리즘을 설명할 때 추가 암호 프로토콜을 소개할 것이다. 한 장으로는 이 주제를 다루기에 부족하다. 따라서 여기에서 다루는 내용은 어쩔 수 없이 피상적이며 미흡하다.

암호 작성은 해커가 커뮤니케이션 채널을 엿들을 뿐 아니라 심지어 통제하려고 할 때 안전하게 의사소통하는 방법이다. 고전적인 (대칭)암호기술의 핵심은 부호화이다. 다시 말해 메시지를 암호문으로 바꾸는 것이다. 커뮤니케이션 채널을 엿듣는 해커에게는 암호문이 이치에 맞지 않는 것처럼 보이지만 수신자는 본래의 메시지로 해석하는 법을 안다.

암호 작성자는 암호화 알고리즘을 공개하고 암호화 키만 비밀로 지키는 것이 바람직하다. 이것이 이른바 케르크호프스의 원리(Kerckhoffs's Principle)이다. 이 원리는 작성자가 해독할 수 없는 암호화 알고리즘을 만들기 쉽다는 사실을 이론적 근거로 삼는다.[27] 하지만 세상에서 아무도 해독할 수 없는 암호화 알고리즘을 만들기는 결코 쉽지 않다. 암호 작성자가 아무리 똑똑하다 해도 십중팔구 세상에는 더 똑똑하거나 상상력이 풍부한 누군가가 존재할 것이다. 암호화 알고리즘을 발표하고 면밀히 암호 커뮤니티의 조사를 받는 것이 바람직하다. 케르크호프스 원리의 모토는 '암호 알고리즘을 공개하되 암호화 키는 비밀로 유지하라'라고 할 수 있다.

암호 작성의 초창기 작업은 대부분 대칭암호(symmetric ciphers)에 관한 것이었다. 아주 오래된 한 가지 사례로 시저 암호가 있다. 대칭암호의 목표는 비밀키를 알아야만 본래 메시지를 복구할 수 있도록 메시지를 부호화하는 것이다. 효과적인 대칭암호를 만들려면 메시지나 비밀키에 관한 어떤 정보도 누설되어서는 안 된다. 시저 암호를 대칭암호로 이용할 수 있다. 여기에서 비밀키는 시프트, 즉 알파벳에서 시프트되는 위치의 수이다. 비밀키가 매우 적다(쓸 수 있는 키는 26개, 즉 알파벳 글자 개수에 지나지 않는다)는 사실 외에도 이는 그 메시지에 대한 정보를 많이 누출한다는 점에서 그리 좋은 대칭암호가 아니다. 해커에게 메시지의 길이와 메시지에 특정한

---

27) 예외가 있다면 두 집단의 사람들에게 암호문을 고안하는 임무와 그것을 해독하는 임무를 나누어 맡길 수 있는 정부기관이다. 이 경우 '동료평가는 그저 내부에서 실시된다'는 케르크호프스 원리에서 벗어나지 않는다.

글자가 나타나는 빈도를 알려주면28) 이 중 대부분은 암호를 풀기에 충분한 정보가 된다. 이상적인 대칭암호는 무작위 잡음(random noise: 임의의 시간에 발생하는 수많은 방해요소에서 나오는 잡음–옮긴이)의 원리로 암호문이 작성되어야 한다.

대칭암호는 가장 오래된 암호의 형태다. 그러나 최근엔 발전된 형태의 여러 암호 도구가 고안되었다. 비트코인은 그 가운데 세 가지를 독창적으로 이용한다.

- **공개키 암호기술(public key cryptography)**

비트코인은 공개키 암호기술을 이용해 트랜잭션을 처리한다.

- **해시함수(Hash functions)**

비트코인은 해시함수[컴퓨터 암호화 기술의 일종으로, 원문에서 고정된 길이의 의사난수(疑似亂數)를 생성하는 연산기법–옮긴이]를 이용해 블록체인에 정보를 보관한다.

- **대칭키 암호기술(symmetric key cryptography)**

비트코인은 대칭암호화를 이용해 사용자 지갑의 개인키를 보호한다. 지갑 소프트웨어의 대칭암호화를 이용하는 것은 필수조건은 아니나 사용하는 편이 바람직하다.

---

28) 암호화하기 전에 메시지에서 띄어쓰기 공간을 제거한다. 제거하지 않으면 더 많은 정보가 누설되고 그러면 더 쉽게 암호를 해독할 수 있다.

### 시저 암호(Caesar's Cipher)

시저 암호는 줄리어스 시저(Julius Caesar)가 자신의 장군들과 연락할 때 사용했다고 알려져 있다. 이는 대체 암호(substitution cipher)이다. 메시지를 암호로 만들기 위해 알파벳의 각 글자를 다른 글자로 대체한다. 다시 말해 메시지의 글자와 암호문의 글자가 1대1로 대응된다. 암호문은 메시지의 글자를 알파벳에서 세 자리를 옮겨서 구성한다. 이를테면 'message'라는 단어는 'phvvdih'라는 암호가 된다. 싱(Singh)은 시저의 암호문과 그 밖의 초창기 암호문을 포함해 암호기술 역사를 매우 재미있게 설명했다.

# 5.1 공개키 암호화

공개키 암호기술은 1970년대에 디피(Diffie)와 헬만(Hellman), 머클(Merkle)이 개발했다.[29] 비트코인은 공개키 암호화(public key encryption) 알고리즘이 아니라 이것의 사촌 격인 디지털 서명을 이용한다. 그래도 이 섹션은 공개키 암호기술의 핵심적인 역할을 담당하는 공개키 암호화에 할애할 것이다.

대칭암호화의 주요 약점에 대처하고자 공개키 암호기술, 즉 키 분배(key distribution)가 개발되었다. 두 사람이 대칭암호화를 이용하려면 그들이 같은 대칭키를 공유하는지 먼저 확인해야 한다. 대칭암호화 시스템을 이용

---

29) GCHG(영국 첩보기관)이 예전에 이 아이디어를 제시한 적이 있다는 사실이 1997년에 밝혀졌다. 그러나 이 기관이 당시에 그 발견의 중요성을 인식했는지는 확실치 않다(레비, 2001).

하기 전에 안전한 채널을 통해 키를 교환해야 한다. 그러나 전자상거래와 같은 상황에선 더 안전하게 대칭키가 교환되어야 한다. 인터넷은 안전하지 않은 채널이다. 해커가 프로그램을 이용해 트래픽을 도청하고 심지어 변경할 수 있다. 따라서 대칭암호화만으로는 인터넷이 안전하게 연결될 수 없다. 이 문제를 극복할 목적으로 공개키 암호화가 개발되었다.

대칭키 암호화는 열쇠가 하나뿐인 금고와 비슷하다. 대칭키를 이용해 금고를 잠그고(암호화하고) 금고를 열 때(해독할 때) 사용할 수 있다. 이와 마찬가지로 공개키 암호화는 키가 한 쌍인 금고와 비슷하다. 키 가운데 하나인 공개키는 금고를 잠글 때만 사용하는 반면, 개인키는 금고를 열 때만 사용한다. 공개키 암호화는 키 분배문제를 어떻게 해결할까? 주목해야 할 중요한 사실은 개인키(금고를 여는 키)만 비밀로 유지할 수 있다는 점이다. 하지만 공개키(금고를 잠그는 키)는 공개되어도 완벽하게 안전하다. 이 키를 더 널리 알릴수록 다른 사람들이 이 키에 접근해 커뮤니케이션에 이용하기가 더 쉽다.

〈그림 5.1〉은 공개키 암호화의 작동방식을 보여준다. 이 사례에서는 공개키 암호기술을 이용해 메시지를 암호화한다. 암호화된 메시지의 수신자(밥)가 키 생성 알고리즘을 운용해 한 쌍의 공개키와 개인키를 생성한다 ①. 공개키와 개인키는 공개-개인키페어라고 불리며 수학적으로 연결되어 있다. 모든 공개키 프로토콜에는 고유의 키 생성 알고리즘이 있다. 수신자(밥)는 발신자(앨리스)에게 공개키를 보내지만②, 개인키는 안전하게 보관한다. 앨리스가 밥의 공개키를 받은 후에 그것을 이용해 메시지를 계

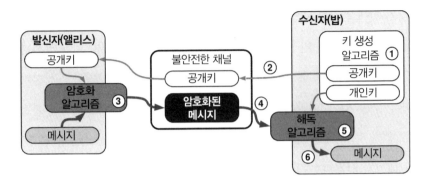

그림 5.1 공개키 암호화

속 암호화한다③. 그 결과 암호화된 메시지(암호문)가 작성된다. 이 암호화된 메시지는 불안전한 채널을 통해 밥에게 전송된다④. 이 연결을 도청한 공격자는 암호화된 메시지를 손에 넣지만 해독하지는 못한다. 공개키에 맞는 개인키를 가지고 있는 밥만 해독 알고리즘을 이용해 암호화된 메시지를 해독하고⑤, 본래의 메시지를 얻을 수 있다⑥.

　제시된 암호화 계획에는 한 가지 문제가 있다. 바로 공개키를 불안전한 채널을 통해 보내야 한다는 점이다. 그러면 중간자 공격(Man-in-the-Middle attack, MitM)을 당할 수 있다. 〈그림 5.2〉는 중간자 공격의 원리를 보여준다. 공격자(트루디)가 커뮤니케이션 채널을 통제한다. 트루디는 채널을 통과하는 메시지를 가로채 수신자에게 도착하기 전에 변경할 수 있다. 커뮤니케이션 초반에 밥이 앨리스에게 보낸 공개키를 가로챔으로써 본인의 위치를 이용한다②. 그리고 앨리스에게 밥의 공개키를 전송하지 않고 대신 밥의 공개키를 혼자만 간직해 새로운 공개-개인키페어를 생성한다③.

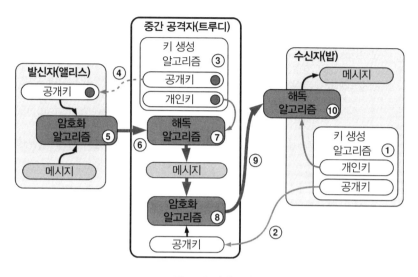

그림 5.2 중간자 공격

〈그림 5.2〉에서 키페어 옆에 있는 점은 트루디가 통제하는 키이다. 트루디는 자신이 생성한 공개키를 마치 밥의 것인 양 앨리스에게 보낸다④. 훗날 밥에게 암호화된 메시지를 보내고 싶을 때 앨리스는 밥의 공개키라고 믿고 메시지를 암호화한다⑤. 트루디는 그 암호화된 메시지를 가로채는데 ⑥, 자신이 만든 공개키로 암호화된 메시지이므로 해독할 수 있다⑦. 트루디는 계속해서 메시지를 다시 암호화하면서 이번에는 밥의 공개키를 이용한다⑧. 그런 다음 두 번째 암호화 메시지를 밥에게 전달한다⑨. 밥은 자신의 개인키를 이용해 메시지를 해독할 수 있다⑩. 이 공격이 일어나는 동안 앨리스나 밥은 자신들이 공격당하고 있다는 어떤 낌새도 알아차리지 못한다는 점에 주목하라.

이러한 중간자 공격을 피할 수 있는 몇 가지 방법이 있다.

- 밥과 앨리스가 다른 안전한 채널을 이용해 공개키를 교환한다. 이 방식의 단점은 공개키 암호기술과 비슷한 문제(키 분배)를 해결해야 한다는 점이다. 그러나 공개키 분배문제는 대칭키 분배문제보다는 좀 더 수월하다. 인증만 있으면 공개키를 분배할 수 있기 때문이다. 대칭키는 안전하게 분배하려면 인증과 프라이버시가 모두 필요하다. 공개키를 쉽게 변경할 수 없는 매체, 이를테면 신문에서 공개함으로써 분배할 수 있다.

### ■ 신뢰 웹(web of trust)

이는 PGP(송신 내용을 암호화하는 프로그램-옮긴이)와 GPG[30]에서 이용하는 방법이다. 이를테면 신뢰 웹에서 사용자는 키 서명 파티에서 직접 대면한 적이 있어서 이미 알고 신뢰하는 다른 사용자의 공개키에 암호로 서명한다. 모든 사용자는 키 고리, 즉 다른 사용자의 공개키 세트를 보관한다. 한 사용자가 자신이 아는 사용자, 즉 그 사람의 공개키를 자신의 키 고리에 가지고 있는 다른 사용자의 공개키에 암호로 서명할 수 있다. 만일 사용자가 모르는 누군가와 의사소통하기를 원한다면 그가 신뢰하는 한 친구(자신의 키 고리에 그의 공개키 복사본을 가지고 있는 사람)에게 의사소통하고 싶은 그 사용자의 서명된 공개키를 보내 달라고 부탁할 수 있다.

### ■ 공개키 기반 구조(Public Key Infrastructure, PKI)

PKI는 인증기관(Certificate Authority, CA)이라 일컫는 중앙기관이 있다고 가정한다. 모든 사람이 CA 공개키의 복사본을 가지고 있으며 CA를 신뢰한다. 모든 사용자는 공개-개인키페어를 생성하고 자신의 공개키를 CA에 제시한다. CA는 사용

---

30) PGP, 즉 프리티 굿 프라이버시(Pretty Good Privacy)와 GPG, GNU 프라이버시 가드(GNU Privacy Guard)를 이용하면 무엇보다 공개키 암호기술을 토대로 사용자가 은밀하게 의사소통할 수 있다. 내용을 암호화할 때 이메일과 다른 커뮤니케이션 프로토콜에 추가할 수 있다.

자의 신원을 확인하고 그 사람의 공개키에 서명한다. 밥과 의사소통하고 싶을 때 앨리스는 본인의 인증서를 그에게 보낸다. 그 인증서는 본인의 공개키와 공개키에 대한 CA의 서명으로 구성되어 있다. 밥은 앨리스의 공개키가 CA의 서명을 적절히 받았는지, 다시 말해 인증서가 유효한지를 확인한다. 이는 세계 최대 암호 배치인 SSL과 TLS가 따르는 방식이다(아래 박스 참고).

## SSL(Secure Sockets Layer, 안전 소켓층)과 TLS(Transport Layer Security, 전송 계층 보안)

SSL과 그의 후신 TLS는 인터넷상의 안전한 커뮤니케이션에 가장 폭넓게 이용되는 프로토콜이다. SSL과 TLS는 두 단계로 작용한다. 첫째 대칭키는 두 당사자 가운데 한쪽, 이를테면 앨리스가 무작위로 생성한다. 그런 다음 반대편(밥)의 공개키로 이 대칭키를 암호화한다. 암호화된 대칭키는 인터넷을 통해 밥에게 전송된다. 개인키를 소유한 사람은 밥뿐이기 때문에 밥 혼자만 그 메시지를 해독하고 앨리스가 생성한 대칭키를 얻을 수 있다. 이 시점에 앨리스와 밥은 모두 동일한 대칭키를 가지고 있으며 대칭키를 가진 사람도 두 사람뿐이다. 따라서 앨리스와 밥은 서로의 데이터를 스트림하기 시작하고 이 대칭키로써 암호화할 수 있다.

왜 대칭키를 생성할 때만 공개키 암호기술을 이용하는가? 왜 직접 암호화할 때는 메시지를 이용하지 않는가? 그것은 공개키 알고리즘이 대칭암호화 알고리즘보다 몇 계산차수만큼 속도가 더 느리기 때문이다. 따라서 세션키, 즉 나머지 연결과정 동안 이용할 수 있는 대칭키를 만들기 위해 SSL과 TLS 공개키 암호기술을 이용한다. 밥은 어떻게 앨리스의 공개키를 얻을까? 한 가지 방법은 앨리스가 인터넷으로 자신의 공개키를 보내는 것이다. 하지만 이 방식은 중간자 공격을 받을 수 있어 피해야 한다. 이 공개키 분배의 문제를 해결하고

자 SSL과 TLS는 공개키 기반 구조(PKI)를 채택한다. 운영체제를 설치할 때 최상위 인증서라 일컫는 인증기관(CA)을 포함시키거나 컴퓨터에 설치한 브라우저를 묶는다. SSL과 TLS를 사용하는 웹사이트는 브라우저에 CA가 서명한 인증서를 제공하는데 여기에는 그 웹사이트를 위한 공개키가 포함된다. 사실 SSL과 TLS 프로토콜은 이런 간단한 설명보다 훨씬 더 복잡하다.

# 5.2 디지털 서명

공개키 암호기술의 두 번째 애플리케이션은 디지털 서명(digital signatures)이다. 디지털 애플리케이션의 목표는 자필서명과 비슷하다. 디지털 서명은 서명자가 메시지를 작성했고 손상되지 않았으며 서명을 거부할 수 없다(메시지의 서명자가 서명했다는 사실을 부정할 수 없다)는 사실을 보장한다.

비트코인 프로토콜에서는 디지털 서명을 이용한다. 비트코인 어드레스는 기본적으로 공개키이다.[31] 공개키와 비트코인 어드레스마다 그에 상응하는 개인키가 존재한다. 공개키는 은행계좌와 비슷하다. 반면 개인키는 그런 은행계좌를 여는 서명 또는 비밀번호와 유사하다. 한 어드레스에서 비트코인을 쓰려면 그 지출을 승인하는 트랜잭션에 개인키로 서명해야 한다. 지갑 소프트웨어는 키 생성 알고리즘을 운영함으로써 비트코인 어드레스를 만든다. 따라서 모든 사용자가 원하는 만큼 비트코인 어드레

---

31) 비트코인 어드레스는 실제로 공개키의 해시이다(섹션 5.6).

스를 만들 수 있다.

〈그림 5.3〉은 서명 프로세스이다. 서명자(앨리스)가 키 생성 알고리즘을 이용해 공개-개인키페어를 생성한다①. 그녀는 커뮤니케이션 채널32)을 통해 공개키를 보낸다②. 다음으로 개인키를 이용해 그 메시지에 디지털 방식으로 서명한다③. 그녀는 개인키를 혼자만 간직하고 아무에게도 밝히지 않는다. 서명한 메시지를 서명과 함께 수신자(밥)에게 보낸다④. 메시지를 암호화하지 않고 인증만 한다는 사실에 주목하라. 밥은 앨리스의 공개키를 이용해 서명을 확인한다⑤. 그 결과 유효하다는 사실이 확인되면 밥은 앨리스가 송신한 메시지임을 안다⑥. 그렇지 않으면 메시지를 유효하지 않은 것으로 거부할 수 있다.

대칭암호기술을 이용해서는 부인방지(Non-repudiation: 데이터의 송신자와

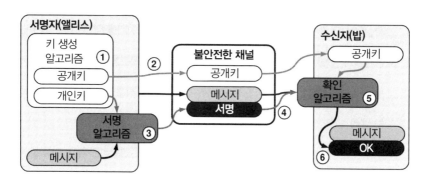

그림 5.3 디지털 서명

---

32) 불안전한 커뮤니케이션 채널을 통해 공개키를 보내는 과정의 디지털 서명 절차는 섹션 5.1에서 살펴본 중간자 공격을 받을 가능성이 있다. 같은 섹션에서 공격을 피할 방법으로 제시했던 여러 테크닉(오프라인 채널을 이용한 공개키 교환, 신뢰 웹, PKI 등)을 디지털 서명에도 적용할 수 있다. 비트코인은 공개키를 블록체인에 보관하므로 중간자 공격을 받지 않는다. 이 점에 관해서는 7장에서 더 자세히 살펴볼 것이다.

수신자가 서로 속이는 것을 방지하기 위해 송신이나 수신 증거를 제공하는 보안 서비스-옮긴이)를 완성할 수 없다. 그 이유가 궁금하다면 디지털 방식으로 메시지에 서명할 때 대칭암호기술을 사용한다고 생각해보라. 서명자(앨리스)와 수신자(밥)가 공동 비밀키를 공유한다고 가정하자. 밥에게 어떤 메시지를 보내고 싶은 앨리스는 대칭키를 이용해 메시지를 암호화한다. 대칭키는 앨리스와 밥만 알고 있으므로 밥은 그것이 앨리스가 작성한 메시지라는 사실을 안다. 하지만 밥은 제3자(이를테면 판사)에게 앨리스로부터 그 메시지를 받았다는 사실을 증명할 수 없다. 이때 두 가지 문제가 발생할 가능성이 있다.

- 앨리스와 밥은 대칭키의 복사본을 가지고 있으므로 두 사람 가운데 누구든 암호화된 메시지를 작성할 수 있다. 따라서 밥은 앨리스가 그 메시지에 서명했다는 사실을 증명할 수 없다. 대칭키를 가진 누군가가 그 메시지를 작성했다는 사실만 증명할 수 있을 뿐이다. 그와 앨리스 모두 대칭키의 복사본을 가지고 있기 때문에 두 사람 중 모두가 그 메시지를 암호화할 수 있다. 따라서 암호화된 메시지만으로는 앨리스가 작성한 것을 입증할 수 없다.
- 게다가 메시지가 대칭키로 암호화되었다는 사실을 증명하려면 밥은 키를 밝혀야 한다. [33] 그러나 제3자에게 키를 밝히면 제3자가 모든 메시지에 서명할 수 있으니 서명의 보안이 약화된다.

---

33) 한 거래당사자가 다른 당사자에게 명령문의 내용을 공개하지 않고 명령문이 진짜임을 입증할 수 있는 암호기술의 한 분야가 있다. 영(零)지식 증명이라는 기술로써 이 문제를 해결할 수 있다. 영지식 증명에 대해서는 섹션 12.5에서 소개할 것이다.

공개키 암호기술에서 서명은 서명자와 메시지를 한데 묶는다. 서명자(앨리스)만 개인키의 복사본을 가지고 있어서 그녀만 그 키로 메시지에 서명할 수 있다. 그뿐만 아니라 밥이 제3자(판사)에게 그 메시지와 공개키, 서명을 보여주기만 해도 앨리스가 실제로 어떤 메시지에 서명했다는 사실을 증명할 수 있다. 공개키 암호기술을 통해 모든 문제를 해결하고 안전하고 구속력 있는 디지털 서명을 얻을 수 있는 것이다.

디지털 서명의 기술적인 핵심은 메시지의 길이를 마음대로 정할 수 있다는 점이다. 공개키 암호기술은 채택하는 알고리즘의 속도가 상당히 느리기에 문제가 발생할 수 있다. 이 문제의 해결책은 먼저 (길이가 일정치 않은) 메시지의 해시[34]를 택해서 거기에 서명하는 것이다. 그러면 인풋의 크기와 무관하게 메시지의 길이가 똑같아진다(더 짧아진다). 이 해싱단계를 이용해서 길이가 일정치 않은 메시지에 확실하게 서명할 수 있다.

디지털 서명 프로토콜은 공개키 알고리즘을 디지털 서명 체계와 결합한 것이다. 공개키 알고리즘은 기본적인 비대칭 수학적 알고리즘을 제공한다. 디지털 서명 체계는 이 비대칭 알고리즘을 이용해 효과적인 디지털 서명을 얻을 수 있다.

실제로 이용할 수 있는 주요 세 가지 공개키 패밀리(public key families)가 있다.

■ 인수분해(integer factorization)

---

34) 7장에서 블록체인과 관련해 해시함수를 설명할 것이다.

이 알고리즘은 대정수(lager integers) 분해의 난이도를 토대로 삼는다. 가장 중요한 예는 1977년에 소개된 RSA이다.

■ **이산대수(Discrete logarithm, DL)**

유한 순환군(finite cyclic groups)에 대한 이산대수문제의 난이도를 토대로 삼는다. 1976년 디피와 헬만이 제시한 키 교환 알고리즘을 위해 소개했다.

■ **타원곡선(Elliptic curve, EC)**

타원곡선에 관한 일반 대수문제를 계산하는 난이도를 토대로 삼는다. 1985년에 소개되었다. 기술적인 장점이 있었지만 이를 보호하는 특허 때문에 채택이 다소 제한을 받았다.

실제로 이용되는 주요 디지털 서명 체계는 다음과 같다.

■ **RSA**

RSA 서명 체계의 토대는 RSA 알고리즘이다. 가장 폭넓게 사용되는 디지털 서명 체계이다.[35]

■ **슈노(Schnorr) 서명**

이산대수와 타원곡선 알고리즘 두 가지로 이용할 수 있는 가장 단순한 서명 체계로 생각된다. 이 서명을 이용하면 서명이 적어질 뿐 아니라 확인과정에서 시간이 적게 든다. 그러나 특허로 묶여 있어서 널리 사용되지는 않았다. 슈노 서명을 보호하는 특허는 2008년에 소멸하였다. 그 결과 비트코인 커뮤니티가 슈노 서명으

---

35) 이는 TLS에서 이용하는 X.509 인증서에서 흔히 선호되는 프로토콜이다.

로 전환할 기회가 생겼다.

■ **엘가말(Elgamal) 서명**

1985년 엘가말이 소개한 이 체계는 이산대수와 타원곡선 알고리즘에 모두 적용할 수 있다. 그러나 계산집약적이고 슈노나 DSA 같은 다른 체계보다 서명이 더 크기 때문에 실제로 널리 사용되지는 않는다.

■ **DSA(Digital Signature Algorithm)**

디지털 서명 알고리즘의 약자로 1991년 NIST가 소개했다. 이 체계는 널리 사용된다. 그 이유는 이를 보호하기 위한 특허가 세계적으로 로열티를 지불하지 않고 사용할 수 있다는 사실과 무관하지 않다.

비트코인은 DSA 서명 체계와 함께 타원곡선 알고리즘을 이용한다. 다음 장에서는 역사적 중요성과 실용적 중요성을 고려해 우선 RSA 알고리즘부터 소개할 것이다. 다음 장에서는 DSA 서명 체계와 타원곡선 알고리즘을 다룰 것이다.

# 5.3 RSA

이 부분은 다소 전문적인 내용이며 비트코인에서는 RSA를 사용하지 않는다. 따라서 전문적인 공개키 암호기술의 세부 내용에 관심이 없는 독자라면 이 부분을 건너뛰어도 무방하다.

RSA란 라이베스트(Rivest)와 샤미르(Shamir), 아델만(Adleman)을 의미한다. 그들은 1977년에 대정수 인수분해의 난이도를 토대로 공개키 암호기술을 제시했다.

〈그림 5.4〉는 RSA 암호화를 이용하는 세 가지 주요 단계, 즉 키 생성, 암호화, 해독과정을 묘사한다. 키 생성 알고리즘은 다음과 같은 단계를 거친다.

1. 두 개의 큰 소수 $p$와 $q$를 생성한다.

2. 두 소수를 곱한다 $n = p \cdot q$

3. $n$값을 위한 오일러의 파이(Euler's Phi)를 계산한다. 오일러의 파이란 $Z_n = \{1, 2, \cdots, n-1\}$ 순환군에서 $n$에 소수인 정수의 개수이다. $\Phi(n)$ $= (p-1) \cdot (q-1)$에서 얻는다.

4. $\Phi(n)$[36]과 서로소(素)인 지수 $e \in \{1, \cdots, \Phi(n)-1\}$를 선택한다. 이 지수는 공개키의 일부가 될 수 있다.

5. 개인키 $d$를 $e$ 모듈로(나눗셈의 나머지를 계산하는 수학적 연산-옮긴이) $\Phi(n)$의 역수로, 즉 $d \cdot e = 1 \bmod \Phi(n)$로 계산하라.

공개키는 $(n, e)$이며 개인키는 $d$이다. 암호화는 간단하다. 메시지 $m$의 암호문은 모듈로 $n$ 연산에서 공개키 $e$ 제곱으로 올린 $m$에 지나지 않는다. 즉 $c = m^e \bmod n$이다.

---

36) 만일 이들 사이의 최대 공약수가 1, 즉 $gcd(e, \Phi(n)) \equiv 1$이라면 부호 $e$는 $\Phi(n)$과 서로소이다.

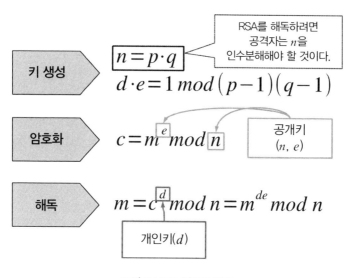

RSA를 해독하려면 공격자는 $n$을 인수분해해야 할 것이다.

**키 생성**

$$n = p \cdot q$$

$$d \cdot e = 1 \bmod (p-1)(q-1)$$

**암호화**

$$c = m^e \bmod n$$

공개키 $(n, e)$

**해독**

$$m = c^d \bmod n = m^{de} \bmod n$$

개인키($d$)

그림 5.4 RSA 암호화 체계

해독단계 또한 간단하다. 암호문 $c$를 해독하려면 역시 모듈로 $n$에서 개인키 $d$ 제곱으로 올린다. 즉 $m = c^d \bmod n$이다.

긴 메시지 $m$은 0과 1의 긴 연속에 지나지 않으며 정수로 해석될 수 있다. 메시지 $m$을 의미하는 숫자는 $n$ 집단의 계산차수보다 작아야 한다. RSA로 긴 정수를 암호화하려면 $m$보다 더 큰 $n$을 선택해야 한다. 따라서 비록 원칙적으로는 RSA로 긴 메시지를 암호화하는 것이 가능하지만 개인키와 공개키가 상당히 클 수 있어서 (메시지 자체의 계산차수) 계산비용이 매우 많이 들 수 있다. 타원곡선 같은 다른 공개키 알고리즘에도 RSA와 똑같이 이런 문제가 발생한다. 그렇기 때문에 비밀 대칭키를 도출할 때 흔히 공개키 암호화를 이용하며 메시지는 이 비밀키를 이용해 대칭암호문으로 암호화되고 해독된다.[37]

RSA를 해독하려면 공격자는 $n$의 독특한 소인수를 찾아내야 한다. 만일 공격자가 소인수를 찾는다면 키 생성 알고리즘을 운용해 $d$를 도출하고 이어서 쉽게 암호문을 해독할 수 있을 것이다. RSA의 보안은 인수분해문제의 난이도에 달려 있는데 이 문제의 복잡도 종류는 알려지지 않았다. RSA 서명 체계는 RSA 암호화 체계와 유사하다. 〈그림 5.5〉는 체계의 세 부분, 즉 키 생성과 서명, 그리고 확인과정을 묘사한 것이다. 키 생성 부분은 RSA 암호화 체계와 정확히 일치한다. 메시지 다이제스트[38] $x$를 개인키 $d$의 제곱으로 올리는 방식으로 서명할 수 있다.

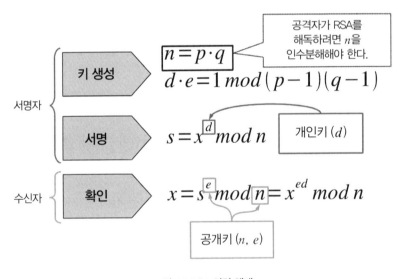

그림 5.5 RSA 서명 체계

---

37) 긴 메시지 $m$은 부분으로 분할되고 각 부분은 공개키를 이용해 암호화할 수 있다. 하지만 이 작업은 대칭암호문을 이용하는 것보다 계산 복잡도가 훨씬 더 높다.
38) 메시지 다이제스트는 대개 메시지의 해시로 계산된다. 섹션 7.1을 참고하라.

$$s = x^d \bmod n$$

확인은 서명 $s$를 공개키 $e$제곱으로 올려 그 결과를 원래 메시지 다이제스트 $x$와 비교하면 된다. 일치한다면 서명이 정확하다는 뜻이다.

$$x = s^e = x^{e \cdot d} = x \bmod n$$

여기에서 설명한 RSA 서명 알고리즘은 위조 공격과 같은 공격을 조장할 수 있는 문제에 시달린다. 무의미한 위조 공격(existential forgery attack)에서 공격자는 먼저 서명 $s'$를 만든 다음 이 서명 $m' = (s')^e \bmod n$을 생성하는 메시지를 계산한다. 공격자는 획득한 $m'$ 가치에 대한 통제권이 없지만 그럼에도 유효한 메시지 서명 쌍을 생성할 수 있다. 이 공격을 예방할 수 있는 한 가지 해결책은 메시지를 해시하는 것이다.[39] 또 다른 해결책으로 메시지 $m$을 이를테면 $m = m_o \| H(m_o)$에서처럼 어떤 구조로 계산할 수 있다. 여기에서 본래 메시지 $m_o$은 해시 $H(m_o)$와 연결되는데 이는 암호 면에서 안전한 해시함수 $H$를 이용해 계산한 것이다. 하지만 이런 무의미한 위조 공격은 비트코인 트랜잭션에서는 적용할 수 없다. 그것은 비록 공격자가 성공한다 해도 비트코인 채굴 노드에서 거부당하는 무작위 트랜잭션만 만들 수 있기 때문이다.

RSA는 실제로 1024나 2048비트의 키로 이용된다. 〈그림 5.6〉은 2048-

---

39) 메시지 $m$은 해시되어 $H(m)$에 이른다. 그러면 디지털 서명은 이 해시 $H(m)$에서 수행되어 $s = (H(m))^e \bmod n$을 얻는다. 무의미한 위조 공격을 진행하려는 공격자라면 서명 $s'$를 만든 다음 메시지 $H(m') = (s')^e \bmod n$의 해시를 계산할 것이다. 그러나 암호가 안전한 해시함수의 경우 $H(m')$로 해시하는 $m'$를 찾는 작업은 컴퓨터로 수행할 수 없다. 따라서 무의미한 위조 공격이 어렵다.

**p**

bb28825e31abcf48acf79537d515ce7afdca3971d2893bdee5f44e21befdb8d6be22f427b81eddb
18e1684e39ae7c804c558fe2e96be587107270f1cb99d258531cdf5e2abcc55ab6062e5e1746f1
de1ac37834a602c56603d3155902521aba57007ebf578c24308570d2948da46e51ba3fb0ea07
011d74c3e387d661e05abe5

**q**

dd820329a37025eef35b156cb4d649d947b55b07a9561e1d0f957c3a50d044400340df2037513
53ae32385ac91652342c686ce2f5fb5513ea1c68199cf212b5e3a86d49ca67acde1b4d313f2282
410d73b260153ce0c85a8934a117226c988a0327eef47b61788df167f5b88929b14f71fe39949f
b4fef2d9f4488c7f8acd627

**n**

a1f1056d6f374f52876c99eb18f1b9d1296949e470ab0b9e15a57debfa105157ec548375675f59
8327bfadd58fd819209870bd3451821e2aa160b3497102c3e3aef49b1ba1742ad0b41baf5639c
15a87b9385ba55d1ce217dd0da319804abb677dead42a98bbc1dcc8f38d34bf3b270caf61f8371
c311fa656463cb5d6156ac8f1eaa64237fbdfa1ae6188f1f14492371b17dd92f3f5ddd578997aafb
6591d90674955bd9fb5f10dfe5f97fc1935fc847033742c04a52f1f4120c13742dad96676a3471ee
4402675cc8c402e511c7d69f0a7d73f1feb4992bf47013b77033bdd68d8a9bc3cd1ec1d42fc4c25
4d5c4c93d6567c75c1a44bea1eae68ffa66a9de3

**e**

10001

**d**

227359ca3c1cb21d467e0e087b980105c41f87feb7114c3967357ba255e25ecbab95171a44d17
e036ed35231da9608526cdb9f04a04a640c81a446bfdaf0d1a78032bd449586570d6b23709b91
51d6e684babe946148a1b89de826c868087df1b851daaced2d1442d9e52627107f8f011dd663a
da5abb5a5f7389df5b9037961cb54df2187a3470524d478ea528ff9ee0dae85ee8b238f0d18da9f
924c1dd0dcd034111ae45318bc5e809ca3571505fbc43f1fb5b0434cb5bed534fe4d998059103a
3e3cdc1af3497aa739f455efd7f3c59c3013d917324263b0a0b084c069ed19dd91666a1c5d0dd6
c81ec97339d28f6ed45b3d012ec9a065de11bdaf2b6591

그림 5.6 2048-비트 RSA 키의 예. 모든 숫자는 16진수이다.

비트 RSA 키이다. 현대 컴퓨터의 CPU에는 32-비트나 64-비트의 레지스터 크기가 있으며 이 사례에서처럼 2048-비트 부호 운영은 다중 클록 사이클 동안 분할되어 수행되어야 한다. 때문에 공개키 암호기술을 이용하는 시스템은 비교적 속도가 느린 편이다.

## 5.4 타원곡선 암호기술

이 장에서는 타원곡선(elliptic curve)의 개요와 비트코인에서 사용하는 디지털 서명의 적용사례를 제시한다.

### 5.4.1 타원곡선 요약

지나친 단순화이지만 타원곡선은 매우 긴 점들의 연속으로 볼 수 있다. 단계의 개수를 알면 어떤 점이든 그 이전 점으로부터 빨리 도달할 수 있다. 타원곡선 프로토콜은 생성기(generator)라고 일컫는 특정한 점에서 시작한다. 공개키는 타원곡선의 한 점이다. 개인키는 생성기에서 공개키 점에 도달하기 위해 이동해야 하는 단계의 개수이다. 개인키를 알 때 이중 다중 알고리즘을 이용하면 매우 빠르게 공개키를 계산할 수 있다. 하지만 반대로 공개키를 알 때 개인키를 알아내기란 여간 어렵지 않다. 공개키로 개인키를 알아내는 방법은 이산(離散) 로그 문제(discrete logarithm problem)이다. 이산 로그 문제를 해결하기 위한 '무작위 대입 알고리즘'은 생성기에서 시작해서 원하는 점에 이를 때까지 타원곡선의 점들을 한 번에 하나씩 이동한다. 다행히도 이 알고리즘은 계산상 실행이 불가능하며 재래식 컴퓨터로 완성하려면 터무니없을 만큼 오랜 시간이 걸린다.[40]

요컨대 곡선 $A$와 개인키 $d$가 주어지면 공개키 $P = d \cdot A$를 상당히 빨리 계산할 수 있지만, $A$와 $P$가 주어지는 역계산은 현존하는 컴퓨터로는 실행할 수 없다. 개인키가 있으면 메시지가 아무리 많아도 서명할 수 있다. 이 메시지에 각각 서명하려면 개인키당 한 번씩만 사용하는 무작위 숫자인 논스(nonce)를 생성해야 한다. 이 논스를 재사용하는 일은 반드시 삼가야 한다. 한 번이라도 논스를 재사용하면 개인키와 비트코인 어드레스가

---

40) 타원곡선에 대한 이산 로그 문제를 다항시간(polynomial time)으로 풀 수 있는 양자컴퓨터용 알고리즘이 알려져 있다. 섹션 13.6에서 이 주제를 더 살펴볼 것이다.

노출된다. 속도와 키의 크기 면에서 같은 수준의 보안을 제공할 때는 대칭 암호가 공개키 암호보다 효율성이 더 높다. 게다가 AES 같은 현대 대칭암호는 양자컴퓨팅에 저항성이 있다. 하지만 이 장의 도입부에서 설명했듯이 대칭암호는 디지털 서명 체계에 이용할 수 없다.

〈그림 5.7〉은 RSA, 이산 로그(DL), 타원곡선 암호(ECC) 등 다양한 공개키 암호 알고리즘에서 일정 수준의 보안을 달성할 수 있는 키 크기를 나타낸 것이다. 보안 수준은 같은 보안을 가진 대칭 시스템(이를테면 AES 같은)의 키 길이로 정의된다. 따라서 마지막 줄에서 알 수 있듯이 대칭암호의 키 길이는 보안 수준과 일치한다. 비트코인 창안자 사토시가 ECC를 선택한 이유는 쉽게 짐작할 수 있다. 256비트 타원곡선 디지털 서명은 특정한 보안 수준에서 키 크기가 가장 작으며 비트코인의 경우 키 크기는 128비트[41]이다. 비트코인에서 크기는 중요한 요인이다. 그것은 블록체인에 저장된

그림 5.7 다양한 보안 수준에 필요한 몇몇 공개키 암호 알고리즘의 키 크기

데이터의 많은 부분을 담당하는 트랜잭션에 적용되는 ECC 서명이기 때문이다. 만일 비트코인이 RSA를 이용한다면 서명은 12배로 커질 것이다.

### 5.4.2 타원곡선 이론

타원곡선 공개키 알고리즘은 타원곡선에 관한 일반 이산 로그 문제를 토대로 삼고 있다. **타원곡선**은 2차원 면의 곡선으로서, 여기의 점들이 방정식[바이어슈트라스 방정식(Weierstrass equation)]을 검증한다.

$$y^2 = x^3 + a \cdot x + b$$

암호기술에서 이 곡선의 관심 지점은 실제 수가 아니라 정수, 특히 정수 모듈인 소수 $p$이다. 모든 연산은 이 $p$, 즉 소체(素體, prime field)의 계산 차수 모듈로 수행된다.

$$y^2 = x^3 + a \cdot x + b \bmod p$$

이 마지막 방정식에서 $y, x, a, b$는 모두 소체 $p$ 모듈로서 정수이다. 이 조건을 만족시키는 모든 점이 타원곡선의 일부라고 알려져 있다. 집단 연산(group operation)은 이런 일련의 점으로 정의된다. 이 집단 연산을 이따금 덧셈이라고 일컫는다.

$$P_3 = P_1 + P_2$$

---

41) 폴라드(Pollard)의 로 방법(rho method) 때문에 256비트가 반감되었다. 이 방법의 수행 시간은 무작위 대입 방법의 제곱근이다. $(\sqrt{2})^{256} = 2^{128}(5.4.2)$.

덧셈 연산의 기하하적인 해석은 다음과 같다.

■ 두 점이 다를 경우, 연산은 두 점을 통과하는 선 그리고 이 선과 타원곡선의 교
차점을 찾는다. 이 교차점이 3차 방정식으로 표현되면 그 선은 언제나 타원곡선
과 교차할 것이다. 연산 결과는 그 선과 타원곡선 사이의 교차점의 $x$축을 반영한
것이다. 〈그림 5.8〉에서는 다른 두 점의 덧셈을 위한 기하학적인 구성을 제시했다.

■ 두 점이 동일하다면 이 점에서 타원곡선의 접선을 그린다. 따라서 이 연산의
결과는 이 선과 타원곡선 사이의 교차점의 $x$축을 반영한 것이다. 이 연산은 포인

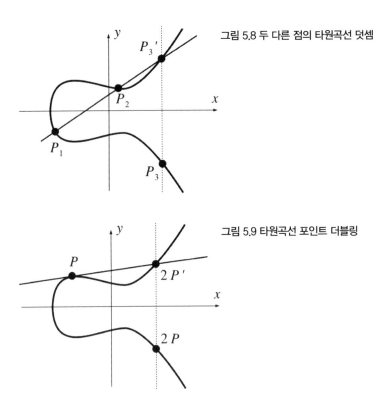

그림 5.8 두 다른 점의 타원곡선 덧셈

그림 5.9 타원곡선 포인트 더블링

트 더블링(point doubling)이라고 일컬어진다. 〈그림 5.9〉는 포인트 더블링의 기하학적 구성이다.

이 기하학 연산에서 발생하는 방정식은 덧셈의 경우 다음과 같다.

$$x_3 = \left( \frac{y_2 - y_1}{x_2 - x_1} \right)^2 - x_1 - x_2 \bmod p$$

$$y_3 = \frac{y_2 - y_1}{x_2 - x_1} \left( x_1 - x_3 \right) - y_1 \bmod p$$

포인트 더블링의 경우는 다음과 같다.

$$x_3 = \left( \frac{3x_1^2 + a}{2y_1} \right)^2 - 2x_1 \bmod p$$

$$y_3 = \frac{3x_1^2 + a}{2y_1} \left( x_1 - x_3 \right) - y_1 \bmod p$$

모든 연산이 '모듈로 $p$ 계산'으로 수행되는 경우, 나눗셈은 모듈러 연산의 곱의 역수를 곱한 곱셈으로 해석되어어야 한다. 비록 기하학적 구성에서 집단 연산의 방정식을 얻을 수 있지만, 이 방정식들이 모듈러 계산으로 평가되어 기하학적인 해석을 잃게 된다는 점에 주목하라. 타원곡선의 한 가지 흥미로운 결과는 위에서 정의한 집단 연산에서 타원곡선의 점들이 아벨군(abelian group) 혹은 가환군(可換群, commutative group)을 형성한다는 사실이다. 이 집단은 유한 순환군(cyclic group)이기도 하다. 생성기라고 불리는 곡선의 첫 점에서 시작해 차례로 이 점을 더하고 집단의 모든 점을 회복한다. 아벨군에는 항등원(identity element)도 포함된다.

$$P + \infty = P$$

$$P + (-P) = \infty$$

*무한의 한 점*($\infty$)은 타원곡선군의 항등원 역할을 한다. 기하학적인 면에서 이 무한의 점은 $y$축의 무한에 놓인다. 이 경우에 집단 연산의 기하학적 해석이 자연스럽게 적용된다. 일례로 〈그림 5.10〉은 한 점 $P$의 역수를 위한 기하학적 구성이다. 타원곡선 $P$의 한 점과 정수 $d$의 경우 포인트 멀티플(point multiplication)은 타원곡선의 점 $T$로 정의되며 이는 $P$를 $d$번 더한 결과이다.

$$T = d \cdot P = P + P + \cdots + P$$

**이산대수** 연산은 포인트 멀티플의 반대이다. 다시 말해 $P$에 관한 $T$의 이

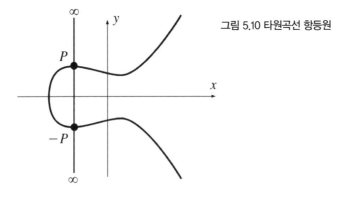

그림 5.10 타원곡선 항등원

산대수는 정수 $d$로, 따라서 $T = d \cdot P$가 된다. 포인트 멀티플은 배가하기와 더하기 알고리즘(double-and-add-algorithm)[42]을 이용한 빠른 연산이다. 이 알고리즘은 $d$의 비트 수로 나타낸 다항식이다. 하지만 이산 로그 문제는 실행할 수 없으며 $d$의 비트로 지수시간(exponential time)을 취한다. 타원곡선 암호기술은 이런 점을 이용한다. 이것은 RSA가 정수 인수분해가 어려운 계산문제라는 사실을 이용하는 것과 똑같다.

〈그림 5.11〉은 타원곡선 암호기술과 관련된 수학을 요약한 것이다.

〈그림 5.12〉는 타원곡선군(elliptic curve group)의 간편 사례로, 생성기가

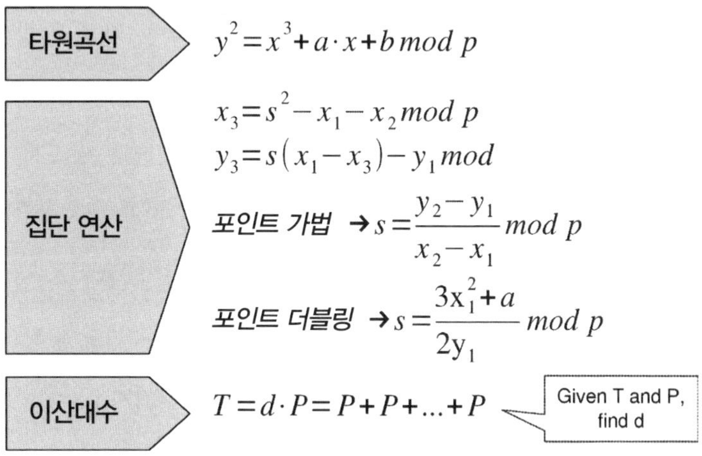

타원곡선 → $y^2 = x^3 + a \cdot x + b \, mod \, p$

집단 연산 →

$x_3 = s^2 - x_1 - x_2 \, mod \, p$
$y_3 = s(x_1 - x_3) - y_1 \, mod$

포인트 가법 → $s = \dfrac{y_2 - y_1}{x_2 - x_1} \, mod \, p$

포인트 더블링 → $s = \dfrac{3x_1^2 + a}{2y_1} \, mod \, p$

이산대수 → $T = d \cdot P = P + P + ... + P$

Given T and P, find d

그림 5.11 타원곡선 수학

---

42) 배가하기와 더하기 알고리즘에서는 숫자 $d$가 바이너리 포맷에서 가장 먼저 표시된다. 이 알고리즘은 가장 중요한 비트에서 가장 중요하지 않은 비트로 진행되며 중간결과를 기록한다. 중간결과는 이니셜 $P$로 나타낸다. 각 단계에서 중간결과는 처음에는 두 배가 되며 만일 현재 비트가 1이라면 $P$가 여기에 더해진다. 파와 펠즐(2010)의 저서에는 타원곡선 점 증식에 적용된 배가하기와 더하기 알고리즘이 계산 사례와 함께 더욱 완벽하게 묘사되어 있다.

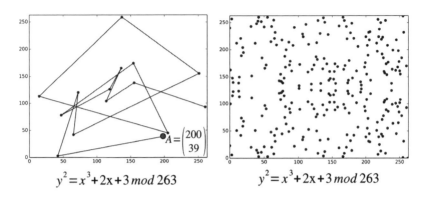

$$y^2 = x^3 + 2x + 3 \, mod \, 263 \qquad\qquad y^2 = x^3 + 2x + 3 \, mod \, 263$$

그림 5.12 14단계로 구성된 간편 타원곡선(왼쪽)과 전체 주기 270개 단계로 구성된
타원곡선(오른쪽)의 사례

$A = (200, 39)$이며 곡선 $y^2 = x^3 + 2x + 3 \, mod \, 263$으로 정의된다. 이 군의 점은 두 번째는 $A + A = 2A$, 세 번째는 $A + A + A = 3A$와 같은 방식으로 계속 정해진다. 이 타원곡선 집단에는 270개의 점이 있다. 오른쪽 그래프는 이 집단의 모든 점을 나타낸 것이다. 기하학적으로 타원곡선 집단의 점 270개는 예측하기 어려운 방식으로 사각형 전체에 분산되어 있다 $(263, 263)$. 이 점들의 모양은 매끄러운 곡선과 비슷하지 않다.

만약 출발점 $A$가 주어지면 포인트 멀티플 $T = d \cdot A$를 이용해 점의 연속체에서 $d$의 위치들을 전개하는 일이 계산상 오래 걸리지 않는다. 그러나 집단에서 $T$가 주어지면 어떤 방식으로 그 점에 이르렀는지, 다시 말해 생성기에서 이 점까지의 연결체를 구성하는 요소의 개수가 몇 개인지 파악하기는 매우 어렵다. 그 목적지에 이르기까지 단계의 수를 파악하려면 곡선의 점들을 하나씩 짚어가야 하는데 이 과정에 단계의 지수[43]가 필요하다. 이것이 이산 로그 문제의 난점이다.

144

타원곡선 알고리즘을 사용하기에 앞서 타원곡선 매개변수를 선택해야 한다. $a$, $b$, 곡선의 계수 $p$ 그리고 소체의 계산 차수, 타원곡선의 출발점 혹은 생성기인 $A$ 등이 매개변수이다. 매개변수가 있으면 하세의 정리(Hasse's Theorem)로 타원곡선 집단을 구성하는 점의 개수를 계산할 수 있다.

타원곡선의 매개변수를 선택하는 일은 결코 쉽지 않다. 보안이 목적인 타원곡선의 매개변수를 결정할 때 몇 가지 기준이 있다.[44] 사토시는 비트코인에 표준 **secp256k1**의 변수들을 선택했다. 〈그림 5.13〉은 이 변수들을 나타낸 것인데 〈그림 5.12〉의 단순 사례에서 사용한 매개변수와 대비된다.[45] 두 가지를 비교해보면 실제로 타원곡선의 이산대수문제가 얼마나 어려운지 알 수 있다.

타원곡선 이산 로그 문제를 해결할 수 있는 가장 효과적인 방법은 $\sqrt{2^n} = 2^{n/2}$에 비례해 단계를 거친다. 이때 $n$은 키의 비트 수를 의미한다. secp256k1은 256비트 키를 사용한다. 따라서 이를 푸는 데 필요한 단계 개수는 $2^{128}$개이다. 타원곡선 계산의 일반적인 수행은 백만 번의 CPU 연산 순환이 필요하다. 일정 시점에 이용할 수 있는 CPU의 클록속도는

---

43) 이를테면 폴라드의 $\rho$ 방법이나 생크(Shank)의 아기-걸음 거인-걸음(baby-step giant-step, 파와 펠즐, 2010; 워싱턴, 2008) 등과 같이 여기에서 묘사한 무작위 대입 알고리즘보다 더욱 효과적으로 이산대수를 풀 수 있는 알고리즘들이 있다. 그러나 이런 방법에 필요한 단계는 무작위 대입 방법에 필요한 단계의 제곱에 가깝다. 하지만 이런 방법에는 키 크기에 따라 기하급수적으로 증가하는 단계가 필요하다.
44) 타원곡선을 토대로 한 표준 무작위 숫자 생성기를 약화시키는 과정에 일부 정부기관이 연루되었다는 의혹이 불거지면서 타원곡선의 매개변수에 대한 논란이 있다[그린(Green), 2013]. 그러나 이 매개변수는 비트코인에서 이용한 타원곡선의 매개변수와 다르다.
45) 부호 0x는 다음 숫자가 16진법으로 표현되었다는 뜻이다.

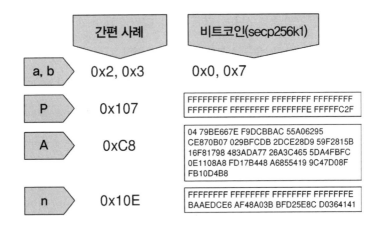

그림 5.13 secp256k1 대 간편 사례의 매개변수들. 모두 숫자는 16진법이다.

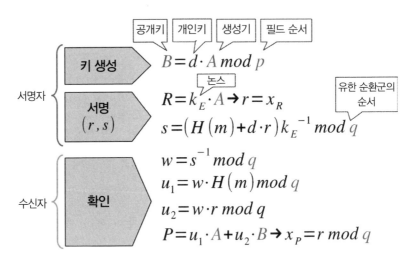

그림 5.14 타원곡선 디지털 서명 알고리즘

약 3GHz이다. 따라서 단일 컴퓨터는 초당 $2^{11.55}$ 타원곡선 계산을 처리할 수 있다. 다시 말해 단일 CPU를 이용해서 타원곡선을 풀려면 $2^{116.45}$초 약

$2^{91.54}$년, 즉 몇 년 차이는 나겠지만 3,599,861,590,422,752,583,114,293,2 48년이 걸린다. 문제를 풀 때 백만 CPU를 투입하면 시간이 1백만 년 정도 줄어들어 3,599,861,590,422,752,583,114년이 남는데 이는 우주 나이의 약 260,859,535,537배이다.

〈그림 5.14〉는 좀 더 현실적인 근거를 들어 **타원곡선 디지털 서명 알고 리즘**(elliptic curve digital signature algorithm, ECDSA)을 소개한다. ECDSA는 타원곡선과 DSA 디지털 서명 체계를 결합한 것으로, 비트코인에서 사용하는 서명기법이다. 우선 표준(secp256k1)을 기준으로 타원곡선의 매개변수인 $a$, $b$, 소체의 계산 차수 $p$, 생성기 $A$를 얻었다는 점에 주목하라. 이들 변수가 주어지면 하세의 정리에 따라 순환군의 계산 차수 $q$를 구한다. 첫째 개인키가 생성되어 순환군의 계산 차수 $q$보다 작은 무작위 정수 $d$를 선택한다. 개인키 $d$는 반드시 유효한 무작위 숫자 생성기로 생성해야 한다.

알고리즘의 키 생성 부분에서 $B = d \cdot A \bmod p$를 이용해 개인키 $d$로부터 공개키 $B$를 계산한다. 이때 $A$는 집단의 생성기이다. 배가하기와 더하기 알고리즘(double-and-add-algorithm)을 이용하면 이 단계는 오래 걸리지 않는다.

메시지에 서명하려면 우선 일회용 무작위 숫자(ephemeral random number) $k_E$를 생성한다. 앞으로 간단하게 설명하겠지만 이것은 무작위 숫자이며 단 한 번만 사용해야 한다. 다시 말해 논스이다. 서명은 두 정수 $(r, s)$의 쌍으로 구성된다. 서명의 첫 번째 숫자 $r$은 타원곡선 $(R = k_E \cdot A)$의 첫 점의 좌표로 계산되는 반면, 두 번째 정수는 아래와 같이 계산된다.

$$s = \frac{\left(H\left(m\right)+d \cdot r\right)}{k_E} \bmod q = \left(H\left(m\right)+d \cdot r\right)k_E^{-1} \bmod q$$

이때 $m$은 메시지, $\mathrm{H}(m)$은 메시지의 해시, $k_E^{-1}$는 $k_E$의 역수이다. $q$보다 작은 정수를 구하려면 해싱단계를 거쳐야 한다. 정수의 쌍 $(r, s)$은 서명으로 공개된다.

확인은 몇 단계로 구성된다.

$$w = s^{-1} \bmod q$$

$$u_1 = w \cdot H(m) \bmod q$$

$$u_2 = w \cdot r \bmod q$$

$$(\mathrm{x}_P, y_P) = u_1 \cdot A + u_2 \cdot B$$

$$x_P = r \bmod q$$

이 단계들을 거쳐 $x_P = r \bmod q$가 되면 서명이 확인된다. ECDSA로 생성된 서명에서는 정수의 쌍 $(r, s)$이 상당히 작다는 점에 주목하라.

다시 강조하면 일회용 무작위 숫자 $k_E$를 재사용하는 일은 결코 없어야한다. 만일 별개의 두 서명에 $k_E$를 재사용할 경우

$$s_1 = \left(H\left(m_1\right)+d \cdot r\right)k_E^{-1} \bmod q$$

$$s_2 = \left(H\left(m_2\right)+d \cdot r\right)k_E^{-1} \bmod q$$

공격자가 $s_1$과 $s_2$를 도출해 $k_E$를 복구할 수 있다.

$$s_1 - s_2 = \left(H\left(m_1\right) + d \cdot r\right)k_E^{-1} - \left(H\left(m_2\right) + d \cdot r\right)k_E^{-1} \bmod q$$
$$= \left(H\left(m_1\right) - H\left(m_2\right)\right)k_E^{-1} \bmod q$$
$$\Rightarrow k_E = \left(H\left(m_1\right) - H\left(m_2\right)\right)/\left(s_1 - s_2\right) \bmod q$$

따라서 $\left(H\left(m_1\right) - H\left(m_2\right)\right)$를 $\left(s_1 - s_2\right)$로 나누면 $k_E$를 밝힐 수 있다. 그러면 공격자가 모든 것을 알게 된다. 일단 $k_E$를 알아내면 $d$를 계산할 수 있다.

$$d = (s_1 \cdot k_E - H(m_1))/r \bmod q$$

요컨대 일회용 무작위 숫자 $k_E$를 단 한 번이라도 다시 사용하면 개인키가 누설된다. 그렇게 되면 비트코인 어드레스에서 보관된 자금의 통제권을 잃게 되므로 문제가 발생한다. 2013년 여름에 몇몇 비트코인 안드로이드(Android) 지갑의 무작위 숫자 생성기에서 숫자를 재사용했다는 사실이 밝혀졌다. 그 결과 몇몇 어드레스에서 비트코인을 도둑맞았다.

# 5.5 기타 암호화 원시함수

이 장에서는 공개키 암호와 관련된 두 가지 알고리즘을 소개하는데 이들의 애플리케이션은 나중에 살펴볼 것이다. 첫 번째로 소개할 알고리즘은 은닉서명(blind signature)이다. 은닉서명 알고리즘의 애플리케이션은 데이비드 차움(David Chaum)의 이캐시(ecash) 암호화폐였다. 두 번째 알고리즘 샤미르 비밀 분산법(Shamir secret sharing)은 한 비트코인 어드레스와 관련된 개인키를 나누어 몇몇 참여자에게 이 정보를 분산할 때 이용할 수 있다.

## 5.5.1 은닉서명

은닉서명(blind signatures)은 1982년에 데이비드 차움(David Chaum)이 새로운 익명 결제방식을 토대로 소개한 초기 암호이다.

데이비드 차움은 은닉서명을 다음과 같이 비유해서 설명했다. 종이 한 장(이를테면 계약서)과 먹지가 든 봉투를 상상해보라. 봉투는 봉해져 서명자에서 발신된다. 서명자는 봉인을 훼손하지 않고는 봉투 내용물을 볼 수 없다. 서명자가 봉투에 서명하면 봉투 안에 있는 먹지 때문에 계약서에도 서명이 된다. 서명자는 발신자에게 봉투를 보내고 발신자는 봉투를 열어서 먹지로 서명된 계약서를 꺼낸다.

다른 공개키 기법을 이용해 은닉서명을 만들 수 있다. 데이비드 차움은 RSA 기법을 권했다. 디피-헬만 키 교환기법이나 타원곡선을 토대로 한 것과 같은 다른 기법도 가능하다. 차움이 원래 제시했던 암호 제작에서 소개했듯이 이 장에서는 RSA 기법의 은닉서명을 살펴볼 것이다.

간편 RSA 서명 알고리즘에서 서명자는 개인키 $d$와 이에 상응하는 공개키 $(e, n)$를 생성한다. 서명자는 서명 $s$를 계산해서 메시지에 서명할 수 있다.

$$s = m^d \bmod n$$

그리고 서명자의 공개키 $e$를 계산에 이용하면 누구든지 서명의 유효성을 확인할 수 있다.

$$s^e \bmod n = m^{e \cdot d} \bmod n = m \bmod n$$

은닉서명의 주된 목표는 서명자가 메시지를 모르는 상태에서도 메시지에 정확히 서명할 수 있게끔 하는 것이다. 이 목표를 성취하기 위해 메시지를 먼저 은닉 요인(blinding factor)으로 숨긴다. 첫 번째로 무작위 숫자 $r$을 생성하고[46] 은닉 요인 $b$를 $b = r^e \bmod n$으로 계산한다. 그런 다음 $m_* = b \cdot m \bmod n$과 같이 메시지에 은닉 요인인 $m_*$을 곱해서 메시지를 은닉한다. 은닉 메시지 $m_*$을 서명자에게 보내면 서명자가 서명해서 다음과 같은 방정식을 만든다.

$$s_* = m_*^d \bmod n = b^d \cdot m^d \bmod n = r^{e \cdot d} \cdot m^d \bmod n = r \cdot m^d \bmod n$$

그러면 사용자는 $r$로 $s_*$를 나누어 메시지 $m$의 정확한 정식 RSA 서명 $s = m^d \bmod n$을 복구할 수 있다.

은닉서명은 불연계성(unlinkability)을 제공한다. 다시 말해 메시지를 은닉하지 않은 서명으로 제시했다 하더라도 서명자가 서명된 메시지를 사용자에게 연결할 수 없다. 이미 제안된 은닉서명 애플리케이션은 추적 불능 결제시스템이다. 차움(1982)이 지적했듯이 은닉서명 테크놀로지를 투표

---

[46] 이 무작위 숫자는 안전하게 생성되어야 한다. 다시 말해 의사난수(일정한 절차에 따라 만들어져서 완전히 무작위적이지는 않은 난수-옮긴이) 생성기를 이용할 경우 엔트로피(무질서나 무개연성을 의미하는 말-옮긴이)가 충분한지 반드시 확인해야 한다.

시스템에도 적용할 수 있다.

RSA 서명과 마찬가지로 이 암호기법을 이용해 만든 은닉서명은 무의미한 위조 공격을 받을 수 있다.

## 5.5.2 샤미르 비밀 분산법

샤미르(1979)가 소개한 샤미르 비밀 분산법(Shamir secret sharing)은 비밀, 즉 숫자를 몇 조각으로 나누어 설계에 참여한 모든 사람에게 한 조각씩 제시하는 암호 알고리즘이다. 참여자들의 공동작업을 통해 원래의 비밀을 짜 맞출 수 있다. 일부 참가자의 조각만으로도 원래 비밀을 재구성할 수 있도록 알고리즘을 조직하는 방법도 있다.

샤미르 비밀 분산법은 개인키 $p$에 적용할 수 있다. 개인키를 $n$ 조각으로 나눈다. 이 가운데 $k$ 조각만 있으면 개인키를 복구할 수 있는 반면에 $k$-1 조각으로는 개인키가 복구되지 않는다. 이 기법을 흔히 $(k, n)$ 임계치 기법[$(k, n)$ threshold scheme]이라고 일컫는다. 샤미르가 제안했던 오리지널 암호제작기법은 다항식 보간법(polynomial interpolation)을 토대로 삼았다. $k-1$차 다항식은 별개의 $k$ 계수는 $a_0, \cdots, a_{k-1}$로 정의된다. 샤미르 비밀 분산기법에서는 $k-1$차 다항식을 다음과 같이 만든다.

$$a_0 + a_1 \cdot x + a_2 \cdot x^2 + a_3 \cdot x^3 + \ldots + a_{k-1} \cdot x^{k-1}$$

비밀은 독립 계수인 $a_0$이다. 이 기법에서는 각 참가자에게 이 다항식의 각기 다른 지점을 제시한다. $k$명의 참가자가 협력해야만 정확한 다항식을 발견한 뒤 그 결과인 $a_0$을 복구할 수 있다. 협력한 참가자가 $k$명에 미치지 못하면 다항식을 완성하지 못하게 된다. 따라서 비밀 $a_0$을 복구할 수 없다.

타원곡선의 한 가지 장점은 개인키로써 다항식 보간법을 이용하는 $(k, n)$ 임계치 기법을 구성할 경우 개인키와 똑같은 방식으로 $n$ 조각 가운데 $k$ 개 조각으로부터 공개키를 복구할 수 있는 사실이다. 개인키로 수행하는 덧셈과 곱셈 연산은 공개키, 즉 타원곡선의 한 점에 수행하는 연산과 일치한다.

샤미르 비밀 분산기법은 물리적인 보안 침입으로부터 콜드 스토리지 개인키를 보호할 때 유용하다. 이 기법을 이용해 개인키들을 나누어 각 키를 별도의 콜드 스토리지에 보관할 수 있다. 이 기법을 흔히 단편(短片) 백업(fragmented backups)이라고 일컫는다. 다중서명 트랜잭션으로 비슷한 함수를 이행할 수 있다.


## 5.6 비트코인 어드레스


비트코인 어드레스는 ECC 공개키의 표현(해시)이다. 〈그림 5.15〉는 공개키에서 비트코인 어드레스(bitcoin addresses)에 이르는 여러 단계를 나타낸 것이다. 비트코인은 OpenSSL[47]을 토대로 타원곡선 암호를 작성한다.

---

47) OpenSSL은 SSL과 TLS 프로토콜을 수행하는 오픈소스 암호기술 라이브러리로서 인터넷을 보강하는 여러 소프트웨어에서 폭넓게 사용되고 있다.

OpenSSL은 65바이트를 이용해 타원곡선의 점들을 표현한다. 첫 번째 바이트는 타원곡선 점의 유형을 저장할 때 이용한다. 0x04라는 값은 그 점이 압축되지 않았음을 의미한다. 0x02나 0x03 값은 점이 압축되었다는 의미이다. 이 바이트가 0x02나 0x03의 값을 취하는지 아닌지는 생략된 좌표(y 좌표)의 패리티(parity)가 짝수인지 홀수인지에 따라 달라진다. 압축되지 않은 점이란 점의 x와 y 좌표가 모두 저장되었다는 것을 의미한다. 압축된 점은 타원곡선 점의 x 좌표만 저장되었다는 의미이다. 즉 y 좌표가 x와 타원곡선 방정식에서 생략되었다는 의미이다.[48] 선행 바이트 다음에는 압축되지 않은 점의 경우 타원곡선 점의 두 좌표 $(x, y)$가 있고 또는 압축된 점의 경우 x 좌표가 있다. 비트코인은 256비트 길이의 타원곡선을 이용한다. 따라서 각 좌표는 256비트 즉 32바이트의 공간을 차지한다. 압축되지 않은 점은 총 65바이트인데 이것은 그 유형의 1바이트와 그리고 두 좌표의 각각 32바이트를 합친 값이다.

〈그림 5.15〉에서 다음 단계는 SHA256부터 시작해 RIPEMD160을 이용해 타원곡선 점의 OpenSSL 표현을 해시하는 것이다. 첫 번째 해시함수, 즉 SHA256은 256비트 = 32바이트의 해시를 생성한다. 두 번째 해시함수 RIPEMD160은 160비트 = 20바이트를 생성한다. 사토시는 두 번째 해시함수를 이용해 어드레스의 크기와 트랜잭션을 축소하는 한편 충돌이 일어나지 않는 합리적인 비트 크기를 유지했다.[49]

마지막으로 〈그림 5.15〉의 계산 합계(checksum)는 RIPEMD160 해시의

---

48) 이 프러시저를 따르는 압축 타원곡선은 특허의 보호를 받았다[번스타인(Bernstein), 2014].

결과인 SHA256^2로 계산된다. 이 해시 중 첫 4바이트만 계산 합계로 보관된다. 계산 합계의 목적은 은행계좌나 신용카드의 컨트롤 숫자와 비슷하다. 즉 자금이 엉뚱한 어드레스로 전송되는 전사(傳寫) 오류(transcription errors)를 피하는 것이 목적이다. 비트코인 월렛 소프트웨어는 어떤 어드레스에 자금을 보내기 전에 어드레스의 계산 합계가 정확한지 확인한다. 만일 한 비트코인 어드레스의 숫자를 잘못 타이핑하거나 복사하면 지갑은 오류를 포착하고 그 어드레스로 자금을 보내지 않을 것이다.50) 알려진 개인키와 연결되지 않은 어드레스에 자금을 보내면 자금에 접근할 수 없으니 잃어버린 것으로 간주할 수 있다. 비트코인 어드레스 생성의 다음 단계

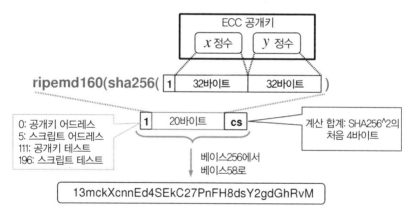

그림 5.15 어드레스 생성

---

49) 해시함수가 부딪치면 별개의 두 키가 같은 어드레스로 해석될 수 있다. 생일 모순(Birthday Paradox: 임의로 모인 23명에서 생일이 같은 사람이 있을 확률이 50%가 넘는다는 사실-옮긴이)에 따르면 충돌(collision)이 일어날 확률이 0.01%일 경우 17,097,220,342,995,209,945,088개 어드레스가 생성될 때마다 두 개의 비트코인 어드레스가 충돌할 수 있다.
50) 지갑이 오류를 포착하지 못한 상황에서 트랜잭션이 네트워크에 발송되면 네트워크의 노드들은 잘못된 어드레스를 발견하고 트랜잭션을 중지할 것이다.

에서는 베이스58(Base58)에 부호화할 바이트 배열을 준비한다. 이 바이트 배열은 *어드레스의 유형*을 나타내는 바이트로 시작해서 RIPEMD160의 20바이트 결과가 이어지고 계산 합계의 4바이트로 마무리된다. 일단 베이스58에 부호화되면 어드레스 유형의 값이 어드레스의 초반부를 결정한다. 어드레스의 유형은 다음과 같은 값을 취한다.[51]

- 메인넷 **공개키** 어드레스의 0(십진수)

*1*로 시작하는 부호화된 어드레스가 생성된다.

- 메인넷 **스크립트(scrypt) 어드레스**의 5(십진수)

*3*으로 시작하는 부호화된 어드레스가 생성된다. 스크립트 어드레스에 관해서는 섹션 6.6에서 살펴볼 것이다.

- 테스트넷 공개키 어드레스의 **111**(십진수)[52]

*m*이나 *r*로 시작하는 부호화된 어드레스가 생성된다.

- 테스트넷 스크립트 어드레스의 **196**(십진수)

*2*로 시작하는 부호화된 어드레스가 생성된다.

---

51) 비트코인 위키에서 어드레스 프리픽스(address prefixes)의 전체 목록을 참고할 수 있다.
52) 테스트넷이란 전적으로 테스팅에만 쓰이는 대체 블록체인을 말한다. 테스트넷은 메인 비트코인 네트워크와 같은 소프트웨어를 사용하는 반면 제네시스 블록(genesis block: 블록체인을 이용한 비트코인에서 '처음으로 만든 블록'을 의미한다. 최초의 블록이라고도 한다-옮긴이)과 토큰이 다른 별개의 블록체인을 사용한다. 일반적으로 테스트넷의 토큰은 무료로 얻을 수 있다. 테스트넷은 주로 두 가지 목적으로 사용한다. 첫째 새로운 비트코인 코어(Bitcoin Core)나 비트코인 코어에 추가할 예정인 특성을 테스트한다. 둘째 개발업자가 테스트넷에서, 이를테면 지갑과 같은 제품을 테스트할 수 있다. 테스트넷에서 애플리케이션을 운용한다면 반드시 메인넷을 이용해야 한다.

절차의 마지막 단계는 베이스58로 부호화하는 것이다. 바이너리 투 텍스트(binary-to-text) 부호화 알고리즘인 베이스58은 바이너리 데이터를 텍스트 포맷으로 전환한다. 베이스58은 베이스64 부호화와 비슷하다.[53]

베이스64는 A~Z, a~z, 0~9의 글자와 숫자 그리고 부호 +와 /를 사용한다. 베이스58은 여기에서 +과 /, 0, O, I, l을 뺀 나머지 글자를 사용한다. 그러면 0와 O, I와 l의 표기가 비슷하거나 심지어 똑같은 일부 폰트에서 혼동하는 일이 없을 것이다. 바이트 배열을 부호화할 때 이를 대정수로 해석하고 이어서 58로 나눈다. 이 모든 절차를 거치면 27~34개 글자로 구성된 비트코인 어드레스가 생성된다.[54] 어드레스의 글자는 대소문자를 구분한다는 점을 주의하라.

ECC 키를 해시하면 양자컴퓨터를 이용한 공격에 어느 정도 저항력이 높아진다. 하지만 이것은 한 번도 출력값을 사용하지 않은 어드레스에만 적용된다는 사실을 명심하라. 어드레스의 ECC 공개키는 어드레스의 출력값을 사용한 모든 트랜잭션에서 공개된다. 일단 어드레스의 출력값을 한 번 사용하면 ECC 공개키가 블록체인에 공개되며 그 결과 양자컴퓨터 공격을 당하기 쉽다. 12장에서 다루겠지만 프라이버시 문제와 더불어 이런 사정이 있으므로 어드레스는 재사용하지 않는 것이 바람직하다. 트랜잭션이 바뀔 때마다 새로운 어드레스를 생성하는 지갑 프로그램이 많다.

---

53) 인터넷에서 텍스트를 위해 설계된 매체를 이용해서 바이너리 데이터를 전송할 때 문제가 발생할 경우, 베이스64 부호화가 널리 쓰인다. 이를테면 이메일에 바이너리 첨부파일을 보낼 때 이 같은 문제가 발생한다.
54) 첫머리의 0바이트들은 숫자 1로 표기되므로 어드레스의 길이는 다양해질 수 있다.

어드레스를 바꾸는 방법에 관해서는 6장을 참고하라.

이 장에서는 상당히 이론적인 내용을 다루었다. 비트코인의 공개키 암호기술의 역할은 다음 장에서 더욱 자세히 살펴볼 것이다.

# 6장
# 트랜잭션

비트코인은 사용자의 컴퓨터에 존재하는 것이 아니다. 블록체인이라고 불리는 분산 데이터베이스에 존재한다. 중앙집권 디지털 통화와 달리 비트코인의 블록체인은 계정과 잔고를 저장하지 않는다. 블록체인이 저장하는 것은 트랜잭션(transactions)이다.

트랜잭션은 트랜잭션 입력값(transaction inputs, TxIn)과 트랜잭션 출력값(transaction outputs, TxOut)으로 구성된다. 각 트랜잭션 출력값(TxOut)에는 두 가지 데이터, 즉 수량과 수령자의 어드레스[55]가 담겨 있다. 공개키에서 어드레스를 도출한다. 따라서 TxOut에 저장된 자금을 열 수 있는 사람은 개인키 소유자뿐이다. 자금의 잠금을 풀려면 새로운 비트코인 어드레스로 자금을 보내는 트랜잭션에 서명해야 한다.

---

55) 더욱 정확히 말하면 TxOut에는 출력값을 지출하기 위해 풀어야 하는 수학 문제가 담겨 있다.

트랜잭션 입력값(TxIn)에는 이전 트랜잭션 출력값의 신용증명서와 이전 TxOut의 자금을 사용할 수 있다는 사실을 증명하는 서명이 담겨 있다.[56] 서명이 일치하지 않으면 트랜잭션은 무효로 간주되어 네트워크에서 배제된다.

트랜잭션은 몇 개의 TxIn과 TxOut을 한데 모은다(적어도 각각 한 개). 트랜잭션의 목적은 입력값에서 출력값으로 자금을 분산하는 것이다. 트랜잭션의 입력값은 이전 트랜잭션의 출력값을 조회한다. 출력값은 사용되지 않은 것이어야 한다. 그렇지 않으면 트랜잭션은 무효가 된다.

트랜잭션이 유효하려면 입력값 자금 총액이 출력값 자금 총액보다 더 크거나 같아야 한다. 입력값과 출력값의 차액이 있으면 그것은 트랜잭션 수수료이며 블록에 트랜잭션을 포함한 채굴자에게 지급된다.

블록체인의 출력값은 한 번만 사용할 수 있으며 반드시 전액을 지출해야 한다. 출력값의 액수가 소비할 액수보다 많다면 트랜잭션에 잔액이 발생한다. 트랜잭션의 발신자는 트랜잭션에 추가하는 출력값을 통해 잔액 어드레스(change address)를 포함하는 방법으로 잔액을 받을 수 있다. 블록체인에 적용하는 데이터 채굴 알고리즘은 트랜잭션 발신자가 대부분 잔액 어드레스를 관리한다는 사실을 적극적으로 활용할 수 있다. 자금을 보낸 어드레스를 잔액 어드레스로 사용할 수 있으나 프라이버시를 강화하는 차원에서 트랜잭션마다 새로운 잔액 어드레스를 생성할 것을 권한다.

〈그림 6.1〉은 트랜잭션의 일례이다. 이 예에서 발신자는 수령자에게 6

---

56) TxIn에는 추가 데이터, 즉 시퀀스(sequence number) 번호가 담겨 있다.

밀리비트코인을 보내려고 한다. 그러나 발신자의 수중에는 정확히 6 밀리비트코인의 잔액을 보유한 트랜잭션 출력값이 없다. 발신자는 각각 5 밀리비트코인을 보유한 두 출력값을 가지고 있다. 그래서 발신자는 이 두 출력값을 합치는 트랜잭션[57])을 생성해 수령자에게 6 밀리비트코인을 보낸다. 그리고 잔액을 돌려받기 위해 본인이 관리하는 출력값 하나를 이 트랜잭션에 포함시킨다. 1 밀리비트코인은 채굴자의 수수료로 남겨둔다.[58])
트랜잭션을 네트워크에 보내기 전에 두 개의 트랜잭션 입력값에 서명해서 그것이 참고하는 어드레스를 본인이 관리한다는 사실을 입증한다.

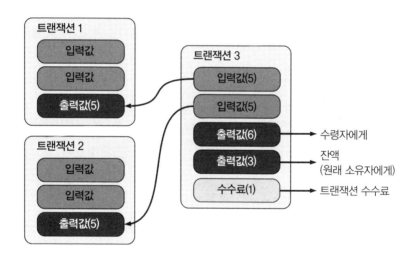

그림 6.1 트랜잭션

57) 실제로 지갑 소프트웨어는 사용 가능한 출력값을 추적해 적절히 선택한다. 이 프로세스는 사용자에게 고스란히 공개되어 사용 가능한 비트코인 총액이 제시된다. 비트코인 코어 월렛(Bitcoin Core Wallet)을 포함한 몇몇 지갑의 최근 버전에서는 트랜잭션에서 사용자가 어떤 어드레스를 사용할지 결정할 수 있는 통제권이 커졌다.
58) 이 수수료가 다음 블록의 트랜잭션에 참여해 채굴자들에게 트랜잭션 확인속도를 높여야 할 동기를 부여한다.

그런 다음 네트워크에 트랜잭션을 보낸다. 트랜잭션을 수신하는 네트워크의 첫 번째 노드는 그것이 유효한 트랜잭션(valid transaction)인지 확인한다. 이 과정은 다음과 같은 단계를 거친다.

- 노드가 트랜잭션이 조회한 이전 출력값이 존재하며 사용되지 않았다는 사실을 점검한다. 이때 곧 소개할 UTXO를 조회해서 점검한다.
- 입력값의 총액이 출력값 총액보다 크거나 같다는 사실을 점검한다. 다시 말해 트랜잭션의 사용 자금이 사용 가능한 입력값보다 많지 않다는 사실을 점검한다. 출력값과 입력값 총액의 차액은 채굴자들을 위해 남겨둔 것으로 간주하므로 코인베이스 트랜잭션(coinbase transaction)에 포함된다.
- 각 입력값의 서명이 유효한지, 다시 말해 어드레스와 연결된 공개키에 상응하는 개인키로 모든 입력값에 서명했는지 점검한다. 이때 서명 확인 프로세스가 어느 정도 포함된다.

사토시는 트랜잭션 출력값을 전액 사용해야 한다고 규정했는데 그 편이 계산상 더 효율적이기 때문이다. 비트코인의 소프트웨어는 소비되지 않은 거래(UTXO)를 관리한다. UTXO는 소비되지 않은 거래값만 담겨 있는 데이터베이스이다. 새로운 트랜잭션의 유효성을 신속하게 확인할 때 사용할 수 있어서 매우 유용하다.[59] 새로운 트랜잭션이 도착하면 UXTO에서 트랜잭션의 입력값을 찾는다. 모든 입력값이 발견되고 그것이 이전

59) UTXO은 coins.h.에서 발견되는 **CCoinsViewCache** 클래스를 사용한다.

의 유효한 출력값과 일치하면 그 트랜잭션은 계속해서 평가받는다. 만일 UTXO에서 발견되지 않은 인풋이 하나라도 있다면 트랜잭션은 무효이므로 폐기된다.

당분간은 함께 확인되는 블록으로 트랜잭션을 분류한다고 가정하라. 다시 말해 동시에 블록체인에 포함된다고 가정하라.

〈그림 6.2〉는 UTXO의 운용방식이다. 처음에 네트워크에는 네 개의 미사용 트랜잭션이 있으며(0-1~0-4) UTXO은 이 네 개의 TxOut를 보유하고 있다. 다음 단계에서 트랜잭션 세 개가 담긴 블록이 생성된다. 세 개의 트랜잭션이 UTXO가 보유한 네 개의 TxOut를 사용하고 제거한다. 그런데 블록의 새로운 트랜잭션이 다시 새로운 출력값(1-1~1-5)을 소개하고 이 출력값들은 UTXO에 포함된다. 다음 블록은 UTXO의 다섯 TxOut 가운데 세 개(1-1~1-3)를 사용하고 새로운 출력값 세 개(2-1~2-3)를 추

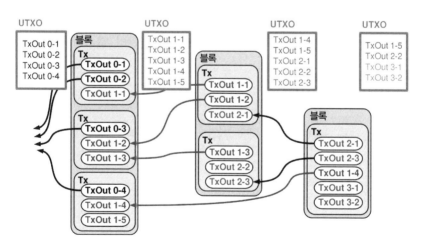

그림 6.2 소비되지 않은 거래(UTXO)

가하는 식으로 진행된다. 새로운 블록이 도착할 때마다 사용한 출력값은 UTXO에서 제거되며 블록의 트랜잭션에서 생성된 새로운 출력값이 UTXO에 추가된다. UTXO가 전체 트랜잭션 데이터베이스(블록체인)보다 훨씬 작기 때문에 UTXO를 유지하는 편이 유리하다. 그러면 노드들이 RAM에 UTXO를 보관할 수 있으며(RAM, 즉 반도체 메모리는 하드디스크보다 속도가 빠르다-옮긴이) 그 결과 새로운 트랜잭션의 유효성을 확인하는 속도는 상당히 빨라진다. 비트코인이 어디에 존재하느냐는 문제로 되돌아가면 '비트코인은 블록체인의 소비되지 않은 거래에 존재한다'고 말할 수 있을 것이다.

비트코인 트랜잭션은 어드레스 사이에서 가치를 이전하는 일 이외에도 여러 가지 용도로 쓰인다. 대부분의 용도는 블록체인에 임의적인 데이터를 저장하는 능력과 관련 있다. 일단 데이터가 블록체인에 있으면 비트코인 네트워크의 계산능력이 데이터의 존재와 유효성을 안전하게 보호하며 이것은 비트코인을 보호하는 방식과 상당히 유사하다. 블록체인에 데이터를 저장하는 한 가지 방법으로 수령자의 어드레스를 데이터 필드(데이터 레코드 범위 내에서 접근이 가능한 분리된 데이터의 가장 작은 단위-옮긴이)로 사용하는 것이다. 이를테면 어드레스 *1Thisblobofdata*[60]에 트랜잭션을 보내 데이터 'Thisblobofdata'를 보호한다. 이 어드레스에 연결된 개인키는 알려지지 않으므로 이 어드레스로 보내는 모든 자금을 잃을 수 있다. 이 유

---

60) 비트코인 어드레스는 베이스58로 변경되므로 이것은 단순화한 것이다. 따라서 블록체인에 포함할 데이터는 인간이 읽을 수 없다.

형의 트랜잭션을 이용하는 사람은 당연히 1 사토시(0.00000001 BTC)처럼 되도록 소액을 사용하려 할 것이다. 이 출력값은 사용할 수 없는 것이라서 UTXO에 포함되어 삭제되지 않는다는 점이 문제이다. 이런 관행에 대한 한 가지 대처 방안으로 비트코인 개발자들은 최소 한계점을 도입하기로 결정했다. 트랜잭션이 한계점 이하로 내려가면 사용 불능으로 간주하는 것이다. 이 한계점에 미치지 못한 트랜잭션을 UTXO에 쌓이는 먼지 같다고 해서 먼지 트랜잭션(dust transaction)이라고 일컫는다. 현재 이 한계점은 546 사토시(0.00000546 비트코인)로 정해져 있다. 이는 최소 수수료가 가치의 3분의 1에 해당하는 출력값의 양으로 계산한 수치이다.[61]

## 6.1 트랜잭션 스크립트

지금까지는 트랜잭션 출력값이 비트코인 어드레스로 발신된다고 가정했다. 하지만 프로토콜은 이보다 훨씬 더 융통성이 있다. 모든 트랜잭션 출력값에서 출력값을 사용하기 위해서는 반드시 풀어야 할 수학 문제가 발생한다. 자금의 잠금을 푸는(unlock the funds) 문제와 그 답은 두 개의 **스크립트**(Scripts)로 표현된다. 문제를 제시하는 스크립트는 공개키를 담고 있는 스크립트의 일부라고 해서 〈*scriptPubKey*〉라고 일컫는다.[62]

---

61) 더 자세한 내용은 core.h의 '먼지'에 관한 설명을 참고하라.
62) 이 장의 후반부에서 살펴보겠지만 〈*scriptPubKey*〉에 공개키 이외에도 다른 것을 담을 수 있다.

⟨*scriptPubKey*⟩를 푸는 문제, 다시 말해 자금의 잠금을 푸는 문제는 서명을 담고 있는 스크립트의 일부라고 해서 ⟨***scriptSig***⟩라고 일컫는다. ⟨*scriptPubKey*⟩와 ⟨*scriptSig*⟩는 소스코드와 문서로 만드는 과정에서 이 스크립트를 가리키는 이름이다. 여기에서는 이 관례를 따를 것이다. ⟨그림 6.3⟩은 출력값을 사용하는 프로세스이다. 출력값(TxOut)은 출력값에 담겨 있는 자금을 사용하려면 반드시 풀어야 하는 ⟨*scriptPubKey*⟩를 생성한다. 출력값을 사용할 입력값(TxIn)은 ⟨*scriptSig*⟩을 정의한다. 프로토콜은 ⟨*scriptSig*⟩가 ⟨*scriptPubKey*⟩에서 만든 수학 문제를 해결하는지 확인한다. 이 과정에 ⟨*scriptPubKey*⟩와 연결함으로써 풀 스크립트를 만들어 스크립트 전체를 운용한다. 만일 최종 결과가 참으로 판단되면 입력값을 유효한 것으로 간주한다. 만일 중간에 스크립트가 실패하거나 최종 결과가 참이 아닌 것으로 판단되면 해당 트랜잭션의 입력값은 무효이며 전체 트랜잭션 역시 무효로 판단되어 폐기된다.[63]

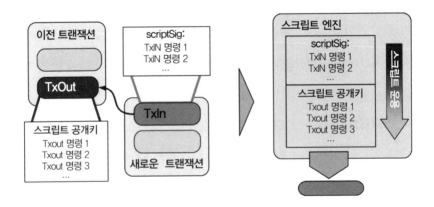

그림 6.3 스크립팅(scripting)

스크립팅 언어는 스택(프로그래밍에 사용되는 데이터 구조-옮긴이) 기반(stacked-based)이다.**64)** 그들의 **연산 코드(opcodes)**로 나타내는 명령은 데이터를 스택에 넣거나 스택에서 데이터를 운용한다.

스택에서 운용하는 함수는 스택의 상부에서 인수(引數)를 취하고[스택 팝핑(popping)] 스택의 상부에 그 결과를 놓는다[스택 푸시하기(pushing)]. $\langle scriptSig \rangle$는 스택에 데이터를 푸시하는 반면**65)** $\langle scriptPubKey \rangle$는 스택에 푸시된 데이터와 스택에서 얻은 데이터를 팝해서 평가하는 함수의 혼합이다. 이 점에 대해서는 이 장의 후반부에서 가장 일반적인 트랜잭션의 스크립트를 자세히 다룰 때 정확히 설명할 것이다.

비트코인의 스크립팅 언어는 융통성이 크고 매우 효과적이지만 **튜링 완전**(turing completeness: 어떤 프로그래밍 언어나 추상 기계가 튜링기계와 같은 계산 능력을 갖춘다는 의미-옮긴이)은 아니다.**66)** 네트워크에 대한 공격을 피하고자 의도적으로 그렇게 만든 것이다. 만일 스크립팅 언어가 튜링 완전이라면 예컨대 공격자가 무한 고리로 진입하기 때문에 결코 끝나지 않는 $\langle scriptPubKey \rangle$를 만들 수 있다. 그러면 스크립트를 평가하는 네트워크의 노드들이 멈춰버리고 그 결과 네트워크가 붕괴될 수 있다. 그렇기 때문에 스크립팅 언어에 고리를 포함하지 않기로 한 것이다. 그래도 스크립팅

---

63) 만일 노드에서 어떤 트랜잭션을 무효로 만들면 노드가 채굴하는 블록에 트랜잭션이 포함되지 않을 뿐더러 다른 노드에도 발송되지 않는다. 그 트랜잭션은 노드가 관리하는 진행 트랜잭션 목록에서 제거되고 잊힌다.

64) 비트코인 스크립팅 언어는 포스(Forth)라는 이름의 언어와 유사하다.

65) 트랜잭션의 $\langle scriptSig \rangle$에 어떤 명령이 담겨 있다면 그 트랜잭션은 표준에 부합하지 않는다고 간주해 대부분 네트워크의 노드에서 제거될 것이다.

66) 컴퓨터에 어떤 계산문제를 해결하라고 지시할 때 튜링 완전 언어를 이용할 수 있다.

언어는 매우 다양한 애플리케이션을 허용할 만큼 충분히 효과적이다. 이를테면 이더리움(Ethereum)처럼 전면 튜링 완전 트랜잭션 시스템을 수행하는 비트코인의 대안들이 있다.

## 6.2 어드레스 결제 트랜잭션과 공개키 결제 트랜잭션

가장 일반적인 트랜잭션 유형은 어드레스 결제이다. 〈그림 6.4〉는 이런 트랜잭션의 입력값과 출력값을 나타낸 것이다. 그 아래의 〈그림 6.5〉는 〈*scriptSig*〉의 모든 명령을 수행한 후 스택의 모습이다.

스크립트 엔진은 입력값의 첫 〈*scriptSig*〉를 평가한다. 이 〈*scriptSig*〉는 스택에 두 개의 데이터 조각을 놓는다. 스택은 후입선출 방식(LIFO, last

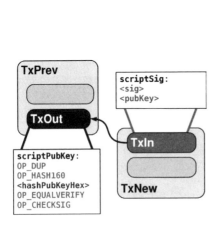

그림 6.4 비트코인 어드레스 결제 트랜잭션        그림 6.5 어드레스 결제 스크립트의 스택

168

in first out)을 따르기 때문에 〈*scriptSig*〉에서 처음으로 스택에 푸시하는 데이터가 스크립트 평가에서 가장 나중에 필요할 것이다. 푸시되는 첫 번째 요소는 새로운 트랜잭션(TxNew), 정확히 말해 새로운 트랜잭션 해시의 서명과 공개키 〈*pubKey*〉에 상응하는 개인키이다. 스택에 푸시되는 두 번째 요소는 공개키 〈*pubKey*〉 자체이다. 〈*pubKey*〉는 비트코인 어드레스가 아니라 비트코인 어드레스가 도출되는 타원곡선 공개키이다. 스택에 〈*scriptSig*〉가 있는 상태에서 이제 프로토콜이 출력값의 〈*scriptPubKey*〉를 평가한다. OP_DUP는 스택의 마지막 요소, 이 사례에서는 〈*pubKey*〉를 복제하는 명령이다. 다음은 OP_HASH160인데 이는 EC 공개키로부터 비트코인 어드레스를 계산하는 명령이다(〈그림 5.15〉 참고). 〈*scriptPubKey*〉의 다음 명령은 〈*hashPubKeyHex*〉를 스택에 놓는다. 이것이 비트코인 어드레스이다. 출력값 트랜잭션 실행자는 이 어드레스로 자금을 보내기로 결정한다. 〈*scriptPubKey*〉의 다음 명령은 OP_EQUALVERIFY이다. 이 명령은 스택의 마지막 두 요소가 같다는 것을 확인한다. 만일 같지 않으면 그 트랜잭션은 무효로 태그된다. 확인이 끝나면 두 요소는 스택에서 물러난다.

마지막 명령 OP_CHECKSIG은 트랜잭션 서명이 정확하다는 사실을 확인한다. 첫째 TxNew[67]를 해시해서 〈*sig*〉가 이 해시에 정확한 서명인지 확인한다. 서명이 정확하고 트랜잭션이 유효하면 서명 엔진에서 참이라고 판단한다. 서명이 정확하지 않으면 트랜잭션은 거부된다. 트랜잭션에

---

67) 이 해시를 계산하기에 앞서 이전 트랜잭션(TxPrev)의 TxOut에서 얻은 〈*scriptPubKey*〉가 〈*scriptSig*〉를 대신한다. 그렇지 않으면 해시를 계산할 수 없다. 이는 해시의 서명이 〈*scriptSig*〉에 포함되어 있어서 그 자체가 해시의 일부이기 때문이다. 이렇게 대체되면 순환성이 해체되면서 트랜잭션에 서명할 수 있게 된다.

서명하는 프로세스는 이보다 더 다양하다.

　요컨대 출력값 트랜잭션 실행자는 출력값을 사용하기 위해 다음과 같은 조건을 제시한다. 그것은 바로 새로운 트랜잭션에는 비트코인 어드레스 〈*hashPubKeyHex*〉에 연결된 개인키로 서명해야 한다는 조건이다. 이 입력값을 사용하는 입력값은 두 가지 요소를 제공해야 한다.

- 해시했을 때 어드레스 〈*hashPubKeyHex*〉와 일치하는 EC 공개키.
- 정확한 개인키가 있는 전체 트랜잭션의 서명 〈*sig*〉

이 서명은 비트코인 어드레스의 소유권을 증명한다. 트랜잭션은 섹션 5.2에서 살펴보았듯이 개인키로 서명하기 전에 해시된다.

　공개키 결제 트랜잭션(pay-to-public-key transction)은 어드레스 트랜잭션(pay-to-address transction)과 비슷하지만 〈*scriptPubKey*〉 안에 어드레스를 포함하는 대신에 EC 공개키를 담고 있다. 공개키 결제 트랜잭션의 〈*scriptPubKey*〉와 〈*scriptSig*〉는 다음과 같다.

```
scriptSig: <sig>
scriptPubKey: <pubKey> OP_CHECKSIG
```

　〈*scriptSig*〉와 〈*scriptPubKey*〉가 스택에 놓인 후에 스택의 내용은 〈그림 6.5〉의 마지막 단계와 동일하다.

　공개키 결제 트랜잭션의 한 가지 잠재적인 단점이 있다면 자금이 양자 컴퓨터에 저항하지 않을 수 있다는 사실이다. 그뿐만 아니라 EC 공개키는 어드레스보다 더 커서 지불 트랜잭션이 더 커진다.**68)** 그래서 이 방법을 실제로 쓰는 사례는 드물다.

# 6.3 다중서명 트랜잭션

비트코인 프로토콜을 이용하면 몇몇 서명을 사용해야 하는 이른바 **다중서명 트랜잭션**(m-of-n multisignature transactions)이 가능하다. 이 트랜잭션의 ⟨*scriptPubKey*⟩는 n개의 공개키를 명시한다. 출력값 사용자는 적어도 m개의 공개키에 서명을 제공해야 한다. 다중서명 트랜잭션의 ⟨*scriptPubKey*⟩는 다음과 같다.

```
m <pubkey1> ... <pubkeyn> n OP_CHECKMULTISIGVERIFY
```

이 스크립트를 실행할 때는 우선 ⟨*scriptSig*⟩을 스택에 푸시한다.**69)** 그런 다음에 ⟨*scriptPubKey*⟩를 푸시한다. 유효한 다중서명 트랜잭션에는 m개의 유효한 서명이 포함된다. 그런 다음 스크립팅 엔진은 ⟨*scriptPubKey*⟩에서 제공한 첫 번째 서명과 ⟨*scriptSig*⟩의 첫 번째 공개키를 비교함으로써 명령 OP_CHECKMULTISIGVERIFY를 평가한다. 이것이 서로 일치하

---

68) 이 트랜잭션 출력값을 사용하는 트랜잭션이 더 작기는 하지만 ⟨*scriptSig*⟩에 EC 공개키를 포함할 필요는 없다.

69) 다중서명 트랜잭션의 ⟨*scriptSig*⟩은 공개키를 푸시하기 전에 OP_0 연산을 푸시해야 한다. 스택에서 여분의 요소가 팝하도록 만드는 OP_ CHECKMULTISIGVERIFY을 실행할 때 버그가 발생하므로 OP_0가 반드시 필요하다.

면 계속해서 ⟨scriptPubKey⟩의 두 번째 서명을 확인하고 이 과정을 반복한다. 어떤 서명이 일치하지 않으면 다음번 ⟨scriptPubKey⟩의 서명으로 시도한다. 스크립팅 엔진이 이전에 확인한 ⟨scriptPubKey⟩ 서명을 다시 확인하지 않는다. 따라서 ⟨scriptSig⟩의 서명은 ⟨scriptPubKey⟩ 서명에 맞춰 정렬시켜야 한다. 그렇지 않으면 스크립팅 엔진이 트랜잭션을 무효라고 간주할 것이다.

한 개의 지갑에 n개 중 m개 트랜잭션을 푸는 모든 서명이 있을 수 있는데, 만일 그렇다면 그것은 다중서명의 목적에 어긋날 것이다. 트랜잭션의 여러 당사자가 출력값을 풀 다른 개인키를 소유하는 것이 더 일반적이다. 이런 경우에는 트랜잭션을 비트코인 네트워크에 발표하기 전에 모든 당사자가 트랜잭션에 서명해야 한다. 이 과정은 다음과 같이 진행된다. 한 당사자가 서명하지 않은 트랜잭션을 생성한다(서명하는 당사자의 일원일 수 있다). 그런 다음 서명하지 않은(일부 서명한) 트랜잭션을 오프라인(비트코인 네트워크의 오프라인)으로 배포하고 모든 당사자가 서명한다. 서명 프로세스가 완료되면 트랜잭션을 비트코인 네트워크에 발표한다.

이를테면 다중서명 트랜잭션과 일반 트랜잭션을 결합해 잠그는 당사자와 다른 n명의 당사자가 서명해야 하는 트랜잭션을 진행할 수 있다. 이 같은 트랜잭션의 ⟨scriptPubKey⟩는 다음과 같다.

```
<pubkey> OP_CHECKSIGVERIFY
m <pubkey1> ... <pubkeyn> n OP_CHECKMULTISIGVERIFY
```

다중서명 트랜잭션을 다음과 같은 몇 가지 용도로 사용할 수 있다.

■ **3자 에스크로(three-party escrow)**

다중서명을 이용하면 무(無) 신뢰 당사자와 계약을 맺을 수 있다. 첫째, 양측이 중재자를 참여시키기로 합의한다. 둘째, 발신자가 3개 중 2개의 서명이 필요한 다중서명 출력값을 보낸다. 〈*scriptPubKey*〉에 발신자, 수신자 그리고 중재자의 공개키 3개가 포함된다. 얼마 후 발신자와 수신자가 트랜잭션을 진행하기로 합의하면 두 사람 모두 중재자를 참여시킬 필요 없이 트랜잭션에 서명한다. 하지만 발신자와 수신자가 트랜잭션을 계속 진행하겠다고 합의하지 않으면 중재자가 참여해서 자금을 받아야 할 당사자를 결정한다. 예컨대 중재자가 자금을 돌려받아야 할 사람이 발신자라고 결정했다고 하자. 이런 경우 중재자와 발신자 모두 자금을 풀어 발신자에게 다시 보내는 트랜잭션에 서명할 수 있다. 에스크로 기술은 비트코인을 이용해 (구매자에게) 안전한 전자상거래를 진행할 기회를 제공한다.

■ **지갑 보호 서비스(wallet protection service)**

사용자는 2개 중 2개의 다중서명 출력값에 자금을 보내 지갑을 구축한다. 개인키 2개 가운데 1개는 사용자 컴퓨터에 존재한다. 나머지 키는 지갑 서비스 공급업체가 보관한다. 이 지갑의 자금을 사용하기 위해 사용자는 먼저 트랜잭션에 서명하고 컴퓨터의 지갑 소프트웨어는 일부 서명한 트랜잭션을 지갑 서비스 공급업체에 보낸다. 그러면 지급 서비스 공급업체는 다른 채널(2팩터 인증)을 통해 사용자와 계약한다. 이 두 번째 채널을 통해 사용자가 인증을 받고 나서 공급업체가 개인키로 트랜잭션에 서명하고 발표한다. 사용자가 공급업체에게 보안을 위해 개인키를 보내라고 요구하거나 3개 중 2개 다중서명 트랜잭션을 이용하는 편이 더 바람직하다. 그렇지 않으면 지갑 서비스 공급업체가 사용자에게 자금을 풀기 위한 뇌물을 요구할 수 있다.

현재 〈*scriptSig*〉의 최고치가 200바이트이므로 다중서명에 이용할 수 있는 서명 수의 최고한도는 현재 세 개이다. 앞으로 프로토콜이 500바이트로 커져 서명 수가 늘어나면 이 한계는 없어질 것이다.

# 6.4 기타 트랜잭션 유형

만일 어떤 트랜잭션의 〈*scriptPubKey*〉가 비었다면 누구든 다음과 같은 〈*scriptSig*〉로 그것을 사용할 수 있다.

```
OP_TRUE
```

즉 〈*scriptSig*〉가 스택의 1이라는 값을 넣으면 정확한 트랜잭션이 진행된다. 누구든 이 트랜잭션을 사용할 수 있으며 최초 사용자는 블록에 그것을 포함하는 채굴자가 될 것이다. 따라서 이런 트랜잭션은 채굴자의 수수료라고 간주될 것이다. 이런 유형의 트랜잭션은 표준이 아니므로 비트코인 코어를 운용하는 노드는 이런 유형에 의존하지 않는다.[70]

비표준 트랜잭션의 또 다른 예로, 〈*scriptPubKey*〉에 부호화한 트랜잭션이 있다.

---

70) 하지만 이런 유형의 트랜잭션을 발견한 채굴자라면 추가 수수료를 받을 심산으로 채굴하고 있는 블록에 기꺼이 이 트랜잭션을 포함시킬 것이다.

OP_RETURN ⟨추가 데이터⟩

OP_RETURN은 출력값을 사용할 수 없게 만든다. OP_RETURN 명령이 끝난 후에 추가 데이터를 ⟨*scriptPubKey*⟩에 포함시킬 수 있다. 이런 유형의 트랜잭션을 입증할 수 있는 가지치기 가능(provable prune-able) 트랜잭션 혹은 지불 불능(unspendable) 트랜잭션이라고 일컫는다. 그것은 아무도 이 트랜잭션을 사용할 수 없으니 UTXO에서 출력값을 제거할 수 있기 때문이다. 블록체인에 무작위 데이터를 삽입하려는 사용자의 문제를 해결할 한 가지 방법으로 프로토콜 0.9 버전에 이 유형의 트랜잭션을 도입했다. 이 트랜잭션 유형은 블록체인에 데이터를 삽입할 때 UTXO와 지불 불능 트랜잭션을 혼합하지 않는다는 것이 주된 장점이다. 섹션 11.6에서 블록체인에 데이터를 삽입하는 다양한 방법을 더 상세하게 설명할 것이다.

트랜잭션 ⟨*scriptPubKey*⟩에 포함할 수 있는 명령은 훨씬 더 많다. 비트코인 위키(2014v)에서 전체 명령 목록을 참고할 수 있다(OP_MUL, OP_DIV, OP_OR 등). 이 가운데 일부는 현재 코드에서 해체된 상태이다. 필요할 경우 이런 무력화된 일부 명령이나 새로운 명령이 미래의 비트코인 버전에 추가될 것이다. 하지만 비트코인에 기능을 추가하거나 변경하는 프로세스는 취약점(vulnerability: 보안상의 문제점을 안고 있는 컴퓨터 시스템의 약점-옮긴이)을 만들거나 기존 클라이언트의 기반을 무너트리지 않도록 신중하게 진행해야 한다.

# 6.5 트랜잭션 서명

트랜잭션 출력값에 저장된 자금을 사용하려면 자금에 저장된 어드레스와 연결된 개인키로 지출 트랜잭션에 서명해야 한다. 트랜잭션 서명(transaction signature)은 다음과 같은 단계를 거친다.[71]

- 원본이 파기되지 않도록 트랜잭션의 복사본을 만든다.
- 서명이 ⟨scriptSig⟩의 일부이므로 서명된 트랜잭션에는 ⟨scriptSig⟩가 포함되지 않는다. 따라서 서명이 끝나면 ⟨scriptSig⟩가 짜 맞춰질 것이다. ⟨scriptSig⟩ 대신 그것이 조회하는 출력값의 ⟨scriptPubKey⟩가 복사된다.
- 그런 다음 전체 트랜잭션이 해시되면 지출되는 출력값의 비트코인 어드레스와 일치하는 개인키로 이 해시에 서명한다.

이 섹션에서는 지금까지 대략 살펴본 트랜잭션을 좀 더 자세하게 살펴볼 것이다. ⟨그림 6.6⟩은 트랜잭션에 포함되는 추가 요소들을 나타낸 것이다. 트랜잭션에는 코드의 *nLockTime*이라고 불리는 **잠금시간**(lock time: 트랜잭션이 블록에 기록될 수 있는 시간-옮긴이) 변수가 있다. 그뿐만 아니라 트랜잭션의 모든 입력값에는 *nSequence*라는 이름의 **시퀀스 번호**가 있다. 트랜잭션은 잠금시간이 끝나거나 모든 입력값의 시퀀스 번호가 최댓값에 맞춰졌을 때 최종적인 것으로 간주된다.[72]

---

71) 트랜잭션의 서명 코드는 script.cpp의 함수 SignSignature에서 찾을 수 있다.

잠금시간을 이용하면 원래 진행 중인(완료되지 않은) 트랜잭션을 보내 미래의 어느 시점에 대체할 수 있었다. 이 테크닉을 트랜잭션 대체(transaction replacement)라고 일컫는다. 그런 트랜잭션을 대체하는 기간은 *nLockTime*의 값으로 결정되며 타임 스탬핑(time-stamping: 편지나 문서의 발송과 접수 일시를 기록한 것-옮긴이)의 어떤 블록 숫자로 명시할 수 있다. 만일 *nLockTime*의 가치가 500000000보다 적으면 이를 블록 숫자

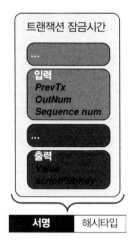

그림 6.6 트랜잭션의 요소들

로 해석한다.[73] 반대로 클 경우에는 유닉스(Unix) 날짜로 해석한다.[74] 대체 가능한 트랜잭션은 적어도 한 입력값의 일련번호가 최댓값보다 작아야 한다. 한 트랜잭션의 연속적인 버전들을 더 높은 입력값의 일련번호로 발표할 수 있다. 이런 방식을 택하면 거래당사자들이 블록체인에 발표하기 전에 트랜잭션을 수정할 수 있을 것이다. *nLockTime*에 이르거나 입력값의 모든 일련번호가 최댓값에 이르렀을 때 완료된 것으로 간주한다.

*nLockTime*에 이르지 않았거나 일련번호가 최댓값에 이르지 않은 트랜잭션을 완료되지 않은 트랜잭션(unfinalized transactions)이라 일컫는다. 완

---

72) 일련번호는 무(無)서명 정수로 표시한다. 무서명 정숫값에 허용되는 최대치는 플랫폼에 따라 32비트나 64비트로 달라지며 UINT_MAX로 문서에 저장된다.

73) 블록 숫자 500000000은 1년 후에 11,521 AD에 이를 것으로 추정된다.

74) 유닉스 날짜는 UTC(universal time coordinated, 협정세계시) 1970년 1월 1일 00:00:00 이후부터 흐른 시간을 초로 환산한 정수로 정해진다.

료되지 않은 트랜잭션은 블록체인에 포함되지 않으며 그것을 받은 노드는 이를 폐기한다. 하지만 항상 이런 식이었던 것은 아니다. 2010년 이전에는 완료되지 않은 트랜잭션을 노드에 보관해서 잠금시간에 이를 때까지 기다리거나 완료된(다시 말해 잠금시간에 이르렀거나 모든 입력값의 일련번호가 최댓값에 맞춰진) 새로운 대체 트랜잭션을 기다리는 방식이었다. 완료되지 않은 트랜잭션은 승인되지 않은 트랜잭션의 메모리 풀(memory pool)[혹은 줄여서 멤풀(mempool)]에 존재한다. 완료되지 않은 트랜잭션이 멤풀에 축적되면 보안상 위험이 따른다. 즉 공격자가 잠금시간이 설정된 트랜잭션으로 채굴 노드의 멤풀을 채움으로써 비트코인 네트워크에 **서비스 거부**(denial of service, DoS) 공격을 실행할 수 있다.

11장에서 몇 명의 당사자가 트랜잭션을 생성하고 일련번호로 서명해야 하는 몇몇 애플리케이션에 대해 살펴볼 것이다. 트랜잭션 대체가 무력화되더라도 이 기능은 여전히 유효하다. 즉 당사자들이 일부 완료된 트랜잭션을 대체 채널로 발신할 수 있다. 멤풀을 이용해 일부 완료된 트랜잭션을 저장하는 기능은 편리했으나 선불 계약은 대부분 이 기능이 없어도 체결이 가능하다.

〈그림 6.6〉에서 보여준 트랜잭션의 또 다른 특성은 서명 해시 타입이다. 〈*scriptSig*〉의 모든 서명에는 플래그가 포함되는데 플래그는 서명이 어떤 입력값과 출력값에 해당하는지를 표시한다. 서명의 해시 타입이라고 일컬어지는 플래그는 세 가지 값을 취할 수 있다.

- SIGHASH_ALL

이 서명은 모든 출력값에 효력을 발생한다. 다시 말해 어떤 출력값이라도 변경하면 트랜잭션은 반드시 무효가 된다. 트랜잭션의 어떤 출력값을 변경하려면 모든 입력값에 다시 서명해서 이 변경사항을 반영해야 한다. 이는 "다른 모든 사람이 각자의 입력값을 사용하고 출력값이 명시된 것이라면 입력값을 사용하기로 동의한다"는 의미이다. 이 옵션을 이용하면 다른 입력값이 일련번호를 업데이트할 수 없다. 이 옵션은 프로토콜의 기본 옵션이다.

- SIGHASH_NONE

이 서명은 어떤 출력값도 포함하지 않는다. 다시 말해 어떤 출력값이든 마음대로 변경할 수 있으며 그래도 서명은 여전히 유효할 것이다. 이는 "다른 모든 사람이 각자의 입력값을 사용한다면 입력값을 사용하기로 동의하지만 출력값에는 신경 쓰지 않는다"는 의미이다. 이 옵션을 이용하면 다른 입력값이 일련번호를 업데이트할 수 없다.

- SIGHASH_SINGLE

이 서명에는 입력값과 같은 인덱스의 출력값만 포함된다. 다시 말해 입력값이 제3의 위치에 있을 경우 이 서명은 그 제3의 위치에 있는 출력값에만 효력을 발생한다. 이는 "내 출력값이 명시된 경우에만 입력값을 사용하기로 동의하지만 다른 것은 신경 쓰지 않는다"는 의미이다. 이 옵션을 이용하면 다른 입력값이 일련번호를 업데이트할 수 있다.

서명에는 **SIGHASH_ANYONECANPAY**라는 추가 플래그가 있으며 이는 참이나 거짓값을 취할 수 있다. 이 플래그는 이전의 세 플래그 중 어떤 것과도 결합할 수 있다.[75] 참으로 판단된 서명은 현재 입력값에만 해당된다. 거짓으로 판단되면 모든 입력값에 해당된다. 이는 "이 플래그가 이를테면 크라우드펀딩 트랜잭션에서 유용하다"는 의미이다.

트랜잭션에 서명하는 다양한 방식과 무작위 데이터를 블록체인에 삽입할 수 있는 데다가 트랜잭션 스크립팅 언어를 여러 목적으로 사용할 수 있기 때문에 혁신적인 유형의 애플리케이션이 등장할 다양한 가능성이 생긴다. 스크립팅 언어는 매우 효과적이지만 사용할 때는 세심한 주의를 기울여야 한다. 오해할 수 있는 매개변수가 있기 때문에 자칫 대참사가 일어날 수 있다. 실제로 오류가 일어난 두 가지 사례를 살펴보자. 첫 번째 실수는 다음과 같은 〈scriptPubKey〉를 생성했다.

```
OP_DUP
OP_HASH160
0
OP_EQUALVERIFY
OP_CHECKSIG
```

유효한 어드레스 대신에 0 하나가 포함되어 트랜잭션을 회수 불능으로 만들었다는 사실에 주목하라. 몇몇 코인베이스 트랜잭션에서 다음과 같은 〈scriptPubKey〉의 두 번째 버그가 발견되었다.

---

75) **nHashType**이라는 정수 변수에 이 모든 플래그가 압축된다. script.cpp에서 이 변수를 찾을 수 있다. 서명에 앞서 해시 타입에 포함되지 않은 입력값과 출력값을 끌어내는 코드는 CTransactionSignatureSerializer::Serialize in script. cpp에서 찾을 수 있다.

```
OP_IFDUP
OP_IF
OP_2SWAP
OP_VERIFY
OP_2OVER
OP_DEPTH
```

이 스크립트는 아무런 의미가 없으므로 회수 불능이다. 일부 트랜잭션에 이것이 포함되는 주된 이유를 이해하려면 이 스크립트의 16진법 표기를 ASCII로 전환하면 된다. 그러면 ⟨scriptPubKey⟩가 말 그대로 '스크립트'로 읽힌다.

# 6.6 스크립트 해시 결제

2010년 말 다중서명 트랜잭션을 표준으로 삼아 지갑의 안전성을 높여야 한다는 주장이 대두되었다. 섹션 6.3에서 소개한 대로 그 무렵에는 다중서명 트랜잭션이 이미 프로토콜에 포함된 상황이었다. 다중서명을 이용하려면 자금의 발신자가 필요한 모든 정보를 입수해 ⟨scriptPubKey⟩을 생성해야 한다. 이 정보에는 출력값을 사용하는 데 필요한 모든 어드레스와 유효한 서명의 번호가 포함된다. 한 가지 방법으로 이 모든 정보를 트랜잭션 수령자로부터 발신자에게 전달하는 새로운 유형의 어드레스를 생성하고, 수령자가 발신자에게 이 어드레스를 제시할 수 있다면 다중서명 트랜잭션을 표준으로 삼을 수 있을 것이다. 하지만 이 정보를 모두 담으면 어드레스가 매우 길어진다. 예를 들어 3개 중 2개 다중서명(2-of-3 multi-signature address)을 부호화할 경우에는 어드레스가 일반 트랜잭션의 세 배만큼 길어질 것이다. 그뿐만 아니라 다중서명 ⟨*scriptPubKey*⟩는 일반 어드레스 결제 ⟨*scriptPubKey*⟩보다 커서 블록체인에 담는 데 더 큰 비용이 든다. 이 수수료는 트랜잭션의 발신자가 지불하지만 다중서명 어드레스를 선택하는 사람은 수신자이다.

이 문제를 해결하는 방안으로서 새로운 유형의 트랜잭션을 생성하는 방법이 선택되었다. ⟨*scriptPubKey*⟩이 아니라 ⟨*scriptSig*⟩에서 트랜잭션을 회수한다는 조건을 부호화하는 것이다. 즉 출력값을 사용하라는 지시가 출력값에서 입력값으로 혹은 자금의 발신자에서 수신자로 옮겨진다. 이런 유형의 트랜잭션을 **스크립트 해시 결제**(pay-to-script-hash) 혹은 줄여서 **P2SH**라고 일컫는다.[76] P2SH의 토대를 이루는 주된 개념은 트랜잭션을 사용할 때 이용하는 스크립트가 ⟨*scriptSig*⟩에 존재하며 ⟨*scriptPubKey*⟩는 단지 스크립트의 해시에 지나지 않는다는 점이다. 스크립트의 해시는 자금 수령자가 의도한 대로 출력값이 사용되는지를 확인한다.

⟨그림 6.7⟩은 원래 방식(왼쪽)과 P2SH 트랜잭션(오른쪽)으로 부호화한 다중서명 트랜잭션이다. P2SH 트랜잭션의 ⟨*scriptSig*⟩에는 원래 다중서명 트랜잭션의 ⟨*scriptSig*⟩와 ⟨*scriptPubKey*⟩에 관한 정보가 포함된다. P2SH 트랜잭션의 ⟨*scriptPubKey*⟩는 상당히 짧다. 두 연산부호와 ⟨*scriptSig*⟩에 포함된 스크립트의 20바이트 해시로 구성된다. P2SH 트랜잭션 ⟨*scriptSig*⟩과 ⟨*scriptPubKey*⟩의 일반적인 구성은 다음과 같다.

# 비트코인 개선 제안(BIPS)

비트코인 프로토콜의 일부를 변경하자는 제안은 **비트코인 개선 제안**(Bitcoin Improvement Proposal, BIP)이라는 문서로 작성된다. BIP는 비트코인 개발자들과 전체 커뮤니티(채굴자, 비트코인 서비스를 이용하는 기업 등)가 대개 메일링 리스트(mailing list: 관심 분야가 같은 집단에서 정보나 메시지를 이메일로 교환하는 구조-옮긴이)와 게시판을 통해 논의하는 기술적인 문서이다. **BIP**가 논란을 일으키거나 몇몇 제안이 서로 상충하면 표결에 부친다. 투표 참가자들은 채굴자, 더 정확히 말하면 채굴망 서비스 운영자(mining pool operator)들이다. 채굴자에게는 프로토콜의 변경사항을 발표할 책임이 있다. 상당수의 채굴자가 변경에 반대할 경우 이들은 발표를 거부하고 블록체인에 포크(fork)를 일으킨다. 코드의 민감한 부분을 변경해야 할 때 채굴자들의 투표로 이를 결정하기로 한 것은 바로 이 때문이다. 그런 변화를 주도하거나 파괴할 힘이 있는 사람이 바로 채굴자들이다.

채굴자들은 투표하기 위해 대개 코인베이스 트랜잭션의 입력값에 투표 결과를 담은 스트링을 포함시킨다. 채굴된 모든 블록에는 투표 과정이 포함되기 때문에 대표성은 채굴 능력에 비례한다. 블록체인을 일정 기간, 이를테면 1,000 블록 정도 관찰한 다음 투표를 다시 개표한다.

비트코인 프로토콜의 섬세한 관리에 주목하라. 프로토콜을 바꾸자고 제안하는 사람은 개발자이지만 그것에 찬성할지 반대할지 투표하는 것은 결국 채굴자들이다. 채굴자 가운데 다수(55% 이상)가 찬성하면 제안이 수용된다. 수용된 제안은 일단 코드에서 실행되어 분산된다. 비트코인 위키에서 BIP 목록과 그 상태를 참고할 수 있다.

---

76) 이런 유형의 트랜잭션을 설계하는 방법에 대한 논의가 많았다. BIP 12(일명 OP_EVAL), BIP 16(일명 P2SH) and BIP 17(일명 CHV, check-hashverify) 등 세 가지가 제안되었다. 이들 제안을 표결해 BIP 16이 선택되었다(박스 참고).

```
scriptSig: [signature(s)] {script to be evaluated}
scriptPubKey: OP_HASH160 [20-byte-hash of
                {script to be evaluated} ] OP_EQUAL
```

새로운 어드레스 유형, 즉 스크립트 어드레스(script address)도 만들어졌다. 스크립트 어드레스에 부호화된 정보는 고작 20바이트의 해시 스크립트이다. 그 결과 상당히 압축된 어드레스가 생성된다. 스크립트 어드레스를 만드는 규칙은 일반 어드레스와 비슷하다. 그러나 스크립트 어드레스에서는 일반 어드레스에서처럼 타원곡선 공개키를 해시하는 대신 스크립트 자체를 해시한다. 이 해시는 베이스58 부호화를 시작하기 전에 (십진수) 5의 값으로 프리픽스(관계형 식별자와 같은 제어 정보를 포함하는 레코드의 헤드 부분, 접두부라고도 한다-옮긴이)를 붙인다. 그러면 3으로 시작하는 스크립트 어드레스가 생성된다.

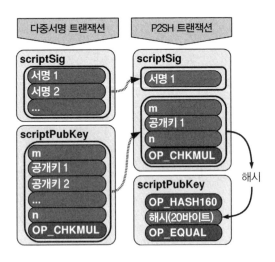

그림 6.7 스크립트 해시 결제 트랜잭션

184

임의적인 스크립트는 P2SH 트랜잭션의 ⟨*scriptSig*⟩로 보안상 문제를 피할 수 없다. ⟨*scriptSig*⟩에 임의 코드를 허용하면 서비스 거부 공격을 초래할 수 있다. 공격자가 평가하는 데 큰 비용이 드는 ⟨*scriptSig*⟩로 트랜잭션을 만들기 때문에 노드의 계산(혹은 메모리) 자원을 소모할 수 있다. 그러면 네트워크의 속도가 느려지고 새로운 트랜잭션이 누락되는 등의 결과가 초래된다.77) ⟨*scriptPubKey*⟩의 코드는 출력값을 사용하려는 시도가 있을 때만 운용되므로 ⟨*scriptPubKey*⟩에 스크립트 코드를 허용하는 것은 그리 문제가 되지 않는다. 이 코드를 가진 트랜잭션은 이미 블록체인에 존재하고 자금을 수신한 상태여야 한다. 따라서 ⟨*scriptPubKey*⟩에 악성 스크립트를 넣는 서비스 거부 공격을 하려면 공격자가 자금을 지불해야 한다. 스크립팅 언어의 여러 가지 특성은 무력화되었다. 따라서 바로 비트코인 개발자들은 스크립팅 언어를 변화시킬 때 신중한 태도를 보인다.

P2SH 트랜잭션에 허용할 수 있는 스크립트는 공개키 결제, 어드레스 결제 그리고 다중서명 트랜잭션뿐이다.78)

P2SH 트랜잭션을 이용할 때는 매우 신중해야 한다. 자칫 오류가 일어나면 트랜잭션이 지불 불능 상태가 되기 때문이다. 처음에는 트랜잭션 스크립트의 세부사항이 블록체인에 저장되지 않고 스크립트의 해시만 저장된다. 따라서 트랜잭션의 실행자는 이 해시를 생성하는 스크립트의 복사본을 보관해야 한다. 스크립트의 복사본을 잃어버리면 트랜잭션이 지불 불

---

77) 임의적인 스크립트가 허용될 때 어떻게 그런 공격이 가능할 수 있는지 알 수 있는 한 가지 사례는 main. cpp의 소스코드 즉 DUP CHECKSIG DROP … 100번 반복 … OP_1이다.
78) P2SH 트랜잭션의 유효한 스크립트를 검증하는 함수는 main.cpp의 AreInputsStandard이다.

능 상태가 된다. 트랜잭션 출력값에 존재하는 해시로 재구성하려면 상당한 역설계 작업이 필요하다.

# 6.7 표준 트랜잭션

비트코인이 정의하는 트랜잭션 유형은 여섯 가지이다.[79]

- **TX_PUBKEY**, 즉 공개키 결제

이 트랜잭션 유형의 ⟨*scriptPubKey*⟩는 [OP_PUBKEY OP_CHECKSIG]이다.

- **TX_PUBKEYHASH**, 즉 어드레스 결제

이 트랜잭션 유형의 ⟨*scriptPubKey*⟩는 [OP_DUP OP_HASH160 OP_PUBKEYHASH OP_EQUALVERIFY OP_CHECKSIG]이다.

- **TX_SCRIPTHASH**, 즉 스크립트 해시 결제(P2SH)

이 트랜잭션 유형의 ⟨*scriptPubKey*⟩는 [OP_HASH160 <20-byte-hash>]이다. P2SH 트랜잭션의 ⟨*scriptSig*⟩에 비표준 트랜잭션을 넣는 것은 허용되지 않는다.

- **TX_MULTISIG**, 즉 다중서명 트랜잭션

이 트랜잭션 유형의 ⟨*scriptPubKey*⟩은 [m sig1 ... sign n OP_CHECKMULTISIG]이다. $n \leq 3$이고 $m \leq n$ 인 경우 다중서명 트랜잭션은 '표

---

79) 트랜잭션 유형은 script.cpp의 솔버(Solver) 함수를 운용한 결과로 얻은 것이다.

준'으로 간주한다.

- **TX_NULL_DATA**, 일명 OP_RETURN 트랜잭션

이 트랜잭션 유형의 〈*scriptPubKey*〉는 [OP_RETURN <data>]이다.

- **TX_NONSTANDARD**, 위의 다섯 가지 트랜잭션에 속하는 않는 트랜잭션

처음 다섯 가지 유형은 표준 트랜잭션으로 간주한다. 레퍼런스 비트코인 소프트웨어를 시행하는 노드들은 표준 트랜잭션만 전송하거나 채굴한다. 블록체인에 비표준 트랜잭션을 포함하려면 채굴자와 합의해야 한다. 다시 말해 이 채굴자가 블록을 분해할 때 비표준 트랜잭션이 포함될 수 있다. 채굴자의 해시 레이트에 따라 이 과정에 시간이 오래 걸릴 수 있다.

표 6.1은 각 트랜잭션 유형의 사례들이다. 이 장에서 몇 가지 다른 트랜잭션을 소개했다. 하지만 트랜잭션 대부분은 여전히 어드레스 결제 유형이며 다중서명, P2SH, OP_RETURN은 소수에 지나지 않는다. 앞으로는 새로운 트랜잭션 유형이 더 중요해지겠지만 일단 서비스 제공업체(이를테면 지갑)는 다중서명 트랜잭션을 제공하고 심지어 그것을 기본값으로 만들 것이다.

**표 6.1 트랜잭션 유형** 출처: 2014년 6월 17일 <u>webbtc.com</u>

| 트랜잭션 유형 | 백분율 |
|---|---|
| 어드레스 결제 | 99.062% |
| 공개키 결제 | 0.847% |
| 다중서명 | 0.056% |
| P2SH | 0.032% |
| OP_RETURN | 0.002% |
| 미상 | 0.002% |

# 7장
# 블록체인

블록체인(blockchain)은 비트코인이 소개한 기술 중 가장 중요한 혁신이다. 그것은 분산 피어 투 피어 디지털 통화를 가능하게 만든 빠진 고리(missing link: 전체를 이해하거나 완성하는 데 필요한 정보 같은 것-옮긴이)이다. 블록체인은 처음(2009년 1월 3일)부터 모든 비트코인 트랜잭션을 보유해왔던 분산 데이터베이스이자 이를 안전하게 지키는 기술이다.

블록체인은 트랜잭션의 리스트를 모두 보관한다. 하지만 특정한 트랜잭션 출력값을 사용할 수 있는지의 여부처럼 블록체인에서 직접 해답을 얻을 수 없는 문제들이 있다. 이럴 경우에는 채굴 노드나 지갑처럼 블록체인을 사용하는 소프트웨어가 직접 블록체인을 분해해서 관련 정보를 뽑아내야 한다. 블록체인에서 뽑아낸 정보는 대개 데이터베이스에 입력된다. 예컨대 비트코인 노드 소프트웨어는 LevelDB를 이용하는데 이는 소비되지 않은 거래(UTXO)의 복사본을 보관하기 위한 키값(데이터베이스 테이블의 특정 행을 식별하고 접근하는 값-옮긴이) 저장고(key-value store: 핵심가치 저장고-옮긴이)이다. 이 데이터베이스를 채우려면 블록체인을 분해해야 한다.

블록체인은 작업증명을 통해 분산 데이터를 안전하게 보호한다. 다시 말해 블록체인을 만들 때 적용했던 계산능력을 토대로 부당한 변경 시도로부터 블록체인을 안전하게 보호한다. 공격자가 블록체인을 변경하려면 특정한 시점부터 현재까지 사용한 모든 계산능력과 같은 계산능력을 발휘해야 한다. 그뿐만 아니라 분산 데이터베이스에 추가항목을 계속해서 기록하는 합법적인 비트코인 네트워크를 능가해야 한다. 전문용어로 말하자면 데이터베이스의 정보를 바꾸려면 합법적인 네트워크를 따라잡아야 할 것이다.

섹션 7.1에서는 블록체인에서 이용하는 암호화 원시함수인 해시함수를 소개한다. 섹션 7.2는 특정 시점에 정보를 안전하게 보호하는 방법인 시점확인을 다룬다. 섹션 7.3에서는 작업증명 개념을 소개한다. 섹션 7.4는 이전 장을 종합해 비트코인 블록체인의 원리에 관해 설명한다. 마지막 장에서는 이중지불 공격과 이 공격에 대한 방어방법, 블록을 신속하게 업데이트하는 방법 그리고 트랜잭션의 속도 증가에 따른 확장성 등 블록체인의 특별한 세부사항을 다룰 것이다.

# 7.1 해시함수

해시함수(hash functions)는 임의적인 길이의 데이터를 입력값으로 취하고 **해시값(hash value)**이라고 불리는 고정된 길이의 비트 배열을 출력값으로 취하는 알고리즘이다. 입력값 데이터가 같으면 해시값은 항상 동일하다. 해시함수는 (임의적인 길이의) 일련의 입력값 데이터에서 일련의 해시값으로 향하는 지도인데 입력값 데이터의 작은 차이가 결과에서 큰 차이를 만든다는 특성이 있다. 예를 들면 해시 테이블(hash tables: 해싱함수의 연산에 의해 구해진 위치에 각 레코드를 한 개 이상 보관할 수 있는 버킷들로 구성된 기억 공간-옮긴이)을 이용해 데이터 기록을 신속하게 찾을 때 해시함수를 널리 이용한다. 해시값의 크기는 대개 가능한 입력값 데이터의 크기보다 작다. 따라서 여러 입력값 데이터 포인트가 한 개의 해시값을 공유한다.

효과적인 해시함수는 비율에 맞게 입력값을 해시값에 분산해서 모든 해시값이 동일한 수의 예상 입력값과 연결되어야 한다. 이 비례성을 성취하는 한 가지 방법으로 최대한 해시값을 무작위로 '움직이게' 만들 수 있다. 비록 무작위인 것처럼 '움직인다' 하더라도 해시값은 확정적이라는 점에 주목하라. 입력값이 주어지면 해시값은 언제나 동일하다.[80]

비트코인은 **암호화 해시함수**를 이용해 작업증명을 수행한다. 암호화 해시함수(안전한 해시함수라고도 불린다)는 일반 해시함수에 추가 요건을 부가

---

80) 해시함수를 종종 고기 가는 기계(meat grinder)에 비유한다. 햄버거를 다시 고깃덩어리로 만들 수 없다는 의미에서 볼 때 이 비유는 일리가 있다. 반면 정확하게 똑같은 고깃덩어리가 주어지면 그것으로 만드는 햄버거가 정확히 똑같아야 한다는 사실을 강조할 경우에는 이 비유가 그리 유효하지 않다.

한다.

- **일방향성(역상 저항성, preimage resistance)**

해시함수가 주어질 때 입력값 데이터를 찾아내는 것은 계산상 불가능하다. 이것은 작업증명 애플리케이션의 핵심적인 특성이다.

- **약한 충돌 저항성(weak collision resistance)**

입력값이 주어질 때 동일한 해시값으로 다른 입력값을 찾아내는 것은 계산상 불가능하다.

- **강한 충돌 저항성(strong collision resistance)**

해시값이 같은 두 개의 입력값 데이터 포인트를 찾아내는 것은 계산상 불가능하다.

비트코인은 작업증명함수로 SHA256^2를 이용한다. SHA256^2는 SHA 256 해시함수를 두 번 적용한 것이다. SHA256은 2001년 NSA가 설계하고 NIST가 발표한 해시함수 세트(SHA-2)의 일부로, 출력값의 길이가 256 비트인 이 패밀리의 해시함수이다.

〈그림 7.1〉은 SHA256^2 해시함수의 일례이다. 이 그림의 상부에 있는 입력값은 '이것은 메시지 1번'이라는 배열이다. 16진수로 나타낸 해시값은 '7800e9f07…'이다. 그림의 아랫부분에 있는 입력값은 '이것은 메시지 2번'이라는 배열이며 해시값은 '263cec7db…'이다. 메시지에서 한 숫자를 바꾼 결과로 해시값이 어떻게 판이해지는지를 눈여겨보라. 효과적인 해시함수는 입력값에서 해시값까지 무작위 맵핑처럼 움직인다.

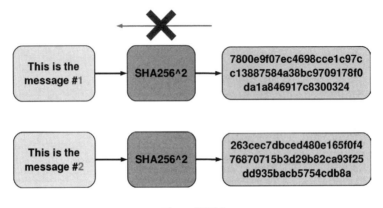

그림 7.1 해시함수

　SHA256는 역상 저항성 요건(preimage resistance requirement)을 충족시킨다. 해시값이 주어지면 그것을 생성한 메시지를 복구하는 일은 계산상 불가능하다. 다시 말해 입력값의 크기와 다항식으로 연결된 메시지를 일정한 시간 내에 복구할 수 있는 알고리즘은 아직 알려지지 않았다. 현실적으로 볼 때 이는 해시함수를 분해하는, 다시 말해 해시가 주어질 때 메시지를 복구하는 최고의 알고리즘은 비현실적인(기하급수적인) 시간이 필요한 무작위 대입 알고리즘이라는 뜻이다.

　수많은 암호화 해시함수, 예컨대 SHA256은 이른바 압축함수(compression function)라는 더 단순한 원시함수로 구성된다. 압축함수는 고정된 길이의 입력값을 연산해서 길이가 같은 출력값을 생성한다. 압축함수의 목표는 입력값의 비트를 확정적이지만 복잡한 방식으로 뒤섞어서 출력값에 도달하는 것이다. 그러려면 원본 메시지에서 연속해서 데이터를 이동하고 무작위처럼 보이는 상수들과 혼합하는 연산을 실행해야 한다.[81]

머클-담고르드 구조(Merkle-Damgård construction)는 압축함수를 구성 요소로 삼아 암호화 해시함수를 만드는 방법이다. 이 암호화 해시함수는 임의적인 길이의 입력값 데이터를 수용한다. 머클과 담고르드는 압축함수가 충돌 저항성이 있으면 전체 구조 또한 충돌 저항성이 있다는 사실을 입증했다. 〈그림 7.2〉는 일반적인 구성을 나타낸 것이다. SHA256의 경우 (그림에서 f로 표시한) 압축함수는 256비트의 데이터를 연산한다. 압축함수는 중간 해시값82)과 입력값 데이터의 블록 두 가지 입력값을 받아들인다. SHA256 해시를 계산하려면 입력값 데이터(메시지)를 먼저 256비트 길이의 블록으로 분해해야 한다. 메시지의 끝에는 0과 메시지의 길이가 추가된다. 중간 해시값은 *IHV*(Initial Hash Value: 초기 해시값)로 초기화한다. 그런 다음 마지막 단계의 해시값을 다음 단계의 중간 해시값으로 이용해 압축함수를 각 메시지 블록에 적용한다. 마지막 단계가 산출한 해시값은 전체

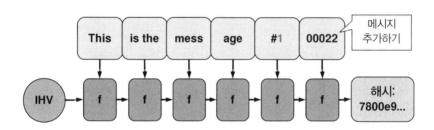

그림 7.2 머클-담고르드 구조

---

81) 압축함수 자체는 대개 몇 차례 반복되는 구성 요소에서 만들어진다. SHA256의 경우에는 64번 반복된다.
82) 첫 번째 라운드를 시작할 때 내부 레지스터를 초기화하기 위해 중간 해시값을 사용한다(미국 표준 기술 연구소, 2001).

메시지의 SHA256 해시이다.

대부분의 암호화 해시함수와 마찬가지로 SHA256은 다목적 하드웨어에서 속도가 빠르게끔 설계되었다. 압축함수의 곱셈은 비트 연산과 3비트 레지스터가 있는 덧셈만 이용하므로 효율적인 하드웨어 계산에 적합하다. 그 결과 ASIC 채굴산업이 등장했다(ASIC은 비트코인 채굴만을 목적으로 하는 전문 컴퓨터다-옮긴이).

머클-담고르드 구조는 길이 연장 공격(length extension attacks)에 취약하

## 패스워드 해싱(password hashing)

사용자 인증 문제로 고심하는 웹사이트가 많다. 사용자에게 사용자 이름과 패스워드를 선택할 기회를 주거나 발행한 후에 이를 인증에 이용하는 것이 일반적인 관행이다. 웹사이트에서는 이 정보를 클리어 텍스트(clear-text: 암호화되지 않은 네트워크 트래픽-옮긴이)에 보관할 수 있다. 실행 방법은 간단하다. 사용자가 로그인할 때마다 발송한 패스워드를 저장된 클리어 텍스트 패스워드와 비교하면 된다. 하지만 웹사이트가 훼손되면 자동으로 모든 사용자의 패스워드가 누출되므로 보안상 부적절한 관행으로 생각된다.

따라서 웹사이트에서는 클리어 텍스트 패스워드가 아니라 해시한 패스워드의 복사본을 보관할 것을 권한다. 사용자가 로그인할 때 발송한 패스워드를 해시하고 이 해시를 저장된 해시와 비교한다. 그러면 웹사이트가 해킹당하더라도 해시한 패드워드만 누출된다. 공격자가 해시한 패스워드에서 클리어 텍스트 패스워드를 얻으려면 해시들을 무작위로 대입해야 한다. 무작위 대입이란 가능한 여러 가지 패스워드를 시도해 그것의 해시가 원하는 해시와 일치하는지 확인하는 것이다. 이 과정에는 오랜 시간이 걸리는데 몇 가지 지름

길이 존재한다. 이 가운데 한 가지는 레인보우 테이블(rainbow tables)을 만드는 방법이다. 공격자가 여러 패스워드를 동시에 크래킹하고 싶다면 (레인보우 테이블이라고 부르는) 데이터베이스에 해시와 함께 패스워드 목록을 저장할 수 있다. 레인보우 테이블을 이용할 수 있을 경우 테이블에서 해시를 찾기만 해도 크래킹되는 패스워드가 있다.

레인보우 테이블을 막으려면 패스워드에 '소금을 치는' 것이 바람직하다. 소금이라고 일컬어지는 논스(단 한 번만 사용하는 무작위 숫자)를 각 패스워드의 해시와 함께 저장한다. 해싱하기 전에 클리어 텍스트 패스워드에 **소금**(salt: 패스워드 보호에서 패스워드 해시를 변환하는 데 사용되는 무작위 문자열-옮긴이)을 추가한다. 그러면 레인보우 테이블의 목적이 수포로 돌아간다. 그래도 패스워드를 무작위로 대입할 수 있으나 그러려면 한 번에 한 패스워드를 대입해야 하니 패스워드 크래킹의 효율성이 떨어진다.

SHA256을 포함해 수많은 표준화된 해시함수는 속도가 빠르다. 해시함수가 빠르면 패스워드 크래킹이 더 쉬워지기 때문에 패스워드 해싱에는 오히려 문제가 될 수 있다. 한 가지 해결책으로 해시함수를 여러 번 적용할 수 있다. 이를테면 리눅스 운영체제에서는 /etc/shadow 파일에 저장하기 전에 해싱함수가 (소금을 친) 패스워드에 적용되도록 여러 라운드(이를테면 5만)를 지정할 수 있다. 여러 라운드를 거치면 패스워드 크래킹 시도가 늦어진다.

무작위 대입 패스워드 크래킹을 막을 수 있는 또 다른 방법은 키 유도 함수를 이용하는 것이다. 키 유도 함수(key-derivation function)는 의도적으로 오랜 시간 동안 평가하는 함수이다. 합법적인 사용자를 인증할 때 이 계산을 한 번 수행해야 하는데 일반 하드웨어에서, 이를테면 0.5처럼 약간 눈길을 끌 정도의 시간이 걸리도록 난이도를 정할 수 있다. 해시를 무작위 대입하려는 공격자는 시도할 때마다 0.5초를 써야 하니 속도가 크게 느려질 것이다. 키 유도 함수의 예를 들면 PBKDF2 혹은 비크립트(bcrypt)같이 느린 해시함수와 스크립트같이 메모리-하드 해시함수(memory-hard hash functions)가 있다.

다. 공격자가 메시지 $m$을 모르지만 해시 $H(m)$를 알고 있다고 가정하자. 이때 공격자는 $H(m)$를 해시 알고리즘의 IHV로 이용해서 메시지의 해시 $m\|m'$(여기에서 $\|$는 연결을 의미한다)을 계산한 다음 $m'$을 피드하고 그 결과로 $H(m\|m')$를 얻는다.[83] 퍼거슨 등(Ferguson, 2010)은 길이 연장 문제의 한 가지 해결책을 제안했는데 바로 두 번 해시하는 것이다. 다시 말해 메시지 해시에 해시함수를 다시 적용하는 것이다.[84]

사토시는 길이 연장 공격에 대한 보호책으로 평이한 SHA256 대신 SHA256^2를 선택한 것으로 생각된다. 작업증명에 대비해 길이 연장을 활용할 방법은 확실치 않으나 사토시가 안전한 수단을 취하기로 한 것처럼 보인다. 게다가 이중 해싱의 주요 단점, 즉 계산시간의 증가는 비트코인과는 관련이 없다. 작업증명의 전반적인 핵심은 논스를 찾을 때 큰 대가를 치르게 하는 것이기 때문이다.

## 7.2 타임 스탬프

디지털 타임 스탬프(digital time-stamp)는 편지의 소인이나 공식적인 조직의 고무도장과 같은 물리적인 타임 스탬핑과 비슷하다. 디지털 타임 스탬

---

83) $m$의 해시가 추가되고 길이가 덧붙여지면 공격자가 확장된 메시지 $m\|m'$의 해시를 몰라도 $m\|$ padding $+ length(m)\|m'$의 해시는 계산할 수 있을 것이다. 일부 공격에서 이런 방법을 수용할 수 있을지 모른다.
84) 비트코인은 퍼거슨 등(2010)과 다른 방식으로 이중 해싱을 적용한다. 비트코인은 $H(H(m))$를 계산하는데 퍼거슨 등(2010)은 $H(H(m)\|m)$를 계산할 것을 권한다.

196

프는 특정한 정보(이를테면 디지털 문서)가 특정한 시간에 존재했음을 증명한다. 두 당사자가 어떤 계약을 맺거나 웹사이트의 거래가 실현되거나 디지털 통화의 트랜잭션이 일어났다는 사실을 기록하는 여러 가지 애플리케이션이 존재한다. 디지털 타임 스탬프에 포함되는 정보는 대개 보관해야 할 데이터의 해시이다. 해시를 이용하는 방법은 몇 가지 장점이 있다. 첫째, 타임 스탬프를 찍어야 할 정보를 비밀로 유지하고 타임 스탬프를 보관할 때 사용하는 매체로부터 분리할 수 있다. 둘째, 해시는 일반적으로 그것을 생성하는 정보보다 훨씬 작아서 보관비용이 적게 든다. 셋째, 디지털 서명은 대개 미리 정해진 크기의 데이터에서 가장 효과적이다.

몇 가지 방법으로 디지털 타임 스탬프를 안전하게 보관할 수 있다. 우선 간단한 방법으로 신뢰하는 당사자에게 정보의 복사본을 보낼 수 있다. 그러면 신뢰 당사자가 받은 데이터를 수신한 시간과 함께 안전한 장소에 보관할 것이다. 하지만 신뢰하는 당사자가 데이터베이스를 잃거나 데이터베이스가 훼손될 가능성이 있다. 두 번째 방법은 타임 스탬핑 기관(Time-Stamping Authority, TSA), 일명 디지털 공증인(digital notary)이라는 제3 신뢰기관에 맡기는 것이다. 이 기관은 보관해야 할 데이터와 데이터가 전달된 시간에 개인키로 서명한다. 그런 다음 데이터의 원래 소유자에게 다시 서명을 보낸다. 이 방식이 얼마나 안전한지는 TSA의 성실성에 따라 달라진다. 만일 TSA가 사기꾼과 손을 잡았다면 어떤 문서의 시점을 소급해서 확인할 수 있다.[85]

---

85) 타임 스탬핑 기관 방법을 변경해서 비 신뢰 TSA를 설명할 수 있다.

디지털 타임 스탬프를 안전하게 보관하는 세 번째 방법은 신문처럼 공개된 장소에 데이터의 해시를 발표하는 것이다. 〈그림 7.3〉에서 이 과정을 소개했다. 여기에서는 일단 트랜잭션을 해시해서 대중적인 신문의 한 광고에 해시를 발표했다. 어떤 공격자가 이 중 한 트랜잭션을 변경하려면 공개된 해시와의 충돌을 찾아야 할 것이다.[86] 아니면 공개된 해시의 복사본으로 모든 신문을 파괴해야 할 것이다.

타임 스탬핑 기관은 이 아이디어를 이용해, 예컨대 타임 스탬프 서명의 해시를 발표할 수 있다. 하지만 모든 타임 스탬프의 해시를 공개하려면 비용이 만만치 않을 것이다. TSA는 공개하기 전에 여러 타임 스탬핑의 해시를 '혼합하는' 방법으로 규모의 경제를 성취할 수 있다. 섹션 7.6에서 다룰 머클트리(Merkle tree)를 이용하면 타임 스탬프를 해야 할 여러 데이터

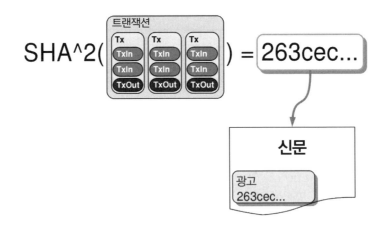

그림 7.3 신문에 해시를 공개하는 방법으로 트랜잭션 집단의 타임 스탬핑

---

86) 어떤 트랜잭션에서든 공격자가 모든 트랜잭션을 다시 해시할 때 원래 해시가 복구될 정도로 바뀐 부분을 찾아내야 한다. 만일 해시함수가 충돌 회피성이 있으면 이 공격은 계산상 실행가능성이 없다.

를 효율적으로 결합할 수 있다.

〈그림 7.4〉는 디지털 타임 스탬프를 더욱 안전하게 보관하는 또 다른 방법을 보여준다. 요컨대 공개될 해시가 이전에 공개된 해시와 연결되어 있으면 더 오래된 해시를 더 안전하게 보관하는 데 도움이 될 것이다. 공격자가 더 오래된 해시에서 어떤 데이터를 변경하려면 해시함수의 이중 충돌, 즉 오래된 해시의 한 충돌과 새로 공개된 해시의 또 다른 충돌을 찾아야 할 것이다. 따라서 해시 사슬에서는 더 오래된 해시의 안전성이 기하급수적으로 증가한다. 비록 〈그림 7.4〉에서는 시점마다 해시가 발표되지만 해시 발표 주기를 늘려서 비용을 줄일 수 있다.

요컨대 타임 스탬핑 기관의 작업방식은 다음과 같다. 첫째 특정 기간 동안 클라이언트로부터 타임 스탬핑이 필요한 데이터를 수집한다. 수집 기간이 끝나면, 예컨대 머클트리를 이용해 데이터를 함께 해시한다. 그 결과로 얻은 해시(머클트리의 루트)를 이전 기간의 마지막 해시와 함께 결합하고 이 마지막 해시를 발표한다.

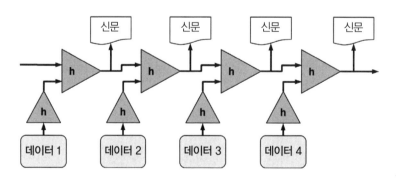

그림 7.4 연결된 타임 스탬핑

이 방법을 이용하면 디지털 통화가 트랜잭션을 안전하게 보관할 수 있다. 하지만 그러려면 중앙 거래당사자가 트랜잭션을 수집해서 발표해야한다. 덧붙여 신문광고처럼 해시를 발표할 공적인 매체도 필요하다. 아마중앙 거래당사자가 해시를 발표하는 비용을 지불할 것이다. 통화를 관리하는 이 중앙 거래당사자가 시스템의 중심 신뢰 지점이다. 하지만 비트코인 설계의 주요 원칙은 신뢰 분산이며 이를 성취하기 위한 퍼즐의 마지막조각은 작업증명이다.

## 7.3 작업증명

디지털 서비스가 당하기 쉬운 몇 가지 유형의 공격과 불법행위가 있다. 일례로 서버가 서비스에 대한 가짜 요청으로 플러드(중첩되는 메시지를 쏟아붓는 공격-옮긴이)될 때 서비스 거부(Dos)가 일어난다. 가짜 요청이 서버에서 처리할 수 있는 요청보다 많으면 합법적인 사용자가 서비스를 받지 못하거나 서비스가 지연될 수 있다. 따라서 서비스 거부 공격은 서버의 정상적인 흐름을 파괴하므로 방지해야 한다. 이와 비슷한 또 다른 공격으로 스팸메일이 있다. 이 공격을 당하면 이메일 계정이 대개 광고나 악성 소프트웨어가 담긴 원치 않는 이메일로 가득 차게 된다.

이런 공격에 대비하는 한 가지 방어책으로 클라이언트가 해당 서비스를제공하는 서버로 하여금 어떤 작업을 수행했다는 사실을 증명하라고 요

## 서비스 거부(DoS) 공격

서비스 거부 공격은 기계를 사용하지 못하게 만들려는 시도이다. 어나니머스(Anonymous: 인터넷 해킹을 도구로 삼는 익명의 활동가 집단-옮긴이)가 몇몇 웹사이트를 공격했을 때 Dos 공격이 주류 뉴스에 등장했다. DoS 공격은 대개 동떨어진 장소에서 많은 참가자들을 모집한다. 이따금 어떤 공격자가 자신이 통제하는 봇넷[87]를 모집해 공격을 실행할 수 있다. 이를 분산서비스 거부(Distributed Denial of Service, DDoS) 공격이라 일컫는다. 여러 IP 주소에서 가짜 요청이 들어와 공격자와 합법적인 사용자를 구별하기 쉽지 않다 보니 디도스 공격에 대처하기가 어렵다.

청할 수 있다. 이것이 작업증명(proof-of-work)이다. 작업증명은 계산이 어려운 문제, 메모리-하드 문제, [예컨대 캡차(CAPTCHA)처럼][88] 사용자의 개입이 필요한 문제 등을 해결할 수 있다.

이때 해결하기는 적당히 어려운 반면 확인하기는 쉬운(빨리 계산할 수 있는) 문제를 선택해야 한다. 서비스 공급업자는 서비스를 요구하는 모든 사람에게 문제를 내고 올바른 답을 낸 사용자에게 접근권한을 부여한다. 그

---

87) 봇넷은 (악의적인) 단일 실체가 통제하는 컴퓨터 집단이다. 대개 인터넷에 연결된 컴퓨터를 악성 소프트웨어로 감염시켜 좀비 컴퓨터로 바꾸는 방법으로 봇넷의 구성원을 모집한다. 봇넷을 통제하는 실체가 로그인이나 금융정보를 보고하거나, DoS 공격에 참여하거나, 웹사이트의 광고에 클릭하거나(클릭 사기), 스팸메일을 보내거나, 심지어 컨트롤러 대신 비트코인을 채굴하는 등의 임무를 수행하라고 명령한다. 마지막 사례가 짧은 기간 동안 성행하기도 했다. 하지만 채굴 테크놀로지가 발전했다는 사실을 고려할 때 이 방법은 이제 경제성이 없다.

88) 캡차, 즉 '자동 계정 생성 방지 기술(Completely Automated Public Turing test to tell Computers and Humans Apart)'은 작업증명 테스트로서, 사용자에게 읽기 어려운 글자들을 제시하고 다시 타이핑하라고 요청한다. 이 기술은 글자를 인식할 때 인공지능 알고리즘보다 인간이 약간 우수하다는 점을 이용해 기계와 사람을 구별한다. 그러나 캡차의 난이도가 빠른 속도로 진보하는 만큼 인공지능 역시 빠른 속도로 진보하고 있다.

러면 서비스에 진입하고자 기꺼이 대가를 지불할 사용자를 확인할 수 있다. 작업증명이 훌륭하게 설계되어 있다면 합법적인 사용자는 약간의 불편함(이를테면 속도 지연)을 감수하는 대가를 치러야 할 것이다. 하지만 작업증명은 서비스의 공격자를 억제할 수 있는 경제적인 방법이다. 다음 두 가지 프로토콜에 따라 작업증명 시스템을 실행할 수 있다.

- **시도-응답(Challenge-Response)**

이 프로토콜은 클라이언트와 서버 사이에 커뮤니케이션이 진행되는 중이라고 가정한다. 첫째 클라이언트가 서비스를 요청하면 서버가 클라이언트에게 시도할 작업증명을 선택한다. 그러면 클라이언트가 작업증명을 해결하고 서버에 응답을 보낸다. 마지막으로 서버는 작업증명이 정확하게 이루어졌는지 확인한 다음 클라이언트에게 서비스에 대한 접근권한을 부여한다. 예를 들면 캡차 같은 기술에서 이 모형을 이용한다. 이 프로토콜은 서버가 서버 부하와 같은 조건에 따라 작업증명의 난이도를 조절할 수 있다는 장점이 있다.

- **해답-검증(Solution-Verification)**

이 프로토콜은 비동기(非同期)식이다. 다시 말해 해답과 검증이 이루어지는 시기가 다를 수 있다. 서버와 클라이언트의 커뮤니케이션이 현재진행 중이 아니어도 된다. 우선 클라이언트가 작업증명 문제를 만들어서 해결한다. 알고리즘에서 매번 다른 문제를 선택해야 한다. 이를테면 클라이언트가 해시함수의 결과를 이용해 문제를 만들 수 있다. 그런 다음 서버에 해답을 보내면 서버에서 확인하고 그 결과에 따라 과정을 진행한다.

비트코인은 블록체인(분산 트랜잭션 데이터베이스)을 안전하게 보관하기 위해 해답-검증 프로토콜에 따라 트랜잭션 블록에서 작업증명을 수행하라고 요구한다. 비트코인은 부분 해시 반전(partial hash inversion: 각 비트 위치 값을 역으로 하는 연산-옮긴이)을 작업증명함수로 이용한다. 부분 해시 반전을 수행하려면 한 트랜잭션 블록의 해시가 특정한 패턴과 일치해야 한다. 즉 해시가 적어도 일정한 수의 0비트로 시작하는 패턴과 일치해야 한다. 작업증명이 일부 해시에서 특정한 패턴을 반전시켜야(즉 일치시켜야) 한다고 해서 이를 해시 반전이라고 일컫는다. 이때 해시함수는 역상 저항성이 있어야 한다. 그렇지 않으면 계산상 부분 해시 반전을 찾기가 어려워 작업증명의 목적을 달성하지 못할 것이다.

〈그림 7.5〉는 메시지 "이것은 ~번 메시지이다(This is the message #)"라는 메시지에 적용한 부분 해시 반전을 묘사한 것이다. 이 그림에서 사용된 해시함수는 SHA256^2, 즉 비트코인의 해시함수이다. 이 사례에서 부분 해시 반전을 수행하려면 첫 12비트(그림에서 16진수 3)는 0이다. 이 부분 해시

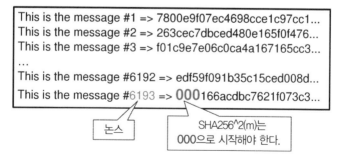

**그림 7.5 부분 해시 반전 작업증명**

를 해결할 핵심 변수는 메시지에 추가된 논스이다. 부분 해시 반전 문제를 풀려면 논스를 찾아서 메시지와 논스의 해시가 부분 해시와 일치하는지, 다시 말해 해시가 적어도 0 세 개로 시작하는지 확인해야 한다. 〈그림 7.5〉에서는 답을 찾을 때까지 논스를 증가시킨다. 논스값 6193에서 답이 나온다. 비록 이 예는 논스값 1에서 시작해서 단계를 거칠 때마다 증가하지만 무작위로 논스를 시험해도 무방하다. 효과적인 해시함수의 경우 두 방법의 계산상 비용은 같다.

부분 해시 반전은 계산해야 할 논스가 많기 때문에(이 예에서는 6,193개) 이를 해결하려면 계산상 큰 비용이 든다. 하지만 작업을 수행할 때는 해시 평가[89]만 필요하므로 계산상 비용이 적게 든다. 부분 해시 반전은 해답 해시를 시작하는 0비트의 수를 바꾸면 작업증명의 난이도를 조정할 수 있다는 장점이 있다.

비트코인은 해시캐시(Hashcash)의 작업증명함수를 부분 해시 반전으로 사용하는 아이디어를 차용했다. 1997년 애덤 백(Adam Back)이 스팸메일을 억제하기 위한 메커니즘으로 해시캐시를 소개했다. 이메일은 저렴한 비용으로 발송할 수 있다 보니 해시캐시 때문에 스패머들이 급격히 증가했다. 스패머는 광고(혹은 악성 소프트웨어)를 담아서 청하지도 않은 이메일을 수백 통씩 발송한다. 물론 이메일 한 통이 의도한 효과(수신자가 클릭하는 것)를 불러올 확률은 낮지만 이메일 한 통을 보내는 비용이 저렴하다보

---

89) 작업증명 테스트가 비트코인 소스코드에서 정확하게 통과된다는 사실을 확인하는 함수는 CheckProof OfWork라고 일컬어지며 main.cpp에서 찾을 수 있다.

니 스패머의 입장에서는 경제적으로 이롭다. 해시캐시는 이메일의 헤더(header: 각 데이터의 머리 표제 정보-옮긴이)에 토큰을 첨부하라고 제안한다. 이 토큰에는 시간을 투자해서 계산한 작업증명이 포함되어 있다. 해시캐시에서 사용하는 작업증명함수는 SHA-1을 해싱함수로 이용하는 부분 해시 반전이다. 〈그림 7.6〉은 해시캐시 헤더의 예이다. 이 헤더에는 다음과 같은 요소가 포함된다.

- 해시캐시 프로토콜 **버전 1**
- **역상** 크기(**preimage** size)

20비트, 즉 16진수로 표기한 처음의 0 다섯 개. 역상 크기는 부분 해시 반전의 첫머리의 0비트의 개수를 나타낸다.

- 이메일이 발송된 **날짜**

131130, 즉 2013년 11월 30일. 해시캐시 토큰은 일정 기간만 유효하다.

- 수신자 이메일 주소

pfrancobtc@gmail.com.

- 이메일 한 통에만 사용된 **논스**(cZtALTl6/dddxYN6)

논스를 한 번만 사용하는 것은 이메일을 여러 통 보낼 때 같은 해시캐시 헤더를 사용하지 않기 위해서이다. 수신자의 이메일 서버는 논스를 캐시에 보관할 수 있으며 만일 논스가 있는 이메일이 캐시에 도착하면 그 이메일은 제거된다. 이런 방법을 이용하면 봇넷 마스터가 다수의 이메일에서 같은 해시캐시를 재사용하지 못한다.

- **해시캐시 카운터**(00⋯004ZsG)

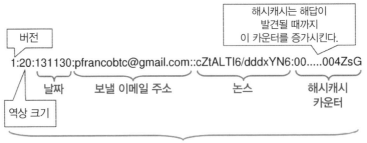

그림 7.6 해시캐시

해시캐시는 전체 헤더의 해시가 역상의 요건에 일치해서 카운터가 어떤 값을 발견

할 때까지 이 카운터를 증가시킨다.

해시캐시 헤어의 SHA-1 해시를 〈그림 7.6〉의 하단에 나타냈다. 이 해시

의 처음 20비트(16진수 5자리)는 0이므로 헤더는 유효하다. 부분 해시 충돌

문제를 해결하는 데 필요한 작업량은 첫 0의 개수에 따라 기하급수적으로

증가하는데 0비트가 더해질 때마다 두 배로 증가한다. 한편으로 해시캐시

헤더의 유효성을 확인하는 데도 동일한 작업량이 필요하다.

206

# 7.4 블록체인

비트코인은 연결된 타임 스탬핑과 해시캐시 스타일의 작업증명을 뒷받침하는 개념들을 결합해 분산 데이터베이스를 안전하게 보관하는 방법을 찾아낸다. 비트코인이 도입한 핵심적인 혁신은 바로 이것이다.

블록체인은 계속 증가하는 블록의 사슬이다. 각 블록에는 새로운 트랜잭션 집단과 더불어 사슬의 이전 블록과 이어지는 링크가 담겨 있다. 블록체인에 추가된 블록에서 네트워크의 새로운 트랜잭션을 수집한다. 오래된 트랜잭션도 여전히 블록체인에 남아 있다는 점에 주목하라. 오래된 블록이라도 결코 블록체인에서 제거되지 않는다. 그러니 블록체인의 길이는 계속 증가할 수밖에 없다.

각 블록은 부분 해시 반전 작업증명으로 안전하게 보관된다. 〈그림 7.7〉에서 이 과정을 묘사했는데 아마 이 책에서 가장 중요한 그림일 것이다. 첫째 각 블록에는 한 집단의 (유효한) 트랜잭션과 이전 블록의 해시 그리고 논스가 포함된다. 한 블록의 논스는 부분 해시 반전 문제를 푼다. 다시 말해 논스는 (논스를 포함한) 전체 블록의 해시가 일정한 개수의 0비트로 시작하는 숫자이다. 〈그림 7.7〉에서 2013년 11월 23일에 채굴된 블록 271,076의 해시는 0x0000000000000006e1163…로, 61개 0비트(16진수 표기로는 0 15개)로 시작한다.

첫머리 0비트의 개수를 증가시킴으로써 블록 난이도를 쉽게 조정할 수 있다. 비트코인 프로토콜은 이 난이도를 조정해 10분마다 다음 블록으로 넘어가는 것을 목표로 삼는다. 이런 난이도 조정이 비트코인의 한 가지 규칙이며 모든 비트코인 클라이언트에게 이 규칙을 적용한다.

2,016 블록마다, 다시 말해 약 2주에 한 번씩 블록 난이도를 조정한다.[90] 조정할 때는 마지막 조정이 끝난 후 2,016 포지션 떨어져 있는 두 블록의

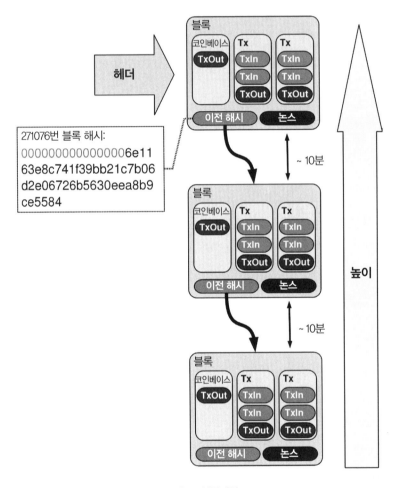

그림 7.7 블록체인

타임 스탬핑을 비교하는 방식으로 전체 네트워크의 계산능력에 나타난 변화를 고려한다. 네트워크에 채굴 능력이 추가될 때 블록은 목표시간 10분보다 더 빨리 채굴될 것이다. 난이도는 더 높게 조정되겠지만 갈수록 증가하는 네트워크의 능력을 쫓아갈 것이다.

난이도 조정(correction of difficulty)이 4보다 크거나 4분의 1보다 작으면 그 값으로 고정된다. 그러면 네트워크 능력이 지나치게 빠른 속도로 변화하더라도 난이도의 변화 폭이 크지 않도록 막을 수 있다.

부분 해시 충돌을 찾을 때는 무작위 대입법을 이용한다. 여러 논스 가운데 하나가 부분 해시 충돌을 생성할 때까지 무작위로(혹은 연속으로) 논스를 대입해본다. 따라서 한 블록을 해결하는 데 걸리는 시간은 일정하지 않다.

부분 해시 반전 능력을 해결하는 데 계산능력을 제공하는 개인이나 기관을 채굴자라고 일컫는다. 블록체인을 안전하게 보호하려면 반드시 채굴자들의 도움이 필요하며 이에 대한 보상으로 새로 발행된 비트코인을 지급한다. 블록 보상은 채굴자가 해시 반전 문제를 풀 때마다 채굴자에게 지급하는 보상금이다. 블록체인을 안전하게 보호하는 데 계산능력을 제공한 채굴자들에게 새로 발행된 비트코인이 할당된다.

모든 블록에는 코인베이스라는 특별한 트랜잭션이 포함된다.[91] 코인베

---

90) 2주 동안의 난이도를 네트워크 능력에 맞춰 완벽하게 조정하고 정확히 10분마다 블록을 채굴하면 정확히 2주가 될 것이다.
91) 원칙적으로 블록에서 첫 트랜잭션의 입력값은 코인베이스뿐이다. 정확한 용어는 아니지만 이 책에서 말하는 블록의 첫 트랜잭션은 코인베이스 트랜잭션을 의미한다.

## 블록 난이도(block difficulty)

부분 해시 반전 문제는 결과로 얻은 해시가 목표 해시(target hash)보다 낮은 논스를 찾는 것으로 이해할 수 있다. 목표 해시는 일정 수의 0비트로 시작하는 256비트 수이다. 처음에 비트코인 클라이언트는 이 256비트 수를 서명하지 않은 32비트의 정수로 압축하는데 이를 비트라고 일컫는다. 각 블록에서 비트 정수의 복사본을 저장하므로 이 압축 과정을 통해 블록체인에서 상당한 공간을 줄일 수 있다.

〈그림 7.7〉의 예에서 *비트*는 419892219 값, 즉 16진수로 0x19070bfb를 가진다. 그러면 목표 해시가 0x070bfb $2^{8 \cdot (0x19-3)}$ = 0x0000000000000070bfb000…가 되며 여기에서는 마지막의 0니블(nibble: 2분의 1바이트, 보통 4비트-옮긴이)을 모두 생략했다. 채굴된 블록의 해시는 000000000000000 6e1163e8…이었으니 목표를 달성한 셈이다.

이따금 한 블록을 채굴하는 난이도를 부동 소수점 수(floating point number)로 나타낸다. 이 부동 소수점 수는 현재 해시 목표에 대한 첫 목표 해시 0xffff · $2^{208}$의 몫이다. 난이도는 블록체인이 시작된 당시(2009년 1월 3일)에 2부터 시작했으며 1보다 낮아질 수 없다.

a *비트* 32비트라는 값은 CBlockHeader 클래스의 한 요소인 변수 nBits로 저장된다. 이 클래스에 대한 정의는 core.h에서 찾을 수 있다. bignum.h에 속하는 CBigNum::SetCompact와 CBigNum::GetCompact에서 전체 256비트 해시가 압축되어 32비트로 바뀐다.

이스란 블록의 첫 트랜잭션을 일컫는 말이다. 여기에는 트랜잭션 입력값(TxIn)이 하나뿐인데 이 입력값은 이전의 어떤 트랜잭션 출력값(TxOut)과도 연결되지 않고 어떤 목적도 달성하지 않는다.[92] 그런 반면 출력값은 여러 개일 수 있다. 모든 출력값의 합은 블록 보상과 블록으로 수집한 트랜잭션에서 수여하는 모든 수수료를 합한 값과 같다.

블록에는 대개 코인베이스 외에도 여러 트랜잭션이 포함된다. 하지만 코인베이스를 제외하고는 다른 트랜잭션을 포함하지 않아도 유효한 블록을 만들 수 있다. 사실 비트코인 네트워크의 초창기에는 이런 유형의 블록이 매우 흔했다. 이 '빈(empty)' 블록은 블록체인을 안전하게 보호하고 임무를 수행한 채굴자들에게 블록 보상을 제공할 때 도움이 된다. 채굴자들은 자신이 채굴한 블록에 어떤 트랜잭션을 포함할지 선택할 수 있는데, 이때 대개 트랜잭션에서 지불하는 수수료를 바탕으로 선택한다.

해싱 문제를 푼 채굴자는 코인베이스를 이용해 자신에게 블록 보상을 지급한다. 그래서 부분 해시 반전 문제를 푸는 것을 채굴이라고 일컫는 것이다. 네트워크의 모든 채굴자가 블록을 채굴하기 위해 경쟁한다. 한 채굴자의 해시 레이트는 초당 해시로 측정하는 계산능력을 뜻한다. 네트워크 해시 레이트는 네트워크에 속한 모든 채굴자의 총 해시 레이트이며 이 글을 쓰는 현재 30,000 TH/s[93] 정도이다. 블록 채굴은 복권에 비유할 수 있다. 한 채굴자가 채굴에 성공할 확률은 네트워크 해시 레이트에서 그가 차지하는 몫에 비례한다.

처음에 블록 보상은 블록당 50 비트코인으로 정해져 있었다. 21만 블록마다, 즉 약 4년마다 블록 보상이 반감한다. 이 글을 쓰는 현재 블록 보

---

92) 이 입력값은 어떤 가치든 표현할 수 있다. 일부 채굴자는 이를 이용해 메시지를 공개하거나 블록체인에 데이터를 안전하게 보관한다(섹션 11.6 참고). 사토시가 만든 첫 블록의 코인베이스에는 다음과 같은 메시지가 담겨 있다. "2009년 1월 3일, 《더 타임스(The Times)》, 총리 은행을 위한 두 번째 구제 조치를 목전에 두다."

93) 30,000,000,000,000,000초당 해시에 해당한다.

상은 25 비트코인으로 줄었다. 2장의 〈그림 2.7〉은 모든 블록이 정확히 10분마다 채굴된다고 가정할 때 유통되는 비트코인의 총수를 나타낸 것이다. 예상대로 채굴되는 비트코인 수는 기하급수적으로 줄어들어서 유통되는 비트코인 총수는 약 2,100만 값으로 결정된다. 이 발행일정은 비트코인 코어의 논리(계산용 회로 접속 따위의 기본 원칙-옮긴이)로 프로그램된다.**94)** 비트코인 커뮤니티에서는 이 통화 생성 알고리즘(currency generation algorithm)을 변경할 수 없는 것으로 간주한다. 이 글을 쓰는 현재 유통되는 비트코인의 총량은 약 1,250만이다.

지금까지 채굴자 보상의 약 99%는 블록 보상에서 비롯되었으며 트랜잭션 수수료에서 얻는 보상은 1%에 지나지 않았다. 시간이 지나면 트랜잭션 수수료에서 얻는 보상이 차지하는 비율이 높아질 것으로 예상한다.

블록을 해결하는 과정을 귀금속을 채굴하는 것에 비유해 채굴이라고 일컫는다. 물론 이 비유가 유용하기는 하지만 적절하지 않을 수도 있다. 블록 보상은 프로토콜에 따라 고정되어 있기 때문에 채굴자의 수나 그들이 제공하는 계산능력에 영향을 받지 않는다. 귀금속 채굴과는 대조적으로 채굴 투자가 증가한다고 해서 유통되는 비트코인이 증가하지는 않는다. 채굴에 새로운 투자가 투입되면 총 해시 레이트가 증가하게 된다. 그러면 원

---

94) 화폐공급량이 따르는 경로는 chainparams.cpp의 변수 CMainParams::nSubsidyHalvingInterval의 통제를 받는다. 이 변수가 블록 보상이 반감된 이후의 블록 수를 결정한다. 나중에 어떤 블록에 보상을 할당할 때 main.cpp의 GetBlockValue 함수에서 이 변수를 이용한다.
95) 피드백 메커니즘이 따라잡아서 블록 사이의 예상시간을 10분으로 정할 때까지 새로운 블록이 채굴되는 속도가 일시적으로 증가한다. 따라서 새로운 투자가 발생하면 일시적으로 신규 비트코인의 출시가 앞당겨진다.

래 채굴자들의 몫을 줄여서 네트워크의 총보상을 일정하게 유지한다.**95)**

특정한 블록보다 앞선 블록을 부모 블록(parent block)이라고 일컫는다. 〈그림 7.7〉에서처럼 블록은 블록체인의 부모 블록을 조회하며 이때 부모 블록 데이터 구조의 해시를 포함시키는 방법을 이용한다. 따라서 블록체인은 시간순으로 블록을 보관한다. 블록체인의 첫 블록을 제네시스 블록(genesis block)이라고 일컫는데, 이는 2009년 1월 3일 사토시가 만든 것이다. 제네시스 블록에서 시작한 블록체인의 블록 순서는 블록체인 헤드(blockchain head)라고 부른다. 이 블록체인 헤드에 새로운 블록이 추가된다.

두 채굴자가 거의 동시에 새로운 블록에 도달하면 포크가 일어난다. 두 블록이 모두 부분 해시 반전 문제를 풀지만 그 가운데 하나만 장기 블록체인에 포함될 수 있다. 버려진 블록은 고아 블록(orphan block)이라고 불린다. 어떤 당사자가 블록체인에서 어떤 분기(branch)가 유효한지를 결정하지는 않는다.**96)** 분쟁은 자동적으로 네트워크에 의해 해결된다.

〈그림 7.8〉에서 볼 수 있듯이 포크가 몇 블록 동안 계속될 수 있다. 네트워크에 어떤 분열이 일어나서 채굴자들이 합법적인 블록체인이라고 생각하는 포크의 분기가 다를 경우 이런 상황이 발생한다. 프로토콜의 규정에 따르면 가장 긴 블록체인이 올바른 블록체인이라고 규정한다. 고아로 결정된 분기의 작업은 폐기되므로 채굴자들은 곧바로 작업을 그만두

---

96) 비트코인 코어 0.8이 공개된 후 2013년 3월에 일어난 포크는 예외였다. 뒷부분의 박스 '프로토콜의 변화 때문에 발생한 포크'를 참고하라.

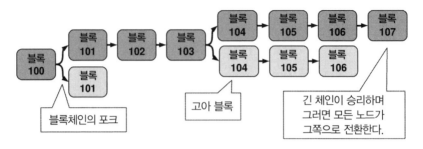

블록체인의 포크

고아 블록

긴 체인이 승리하며 그러면 모든 노드가 그쪽으로 전환한다.

**그림 7.8 블록체인의 역학**

어야 할 것이다. 이렇게 해서 포크가 재빨리, 대개 한 블록 만에 저절로 해결된다. 포크의 평균 개수는 약 2%이다. 다시 말해 블록체인에서 평균적으로 50개 블록마다 포크 하나가 발생한다. 한 블록을 넘어 계속되는 포크는 매우 드물다.

어떤 포크의 블록에 포함된 트랜잭션은 사라지지 않는다. 어떤 포크가 해결되어 블록체인의 분기가 버려지면 그 분기의 트랜잭션은 다시 미확인 트랜잭션 메모리 풀에 수용되어 다음번에 채굴되는 블록에 포함될 준비를 한다. 이 가운데 일부 트랜잭션이 포크의 합법적인 분기의 블록에 이미 나타났을 수도 있다. 이런 경우 이 트랜잭션은 폐기되어 미확인 트랜잭션의 메모리 풀에서 제외된다.

포크가 해결될 때마다 승자(수용된 분기에서 블록을 해결한 채굴자)와 패자(고아가 된 블록을 해결한 채굴자)가 생긴다. 프로토콜에서는 비트코인의 탈중앙화 철학에 따라 올바른 분기를 결정하는 중앙 당사자나 집단을 인정하지 않는다.

비트코인 프로토콜은 가장 긴 블록체인의 편을 들어 포크를 해결한다.

블록체인의 길이는 모든 블록의 총난이도로 측정한다. 만일 블록 개수로 블록체인 난이도를 측정한다면 공격자가 합법적인 블록체인보다 난이도가 낮은 '유효한' 블록을 여러 개 생성해서 속임수를 쓰는 방법으로 블록체인 경주에서 승리할 수 있다. 이런 일은 있을 수 없기 때문에 그런 공격을 시작하려면 공격자가 상당한 비율의 네트워크 해시 레이트를 통제해야 한다.

## 프로토콜의 변화 때문에 발생한 포크

다양한 노드에서 운용하는 코드가 서로 달라서 포크가 발생할 수 있다. 2013년 3월 비트코인 코어의 버전 0.8이 공개된 이후 한 가지 유명해진 사례가 발생했다. UTXO를 위해 사용하는 데이터베이스를 BerkeleyDB에서 LevelDB로 변경한 버전이었다. 이 새로운 버전에서는 비트코인 프로토콜의 규칙이 미묘하게 바뀌었다. 이로 말미암아 어떤 블록을 두고 버전 0.8을 운용하는 채굴자는 유효하다고 인정하지만, 소프트웨어의 0.7 버전을 운용하는 채굴자들은 무효라고 생각하는 상황이 일어났다. 그 결과 블록체인의 포크가 발생했다. 버전 0.8을 운용하려면 계산능력이 더 필요하기 때문에 이 버전을 운용하는 분기가 앞서 나갔다. 반면 구(舊)버전을 운용하는 채굴자들은 뒤처지게 되었다. 개발업자와 채굴조합 운영자는 행동 방침을 논의하고 구버전을 이용하는 채굴자들이 따르는 분기로 돌아가기로 결정했다. 0.8 버전을 운용하는 채굴자와 사용자는 0.7 버전으로 다운그레이드해서 그들의 블록체인을 그 분기로 초기화했다. 이중지불 공격을 방지하기 위해 다운그레이딩이 진행되는 동안에 일부 서비스를 일시적으로 차단해야 했다. 프로토콜의 변화로 발생한 이 포크는 유기적으로 포크가 해결되어야 한다는 규칙에서 벗어나는 한 가지 예외이다.

비트코인 네트워크는 노드로 구성된다. 노드는 인터넷에 연결된 컴퓨터로서 비트코인 소프트웨어를 운용한다. 비트코인 네트워크는 피어 투 피어 네트워크이며 모든 노드는 같은 종류이다. 노드는 다른 노드로부터 트랜잭션과 블록을 받고 다른 노드로 이 트랜잭션과 블록을 중계한다. 또한 각 노드는 블록체인의 완벽한 복사본을 보관한다.

새롭게 생성되어 아직 어떤 블록에도 포함되지 않은 트랜잭션을 미확인 트랜잭션(unconfirmed transaction)이라고 일컫는다. 일단 트랜잭션이 블록체인에 포함되면 그것이 확인되었다고 말한다. 트랜잭션이 확인되는지는 등급에 따라 결정된다. 블록체인에 추가되는 블록이 많을수록 트랜잭션에 이중지불 공격을 가하기가 더 어려워진다.

노드는 수신한 미확인 트랜잭션을 흔히 간단하게 멤풀이라고 일컫는 미확인 트랜잭션의 메모리 풀에 저장한다.[97] 수신한 트랜잭션을 모두 멤풀에 저장하는 것은 아니다. 만일 이미 멤풀에 저장된 다른 트랜잭션의 입력값을 어떤 트랜잭션에서 이중으로 사용한다면 그 트랜잭션은 제거된다. 그뿐만 아니라 표준 트랜잭션이 아니어도 제거된다. 일단 노드에서 새로운 블록을 받거나 블록 자체를 채굴하면 미확인 트랜잭션의 메모리 풀이 업데이트되어 블록에 담긴 모든 트랜잭션을 제거한다.

트랜잭션은 블록에 포함되어야만 확인된 것으로 간주된다. 이 과정은 대개 몇 분 만에 끝나지만 더 길어질 수도 있다. 네트워크 사용량이나 미확인 트랜잭션이 많으면 몇 블록을 기다려서야 블록에 포함되는 트랜잭

---

97) txmempool.h에서 찾은 CTxMemPool 클래스에서 멤풀을 시행한다.

션도 있다. 블록에 포함되기 전에 어떤 트랜잭션이 유효한 것인지 간주할 수 있는지 여부는 섹션 7.5에서 살펴볼 것이다.

트랜잭션이 만들어지면 소량의 노드를 통해 비트코인 네트워크로 중계된다. 신규 트랜잭션을 받은 노드는 그것이 유효하며 멤풀에서 이중으로 사용된 트랜잭션이 아님을 확인한다. 확인과정을 거친 트랜잭션은 네트워크의 다른 노드로 중계하고 그렇지 않으면 폐기한다. 이런 방식으로 미확인 트랜잭션이 네트워크에 점점 확산된다.

요컨대 노드는 블록체인의 전체 복사본 외에 소비되지 않은 거래(UTXO)나 미확인 트랜잭션 메모리 풀 같은 추가 데이터 구조를 보관해서 새롭게 수신한 트랜잭션과 채굴한 블록을 신속하게 확인한다. 만일 수신한 트랜잭션이나 블록이 유효하면 노드는 그 데이터 구조를 업데이트하고 연결된 노드로 중계한다. 노드는 다른 노드로부터 받은 모든 정보를 독자적으로 확인해야 하므로 다른 노드를 신뢰할 필요가 없다.

새로운 블록을 발견한 채굴자는 네트워크에 그것을 발표한다. 모든 수신 노드는 먼저 블록의 유효성, 다시 말해 블록이 필수 난이도를 충족시키는 부분 해시 반전 문제를 해결한다는 사실을 확인한다. 그런 다음 블록에 담긴 새로운 정보를 반영해 내부의 데이터 구조를 업데이트한다.

- UTXO를 업데이트한다.[98]

- 미확인 트랜잭션 메모리 풀을 업데이트한다. 그러려면 트랜잭션 목록을 훑어

---

98) 이 업데이트를 수행하는 코드는 main.cpp의 **ConnectTip** 함수에서 발견할 수 있다.

보고 새로 채굴한 블록의 트랜잭션과 충돌하는(같은 출력값을 사용하는) 트랜잭션을 폐기한다.[99]

노드는 네트워크의 다른 노드들과 수많은 연결점을 유지한다. 일부 노드는 사용할 수 있는 자원[CPU, 네트워크 대역폭(데이터 통신 기기의 전송 용량으로 보통 초당 비트/바이트로 나타낸다-옮긴이)]이 허용하는 최대한의 연결점, 대개 상위 백 단위의 연결점을 다른 노드들에 개방하는 편을 선호한다. 이를테면 어떤 지갑 노드는 지리적으로 최대한 분산된 다른 여러 노드와 연결점을 유지해 재빨리 이중지불 시도를 감지하고 조치를 취하려 할 것이다. 이와 마찬가지로 어떤 채굴 노드는 채굴한 블록에 대한 소식을 신속하게 받을 수 있도록 최대한 많은 연결점을 개방하려 할 것이다. 새로 채굴한 블록을 더 빨리 수신하면 고아로 전락할 블록을 채굴하느라 낭비하는 시간을 최대한 줄일 수 있다. 그런가 하면 최신 정보를 받는 것이 그리 중요하지 않은 다른 노드들은 대개 소수의 노드와만 연결한다.

일상적인 네트워크 지연 현상이 일어나거나 각 노드에서 어떤 블록을 중계하기에 앞서 완벽하게 그 유효성을 확인하는 바람에 블록의 확산은 지연될 수 있다. 데커와 와텐호퍼(Decker and Wattenhofer)에 따르면 연구 결과 새로 채굴한 블록이 네트워크 전체에 확산되기까지 평균 약 10초가 걸리는 것으로 나타났다. 확산 지연 정도는 블록의 크기에 비례하므로 큰 블

---

99) 일명 ConnectTip이라고 일컫는 ConnectBlock 함수에서 이 업데이트를 수행하는 코드를 찾을 수 있다. 또 ConnectTip은 ActivateBestChain라고 불린다. main.cpp에서 이 함수를 모두 찾을 수 있다.

록이 확산되려면 상당한 시간이 소요될 수 있다. 그뿐만 아니라 블록체인에 포크가 발생하는 것이 대부분 블록 확산이 지연된 탓이라는 사실도 밝혀졌다. 마지막으로 연구원들은 확산 지연을 줄이기 위해 취할 수 있는 몇 가지 조치와 변경할 수 있는 프로토콜을 제시했다.

노드는 두 가지 유형, 즉 채굴 노드(mining node)와 수동 노드(passive node)로 구분된다. 채굴 노드는 보상을 받고자 블록을 풀기 위해 적극적으로 노력하는 노드이다. 그들은 미확인 트랜잭션 메모리 풀의 트랜잭션을 채굴하는 블록에 포함시킨다.[100] 수동 노드는 대개 지갑, 결제 프로세서, 시장 데이터 공급업체 같은 서비스에서 사용한다. 모든 노드는 블록체인의 완벽한 복사본, 소비되지 않은 거래, 미확인 트랜잭션 멤풀 등 네트워크 상태의 최신 스냅숏을 보관한다.

일례로 지갑 클라이언트에게 서비스를 제공하는 노드는 클라이언트를 대신해 다음과 같은 작업을 수행한다.

- 클라이언트들이 생성한 트랜잭션을 네트워크에 중계한다.
- 어떤 트랜잭션의 확인 상태를 추적한다. 다시 말해 어떤 트랜잭션이 언제 블록에 포함되었는지, 그 트랜잭션이 포함된 블록에 언제 새로운 블록이 추가되었는지를 클라이언트에게 알린다.
- 특정한 어드레스에 속한 소비되지 않은 거래를 클라이언트에게 보낸다. 그러면 클라이언트가 사용할 수 있는 자금을 추적할 수 있다.

---

100) 섹션 9.3에서 트랜잭션을 선택해 블록에 포함시키는 방법을 살펴볼 것이다.

채굴 노드는 트랜잭션을 변경할 수 없다. 현재 채굴 중인 블록에 트랜잭션을 포함시킬지 여부와 그것을 나머지 네트워크에 중계할지 여부만 결정할 수 있다. 트랜잭션의 내용은 공개키 암호기술로 안전하게 보관되어 트랜잭션을 처리하는 노드가 이를 변경할 수 없다.[101] 이 글을 쓰는 현재 네트워크에 연결된 노드는 약 1만 개이다. 따라서 1만 개의 비트코인 트랜잭션 데이터베이스 복사본이 온라인에 존재한다.

특히 어떤 트랜잭션에서 채굴자에게 상당한 수수료를 지급한다면 노드가 그 트랜잭션을 굳이 중계할 이유가 없을 것처럼 보인다. 하지만 트랜잭션을 중계하지 않으면 오히려 불리해지는 여러 가지 이유가 있다.

- 새로운 트랜잭션을 중계할 때 클라이언트는 대개 여러 노드와 연결한다. 그들의 관심사는 네트워크에서 채굴하는 다음번 블록에 트랜잭션을 포함할 수 있도록 중계하는 것이기 때문이다. 클라이언트는 자신이 사용하는 노드가 자신의 트랜잭션을 중계하는지 감시하고 중계하지 않는 노드를 처벌할 수 있다. 노드들은 트랜잭션이 생성되자마자 확인하는 것이 유리하므로 이런 결과를 원치 않을 것이다.
- 노드들이 서로 연결되어 있어서 어떤 특정한 노드가 트랜잭션을 중계하지 않는지 단속할 수 있다. 만일 '속임수를 쓰는 자(cheater)'가 발각되면 네트워크의 다른 노드들이 그 사람의 노드에 더 이상 트랜잭션을 중계하지 않는 것 등의 보복 전략을 써서 처벌할 수 있다.
- 다른 노드에 트랜잭션을 중계하지 않는 노드는 이중지불 공격을 돕는 악의적인 노드에 포섭될 수 있다. 이때 악의적인 노드는 네트워크의 어딘가에서 이중지불하

# 블록체인 띄우기

한 노드가 처음으로 네트워크에 연결되면 개시일(2009년 1월 3일) 이후의 블록체인 전체의 복사본을 요구한다. 노드는 블록을 다운로드할 때 유효성을 확인한다. 우선 블록체인에 포함된 트랜잭션이 모두 유효한지 확인한다.

- 새로운 트랜잭션의 입력값은 이전 트랜잭션의 출력값을 참조한다.
- 출력값 자금의 총액은 입력값 자금의 총액보다 적거나 같아야 한다.
- ⟨$scriptPubKey$⟩는 반드시 유효한 것이어야 하며 모든 입력값에 정확하게 서명해야 한다.

그런 다음 노드는 블록 해시가 제대로 구성되었는지, 그것이 필요한 작업증명을 충족시키는지를 확인한다. 이런 확인작업을 거쳐야만 새로운 노드가 블록체인의 무효 복사본을 보내는 악의적인 노드에 속지 않을 수 있다. 악의적인 노드가 블록체인에 정확하지 않은 블록체인 복사본을 피드할 수 있는 유일한 수단은 51% 공격이다.

띄우기(bootstrapping: 예비 명령에 의하여 프로그램을 로딩하는 것-옮긴이) 절차를 시작할 때 노드는 소비되지 않은 거래(UTXO)와 미확인 트랜잭션 메모리 풀을 위한 데이터베이스를 생성한다. 그런 다음 블록을 처리하면서 각 블록의 정보로 업데이트한다.

노드를 띄울 때는 막대한 대역폭과 계산능력을 사용한다. 이 글을 쓰는 현재 다운로드된 블록체인의 크기는 17기가바이트(GB)가 넘는다. 가정용 ADSL 연결로 일반 2코어 랩톱 컴퓨터에서 블록체인을 다운로드하고 확인하려면 며칠이 걸릴 수 있다.

---

101) 트랜잭션 가변성(같은 트랜잭션에 트랜잭션 식별자가 달라서 발생할 수 있는 문제-옮긴이)은 이 규칙에 적용되지 않는 예외이다(섹션 7.6.1 참고).

는 트랜잭션을 피드하는 방법을 쓴다. 그러면 그 악의적인 노드가 목표를 성취할 때 블록 보상을 잃을 수 있으므로 해당 노드에는 매우 불리하다. 트랜잭션 수수료가 블록의 전체 보상에서 차지하는 비율이 낮다는 사실을 고려하면 노드가 트랜잭션을 간직하는 것은 이런 위험을 감수할 만큼의 가치는 없다.

한편 채굴 노드는 되도록 신속하게 채굴한 블록을 발표해야 할 이유가 있다. 그래야만 다른 노드가 다른 블록을 채굴할 확률을 줄일 수 있다.

## 7.5 이중지불과 기타 공격들

두 개의 다른 트랜잭션이 같은 자금을 사용하려 하는 경우를 이중지불(double-spend) 시도라 한다. 비트코인 프로토콜은 블록체인에 먼저 들어가는 트랜잭션을 유효한 것으로 판단함으로써 이 공격을 방어한다. 따라서 비트코인은 중앙기관에서 어떤 트랜잭션이 유효한지 결정할 필요가 없는 탈중앙화 방식으로 이중지불 문제를 해결한다.

어떤 트랜잭션이 포함된 블록에 더 많은 블록이 쌓일수록 트랜잭션은 더욱 안전해진다. 이런 상황을 〈그림 7.9〉에서 자세히 묘사했다. 특정한 블록에서 블록체인을 변경하려는 공격자는 블록체인 헤더에 이를 때까지 해당 블록의 모든 블록을 채굴해야 한다. 더군다나 비트코인 네트워크가 지속적으로 블록체인에 블록을 추가하므로 공격자는 과거의 작업을 모조

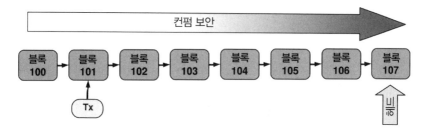

그림 7.9 블록체인 내의 트랜잭션 보안

리 다시 수행해야 하는 것은 물론이고 새로운 합법적인 블록 생성의 속도를 앞질러야 한다. 공격자가 이와 같은 위업을 달성하려면 나머지 네트워크의 해시 레이트와 맞먹는 해시 레이트를 통제해야 한다. 그래서 이 공격을 51% 공격[102]이라고 일컫는 것이다. 공격자가 통제하는 해시 레이트가 네트워크 해시 레이트의 절반에 미치지 못한 경우에도 '51%' 공격이 가능하다. 하지만 네트워크 해시 레이트 가운데 몇 %를 공격자가 통제하는지, 몇 개의 블록을 앞질러야 하는지에 따라 성공률은 달라진다. 어느 쪽이든 성공률은 기하급수적으로 줄어든다. 공격자가 네트워크 해시 레이트 가운데 50% 이상을 통제해야만 공격이 100% 성공할 수 있다.

〈그림 7.10〉은 공격자가 이중지불 공격을 수행하기 위해 투자해야 할 액수를 분석한 것이다. 이 분석에서는 네트워크 해시 레이트가 3만 TH/s이며 채굴장비 가격이 GH/s당 3 USD라고 가정한다. 공격자가 나머지 네트워크에 맞먹는 해시 레이트를 확보하고 51% 공격을 수행할 수 있으려면 9,000만 USD[103]를 투자해야 한다. 〈그림 7.10〉에서 성공률이 각각

---

102) 정확히 말하면 50% 플러스 공격이라고 불러야 한다.

1%와 50%일 경우에 새로운 채굴장비에 투자해야 할 액수를 나타냈다. 한 블록의 트랜잭션만 확인한다면 성공률이 1%와 50%일 경우 각각 800만 USD와 3,700만 USD가 넘는 돈을 투자해야 성공할 수 있다. 이 분석을 이용해서 컨펌 횟수를 선택할 때 공격자가 수용해야 할 위험을 평가할 수 있다. 대부분의 목적을 위해서는 몇 차례만 컨펌해도 충분하다.

51% 공격자는 자신이 통제하는 트랜잭션을 변경해서 그 안에 있는 자금에 이중지불 공격을 할 수 있다. 51% 공격자가 블록체인에서 다른 사용자의 트랜잭션을 제거할 수는 있으나 트랜잭션은 ECC 서명의 보호를 받고 있으므로 변경하지는 못한다. 다시 말해 51% 공격자는 블록체인에서

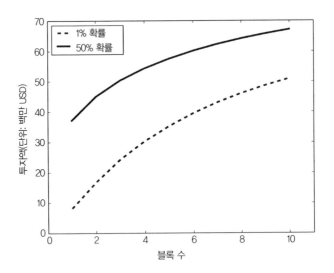

그림 7.10 1%와 50%의 성공확률로 51% 공격을 수행하기 위해 필요한 투자액

---

103) 채굴장비에 대한 누적 투자액은 이 수치보다 더 많았다. 이 가운데 효율이 떨어지는 테크놀로지에 투자한 액수가 상당 부분을 차지했기 때문이다.

임의적인 트랜잭션의 액수나 수신자를 변경할 수 없다. 그러나 다른 채굴자들이 생성한 블록에서 추가로 채굴하지 않겠다고 거부함으로써 이 채굴자들이 새로운 블록을 채굴하지 못하게끔 막을 수는 있다. 따라서 51% 공격자는 *다른 채굴자*들을 성공적으로 공격할 수 있다.

솜폴린스키와 조하르(Sompolinsky and Zohar, 2013)에서 입증된 연구결과에 따르면 채굴한 블록의 확산이 지연되면 통제하는 네트워크 해시 레이트가 50%에 미치지 못해도 51% 공격에 성공할 수 있다. 연구원들은 블록 확산이 지연될 때 51% 공격을 어렵게 만들고자 비트코인 프로토콜의 수정안인 GHOST를 제안했다. 이 제안을 수용하면 공격을 당할 위험이 커지지 않으면서 블록 생성속도가 높아지고 블록 크기가 커질 수 있다.

GHOST(Greedy Heaviest-Observed Sub-Tree) 정책은 비트코인 프로토콜에서 주 사슬(main chain)을 선택하는 방식을 바꾸었다. 즉 가장 긴 사슬을 선택할 때 고아 블록에서 수행했던 작업증명을 고려한다. 제네시스 블록부터 시작해서 한 포크의 모든 서브 트리의 총작업증명을 계산해서 주 사슬을 선택한다. 이때 총작업증명이 가장 높은 서브 트리가 선택된다.

블록체인에 대한 공격 가운데 가장 흔히 회자되는 것이 51% 공격이다. 그러나 다른 유형의 공격도 존재한다.


### 7.5.1 레이스 어택

어떤 노드에서 미확인 트랜잭션 캐시의 트랜잭션과 충돌하는 새로운 미확인 트랜잭션이 수신되면, 다시 말해 같은 출력값을 사용하면 새로운 트랜잭션은 무시된다. 따라서 노드는 처음으로 수신한 트랜잭션의 복사본만 캐시(cache)에 보관한다.[104]

**레이스 어택**(race attack)은 판매업자가 소수의 노드만 확인해서 미확인 트랜잭션의 결제를 수용할 때 일어난다. 공격자가 판매업자와 가까운 노드에 한 트랜잭션을 보내고 네트워크의 다른 여러 노드에는 다른 트랜잭션을 보낼 수 있다. 그러면 판매업자와 더 가까운 노드들만 판매업자에게 자금을 보내는 트랜잭션을 확인하는 반면 나머지 네트워크는 멤풀에 이중지불을 포함시킨다. 이 공격을 당하지 않으려면 판매업자가 그 트랜잭션이 적어도 한 블록에 포함될 때까지 기다려야 한다.

네트워크의 대다수 채굴 노드가 이미 미확인 트랜잭션 메모리 풀에 유효한 트랜잭션을 보유하고 있다면 어떤 트랜잭션의 이중지불이 일어날 가능성은 매우 희박하다. 따라서 결제 프로세서나 지갑 서비스는 많은 채굴 노드와 계속 연결해 그들의 미확인 트랜잭션 메모리 풀에 정확한 트랜잭션이 존재하는지 확인한다. 그러면 서비스 운영자가 네트워크 확인과정의 위험성을 낮추고 속도는 높일 수 있다.

이상적인 상황에서는 네트워크에서 진행 중인 모든 트랜잭션이 다음번에 채굴되는 블록에 포함될 것이다. 모든 트랜잭션이 지연되지 않고 네트워크 전체에 확산되어 모든 채굴자에게 전달되며 채굴자들이 진행 중인 트랜잭션을 다음번 블록에 포함시킬 것이다. 반면 실제로는 일부 트랜잭

---

104) 미확인 트랜잭션(심지어 충돌하는 트랜잭션)을 모두 저장할 경우 몇 가지 문제가 발생한다. 첫째, 채굴 노드가 충돌하는 트랜잭션 가운데 어떤 것을 블록에 포함시킬지 결정해야 한다. 둘째, 공격자가 같은 트랜잭션의 이중지불로 네트워크를 플러드하는 DoS 공격을 당하기 쉽다.

션이 지연을 겪은 후에 블록에 포함되며, 심지어 네트워크에서 제거되어 블록체인에 포함되지 못한다.[105] 더 나아가 어떤 노드가 네트워크에서 잊혔던 트랜잭션을 다시 발표한 후에 재등장할 수도 있다. 확인되지 않은 트랜잭션의 경우에는 어쩔 수 없이 해당 트랜잭션이 다른 어드레스로 **이중지불**된다. 이런 방식에는 적어도 거래 가변성이 있는 문제를 예방하거나 부각하는 장점이 있다.

## 7.5.2 피니 어택

이 공격을 발견한 사람은 할 피니(Hal Finney)였다. 채굴자 겸 공격자가 은밀하게 블록을 채굴해서 그 안에 본인이 어떤 어드레스에서 다른 어드레스로 보낸 트랜잭션을 포함시킨다. 공격자가 네트워크에 발표하지 않고 은밀하게 채굴한 블록에만 이 트랜잭션이 포함된다. 블록을 발표하기 직전에 공격자가 본인의 비밀 트랜잭션에 포함된 출력값을 이중지불한다. 이 공격은 방금 그 트랜잭션이 네트워크로 확산되었다는 사실을 지켜본 사용자의 보호를 우회하는 데 성공할 것이다. 일단 희생자가 결제를 받아들이면 공격자가 은밀하게 채굴한 블록을 발표하고 이중지불을 수행한다.

블록을 채굴한 시간과 발표한 시간 사이에 지연 시간이 존재하기 때문에 이 공격에는 기회비용이 따른다. 희생자와 거래를 체결하고 이중지불 트랜잭션이 네트워크에 확산되기를 기다리면서 이 지연 시간을 소비한다.

---

105) 일정 기간이 지나거나 노드가 다시 시작된 후에 노드는 미확인 트랜잭션 메모리 풀에서 트랜잭션을 제거할 수 있다. 하지만 확인되지 않은 지갑 프로그램은 대부분 트랜잭션을 계속 주기적으로, 이를테면 1시간 간격으로 보낸다.

이 지연 시간 동안 다른 채굴자가 블록을 발견하면 이중지불 공격이 실패하고 공격자가 블록 보상을 잃을 가능성이 있다. 이처럼 기회비용이 따르다 보니 가치가 낮은 트랜잭션의 경우에 이 공격은 수지타산이 맞지 않는다. 가치가 높은 트랜잭션에서는 적어도 일정 수준 이상의 컨펌을 요구하면 이 공격을 막을 수 있다.

51% 공격과는 대조적으로 공격자가 대부분의 네트워크 해시 레이트를 통제할 필요는 없다. 해시 레이트가 낮은 채굴자라도 이 공격을 수행하고 다음 블록을 채굴할 시간을 기다릴 수 있다.

### 7.5.3 트랜잭션 스패밍

공격자가 여러 트랜잭션을 생성해 본인에게 자금을 보내는 방법으로써 비트코인 네트워크에 서비스 거부 공격을 시도할 수 있다. 블록의 공간이 제한되어 있으니 이 공격이 일어나면 합법적인 트랜잭션을 확인하지 못할 수도 있다. 그러나 다음과 같은 요인들이 존재하기 때문에 이 공격이 실제로 효과를 거둘 가능성은 적다.

- 공격자가 네트워크에 보내는 '무료' 트랜잭션의 수는 한정적이다. 채굴된 블록의 최대 크기 50킬로바이트(kB)는 우선 (무료) 트랜잭션에만 해당된다.[106] 상한선을 넘는 이 트랜잭션은 수수료를 지불해야 한다. 따라서 결국 이 공격을 실행하려

---

106) 더 정확히 말하면 블록의 우선 트랜잭션에 대한 한계는 현재 5만바이트로 정해진 정적 변수 DEFAULT_BLOCK_PRIORITY_SIZE로 규정된다. 그뿐만 아니라 우선 트랜잭션은 출력값의 수명과 크기를 기준으로 정해진다.

면 공격자가 수수료를 지불해야 한다.

- 공격자가 지불해야 할 수수료는 합법적인 트랜잭션의 수수료에 따라 달라진다. 시간이 지나면 합법적인 트랜잭션에서 블록체인에 포함되는 대가로 지불할 수수료가 많아져서 이 공격을 유지하는 비용이 시간이 갈수록 높아진다.

- 공격자가 보내야 하는 트랜잭션은 현재 0.0000054 비트코인으로 정해진 특정한 한계치를 넘어야 한다. 이 한계치에 미치지 못하는 트랜잭션은 먼지 트랜잭션으로 간주되어 네트워크에서 제거된다. 따라서 공격을 수행하려면 공격자가 비트코인에 보유한 일정한 자금이 있어야 한다.


이 공격을 변형해서 일부 노드에 무효 트랜잭션을 보낼 수 있다. 무효 트랜잭션을 받는 노드가 이 트랜잭션을 확인해서 제거한다. 서명을 확인하는 작업에 CPU가 많이 사용되므로 이 공격이 일어나면 트랜잭션에 플러드를 당한 노드의 속도가 늦춰질 수 있다. 하지만 노드들이 이 무효 트랜잭션을 네트워크에 중계하지 않으니 이 공격은 나머지 네트워크에 영향을 미치지 않는다. 비트코인 네트워크의 노드는 일반 인터넷 서버와 똑같은 방식으로 DoS 공격을 방어해야 한다.

# 7.6 머클트리

지금껏 블록 해시는 블록체인에서 이전 블록의 해시를 포함한 전체 해시와 블록의 모든 트랜잭션의 해시라고 가정했다. 하지만 이 해시를 구성하는 방식에 대해서는 언급하지 않았다. 블록 헤더와 모든 트랜잭션의 바이트 표기를 연결한 다음, 전체 바이트 열의 바이트 표기를 연결하는 단순한 해결책에는 몇 가지 단점이 있다.

- 한 트랜잭션이 변경되면 바이트 열을 업데이트하고 해시를 다시 계산해야 한다. 그러려면 노드에서 메모리에 전체 바이트 열을 보관해야 한다. 바이트 열의 중간에 있는 트랜잭션을 더 큰 트랜잭션으로 대체하면 바이트 열의 중간에 메모리를 배정해야 하는데 이 작업에는 비용이 많이 든다.
- 어떤 트랜잭션이 어떤 블록에 속한다는 사실을 확인하려면 전체 블록을 확보해야 한다. 그래야만 해시를 계산하고 확인할 수 있다.

이 문제에 대처할 수 있는 데이터 구조로 1982년 랠프 머클(Ralph Merkle)이 제안한 머클트리(Merkle tree), 혹은 해시트리(hash tree)가 있다. 나카모토(Nakamoto, 2008a)에 따르면 사토시는 마시아스(Massias) 등(1999)의 저술에서 머클트리를 이용해 트랜잭션 블록에 시점을 확인한다는 아이디어를 얻었다. 파일 공유 애플리케이션에서 다운로드한 파일의 블록을 정확하게 추적할 때도 머클트리를 이용한다.

〈그림 7.11〉은 머클트리를 이용해 블록의 해시를 계산하는 방식을 나타낸 것이다.107) 우선 개별 트랜잭션의 해시들을 나뭇잎으로 삼아서 바이너리 트리(binary tree)를 그린다. 그림에서 해시0~3으로 표시한 것이 해시들이다. 바이너리 트리는 방향 그래프(directed graph: 정점 간의 연결선이 방향을 가진 그래프-옮긴이)로 모든 부모가 각각 두 자식을 두고 있다. 부모 노드의 해시는 그 자체가 해시인 이 두 자식의 해시이다.108) 이를 묘사한 것이 〈그림 7.11〉인데 이 그림에서는 해시01 = 해시(해시0 ‖ 해시1)이며 해시는 SHA256 해시함수이다. 결국 루트노드(root node: 트리에서 부모 노드가 존재하지 않는 최상위 노드-옮긴이), 즉 루트해시(root hash)나 머클루트(Merkle root)가 계산된다. 이 머클루트를 얻으면 블록 헤더를 짜 맞출 수 있다.

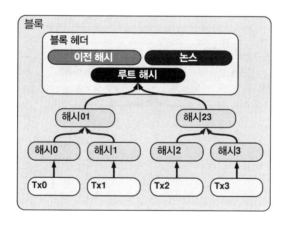

그림 7.11 한 블록에 속하는 트랜잭션들의 머클트리

107) core.cpp의 CBlock::BuildMerkleTree 함수에서 비트코인 소스코드의 머클트리 알고리즘 코드를 찾을 수 있다.
108) 트리의 한 노드와 짝으로 맺어지는 노드가 없다면 그 노드는 그 자체로 해시되어 부모의 해시에 도달한다.

블록 헤더(block header)에는 블록체인에서 이전 블록의 해시와 트랜잭션 머클트리의 루트, 채굴자가 포함시킨 논스가 담겨 있다. 따라서 블록 해시는 블록 헤더의 해시이다. 머클트리의 루트에서 이 해시로 트랜잭션을 표현한다.[109]

머클트리의 한 가지 큰 장점은 트랜잭션 확인이다. 어떤 노드가 〈그림 7.12〉에서처럼, 예컨대 Tx3 같은 어떤 트랜잭션이 어떤 블록에 속하는지를 확인해야 한다고 하자. 노드는 트리의 노드 수와 대수(對數) 관계에 있는 시간 내에 이 작업을 수행할 수 있다. 〈그림 7.12〉에 따르면 이 노드는 해시3과 해시23 그리고 루트 해시를 계산하고 그 결과를 블록에 저장된 루트를 기준으로 점검해야 한다.

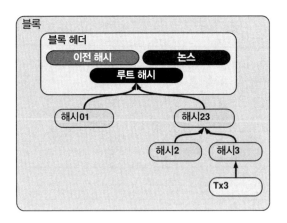

그림 7.12 블록의 트랜잭션 가지치기

---

109) 어떤 블록의 해시는 core.cpp의 **CBlockHeader::GetHash** 함수로 계산된다. 정확히 말하면 nVersion (블록의 버전, 현재 버전은 2이다), hashPrevBlock(이전 블록의 해시), hashMerkleRoot(머클루트의 해시), nTime(블록이 채굴된 시간), nBits(압축 형태의 블록 난이도) 그리고 nNonce(논스)를 포함한다.

다시 말해 **머클분기**(Merkle branch)를 확인해야 한다. 머클분기는 어떤 트랜잭션이 트리에 포함되어 있다는 사실을 암호로 입증할 수 있는 트리의 일부이다. 간편결제 검증(Simplified Payment Verification, SPV) 프로토콜은 트랜잭션이 머클트리로 표현된다는 사실을 포괄적으로 이용한다.

### 7.6.1 트랜잭션 가변성

트랜잭션 가변성은 비트코인 프로토콜의 기이한 현상으로 2011년에 알려졌다. 블록체인의 트랜잭션은 그것의 해시로 조회되며, 해시값은 그 블록의 머클트리에 포함되어 있다. 반면 트랜잭션은 트랜잭션 입력값과 연결된 개인키로 서명한다.

**트랜잭션 가변성**(Transaction malleability)이란 해시와 디지털 서명에 사용하는 트랜잭션 정보의 하위집단이 같지 않다는 사실을 가리킨다. 다시 말해 트랜잭션의 해시가 변화하는 방식으로 트랜잭션을 변화시킬 수 있으며 그래도 디지털 서명은 유효하다.

서명하기 전에 트랜잭션을 해시한다. 따라서 트랜잭션은 두 번 해시되는 셈이다. 즉 트랜잭션에 서명할 때와 머클트리에 트랜잭션을 포함시킬 때 해시한다. 서명하기 전 해시에는 $\langle scriptSig \rangle$이 포함되지 않지만 대신 $\langle scriptPubKey \rangle$를 복사한다. 따라서 $\langle scriptSig \rangle$를 바꾸어도 디지털 서명이 무효가 되지 않으나 머클트리에 나타나는 트랜잭션 해시는 바뀐다.

다음은 가변성을 일으키는 원천을 간단하게 나열한 것이다.

- ⟨ *scriptSig* ⟩를 시작할 때 스크립트 평가에 영향을 미치지 않는 스택에 추가 데이터를 푸시하는 것.

- 아무 결과가 일어나지 않는 ⟨ *scriptSig* ⟩에 대한 연속적인 비(非) 푸시 작업을 추가하는 것. 이를테면 OP_DROP로 발생하는 스택에 데이터를 푸시하는 작업을 추가하는 것.

- ECC 서명 앞에 0을 한 개 이상 추가해도 서명은 무효가 되지 않는다.[110]

- 만일 *s*가 어떤 메시지의 ECC 서명이라면 −*s* 또한 유효한 서명이다. 따라서 ⟨ *scriptSig* ⟩의 ECC 서명의 부호를 바꾸어도 서명은 무효가 되지 않으나 트랜잭션 해시는 변한다.

요컨대 사용자가 오로지 해시를 토대로 트랜잭션을 추적한다면 트랜잭션을 변경해서 해시를 변경할 수 있다. 하지만 그래도 트랜잭션은 유효하므로 블록에 포함될 수 있다. 어떤 사용자가 이미 트랜잭션이 확인받았다는 사실을 알리지 않고 본인의 기록을 적절히 업데이트하지 않을 수 있다.

트랜잭션 가변성이 널리 알려진 것은 2014년 2월 한 대형 거래소에서 트랜잭션 가변성 공격을 받았다는 사실이 전해지면서부터였다.[111] 전해진 바에 따르면 공격자들은 그 거래소에 비트코인 환불 주문을 퍼부었다. 주문이 확인되자 거래소는 그들에게 환불 트랜잭션 해시를 보내고 이후

---

110) 비트코인은 ECC 서명 확인에 OpenSSL을 이용한다. OpenSSL은 DER 부호화 데이터를 사용하지만 강요하지는 않는다. 따라서 0을 앞에 추가하는 것처럼 ECC 서명을 약간 바꿀 수 있다. 그래도 OpenSSL은 그것을 받아들일 것이다. 비트코인 코어 버전 0.8에서는 무효 DER 부호화 서명을 가진 트랜잭션을 거부함으로써 이를 수정했다.
111) 《이코노미스트(The Economist)》는 지면 판(板)에 관련 기사를 실었다(《이코노미스트》, 2014a).

네트워크에도 보냈다. 공격자들은 네트워크에 이 트랜잭션이 나타나기를 기다렸다가 재빨리 변경하고 수정 버전으로 네트워크를 넘치게 했다. 수정된 트랜잭션이 블록에 포함되자 공격자들은 연결된 해시가 포함된 주문이 확인되지 않았다며 거래소에 불만을 제기했다. 그래서 거래소에서는 새로운 환불 주문을 발행했다. 두 번째 환불 주문은 첫 번째와 다른 자금을 사용해야 하는데 그렇지 않으면 트랜잭션이 무효가 된다. 이와 같은 일련의 사건이 여러 차례 반복되었다고 전해진다. 기본적인 회계 검사만 했어도 자금이 누출되었다는 사실을 재빨리 발견했을 것이다. 이 사건으로 말미암아 그런 검사 과정이 존재하는지 혹은 다른 요인 때문에 자금이 누출되었는지에 대해 문제가 제기되었다.

거래 소프트웨어는 확인되지 않은 트랜잭션이 네트워크에 발송되면 그 트랜잭션에 억지로 이중지불을 시켜야 한다. 만일 거래소에서 이런 조치를 취했다면 억지로 이중지불을 시킨 트랜잭션이 검증되지 않았다는 피드백이 거래소에 전해졌을 것이고 그러면 거래소에서 이중지불 문제를 발견했을 수도 있다.


## 7.7 확장성


블록체인의 사용이 증가함에 따라 블록체인의 크기 또한 꾸준히 증가했다. 〈그림 7.13〉은 로그 눈금으로 블록체인의 크기를 나타낸 것이다. 이 글

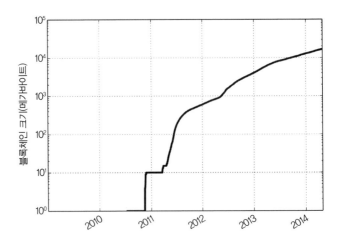

그림 7.13 대수눈금으로 나타낸 블록체인 규모[메가바이트(MB)], 출처: blockchain.info

을 쓰는 현재 전체 블록체인 크기는 약 17기가바이트이다.

　일반적으로 사람들은 더 성숙한 결제 프로세싱 네트워크에 버금갈 만한 거래속도를 처리할 만큼 비트코인이 확장되지 않을 것이라고 비판한다. 이 글을 쓰는 현재 블록에는 평균 300개의 트랜잭션이 포함된다. 따라서 현재 네트워크는 평균 2초마다 트랜잭션 한 건을 처리하는 셈이다. 즉 처리속도는 초당 0.5 트랜잭션(transactions/second, tps)이다. 평균 거래속도가 50~2,000 tps인 기존 결제시스템보다 100~1,000배 낮은 수치이다. 이 장에서는 비트코인 위키를 참고해 비트코인이 기존 결제 프로세싱 네트워크와 맞먹는 속도까지 확장되기 어려운 몇 가지 요인을 살펴볼 것이다.

　비트코인 코어에 하드 코드화(데이터를 쉽게 변경할 수 없게 기록하는 것-옮긴이)된 최대 블록 크기는 제한을 받는다. 현재 최대 블록 크기는 1메가바이트로 정해져 있다.112) 비트코인 네트워크의 tps(초당 트랜잭션 수)가 증가할 때 비트코인 코어 이후 버전에서는 이 상한선이 높아질 수 있다.

이 섹션에서는 현행 비트코인 기술에 내포된 한계들을 세 가지로 나누어 살펴볼 것이다.

### ■ 계산능력(computational power)

노드는 두 가지 계산작업을 수행한다. 즉 블록 해시와 트랜잭션 서명을 확인한다.113) 이 두 가지 작업 가운데 서명 확인에 훨씬 더 큰 CPU를 소비한다. 현재 트랜잭션에는 두 입력값의 평균값이 포함된다. 다중서명과 P2SH의 중요성이 커지면 이 평균값이 증가할 것이다. 현재 싱글 코어는 ECDSA 서명을 초당 8,000개씩 처리할 수 있다.114) 따라서 싱글 코어 기계는 4,000 tps를 처리할 수 있다. 서명 확인은 병렬처리할 수 있으므로 코어를 더 추가하면 기계가 처리할 수 있는 tps가 더욱 커질 것이다. 따라서 비트코인의 사용량이 증가할 때 CPU 로드가 걸림돌이 되지는 않을 것이다.

### ■ 네트워크(network)

트랜잭션의 크기는 현재 평균 0.5킬로바이트이다. 다중서명이 더 중요해짐에 따라 앞으로 십중팔구 이 평균도 높아질 것이다. 가정용 연결점의 대역폭은 로 엔드(같은 목적을 수행하는 컴퓨터 가운데 성능이 가장 떨어지는 기종—옮긴이)에

---

112) 더욱 정확히 말하면 1백만바이트. main.h에서 정적 변수 MAX_BLOCK_SIZE를 참고하라.
113) 블록 채굴 난이도는 트랜잭션의 수와 무관하다는 점에 주목하라. 부분 해시 반전 문제의 난이도는 오직 네트워크의 전체 해시 레이트에 따라 달라진다.
114) ECDSA 서명 확인의 속도를 10배 상승시키는 최적화가 제안되었다(비트코인 위키, 2014u).

서 초당 10메가비트(Mbits/s)이며 이 대역폭은 2,500 tps의 흐름을 수용할 수 있다.115) 따라서 비트코인의 사용량이 증가할 때 네트워크 대역폭이 걸림돌이 되지는 않을 것이다.

- **저장(storage)**

트랜잭션의 저장 능력이 평균 0.5메가바이트이므로 저장 능력을 사용하면 트랜잭션의 속도가 급속도로 가속화될 것이다. 이를테면 tps가 2,000이라면 매초 약 1메가바이트, 즉 매년 30테라바이트(TB)를 생성할 것이다. 더불어 사용량이 증가하면 소비되지 않은 거래가 증가하고, 그 결과 UTXO의 RAM 메모리 요건이 증가해 십중팔구 UTXO를 RAM에 맞출 수 없을 것이다.

요컨대 저장 능력 요건은 확장성에 가장 큰 걸림돌이 될 것이다. 비트코인 커뮤니티에서 블록체인의 크기 문제는 충분히 논의되었으며 다음과 같은 여러 가지 아이디어가 제안되었다.

- **최종 블록체인 압축(Ultimate blockchain compression)**

블록체인에서 계속 기업에 쓸모 있는 정보는 소비되지 않은 거래뿐이다. 블록체인의 나머지 데이터는 확인작업을 할 때, 즉 노드가 블록체인의 새로운 복사본을 띄울 때 유익하다. 라이너(Reiner, 2012)는 UTXO의 복사본을 저장하는 대체 블록체인을 만들자는 아이디어를 제안했다. UTXO는 트리나 이따금 미사용 출력값 트리

---

115) 더 높은 대역폭이 요구되는 서비스 거부 공격을 해결해야 한다. 이런 점에서 비트코인 노드는 일반 인터넷 서버와 그리 다르지 않다.

(unused output tree, UOT)라고 불리는 유사한 데이터 구조에 저장될 것이다. [116]
그런 다음 이 새로운 블록체인은 정식 비트코인 블록체인과 병합채굴(merge-mine)
될 것이다. 병합채굴의 원리에 대한 세부사항은 섹션 13.3을 참고하라. 하지만 병
합채굴의 기본개념은 정식 블록이 생길 때마다 UTXO 트리의 뿌리에 있는 해시가
포함되므로 비트코인 계산능력을 이용해 새로운 블록체인을 안전하게 보관한다는
것이다. 대부분의 노드에는 (심지어 채굴이나 지갑 결제 프로세싱 노드까지) UTXO
블록체인의 복사본만 보관해도 충분할 것이다. 그런 다음 블록체인의 완벽한 복사
본은 아카이브(컴퓨터 데이터의 무결성을 위해 데이터 및 메타 데이터와 연결하여
함께 유지 보관하는 것-옮긴이) 노드에 보관하면 된다.

### ■ 유한 블록체인(Finite blockchain)

브루스(Bruce)는 분할과 정복 전략(divide and conquer strategy: 어떤 문제를 해
결하는 알고리즘에서 원래 문제를 성질이 똑같은 여러 개의 부분 문제로 나누어서
해결해 원래 문제의 해를 구하는 방식-옮긴이)을 제안했다. 블록체인을 어카운트
트리(account tree), 미니 블록체인(mini-blockchain), 증명 체인(proof chain) 세 부
분으로 나누는 것이다. 단기간에 비트코인에서 시행하기는 너무 파격적인 제안이
지만 다른 대체 암호화폐에서는 선택할 가능성이 있다.


당분간 비트코인은 실패하지 않을 것이다. 현재 최대 블록 크기의 가치
는 약 1메가바이트로 정해져 있으므로 네트워크의 모든 새로운 트랜잭션
을 수집할 여유가 있다. 이 블록 크기로는 3~4 tps를 수용할 수 있다. 트

---

116) 머클트리에서 바이너리 서치 트리나 나무 모양의 구조로 바꾸는 다른 데이터 구조가 제안되었다.

랜잭션의 수가 증가함에 따라 수집 능력이 향상할 수 있다.[117] 블록체인의 공간이 부족해지기 시작하면 트랜잭션 수수료가 증가할 것이다. 그 결과 한편으로는 채굴에 대한 투자가 늘어날 것이고, 다른 한편으로는 블록체인에서 작은 규모의 트랜잭션의 결제가 밀려나서 시스템의 부하가 줄어들 것이다. 십중팔구 시장의 힘, 인간의 창의력 그리고 기술의 발전을 통해 비트코인이 직면한 확장성 문제를 해결할 수 있을 것이다.

---

117) 최대 블록 크기는 MAX_BLOCK_SIZE 변수로 표현된다. 이는 25만바이트에서 현재 1백만바이트로 증가했다. 이 과정에 블록체인의 하드 포크(블록체인 프로토콜이 어느 한 시점에서 급격하게 변경되어 지갑과 채굴자가 모두 블록체인을 업데이트해야 하는 수준의 포크-옮긴이)를 피하고자 채굴자들이 조심스럽게 협력해야 했다.

# 8장
# 지갑

비트코인은 사용자의 컴퓨터에 존재하지 않으며 블록체인 네트워크에 존재하는 분산원장이다. 이 분산원장에는 각 어드레스가 사용할 수 있는 자금량이 적혀 있다. 한 어드레스와 연결된 개인키를 이용해 그 어드레스에서 자금을 사용하는 트랜잭션에 서명해야 한다. 간단히 말해 비트코인 월렛은 개인키의 집합이다. 비트코인 월렛이라는 용어는 물리적인 지갑에 비유해 얻은 것이지만 둘 사이의 차이점에 주목해야 한다.

- 물리적인 지갑(wallet)은 물리적인 화폐를 담는다. 따라서 복사할 수 없다. 이와 대조적으로 비트코인 월렛은 복사할 수 있다. 비트코인 월렛의 복사본을 통제하는 사람이면 누구든지 자금을 사용할 수 있다. 공격자는 복사본을 만들어 비트코인 월렛을 '훔칠' 수 있다. 비트코인에서 자금의 소유권은 사용 가능성에 따라 결정된

다. 개인키를 소유한 사람이면 누구든 자금을 사용할 수 있다.

- 비트코인 월렛을 여러 디바이스에 분산할 수 있다. 자금을 평가하려면 디바이스들이 서로 협력해야 하는 방식으로 분산한다. 이 과정에 필요한 모든 서명의 개인키를 여러 디바이스에 분산하는 다중서명 트랜잭션 출력값을 이용한다. 비트코인 프로토콜에는 융통성이 있으므로 물리적인 지갑보다 더 많은 유형의 지갑이 등장할 것이다.

- 수신전용 비트코인 월렛(Receive-only Bitcoin wallets)이 있을 수 있다. 이런 지갑은 공개키 복사본과 비트코인 어드레스만 담는다. 자금을 받을 수는 있으나 지갑 어드레스로 자금을 사용하지는 못한다. 따라서 지갑을 담고 있는 디바이스가 손상되더라도 자금을 잃지 않는다. 이따금 관찰전용 지갑(watch-only wallets)이라 일컫는 수신전용 지갑은 지갑 사용자를 신뢰할 수 없거나 사용자가 절도를 당할 위험이 있을 때 유용하다. 또한 지갑의 자금과 트랜잭션을 감시할 때도 유용하다.

지갑 소프트웨어는 지갑의 어드레스에서 자금을 사용할 수 있도록 허용하고 지갑을 관리한다. 비트코인 사용자는 지갑 소프트웨어의 원리를 어느 정도 알아야 한다. 따라서 이 장은 분명히 이 책에서 실질적으로 가장 중요한 부분일 것이다. 지갑 소프트웨어가 수행하는 작업은 대개 다음과 같다.

- 블록체인을 조회하고 사용자에게 사용할 수 있는 자금 총액을 제시한다.
- 새로운 자금을 수신하거나 지갑 소프트웨어가 수행한 트랜잭션의 잔액을 받을

새로운 어드레스를 생성한다.

- 어드레스나 트랜잭션 등을 표시하는 QR을 생성하거나 읽는 등 사용자와 협력한다.

- 본인이 선택한 어드레스에 사용자가 자금을 보내도록 허용한다. 그러려면 지갑이 관리하는 어드레스 가운데 자금이 충분한 어드레스를 수집하거나 그 어드레스에서 자금을 사용하는 트랜잭션을 구성하거나 잔액을 돌려보낼 기존 어드레스를 선택해서 모든 개인키로 트랜잭션에 서명하고 그 트랜잭션을 블록체인에 공개한다.

- 트랜잭션 확인 상태를 추적한다.

- 지갑의 백업을 만든다.

- 지갑의 백업을 복구한다.

비트코인 어드레스는 은행계좌와 비슷하다. 비트코인에서 지갑 소프트웨어를 다운로드해 소프트웨어가 개인-공개키페어를 생성하도록 허용하는 것(혹은 웹지갑에 가입하는 것)은 계좌 개설에 해당한다. 이때 추측하기 어려운 키페어를 선택해야 한다. 예컨대 지갑 소프트웨어가 개인키로 $d = 1$를 선택하면 공개키는 $B = d \cdot A = 1 \cdot A = A$가 될 것이다. 그런 다음 이 공개키 $B = A$를 어드레스로 전환하고 블록체인에서 사용한다. 공격자가 이 어드레스를 거슬러 올라가 개인키를 회수하기 쉽다. 공격자는 1, 2, 3 등과 같이 '쉬운' 개인키를 무작위로 반복해서 대입하는 방법을 사용해 생성된 어드레스가 소비되지 않은 거래(UTXO)의 어드레스와 일치하는지 확인할 수 있다. 일치하는 어드레스를 찾으면 그 개인키를 이용해 어드레스의 자금을 훔칠 수 있다. 증거에 따르면 실제로 취약한 개인키에 이런 공격을 실행하는 공격자가 존재한다.

안전하게 이 공격을 막으려면 지갑 소프트웨어에서 엔트로피 정도가 높은 개인키를 생성해야 한다. 이때 효과적인 난수 생성기를(pseudo random number generator) 이용할 수 있다. 비트코인 코어 월렛을 포함해 수많은 지갑 소프트웨어가 이 방식을 따른다. 지갑 소프트웨어는 개인키의 복사본을 보관하지만 사용자에게 제시되는 것은 대개 어드레스뿐이다. 이를테면 일반적으로 사용자가 백업을 요청할 때처럼 지갑을 이용해 개인키의 복사본을 얻을 수 있다.

이 중대한 정보는 지갑 소프트웨어가 새로운 개인키를 생성할 때 지갑 소프트웨어를 운용하는 디바이스의 저장공간에만 보관된다. 따라서 반드시 정기적으로 지갑을 백업하고 여러 안전한 장소에 백업의 복사본을 보관해야 한다.

어드레스 변경(address tampering) 공격으로 사용자가 속아서 잘못된 어드레스로 자금을 보낸다. 사용자가 어떤 어드레스에 자금을 보내려는 순간, 공격자가 그 합법적인 어드레스를 가로채서 자신이 통제하는 어드레스로 대체한다. 중간자 지위를 확보한 공격자는 결제 과정의 수신 어드레스를 쉽게 바꿀 수 있다. 초창기의 지갑은 어드레스 변경 공격을 막지 못했다. 하지만 '지불 프로토콜(Payment Protocol)'(BIP 70)이 도입되면서 상황이 바뀌었다. 이 프로토콜은 기존의 공개키 기반 구조를 이용해 결제 어드레스를 인증한다. 중간자 테크닉 외에도 어드레스 조작 공격을 실행할 다른 방법들이 있다. 일례로 비트코인 결제를 받는 레스토랑의 메뉴에 공격자 어드레스의 QR코드 스티커를 붙이는 방법이 있다. 비트코인 사용자는 이런 유형의 공격들을 인식하고 스스로 보호할 수 있게끔 대처해야 한다.

이 장에서는 지갑 소프트웨어를 뒷받침하는 테크놀로지와 다양한 유형의 지갑 그리고 지갑의 안전성과 사용성의 균형에 관해 설명할 것이다.

# 8.1 대칭키 암호기술

승인받지 않은 사용자가 지갑의 자금에 접근하지 못하게 막고자 디바이스에 저장한 개인키는 대개 암호화한다. 이를테면 트랜잭션에 서명할 때처럼 자금에 접근해야 할 때 사용자는 디바이스에 패스워드를 제공한다. 디바이스는 일시적으로 개인키를 해독해서 트랜잭션에 서명한 다음 암호화하지 않은 키가 저장된 메모리를 깨끗하게 지운다. 이 과정을 〈그림 8.1〉에 나타냈다.

또한 지갑 암호화는 디바이스가 훼손되었거나 공격자가 지갑의 복사본을 손에 넣었을 경우 1차 방어선으로 작용한다. 이 보호 방식의 효과는 선택한 패스워드에 따라 달라진다. 대부분의 사람이 만드는 패스워드는 취약하고 최근 패스워드 크래킹 테크놀로지(password cracking technology)가 발전함에 따라 패스워드가 누설된 지갑은 탈취당할 위험이 있다.[118] 따라서 자금 대부분을 오프라인 지갑에 보관하고 한정된 자금만 온라인 지갑에 보관하는 것이 바람직하다. 오프라인에 자금을 보관할 때 몇몇 테크놀로지를 이용할 수 있다.

지갑의 개인키를 암호화할 때 대칭키 암호기술을 이용한다. 대칭키 암호문의 목표는 원래 클리어 텍스트로 제공된 키로 '엉클어놓는(entangle)' 것이다. 이때 이 키가 없으면 엉클어놓은 것을 풀 수 없어야 한다. 대칭키 암호기술은 암호화와 해독에 같은 키를 사용한다. 대칭키 암호문은 두 가지 형태로 나눌 수 있다.

- 플레인 텍스트(plain-text: 암호화하지 않은 평문—옮긴이)의 스트림(비트열)을 한 번에 한 비트씩 암호화하는 스트림 암호문(Stream ciphers).

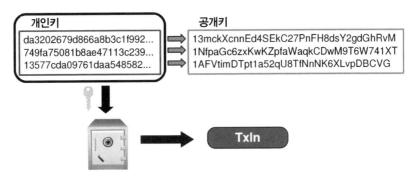

그림 8.1 지갑 개인키의 암호화

---

118) 비트코인 코어 월렛은 무작위 대입 시도의 속도를 늦추고자 소금과 2만 5,000라운드의 SHA512를 이용해 사용자의 패스워드로부터 대칭암호문 키를 도출한다. crypter.h의 **CMasterKey** 클래스에서 도출한 **nDeriveIterations** 변수와 crypter. cpp의 **CCrypter::SetKeyFromPassphrase**를 참고하라.

- 대개 128비트 길이의 플레인 텍스트의 블록을 암호화하는 블록 암호문(Block ciphers).

비트코인 월렛의 조회 프로그램인 비트코인 코어 월렛은 AES-256 블록 암호문을 이용한다.[119] 고급 암호 표준(Advanced Encryption Standard)을 의미하는 AES는 2001년 NIST가 수립해 DES(Data Encryption Standard, 데이터 암호화 표준)를 대체했다. 수준이 매우 높은 AES-256은 다음과 같은 작업을 14라운드 수행한다.

- 키 추가(key addition)

이 작업은 대칭키(실제로는 대칭키에서 도출한 서브키)와 암호화하는 메시지를 혼합한다.

- 바이트 대체(byte substitution)

암호화하는 메시지를 비선형적으로 변형해 암호문에 혼란을 일으킨다.

- 확산(diffusion)

암호문의 비트를 뒤섞어서 혼란 작업으로 증가한 엔트로피를 퍼트린다.

비트코인 코어 월렛(bitcoin core wallet)은 모든 트랜잭션에 새로운 무작위 잔액 어드레스를 생성한다. 이 방법으로 사용자의 프라이버시를 강화하는 것이 바람직하다. 사용자는 트랜잭션이 끝날 때마다 지갑을 백업해

---

119) 지갑 암호화는 crypter.h의 **CCryptoKeyStore** 클래스에서 실행된다.

키가 분실되지 않도록 막아야 한다. 비트코인 코어 월렛은 미사용 어드레스 100개로 구성된 키 조합(key pool)을 미리 생성해 백업 과정을 더 쉽게 한다.[120] 지갑 소프트웨어에 새 어드레스가 필요하면 선입 선출 방식(first-in-first-out, FIFO)에 따라 키 조합을 탭한다. 새로운 키가 사용될 때마다 키 조합이 다시 채워져[121] 키 조합에는 항상 100개의 새 어드레스가 존재한다. 백업이 만들어지면 그때마다 자금을 보유한 어드레스는 물론이고 이 키 조합의 어드레스 100개가 포함된다. 따라서 새 어드레스 100개가 사용될 때까지 백업은 한동안 계속된다. 그래도 자주 백업을 해야 할 필요성이 사라지는 것은 아니지만 어느 정도 해소된다.

여러 컴퓨터에서 동시에 비트코인 코어 월렛을 공유해서 사용하는 것은 바람직하지 않다. 비트코인 코어 월렛에서 무작위 어드레스를 생성하므로 만일 지갑이 복제되어 다른 컴퓨터에 설치되면 각 컴퓨터에서 사용 기간이 끝났을 때 각자 새로운 어드레스를 생성할 것이기 때문이다.

섹션 8.5에서 어드레스를 원하는 만큼 많이 생성할 수 있으나 단일 백업만으로 충분하고 여러 디바이스에서 공유할 수 있는 테크놀로지를 소개할 것이다.

---

120) 명령줄 인수(command-line arguments)-keypool=⟨n⟩로 이 100개의 키 조합 기본값을 변경할 수 있다.
121) **CWallet::ReserveKeyFromKeyPool**에서 키 조합의 키를 하나씩 사용할 때마다 **CWallet::TopUp KeyPool**에게 키 조합을 원래 크기(기본값 100개)로 다시 채우라고 요청한다. wallet.cpp에서 두 함수를 찾을 수 있다.

# 8.2 오프라인 지갑

지갑을 보유한 디바이스는 비트코인 네트워크와 정보를 주고받기 위해 (계정 상태를 받고, 트랜잭션을 보내고, 확인과정을 지켜보는 등) 대개 인터넷에 연결되어 있다. 이를 온라인 지갑(online wallets) 혹은 핫 월렛(hot wallet)이라고 일컫는다. 인터넷에 연결된 모든 디바이스는 훼손될 위험이 있으므로 온라인 지갑에는 매일 작업해야 할 자금만 보유하는 것이 바람직하다. 사용자의 나머지 자금은 인터넷으로 개인키에 접근할 수 없는 오프라인 지갑에 보관해야 한다. 오프라인 지갑(offline wallets)은 오프라인 트랜잭션에 서명할 수 있다는 점에 주목하라.

콜드 스토리지(cold storage)란 인터넷으로 접근할 수 없는 개인키 보관장소를 의미한다. 콜드 스토리지에 보관하는 개인키는 자금을 사용하기 전에 (온라인이나 오프라인) 지갑으로 옮겨야 한다.

이 섹션에서는 오프라인 지갑을 만들고 콜드 스토리지를 처리하는 몇 가지 방식을 살펴볼 것이다.

## 8.2.1 외부 저장매체

USB 플래시 드라이브나 광(光)디스크(비디오디스크, 콤팩트디스크, CD-ROM 같은 디스크-옮긴이) 같은 외부 저장매체(external storage media)에 보관하면 개인키의 콜드 스토리지를 만들 수 있다. 예컨대 트랜잭션에 서명할 때처럼 개인키가 필요할 때만 외부 저장소에서 개인키를 회수한다.

시간이 지나면 저장매체의 질이 떨어지고 이따금 보관된 정보가 훼손된다는 점에 유의해야 한다. 따라서 개인키의 복사본을 몇 개 만들어두는 것이 바람직하다.

개인키를 온라인 지갑에서 회수하면 온라인 지갑이 담긴 디바이스가 훼손되고 공격자에게 개인키가 있는 파일을 도둑맞을 수 있다. 따라서 외부 매체에 보관할 때는 개인키가 담긴 파일을 암호화하는 것이 바람직하다. 그뿐만 아니라 개인키로 파일을 암호화하면 물리적인 저장매체를 도둑맞았을 때 소유자를 보호할 수 있다.

개인키가 담긴 파일을 암호화하더라도 복사본을 가진 공격자가 무작위 대입 공격을 시도할 수 있다. 더구나 공격자가 디바이스의 루트 권한(root privileges: UNIX 체계에서 특권적인 사용자의 지위를 뜻하는 해킹 용어-옮긴이)을 가지게 되면 암호화 키의 복사본이나 개인키의 클리어 텍스트를 손에 넣을 수 있다.

요컨대 외부 저장 장소를 이용하는 경우 트랜잭션에 서명하기 위해 온라인 클라이언트에게 개인키를 가져오는 시간이 가장 위험하다. 콜드 스토리지에서 오프라인 지갑으로 개인키를 가져오는 편이 더 안전하다.

## 8.2.2 종이지갑

개인키의 콜드 스토리지를 만드는 또 다른 방법으로 종이에 인쇄해 물리적인 절도로부터 보호할 수 있다. 비록 원칙적으로 지갑은 아니지만 이를 **종이지갑**(paper wallets)이라고 일컫는다.

종이지갑에서는 공개키나 비트코인 어드레스를 대개 개인키와 나란히 인쇄하므로 개인키를 클라이언트에게 가져오지 않고도 종이지갑을 쉽게 확인할 수 있다. 비트코인 코어 월렛에서처럼 개인키를 무작위로 생성한 다면 각 개인키의 복사본을 인쇄해야 한다. 개인키는 256비트(32바이트) 정수이며 몇 가지 방식으로 표현할 수 있다.

- '2cf24dba5fb0a30e26e83b2ac5b9e29e1b161e5c1fa7425e73043362938b9824' 같은 **16진법 포맷**

이 포맷은 오류 수정이 없기 때문에 사본 오류가 일어나기 쉽다. 이 포맷의 변형으로는 10진법 포맷, 베이스64 암호화 등이 있다.

- 베이스58 **월렛 임포트 포맷**(Wallet Import Format, WIF)

이 포맷은 오류 수정으로 비트코인 어드레스의 베이스58 암호화를 이용한다. WIF 키는 예를 들면 '5Kb8kLf9zgWQnogidDA76MzPL6TsZZY36hWXMssSzNydYXYB 9KF'처럼 '5'로 시작하고 51개의 글자로 구성된다. 이는 개인키를 내보낼 때 가장 널리 쓰이는 포맷이다.

- **미니 개인키 포맷**(mini private key format)

오자를 막기 위한 어드레스 확인을 포함해 30자로 개인키를 암호화한다. 미니 개인키는 'S6c56bnXQiBjk9mqSYE7ykVQ7NzrRy'처럼 'S'로 시작한다. 이 포맷은 물리적인 비트코인 동전이나 화점 밀도(dot density: 화점 인쇄 장치에서 인쇄 문자를 구성하는 점의 밀도를 단위 길이 당 점의 수로 표시한 것–옮긴이)가 낮아야 하는 QR코드처럼 공간이 주요한 애플리케이션에 쓰인다.

- 패스프레이즈(passphrase: 일반적으로 디지털 서명이나 암호화, 복호화에 사용되는 패스워드보다 긴 문자열로 된 패스워드–옮긴이)로 보호하는 개인키는 BIP 38에 소개되었다[콜드웰(Caldwell), 2013]. BIP 38키는 AES–256로 암호화한 패스워드로 보호되며 스크립트 해시함수를 이용해 키 유도를 실행한다(퍼시벌, 2012). 이를테면 '6PRVWUbkzzsbcVac2qwfssoUJAN1Xhrg6bNk8J7Nzm2ZoGg'에서처럼 '6P'로 시작한다.

이 모든 포맷은 QR코드로 표현되어 가져오는 과정이 더 쉬워지고 오타가 줄어든다. 〈그림 8.2〉는 <u>bitaddress.org</u>에서 만든 종이지갑이다. 그림의 왼쪽은 어드레스와 그것의 QR코드 표현이다. 오른쪽은 (WIF로 암호화한) 개인키와 연결 QR코드이다. 어드레스의 정보 밀도(25바이트)와 대비되는 개인키 QR코드의 높은 정보 밀도(37바이트)를 눈여겨보라. 이 두 밀도는 모두 검사 합계가 포함된 것이다.

생성 과정에서 적절한 보안 관행을 따른다면 종이지갑은 비트코인을 저

그림 8.2 <u>bitaddress.org</u>를 이용해 생성한 종이지갑

장하는 매우 안전한 방법이다. 오프라인 디바이스, 즉 프린터에 연결된 컴퓨터를 이용해 둘 다 오프라인인 상태에서 종이지갑을 생성할 것을 권한다. 종이지갑을 생성하기 전후에 디바이스를 리부팅해서 디바이스 메모리의 민감한 정보를 남기지 말아야 한다. 종이지갑을 생성하는 디바이스를 [리눅스 배포판에서 제공하는 라이브 CD(Live CD) 같은] 라이브 CD에서 부팅해서 개인키를 훔치는 스파이웨어(사용자의 동의 없이 또는 사용자를 속이고 설치되어 정보를 수집하거나 중요한 개인정보를 빼내는 악의적 프로그램-옮긴이)를 피하는 편이 바람직하다.[122] 이런 보안 관행의 완전한 목록은 비트코인 위키(2014o)를 참고하라.

WIF든 QR코드든 개인키를 생성한 다음에는 누구에게도 노출하지 말아야 한다.[123]

외부 저장의 경우와 마찬가지로 종이지갑의 개인키를 지갑 소프트웨어에 가져와야만 트랜잭션에 서명할 수 있다. 종이지갑을 온라인 지갑에 가져오면 디바이스가 운용하는 악성 소프트웨어에 키를 몰수당할 위험이 있다. 따라서 자금이 사용되기 전에 종이지갑을 가져와야 한다.[124]

물리적인 비트코인(physical bitcoin)은 조작 불능 메커니즘에 키를 숨기는

---

122) 이렇게 해도 확실한 보안이 보장되지는 않는다. 공격자가 배포 웹사이트에서 라이브 CD의 ISO를 훼손시키고 디바이스가 이 훼손된 라이브 CD를 이용해 부팅하면 디바이스의 보조기억장치(bootable device)를 연결해서 훼손시킬 수 있다. 그리고 생성 중인 개인키를 포착해 디바이스의 주 부트 드라이브(boot drive: 운영체제 프로그램이 들어있는 디스크 드라이브-옮긴이)에 저장할 수 있다. 그런 다음 사용자가 일반 부트 드라이브에서 디바이스를 부팅할 때 악성 소프트웨어가 개인키로 '집에 전화를 걸' 수 있을 것이다. 따라서 악성 소프트웨어가 라이브 CD로 부팅할 때 개인키를 훔치는 것이 완전히 불가능하지는 않지만 그만큼 공격자의 난이도는 크게 높아진다.
123) 2013년 12월 한 텔레비전 프로그램에서 진행자가 종이지갑 개인키의 QR코드를 카메라에 노출했다. 이때 자금이 즉시 빠져나갔다가 나중에 소유주에게 돌아갔다.

동전이나 지폐를 말한다. 개인키와 연결된 어드레스는 일정량의 비트코인을 보유한다. 물리적인 비트코인의 자금을 사용하려면 지갑에서 개인키를 가져오듯이 개인키를 복구해서 지갑으로 가져와야 한다. 물리적인 비트코인의 제조업자가 물리적인 비트코인의 자금을 제공하므로 이 제조업자는 신뢰기관이어야 한다.

### 8.2.3 오프라인 디바이스

인터넷과 다른 오프라인(offline)에 각각 연결된 두 가지 디바이스(devices)를 이용해 오프라인 지갑을 만들 수 있다. 연결된 디바이스는 공개키 복사본이나 어드레스만 보관한다. 사용자가 트랜잭션을 생성하고 싶을 때, 연결 디바이스는 트랜잭션을 짜 맞춰서 이를테면 일반 지갑처럼 적절해 보이는 지갑의 자금을 모은다. 그러나 연결된 디바이스에 개인키의 복사본이 없으므로 아직 이 트랜잭션에 서명할 수 없다. 따라서 두 디바이스 사이에 커뮤니케이션이 진행되어야 하는데 이때 USB 플래시 드라이브 같은 외부매체를 이용해야 한다. 그러나 저장매체를 이용할 경우 두 컴퓨터의 간접 커뮤니케이션 링크가 생겨 공격자가 이를 악용할 수 있다.[125]

---

124) 공격자가 사전에 컴퓨터를 훼손하고 합법적인 소유주보다 한발 앞서 자금을 사용하려고 시도할 수 있다. 두 트랜잭션이 먼저 블록체인에 들어와서 자금을 사용하려고 경쟁할 것이다. 아웃-오브-밴드 채널을 통해 의사소통하는 오프라인 디바이스로 종이지갑을 가져오는 것이 훨씬 더 안전할 것이다. 편집증이 심한 안전제일주의 사용자라면 이 마지막 프러시저가 있어서 더 안심할 것이다.
125) 이 공격은 단순히 이론에 그치지 않는다. 2010년 스틱스넷(stuxnet)이라는 컴퓨터 바이러스가 발견되었다. 이란 핵시설을 겨냥한 것으로 알려진 바이러스였다[제터(Zetter), 2011]. 이 악성 소프트웨어는 주로 USB 플래시 드라이브를 통해 확산되고 결국 표적, 즉 인터넷과 연결되지 않은 산업용 제어 시스템에 도달한다.

이 밖에도 스캔한 QR코드 같은 아웃-오브-밴드 수단을 통해 미서명/서명 트랜잭션을 전달하는 방식도 있다. 이런 구조에서는 미서명 트랜잭션을 QR코드로 암호화하고 이 오프라인 디바이스로 QR코드를 스캔할 수 있다. 그런 다음 서명이 끝나면 서명된 트랜잭션을 새로운 QR코드로 암호화하고 온라인 디바이스로 스캔할 수 있다.

요컨대 온라인 디바이스는 여러 자금의 균형을 맞추고 트랜잭션을 시작한다. 오프라인 디바이스는 인터넷에 연결된 상태가 아니므로 지갑에 속한 어드레스에서 어떤 자금을 이용할 수 있는지 알 수 없다. 따라서 오프라인 디바이스는 서명기관에 지나지 않는다. 온라인 디바이스가 훼손되면 지갑의 프라이버시를 침범당하지만 보안은 영향을 받지 않는다.

## 8.2.4 하드웨어 지갑

하드웨어 지갑(Hardware wallets) [126]은 개인키를 저장하고 이 개인키로 트랜잭션에 서명한다. 개인키는 결코 디바이스에서 벗어나지 않으므로 사용자의 컴퓨터에 설치된 악성 소프트웨어의 공격을 받지 않는다.

하드웨어 지갑은 컴퓨터를 통해 클라이언트 지갑 소프트웨어와 정보를 주고받는다. 이를테면 지갑 프로그램이나 웹 브라우저 내에서 운용하는 웹지갑이 클라이언트가 된다. 어떤 경우든 클라이언트는 하드웨어 지갑과 블록체인의 중재자 역할만 수행하며 하드웨어 지갑에서 서명한 트

---

126) 이 논의는 Trezor™ 하드웨어 지갑을 토대로 삼을 것이다. www.bitcointrezor.com를 참고하라. 하드웨어 지갑의 목록은 비트코인 위키(2014j)를 참고하라.

랜잭션을 전달한다. 일부 지갑 소프트웨어 프로젝트에는 하드웨어 지갑을 위한 지원(컴퓨터를 사용할 때 쓸 수 있는 소프트웨어나 주변장치-옮긴이)이 포함되어 있다.

컴퓨터에서는 대개 USB 같은 연결 수단을 통해 클라이언트 지갑에서 하드웨어 지갑으로 트랜잭션이 전달된다. 서명된 트랜잭션은 같은 연결 수단을 통해 하드웨어 지갑으로 돌아간다. 하드웨어 지갑에는 대개 사용자에게 트랜잭션에 대한 정보를 보여주는 작은 스크린과 사용자가 트랜잭션에 서명할지 거부할지를 결정할 수 있는 버튼이 있다. 만일 사용자의 컴퓨터에 악성 소프트웨어가 설치되면 하드웨어 지갑으로 전달되는 트랜잭션의 세부정보를 바꿀 수 있다. 서명해야 할 트랜잭션의 세부정보를 보여주는 하드웨어의 스크린이 이런 공격에 대한 보호책이 된다. 그뿐만 아니라 일반적으로 하드웨어 지갑이 연결을 통해 들어오는 트랜잭션을 받아들일 때 PIN이나 패스워드를 요구한다.

〈그림 8.3〉은 어드레스와 비트코인 금액이 표시된 TrezorTM 하드웨

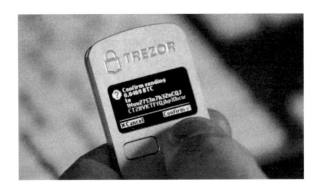

그림 8.3 TrezorTM 하드웨어 지갑. 사진 출처: 사토시랩스(www.bitcointrezor.com)

어 지갑을 보여주고 있으며, 사용자로 하여금 거래를 확인하거나 거부할 수 있도록 한다.

사용자는 종이나 외부 저장소와 같은 다른 매체에 개인키의 복사본을 보관해 하드웨어 지갑의 분실이나 절도 혹은 기능 불량을 미연에 방지해야 한다. 하드웨어 지갑을 이용하면 대개 사용자가 디바이스를 초기화하는 동안 개인키의 복사본을 만들 수 있다. 특히 TrezorTM은 결정성 지갑 기술을 사용해 한 개의 마스터 개인키로부터 많은 어드레스를 생성하기 때문에 필요한 것은 이 마스터키의 백업뿐이다.

# 8.3 웹지갑

웹지갑[web wallets: 일명 호스티드 지갑(hosted wallets)이나 클라우드 지갑(cloud wallets)]은 외부 공급업체의 온라인 계정이다. 사용자는 이 계정에 자금을 예금할 수 있다. 웹 공급업자가 자금을 관리한다. 사용자는 나중에 웹지갑 공급업체의 인증을 받아 그 자금에 접근할 수 있다. 다시 말해 트랜잭션을 생성할 수 있다. 웹지갑의 주된 장점을 소개하자면 구축하기 쉽고(웹 서비스에 가입만 하면 된다) 웹지갑 공급업체가 개인키를 관리하기 때문에 신규 사용자의 진입장벽이 낮아진다. 트랜잭션의 수수료가 적다거나[127] 같은

---

127) 웹지갑 서비스 공급업체는 여러 트랜잭션을 합쳐서 블록체인에 푸시함으로써 트랜잭션 비용을 절감할 수 있다.

서비스의 사용자끼리 수수료 없이 단시간에 트랜잭션을 끝낼 수 있다는 추가적인 장점도 있다. 온라인 거래소와 이른바 비트코인 은행에서도 웹지갑 공급업체가 제공하는 여러 가지 서비스를 제공한다. 따라서 이 섹션에서는 이런 회사들도 함께 다룰 것이다.

웹지갑 공급업체가 자금을 보관한다는 점에서 웹지갑은 온라인 뱅킹과 비슷하다. 하지만 예금보험의 보호를 받는 일반 은행과는 대조적으로 웹지갑 공급업체가 자금을 가지고 사라지면 사용자가 보호받을 수단이 없다. 그뿐만 아니라 웹지갑 공급업자는 은행만큼 철저한 규제를 받지 않으므로 이들의 지불 능력에 대한 의혹이 커질 수 있다.

웹지갑 공급업체나 거래소의 보안 관행은 개인 사용자와 비슷하다. 사용자는 일상적인 작업에 필요한 자금만 온라인 지갑에 보관하고 나머지는 오프라인 지갑/콜드 스토리지에 보관해야 한다. 웹지갑 공급업체가 사용자의 자금을 훔칠 수 있는 위험 외에도 공급업체가 해킹을 당해 자금을 분실하고, 그 결과 지불 불능 상태가 될 수 있는 위험도 존재한다.

웹지갑은 프라이버시에도 영향을 미친다. 웹지갑이 사용자와 직접 연결되지 않은 어드레스를 트랜잭션에 사용한다는 점에서 한편으로는 사용자의 익명성이 커진다고 볼 수 있다. 하지만 다른 한편으로는 웹지갑 공급업체가 대개 트랜잭션을 기록할 뿐 아니라 사용자의 개인정보를 보유한다는 점에서 익명성이 줄어든다고 볼 수도 있다.

하이브리드 웹지갑(Hybrid web wallets)은 개인키는 사용자의 컴퓨터에 보관하고 웹지갑 서비스 공급업체의 소프트웨어[대개 자바스크립트(Javascript)

로 기술한다)가 관리하는 웹지갑이다. 사용자가 시작한 트랜잭션이 먼저 웹지갑 공급업체에 전달되면 공급업체에서 블록체인에 트랜잭션을 공개한다. 이 지갑은 서비스 공급업체에 적게 노출된다는 장점이 있다. 하지만 사용자의 입장에서 보면 시스템을 안전하게 지켜야 한다는 부담이 커진다.

# 8.4 두뇌지갑

두뇌지갑(Brain wallets)은 긴 패스워드나 패스프레이즈를 해싱해서 개인키를 생성한다. 비트코인 개인키는 256비트이다. 따라서 SHA256처럼 256비트 해시를 생성하는 해싱함수를 사용할 수 있다. 두뇌지갑의 패스워드는 디바이스에 저장할 필요가 없고 오히려 사용자의 두뇌에 저장해야 한다(그래서 두뇌지갑이라는 이름이 생겼다). 그러면 사용자가 패스워드를 기억할 수 있는 한 백업이 필요하지 않다. 종이지갑의 경우와 마찬가지로 실제로는 지갑이 아니지만 두뇌지갑이라고 일컬어진다. 그래도 자금에 접근하려면 패스워드를 실제 지갑에 가져와야 한다.

사람들을 두뇌지갑에서 멀리하게 하는 치명적인 한 가지 단점이 있다. 두뇌지갑은 무작위 대입 공격을 받기에 십상인데 만일 공격이 성공하면 지갑의 모든 자금을 도둑맞을 수 있다. 무작위 대입 공격은 여러 가지 패스워드를 시도해서 패스워드에서 생성된 어드레스가 존재하고 자금을 보유하고 있는지 확인한다. 이런 공격은 성공확률이 상당히 높다. 그 이유는 첫째, 사용자들은 엔트로피가 높은 패스워드를 선택하는 데 매우 서투르다. 둘째, 사전 공격(dictionary attacks), 레인보우 테이블, GPU(graphic processing unit: 그래픽 처리를 위한 고성능 처리장치-옮긴이) 같은 테크놀로지가 등장하고 몇몇 빅 패스워드 데이터베이스가 누출됨에 따라 패스워드 확인 테크놀로지가 지난 몇 년 동안 크게 발전했다.[128]

키 스트레칭(Key stretching)은 패스워드 크래킹을 둔화시키는 기술이다. 이 기술은 이를테면 패스워드로부터 공개키를 도출할 목적으로 연속해서 1,000번을 적용하는 SHA256처럼 속도가 느린 해시함수를 이용한다. 그뿐만 아니라 비스크립트나 스크립트처럼 의도적으로 속도를 늦춘 해시함수도 있다.[129] 이들은 패스워드 크래커를 억제할 목적으로 특별히 개발되었다.

연구자들은 한 실험에서 약한 패스워드를 이용해 생성한 어드레스에 소액을 전송했다. 곧바로 자금을 도둑맞았다. 실제로 약한 패스워드를 이용해 생성한 어드레스의 블록체인을 찾아 자금을 훔치는 공격자들이 존재한다. 비트코인 개발자들이 경고하듯이 "두뇌지갑을 사용하지 마라! 그렇지 않으면 코인을 잃을 것이다."

---

128) 어떤 사용자가 레딧(Reddit: 소셜 뉴스 웹사이트-옮긴이)에 다음과 같은 글을 게재했다. "방금 해킹당한 두뇌지갑에서 4 BTC를 잃었다. 아프리카어(아프리카의 공용 네덜란드-옮긴이)로 쓴 시의 한 구절을 패스프레이즈로 썼다. 외부의 누군가가 대단히 광범위한 사전 공격 프로그램을 돌린 모양이다(www.reddit.com/r/Bitcoin/comments/1ptuf3/)."
129) 이를테면 일부 지갑은 키 스트레칭에 스크립트나 SHA256 10만 번을 이용한다.

# 8.5 결정성 지갑

결정성 지갑(deterministic wallet)은 한 개의 공동 개인키로 여러 어드레스 (그리고 연결된 개인키)를 생성할 수 있는 지갑이다. 결정성 지갑은 일반 지갑에 비해 몇 가지 장점이 있다.

- **백업이 더 쉽다(easier backups)**

일반 지갑은 새로운 (무작위) 어드레스가 만들어질 때마다 백업해야 한다. 어떤 지갑은 미리 어드레스를 생성한다. 예를 들어 비트코인 코어 월렛은 기본값으로 미리 어드레스 100개를 생성한다. 이와 대조적으로 결정성 지갑의 경우에는 지갑을 구축할 때 한 번만 백업하면 그만이다.

- **백업이 더 작다(smaller backups)**

지갑에 추가되는 어드레스가 많아지므로 일반 지갑의 백업 크기는 시간이 지나면서 점차 커진다. 종이에 지갑을 백업하는 경우라면 백업 크기가 부담스러워질 것이다. 결정성 지갑은 마스터 패스워드만 백업하면 되기 때문에 백업의 크기가 작고 일정하다.

- **개인키를 몰라도 신규 어드레스를 생성할 수 있다**

이것은 결정성 지갑 2번 유형의 특성이다.

두뇌지갑에서 결정성 지갑을 구축할 수 있다. 〈그림 8.4〉는 마스터 패스워드 'MyVeryLongPassword'를 이용해 패스워드에 계수기를 추가한 다

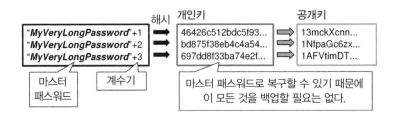

**그림 8.4 결정성 지갑 1번 유형**

음 그것을 해시해 개인키를 생성하는 방법으로서 어드레스의 연속체를 생성하는 방법을 보여준다.

$$priv = H(pw|n)$$
$$B = priv \cdot A \bmod p$$

여기에서 *pw*, *n*, *H*, *priv*는 각각 마스터 패스워드, 계수기, 안전한 해시 함수, 개인키이다. *A*는 타원곡선의 생성기이며 *B*는 어드레스를 생성하는 공개키, *p*는 타원곡선연산을 수행하는 소체의 계산차수이다. 이 유형의 지갑을 결정성 지갑 1번 유형이라고 부른다. 결정성 지갑 1번 유형에서 생성하는 어드레스는 마스터 패스워드를 모르는 사람이 다른 사람에게 전달할 수 없다.

두뇌지갑과 마찬가지로 결정성 지갑 1번 유형은 무작위 대입 공격을 당하기 쉬우므로 엔드로피가 충분한 마스터 패스워드를 생성하지 못했다면 사용하지 말아야 한다.

결정성 지갑 2번 유형을 이용하면 개인키 생성과 어드레스 생성 작업을 분리할 수 있다. 이 지갑에서는 타원곡선의 특성을 이용해 개인키를 밝히

262

지 않고 새로운 공개키를 계산한다. 핵심개념은 ECC 개인키를 다음과 같이 두 부분으로 분할하는 것이다.

$$priv = mpk + H(pw|n)$$
$$B = priv \cdot A \bmod p$$
$$= mpk \cdot A + H(pw|n) \cdot A \bmod p$$
$$= B_{mpk} + H(pw|n) \cdot A \bmod p$$

여기에서 $mpk$와 $B_{mpk}$는 각각 마스터 개인키(master private key)와 마스터 공개키(master public key)이다. 개인키 $priv$는 비밀로 유지하는 $mpk$와 $H(pw|n)$로 구성되는데 이들은 마스터 패스워드 $pw$로 생성할 수 있다. 수신전용 지갑은 $B$ 같은 어드레스만 계산할 수 있도록 $pw$와 $B_{mpk}$만 받는다. 하지만 생성된 어드레스의 최종 개인키 $priv$를 계산할 수 있는 사람은 마스터 개인키, 즉 $mpk$의 소유자뿐이다.

결정성 지갑 2번 유형은 마스터 패스워드 $pw$와 마스터 개인키 $mpk$의 역할을 분리하기 때문에 보안이 강화된다. 첫째, $mpk$는 무작위로 생성되어 표준 프러시저에 따라 백업되는 일반 ECC 개인키이다. 둘째, 마스터 패스워드 $pw$를 여러 사용자가 공유하더라도 패스워드가 훼손되었을 때 (결정성 지갑 1번처럼) 자금은 훼손되지 않고 프라이버시만 잃는다.

고객 대면(對面) 서버가 있는 온라인 기업에서 결정성 지갑 2번 유형을 사용할 수 있다. 회사 관리자가 서버에 마스터 공개키 $B_{mpk}$의 복사본과 마스터 패스워드 $pw$를 제시한다. 그러면 서버는 그것들을 이용해서 고객으로부터 지불을 받는 신규 어드레스를 생성할 수 있다. 서버에 어드레스의 개인키의 복사본을 보관하지 않으니 서버가 훼손되더라도 자금을 도둑맞지 않는다. 공격자는 마스터 공개키에서 도출한 어드레스에 보관된 자금을 지켜보기만 할 수 있다.

오프라인 디바이스를 의존해서 트랜잭션에 서명하는 지갑은 대개 앞서 살펴본 타원곡선의 키 분할 특성을 이용한다. 오프라인 디바이스만 마스터키 *mpk*를 보관하는 반면 온라인 지갑 클라이언트는 마스터 공개키 $B_{mpk}$만 받는다. 따라서 온라인 클라이언트는 신규 어드레스를 생성하고 트랜잭션을 모을 수 있으나 트랜잭션에 정확하게 서명할 수 있는 것은 오프라인 디바이스뿐이다.

결정성 지갑 2번 유형의 바람직하지 않은 한 가지 특성은 수신전용 지갑이 지갑의 모든 어드레스를 생성하고, 그 결과 사용할 수 있는 모든 자금과 진행되는 모든 트랜잭션을 지켜볼 수 있다는 점이다. 수신전용 지갑이 지갑의 어드레스 가운데 일부만 생성할 수 있다는 점은 지갑의 유용한 특성일 것이다. 뒷부분에서 소개할 계층구조식 결정성 지갑(hierarchical deterministic wallets)은 이런 특성이 있다.


### 8.5.1 메시지 인증코드

이 섹션에서는 계층구조식 결정성 지갑에서 사용할 암호화 원시함수인 메시지 인증코드(Message Authentication Codes, MACs)를 소개한다.

메시지 인증코드(MAC)는 일정한 길이의 데이터 조각으로서, 대칭키를 공유하며 공개하지 않은 두 당사자가 주고받는 메시지에 추가된다. MAC 함수는 두 입력값, 즉 임의적인 길이의 메시지와 대칭키를 받아서 MAC

를 출력한다. 발신자는 대칭키를 이용해 MAC를 생성하고 메시지에 MAC 를 추가한다. 그러면 수신자는 그 메시지를 발신자가 보낸 것이며(확실성) 메시지가 조작되지 않았다는 사실(무결성)을 확인할 수 있다. MAC 함수 는 디지털 서명과 비슷한 목적으로 쓰이지만 한 가지 중대한 차이점이 있 다. 즉 함수를 생성할 때 대칭키를 사용하는 것이다. 따라서 MAC는 부인 방지를 제공하지 않는다. 다시 말해 수신자가 대칭키의 복사본을 보관하 고 있기 때문에 본인이 선택한 모든 메시지의 MAC를 만들 수 있다. 따라 서 MAC는 그 메시지가 발신자가 보낸 것임을 증명하지 못한다. 수신자가 만든 것일 가능성이 존재한다. MAC은 디지털 서명보다 계산속도가 훨씬 빠르다는 장점이 있다.

해시함수나 블록 암호문으로 MAC를 구성할 수 있다. 해시 기반 메시지 인증코드(Hash-based Message Authentication Code, HMAC)는 해시함수를 기 본 요소로 삼아 MAC를 구성하는 방법이다. 해시함수가 충돌 저항적이라 고 가정할 때 HMAC가 안전하다고 보장할 수 있다(파와 펠즈, 2010). 계층 구조식 결정성 지갑은 HMAC를 토대로 한 HMAC-SHA512 알고리즘을 이용해 개인키를 도출한다.

## 8.5.2 계층구조식 결정성 지갑

계층구조식 결정성 지갑(hierarchical deterministic wallets, HD 지갑)에서는 지갑에서 도출한 어드레스가 계층구조를 이룬다. 결정성 지갑과 마찬가 지로 출발 비밀(starting secret)로부터 모든 어드레스를 도출한다. 그리고 결정성 지갑 2번 유형이 그랬듯이 공개키와 개인키를 별도로 도출한다. HD 지갑만의 색다른 특성이 있다. 그것은 생성하는 어드레스들을 트리 구조로 분류한다는 점인데 이 트리 구조에서 노드는 선조가 아니라 자손을 알아볼 수 있다.

트리에는 두 가지 유형의 노드가 있다. 즉 개인키가 만든 서브트리에 개인키를 보관하는 개인 노드(private nodes)와 서브트리에 공개키만 보관하는 공개 노드(public nodes)가 그것이다. 각 노드에는 개인키와 공개키 외에도 체인 코드(chain code)라고 일컫는 32바이트 필드가 있다. 체인 코드의 목적은 각 노드에 엔트로피를 추가하는 것이다. 따라서 어떤 어드레스를 밝힌다고 해서 그 노드에서 도출된 트리가 드러나지는 않는다.

노드는 키(개인키나 공개키)와 체인 코드로 표현된다. 〈그림 8.5〉는 노드가 HMAC 함수를 이용해 분기를 도출하는 방식이다. 도출 과정은 개인 노드만 수행할 수 있는 개인 자식 도출(private child derivation)과 개인 노드, 공

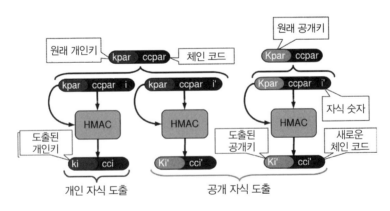

그림 8.5 계층구조식 결정성 지갑(BIP 32)

개 노드가 모두 수행할 수 있는 공개 자식 도출(public child derivation) 등 두 가지 유형으로 나뉜다. 이 그림은 개인 노드(왼쪽)가 개인 노드와 공개 노드를 도출하는 방식 그리고 공개 노드(오른쪽)에서 공개 노드를 도출하는 방식을 보여준다. 자식 숫자(child number)는 4바이트 정수로서 도출할 분기를 결정한다. 0x80000000이 넘는 값은 개인 자식 도출이며 그 미만의 값은 공개 도출을 의미한다. 따라서 트리의 모든 개인 노드는 개인 자손 231개와 공개 후손 231개를 가질 수 있다. 반면 모든 공개 노드는 공개 후손 231개만 가질 수 있다. 그러면 이 자손들은 그들의 자손을 가질 수 있으며 이런 식으로 계속 진행된다. 트리의 노드는 뿌리에서 움직이는 경로로 표현된다. 계층구조식 결정성 지갑을 이용하면 같은 루트 키(root key)에서 개인 및 공개 트리의 분기를 생성할 수 있다. 〈그림 8.6〉은 두 가지 트리, 즉 한 개의 공동 마스터 개인키에서 도출한 개인 트리와 공개 트리이다. 이 마스터 개인키의 소유자가 트리 전체의 자금을 관리한다. 그리고 개인 노드의 소유자가 트리의 분기에 있는 자금을 관리한다. 공개 노드의 소유

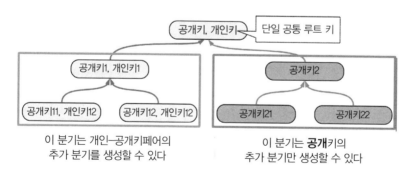

그림 8.6 HD 지갑에서 생성한 트리

자는 공개 분기만 생성할 수 있을 뿐 분기의 자금에 대한 통제권은 없다.

자주 언급되는 HD 지갑의 한 가지 적용사례로 각 사업 단위가 개인 노드를 관리하는 반면에 회계사와 감사가 루트 퍼블릭 노드를 수신하는 기업이 있다. 하지만 이런 구조는 분기 개인키의 소유자와 루트 공개키의 소유자가 협력한다면, 예컨대 부서장과 감사가 돈을 가지고 도망치기로 한다면 공격받을 수 있다.

지금까지는 호환성이 없는 지갑 프로그램이 많았다. 한 지갑 프로그램으로 생성한 지갑 파일을 또 다른 지갑 프로그램으로 가져오기 (불가능한 것은 아니지만) 어렵다. 다른 지갑 사이의 호환성을 확보하기 위해 계층구조식 결정성 지갑을 BIP 32로 표준화했다. 이런 표준화를 통해 지갑 파일의 이식성(portability: 원시 프로그램을 다른 기종으로 옮기는 것이 얼마나 용이한가를 나타내는 정도)이 높아지기를 기대한다. BIP 32에서는 111개의 글자로 구성된 베이스58로 HD 지갑의 노드를 표현하는 방식을 설명한다. 베이스58은 개인 노드와 공개 노드가 각각 'xprv'와 'xpub'로 시작하는 배열로 암호화된다. 이 표기에 ECC 키와 사슬 코드에 대한 정보가 포함되어 있다.

# 8.6 다중서명 지갑

지갑의 보안을 강화하는 한 가지 방법으로서 다중서명 출력값에 자금을 보관할 수 있다. 이 출력값은 여러 개의 서명이 있어야 자금을 풀 수 있다. 다중서명 트랜잭션이나 P2SH 트랜잭션으로 다중서명 출력값을 형성할 수 있다.

비트코인 커뮤니티는 지갑의 개인키로 대변되는 단일 장애 지점을 피하고자 다중서명 트랜잭션을 처리하는 지갑을 선택하는 추세이다. 다중서명 지갑은 다중서명으로 풀 수 있는 자금과 지갑에 필요한 개인키 가운데 몇 개가 있는지 사용자에게 제시한다. 이 글을 쓰는 현재 대부분의 지갑에서 다중서명 지원이 개발되고 있다. 2세대 웹지갑(Second-generation web wallets)은 다중서명 트랜잭션을 이용한다.

이른바 계층구조식 결정성 다중서명 지갑(Hierarchical Deterministic Multi-signature wallets, HDM 지갑)에서 다중서명 지갑과 계층구조식 결정성 지갑을 결합할 수 있다. HDM 지갑은 각자 독립적인 시드를 가진 몇 개의 HD 지갑에서 생성한 어드레스들을 결합함으로써 다중서명 트랜잭션을 형성한다. HDM 지갑은 개인 마스터키에서 여러 개의 다중서명 트랜잭션을 생성해 더 편리하게 이용할 수 있다는 장점이 있다.

# 8.7 배니티 어드레스

비트코인 어드레스는 본질적으로 무작위이다. 하지만 온라인 소매업체 같은 일부 사용자는 '개인화된' 어드레스를 가지고 싶을 수도 있다. 예를 들어 이 책의 작가는 1pfranco로 시작하는 어드레스를 가지고 싶다. 이런 유형의 어드레스를 배니티 어드레스(vanity address)라고 일컫는다. 비트코인 월렛 소프트웨어를 이용해 시행착오를 거치면서 배니티 어드레스를 찾을 수 있다. 사용자가 지갑에 어드레스를 생성하고 어드레스를 조사해서, 다시 말해 그것이 1pfranco로 시작하는지 확인하고 만일 그렇지 않다면 비트코인 월렛 소프트웨어에 새로운 어드레스를 요구할 수 있다. 비트코인 사용자는 배니티 어드레스를 만들 때 원래의 비트코인 코어에 배니티 패치(vanity patch)라는 패치를 적용해야 한다. 그러면 비트코인 코어가 배니티 어드레스를 위한 검색엔진으로 바뀐다. 현재 대부분의 사용자가 배니티젠(vanitygen)이라는 도구를 사용한다.[130] 배니티젠은 배니티 패치를 적용할 때 비트코인 코어보다 속도가 더 빠른 것 외에도 몇 가지 장점이 있다.

배니티젠은 무작위 대입 알고리즘을 채택한다. 이 알고리즘은 무작위로 256비트 개인키를 생성해 그에 상응하는 공개키, 즉 EC의 점을 계산한 다음 섹션 5.6의 절차를 따라 비트코인 어드레스를 얻는다. 사용자가 구체적으로 원했던 프리픽스와 일치하는 것이 있을 경우 배니티젠이 사용자에

---

130) 배니티젠에 관한 내용은 github.com/samr7/vanitygen을 참고하라.

게 개인키와 어드레스 그리고 출구를 제시한다. 반대로 없으면 새로운 무작위 개인키를 생성해 프러시저를 반복한다. 그런 다음 배니티젠에서 얻은 개인키를 지갑에 가져오기하고 다른 비트코인 어드레스와 마찬가지로 정기적으로 사용한다.

〈그림 8.7〉은 작가의 랩톱에서 1pfranco로 시작하는 비트코인 어드레스에 도달하기 위해 작업 중인 배니티젠을 나타낸 것이다. 이 프로그램을 통해 문제의 난이도, 즉 원하는 배니티 어드레스를 찾을 때까지 테스트해야 하는 평균 어드레스 수를 알 수 있다. 아울러 어드레스를 시험하는 속도(317.16 Kkeys/s), 지금까지의 경과(32,141,060개의 키 검사 완료) 그리고 50%의 확률에서 원하는 배니티 어드레스에 도달할 때까지의 추정 시간(3.6년)도 알 수 있다. 배니티 어드레스를 찾는 과정은 계산집약적인 작업이다. 게다가 비교해야 할 글자의 개수가 기하급수적으로 증가한다. 〈그림 8.8〉은 1pfran로 시작하는 어드레스를 찾으려는 배니티 어드레스의 출력값이다. 이 사례에서 확률이 50%일 때 추정 시간은 9.4시간이다. 배니티젠은 무작위 대입 알고리즘이기 때문에 이를 이용해 전체 비트코인 어드레스와 일치하는 것을 찾을 수 있다. 하지만 〈그림 8.9〉에서 보여주듯이 천문학적인 시간이 소요될 수 있는 작업이다.

CPU나 GPU로 배니티젠을 운용할 수 있다. 배니티 어드레스를 찾는 작업의 속도를 높이려면 GPU를 사용하는 것이 바람직하다. 또한 배니티젠에서는 프리픽스뿐 아니라 일반 표현을 사용할 수 있다. 아울러 원하는 프리픽스나 일반 표현을 가진 파일을 입력해서 동시에 무관한 배니티 어드

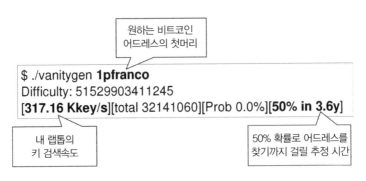

그림 8.7 배니티젠 어드레스 생성기

그림 8.8 프리픽스가 더 짧은 배티젠 어드레스 생성기

그림 8.9 배열이 어드레스 크기에 가까운 배티젠 어드레스 생성기

레스 몇 개를 검색해 규모의 경제를 성취할 수 있다. 하지만 안타깝게도 이 서비스의 클라이언트가 본인이 사용하는 배니티 생성기에서 개인키의 복사본을 보관하지 않을 것이라고 확신할 수는 없다.

분할키 타원곡선 수학을 이용해 이 문제를 막을 수 있다. 사용자가 EC 페어를 생성한다. 개인키를 혼자 간직하고 공개키를 배니티 생성기에 보낸다. 배니티 생성기는 타원곡선 생성기가 아닌 제공된 공개키로 검색을 시작한다. 다시 말해 배니티 생성기는 부분 개인키를 검색한다. 부분 개인키를 찾으면 그것을 클라이언트에게 보낸다. 클라이언트는 개인키의 두 부분을 추가해서 최종 개인키에 도달한다. 배니티 생성기는 완벽한 개인키를 절대 알지 못한다. 따라서 그 어드레스의 자금을 훔칠 수 없다. 사용자들이 부분 공개키와 원하는 배니티 어드레스를 게시할 수 있는 이른바 배니티 조합(vanity pools)이라는 서비스가 있다. 계산능력이 있는 사람이라면 누구든지 이 배니티 어드레스 문제를 해결하는 일에 참여해 배니티 어드레스를 찾을 경우 수수료를 받을 수 있다. 조합의 운영자는 수수료 일부를 받는다.

배니티 어드레스에는 특히 브랜딩을 포함해 여러 가지 장점이 있다. 하지만 배니티 어드레스를 사용하면 비트코인 어드레스의 준익명성을 잃을 것이다. 그 결과 트랜잭션 그래프의 데이터를 채굴해서 비트코인 어드레스와 실세계의 신분을 연결하는 과정이 빨라질 것이다. 대개 배니티 어드레스는 반복해서 사용된다는 점에 주목하라. 즉 다중서명 트랜잭션 출력 값에 서명하는 것이다. 그러면 허술한 무작위 숫자 생성기를 사용하는 지갑 소프트웨어를 선택했을 때 보안상 문제가 발생한다.

마지막으로 배니티 어드레스를 사용할 때 한 가지 주의사항을 살펴보자. 배니티 어드레스는 이 장의 도입부에서 소개한 조작 공격을 받기 쉽다.

누구나 배니티 어드레스는 생성할 수 있기 때문에 특정한 메시지가 담긴 배니티 어드레스라고 해서 반드시 그 어드레스에 적힌 기업이나 기관의 소유는 아니다. 이를테면 1pfranco로 시작하는 비트코인 어드레스가 이 책 작가의 소유는 아니다. 더구나 많은 사람이 1pfranco로 시작하는 여러 어드레스를 생성해서 관리할 수 있다. 요컨대 누구든 계산능력을 발휘해서 그런 어드레스를 얻을 수 있다.

## 8.8 간편결제 검증

비트코인 풀 노드는 블록체인에 추가되는 새로운 블록을 확인해서 포함된 모든 트랜잭션이 제대로 서명되었고 블록의 해시가 작업증명 난이도를 충족시키는지 점검한다. 이 과정 중에 풀 노드는 사용되지 않은 거래(UTXO)를 보관한다. 지갑은 UTXO를 조회해서 지갑이 관리하는 어드레스에서 사용할 수 있는 자금량을 결정한다. 이 접근방식을 따르는 지갑에는 두 가지 단점이 있어서 라이트 클라이언트에 사용할 수 없다.

- 전체 블록체인을 다운로드하고 저장해야 한다. 전체 블록체인의 크기는 저장과 네트워크 대역폭 면에서 이미 스마트폰의 용량을 넘어선다.
- 모든 블록과 그 블록에 포함된 트랜잭션을 확인하는 풀 노드가 필요하다. 현재 네트워크 전송속도 0.5 tps(초당 트랜잭션)로 블록의 모든 트랜잭션을 확인하는 작

업이 일반 스마트폰의 용량으로 가능하다. 하지만 트랜잭션 확인작업으로 디바이스의 배터리가 금세 소모되는 문제가 있다.

한 가지 해결책으로서 신뢰 서버에 연결된 지갑 클라이언트를 운용할 수 있다. 지갑은 신뢰 서버를 중계 서버로 이용해서 비트코인 네트워크에 연결할 것이다. 주기적으로 특정한 어드레스에 추가되는 새로운 트랜잭션을 서버에서 조회하고 서버를 이용해서 서명된 트랜잭션을 네트워크에 중계할 것이다.

또 다른 해결책은 간편결제 검증(Simplified Payment Verification, SPV) 지갑을 이용하는 것이다. 사토시 나카모토는 원본 비트코인 문서(나카모토, 2008)에서 SPV를 소개하면서 SPV 클라이언트에게 블록 헤더의 복사본만 보관할 것을 제안했다. 트랜잭션을 확인해야 할 때 SPV 클라이언트는 블록 헤더에 트랜잭션을 연결하는 머클 분기를 다운로드한다. SPV 클라이언트는 신뢰 노드를 믿지 않아도 무방하다. SPV 접근방식을 따르는 몇몇 오픈소스 비트코인 월렛이 있다.

블록체인에 충돌하는 분기, 즉 포크가 있을 때 일반 노드는 가장 긴 블록체인을 합법적인 것으로 가정한다. 따라서 일반 노드는 가장 긴 블록체인에 포함시킴으로써 트랜잭션의 유효성을 결정한다. 이를 블록 높이(block height) 유효성 검사라고 일컫는다. 이와 대조적으로 SPV 클라이언트는 트랜잭션이 포함된 블록에서 얼마나 많은 블록이 채굴되었는지에 따라 트랜잭션의 유효성을 결정한다. 이를 블록 깊이(block depth) 유효성 검사라고 일컫는다.

　원본 비트코인 문서는 SPV 클라이언트가 관련 트랜잭션, 즉 지갑이 관리하는 어드레스가 담긴 트랜잭션에 관한 정보를 어떻게 받을지에 대해서는 다루지 않았다. SPV 클라이언트와 노드 사이의 조회 메커니즘이 필요하다. BIP 37에서 자세히 설명한 커넥션 블룸 필터링(connection Bloom filtering)에서 이 메커니즘을 얻을 수 있다. 커넥션 블룸 필터링을 통해 네트워크의 노드들이 다른 노드와 연결하는 과정에서 필터를 구축한다.

　블룸 필터(Bloom filter)는 집합을 표현하는 확률적 데이터 구조이다. 어떤 원소가 그 집합에 속하는지 아닌지를 테스트하는 과정은 효율적인 작업이다. 블룸 필터의 기본개념은 그 원소들에 몇몇 해시함수를 적용한 결과 채워지는 비트의 배열을 이용하는 것이다.[131] 다시 말해 해시함수가 원소들부터 비트 배열까지의 맵을 작성한다. 해싱의 결과를 필터의 비트 집합과 대조하는 방식으로 어떤 원소가 필터에 속하는지 테스트한다. 그 원소가 속한 필터에 해시에서 1인 모든 비트가 배열되어 있다면 그 원소는 그 필터에 속한다. 반대로 그렇지 않다면 그 원소는 필터의 일부가 아니다.

　결과가 정확하지 않다는 의미에서 블룸 필터는 확률적 데이터 구조이다. 집합에 속하지 않는 어떤 원소가 집합에 일부분인 것으로 판단되는 긍정오류가 일어날 수 있다. 하지만 집합에 속하는 어떤 원소가 집합의 일부분이 아닌 것으로 판단되는 부정오류는 일어날 수 없다. 이것이 SPV 클라

---

131) BIP 37에서 제안한 블룸 필터는 머머(Murmur) 알고리즘을 이용해 필터에서 사용하는 해시함수를 생성한다.

이언트에 한정 요인으로 작용한다. 즉 클라이언트는 긍정오류에 해당하는 트랜잭션에는 관심이 없기 때문에 폐기할 수 있다.

어떤 클라이언트가 노드로 필터를 구축할 수 있다. 그러면 노드는 필터로 거른 블록, 다시 말해 필터에 포착된 트랜잭션만 포함한 블록(그리고 머클트리에서 그들의 분기)에 도움이 될 것이다.[132] 블록을 필터하기 위해 노드는 수신한 모든 트랜잭션을 분석하고 각 트랜잭션의 해시 그리고 트랜잭션 입력값과 출력값의 모든 데이터 요소를 블룸 필터와 대조해서 테스트한다. 필터와 일치하는 것이 있으면 그 트랜잭션은 필터링을 거친 블록에 포함된다. 한 트랜잭션의 모든 데이터 요소를 테스트하므로 어드레스, 공개키, 심지어 P2SH 트랜잭션의 해시까지 모두 필터에 추가할 수 있다.[133]

블룸 필터의 정확도는 긍정오류의 비율로 정의된다. 이 정확도는 필터에서 집합 비트가 차지하는 백분율에 따라 달라진다. 원소가 많은 필터는 비트 집합에서 높은 백분율을 차지하며 이 필터에서 긍정오류가 자주 일어날 것이다. 클라이언트를 이런 현상을 이용해 노드 조회의 프라이버시를 강화할 수 있다. 필터의 비트 집합 수가 많아지면 포함된 트랜잭션이 필요 이상으로 많아져 노드에서 클라이언트가 관리하는 어드레스를 선택하기가 더 어려워진다. 그러나 대신 대역폭이 증가한다. 따라서 블룸 필터링은 프라이버시와 대역폭을 맞바꾼다고 할 수 있다.

---

132) 비트코인 코어에서 bloom.(h|cpp)의 클래스 **CBloomFilter**로 블룸 필터를 실행한다. 그런 다음 main.(h|cpp)의 CMerkleBlock에서 **CBloomFilter**를 이용한다.
133) 일부 메타코인(meta-coins)은 비트코인의 블록체인을 이용해 메타코인 트랜잭션을 저장한다. 블룸 필터를 구축해 이 메타코인에 속하는 트랜잭션을 필터링할 수 있다.

신뢰 노드를 사용하는 라이트 클라이언트와 SPV를 사용하는 클라이언트를 통틀어 신 클라이언트(thin clients: 필수적인 장치만 탑재한 PC를 일컫는 용어-옮긴이)라 일컫는다.


# 8.9 '지불 프로토콜'(BIP 70)


BIP 70에서 구체적으로 설명한 지불 프로토콜(payment protocol)은 판매업체와 비트코인으로 결제하는 클라이언트 사이의 커뮤니케이션 프로토콜이다. 지불 프로토콜이 마련되기 전에 판매업체에 비트코인으로 결제하려는 클라이언트는 판매업체의 비트코인 어드레스를 복사해서 자신의 지갑 클라이언트에 붙여넣고 액수를 선택한 뒤 지갑에서 결제액을 보내야 했다.[134] 이 프러시저는 중간자 공격에 취약하다. 네트워크 연결을 통제하는 공격자가 판매업체의 비트코인 어드레스와 본인의 어드레스를 맞바꿀 수 있다.

지불 프로토콜은 판매업체의 이름, 결제 금액 그리고 판매업체가 보낸 추가 메시지가 담긴 메시지로 비트코인 어드레스를 확장한다. 판매업체는 X.509 인증서의 개인키로 전체 메시지에 서명한다. X.509는 인터넷 공

---

134) BIP 20과 21에 URI 스킴[URI scheme, 통합 자원 식별자(Uniform Resource Identifier: 인터넷에 있는 자원을 나타내는 유일한 주소-옮긴이)]가 도입되면서 이 프로세스가 어느 정도 간소화되었다. URI 스킴을 이용하면 결제 링크를 클릭할 때 판매업체의 어드레스와 이미 작성된 정확한 금액이 담긴 지갑 소프트웨어가 열린다. BIP 72의 지불 프로토콜을 지원할 목적으로 URI 스킴이 확장되었다.

개키 기반 구조에 가장 널리 쓰이는 표준이다. 트랜잭션은 다음 세 단계를 거친다.

- 클라이언트가 결제하기로 결정한다. 즉 '결제 버튼'을 클릭하기로 결정한다.
- 판매업체가 결제 요청서를 만들어 X.509 인증서로 서명한다. 이 결제 요청에는 판매업체가 결제액을 받고 싶은 어드레스가 포함된다.
- 판매업체가 클라이언트 지갑에 인증서와 함께 서명한 결제 요청서를 보낸다.
- 지갑이 결제 요청서에서 X.509 인증서로 메시지를 정확하게 서명했는지, 인증기관이 X.509 인증서에 서명했는지 확인한다.[135] 그런 다음 사용자에게 판매업체의 이름과 청구 금액을 보여준다.
- 만일 사용자가 결제를 수용하면 지갑이 제시된 어드레스에 자금을 보내는 트랜잭션에 서명해서 판매업체에 보내는 메시지에 트랜잭션을 포함시킨다. 이 메시지에 반송 비트코인 어드레스나 판매업체에 보내는 메시지 같은 추가정보를 담을 수 있다.
- 판매업체가 결제 메시지를 받고 서명한 트랜잭션을 추출해 네트워크에 공개한다.[136] 그런 다음 서명한 결제 영수증을 클라이언트에게 보내면 클라이언트는 즉시 결제 확인을 받는다.

X.509를 이용하면 판매업체가 결제 어드레스에 X.509 인증서의 개인

---

135) 이 프러시저는 표준이므로 https를 통해 웹사이트에 연결할 때 모든 브라우저가 이 프러시저를 준수한다.
136) 또한 클라이언트는 서명한 트랜잭션을 네트워크에 직접 보낼 수 있다.

키로 서명하기 때문에 중간자 공격으로부터 안전하다. 지불 프로토콜의 또 다른 특성들을 살펴보면 다음과 같다.

- 판매업체와 클라이언트가 지불 프로토콜을 이용해 메시지를 주고받을 수 있다. 특히 지갑 클라이언트가 판매업체에서 보낸 메시지를 사용자에게 전달한다.
- 판매업체가 여러 어드레스에서 받을 자금을 분할할 수 있다. 머지(특정 규칙에 따라 순서대로 둘 이상의 파일을 합쳐 하나의 파일로 만드는 것—옮긴이) 방지(merge avoidance)를 시행할 때 이 방식을 이용할 수 있다.
- 클라이언트가 판매업체에서 주문을 이행할 수 없을 때 이용할 환불 어드레스를 포함시킬 수 있다.[137] 예를 들면 BIP 32를 이용해서 반송 어드레스를 자동으로 생성해 자동으로 어드레스 재사용을 막을 수 있다.
- 차후에 분쟁이 발생했을 때 클라이언트가 이용할 수 있도록 판매업체에서 서명한 결제증명서를 결제 영수증에 포함시킬 수 있다.

---

137) 이 특성이 도입되기 전에는 판매업체가 (이를테면 이메일로) 클라이언트에게 연락해서 환불 어드레스를 직접 물어야 했다. 판매업체는 자금을 보냈던 어드레스가 확실한 환불 어드레스라고 생각해서는 안 된다. 자금을 보낸 후에 지갑에서 이 어드레스의 개인키가 삭제되거나 사용자가 어드레스가 공급업체에 속해 있는 웹지갑을 사용했거나 사용자가 그 지갑을 더 사용하지 않을 가능성이 있다.

# 9장
# 채굴

섹션 7.4에서 블록체인을 다루면서 비트코인 채굴을 소개했다. 채굴이란 블록체인에 블록을 추가하는 프로세스이다. 블록체인에 추가되는 블록을 해결하는 과정에서 채굴자들이 계산능력을 제공하면 네트워크에서는 블록 보상과 블록에 포함된 모든 트랜잭션에서 모은 수수료로 그들에게 보상한다.

채굴자들은 부분 해시 반전 문제를 푼다. 채굴 소프트웨어는 해답을 찾기 위해 블록 논스를 증가시키고 작업증명 알고리즘을 운영해 선택한 논스가 정확한 블록 해시(즉 난이도 요건을 충족시키는 블록 해시)를 생성하는지 확인한다.[138]

채굴자들은 전형적으로 이전의 블록 해시와 머클 트랜잭션 트리의 루트가 담긴 블록 헤더의 도입 부분 해시를 미리 계산하는 최적화를 이용한다. 블록 헤더의 이 부분은 채굴과정이 진행되는 동안 변하지 않으므로 버퍼(buffer)에 저장할 수 있다.

채굴 메커니즘의 한 가지 장점은 네트워크를 지원한 것에 대해 얼리어답터들에게 보상한다는 점이다. 비트코인이 적합성을 인정받기 위해 노력하던 초창기에 이는 매우 중요한 요소였다. 비트코인은 후원사가 없었기 때문에 온라인 마케팅에 의존해야 했다. 얼리어답터의 도움이 없었다면 이런 마케팅은 가능하지 않았을 것이다. 채굴자들에게 보상하는 것은 구전 광고에 그들을 참여시키는 한 방법이었다.

채굴은 완전경쟁시장과 비슷하다. 거둘 수 있는 수익이 존재하는 한 수익 기회가 고갈될 때까지 새로운 주자가 시장에 진입할 것이다. 섹션 7.4에서 설명했듯이 네트워크에 진입하는 채굴자가 증가할수록 채굴 난이도가 높아지지만 전체 블록 보상은 변하지 않는다. 비트코인이 처음 등장했을 때 블록 보상은 50 비트코인이었다. 이 블록 보상은 21만 블록마다 반감한다.[139] 〈그림 9.1〉은 발행된 비트코인의 양을 나타낸 것이다. 신규 비트코인 발행을 나타내는 선이 매끄럽지 않다는 점을 눈여겨보라. 새로운 채굴 능력이 진입하면 피드백 메커니즘이 따라잡기 전까지 일시적으로 새로운 블록 생성속도가 빨라지기 때문이다. 따라서 네트워크 해시 레이

---

138) 비트코인 코어에서 **BitcoinMiner** 함수로 채굴을 실행한다. **ScanHash_CryptoPP** 함수에서 실제 채굴 루프를 찾을 수 있다. 두 함수는 miner.cpp에 위치해 있다. 부분 해시 반전을 찾을 가능성은 블록 논스가 증가하든 논스가 무작위로 생성되는 상관없이 동일하며 따라서 채굴 알고리즘에서는 무엇이든 간에 더 빠른 것을 실행할 것이다. CPU를 이용해 채굴하면 경제성이 없어서 비트코인 클라이언트에서 채굴은 기본값으로 비활성화되었다.

139) chainparams.cpp에서 변수 **nSubsidyHalvingInterval**을 참고하라.

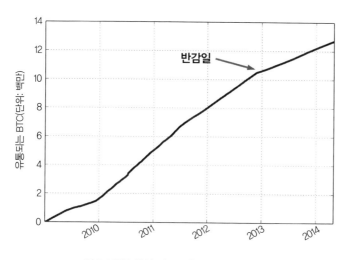

**그림 9.1 유통 중인 비트코인** 출처: blockchain.info

트가 증가하면 신규 비트코인이 발행속도가 다소 빨라진다. 2012년 11월 28일 '반감일(halving day)'에 일정보다 한 달 이상 이르게 블록 보상이 25 비트코인으로 반감했다. 이 글을 쓰는 현재 비트코인 프로토콜은 매일 약 $24 \cdot 6 \cdot 25 = 3,600$ 비트코인으로 고정된 보상을 제공한다.

비트코인은 피어 투 피어 네트워크이다. 누구든지 네트워크에 연결해서 곧바로 채굴을 시작할 수 있다. 신규 진입자가 채굴 시장에 들어오기 전에 허락을 구하거나 일련의 규칙이나 규제를 준수할 필요가 없다. 또한 시장 점유자들이 공모해서 신규 참여자들이 들어오지 못하게 막을 수 없다. 따라서 블록 보상을 획득하기 위한 경쟁에 새로운 투자가 들어오고, 그 결과 이미 네트워크에 존재하는 모든 채굴자의 보상이 줄어들 것이다. 그렇기 때문에 비트코인 가격이 증가하는(혹은 기술진보가 빨라지는) 시나리오에서 채굴자들이 똑같은 보상을 받으려면 계속해서 해싱 레이트를 높여야 할 것이다. 이는 '붉은 여왕 효과(Red Queen Effect)'[140]와 비슷한 과정이다. 현시점에 네트워크는 평형상태에 이르렀고 이를 흔들 수 있는 것은 이를테면 비트코인 가격의 추가 증가와 같은 외부요인뿐일 것이다.

그러나 일부 참가자들에게 지속적인 우위를 제공해 더 높은 수익을 거두게 할 몇 가지 요인이 존재한다.

■ **기술 우위(technological advantage)**

실리콘 하드웨어의 작업증명 알고리즘(SHA256$^2$) 기반 기술에서 혁신이 일어나거나[141] 채굴 비즈니스에 대형 칩 제조업체가 진입하는 등 채굴자가 더 효율적인 칩 제조 프로세스를 통제할 때 이런 기술 우위를 확보할 수 있다.

■ **비트코인의 변동성 헤징(hedging bitcoin volatility)**

어떤 채굴자가 다른 경쟁자들보다 더욱 효과적으로 비트코인의 가격 변동성에 헤지할 수 있다면 우위를 확보할 수 있을 것이다. 어떤 채굴자든 원칙적으로 비트코인 선물(先物)[142]을 이용해 비트코인의 가격 변동성에 헤지할 수 있다. 비트코인

---

140) 붉은 여왕 효과란 경쟁이 치열한 환경에서 경쟁자들이 우위를 차지하기 위해서가 아니라 그저 살아남기 위해서 끊임없이 발전해야 하는 상황을 일컫는다. 루이스 캐롤(Lewis Carroll) 작품의 등장인물 붉은 여왕에서 따온 이름이다. 이 여왕은 앨리스에서 같은 자리에 머물기 위해서는 온힘을 다해서 달려야 한다고 설명했다.

141) 이 글을 쓰는 현재 SHA256 해시함수를 구성하려면 약 2만 게이트가 필요하다. 이 수치를 크게 줄이는 기술혁신이 일어나면 ASIC 경쟁의 새 장이 열리는 계기가 될 수 있다.

142) 비트코인 선물의 매도 포지션이라면 계약 초기의 비트코인 가격과 예정한 날짜의 비트코인 가격 사이의 차액을 지불해야 할 것이다. 예컨대 비트코인 가격이 600 USD에서 500 USD로 떨어지면 매도 선물은 600 USD-500 USD = 100 USD를 지불할 것이다. 이 선물에서 매도 포지션을 보유한 채굴자라면 계약 만기로 시장에서 얻는 500 USD와 선물계약의 이익 분배에서 얻는 100 USD을 합쳐 효과적으로 비트코인 선물 가격을 600 USD으로 고정시킬 것이다.

가격이 하락하고 경쟁자들이 어쩔 수 없이 휴업해야 하는 시기에는 이런 우위의 중요성이 더욱 커진다.**143)** 그뿐만 아니라 수입 변동성에 제동을 걸 수 있는 채굴자는 낮은 투자 수익을 요구할 것이다.

- **더 저렴한 전기료(lower electricity prices)**

더 저렴하게 전기를 사용할 수 있는 채굴자는 비용 면에서 유리하다. 비트코인 채굴은, 이를테면 아이슬란드처럼 전기가 풍부하고 저렴한 곳으로 이동할 것이다. 전기가 저렴한 장소는 대개 수력발전 같은 환경친화적인 원천에서 전기를 발전하므로 비트코인 채굴이 환경에 미치는 영향이 줄어들 것이다.

요컨대 점유자들이 공모해서 새로운 경쟁자가 네트워크에 진입하지 못하도록 막을 방법이 없으니 채굴 비즈니스의 진입장벽은 전반적으로 낮다고 볼 수 있다. 따라서 네트워크 해시 레이트는 십중팔구 채굴 보상이 채굴장비를 운용하는 한계비용을 충당할 수 있는 속도로 안정될 것이다.

채굴장비를 운용하는 한계비용에는 전기료는 물론이고 데이터센터 임대비용, 냉각비용, 유지비용 등이 포함된다. 현재 실행가능한 유일한 테크놀로지(ASIC)는 비트코인 채굴에 상당히 최적화되어 있으며 그 밖에는 쓰임새가 없다.**144)** 비트코인 가격이 높아짐에 따라 채굴장비 생산속도가 둔화하는 현상에 이런 요인들이 합쳐지면 채굴 시장에 호황과 불황 주기가

---

143) 이것은 상당한 우위로 판명될 것이다. 비록 일부 채굴자들이 특정 기간 동안 채굴 하드웨어의 전원을 끈다 해도 하드웨어는 여전히 그곳에 존재하며 비트코인 가격이 회복되면 다시 켤 수 있다.
144) 비트코인 채굴의 대안은 피어코인(Peercoin)이나 네임코인(Namecoin)처럼 작업증명 해시함수가 SHA256이나 SHA256^2인 다른 암호통화 채굴일 것이다. 대부분의 암호통화 가격은 상호 연관성이 매우 높기 때문에 비트코인 가격이 하락하면 경제성이 떨어지는 채굴장비를 교체할 가능성이 클 것이다.

형성될 수 있다.

귀링과 그리그(Güring and Grigg)는 봇넷(botnet) 실행자가 장비를 운용하는 운영비용(주로 전기료)을 지불할 필요가 없으므로 채굴 봇넷이 합법적인 채굴을 대체해 비트코인 채굴이 붕괴할 것이라고 주장했다. 그러나 현재 네트워크 해시 레이트를 고려하면 봇 허더(bot-herder: 봇을 실행하는 사람, 봇 마스터라고도 한다-옮긴이)가 비트코인 채굴보다는 다른 악의적인 목적(클릭 사기, 이메일 스팸, 악성 소프트웨어)을 위해 봇넷을 이용하는 것이 더 경제적이다.

# 9.1 채굴기술

이 글을 쓰는 현재 네트워크 해시 레이트는 약 30만 GH/s(= 3만 TH/s = 30 PH/s)이다. 〈그림 9.2〉는 처음 등장한 이후 비트코인의 성장세를 로그차트로 나타낸 것이다.[145] 새로운 테크놀로지가 소개된 날짜와 채굴 역사에서 그것이 속하는 '시대(eras)'를 그림에 표시했다. 네트워크 해시 레이트가 기하급수적으로 성장한 것은 다음과 같은 두 트렌드 덕분이다.

- 비트코인 가격의 기하급수적인 상승. 이로 말미암아 채굴 분야에 투자가 많아

---

145) 로그차트에서 선형적 성장은 선형차트에서 로그성장과 같다. 네트워크 해시 레이트는 지금껏 대수적으로 성장했다.

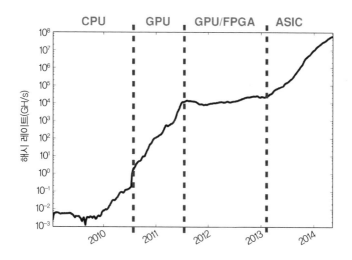

그림 9.2 비트코인 네트워크의 해시 레이트. 해시 레이트 출처: blockchain.info

졌다.

■ 채굴 테크놀로지의 발달. 이는 채굴장비 제조업체가 첨단 칩 제조 기술을 확보

했기 때문이다.

채굴 하드웨어는 해시함수에 더 많은 칩 회로를 투자하는 하드웨어 전

문화의 추세를 따랐다. 이 변화과정은 다음과 같이 네 단계를 거친다.

■ CPU

CPU는 컴퓨터와 다른 디바이스의 메인칩인 중앙처리장치(Central Processing

Unit)를 의미한다. 비트코인 채굴을 비롯한 여러 가지 작업에 다목적 하드웨어인

CPU의 계산능력을 이용할 수 있다. 최초로 출시된 비트코인 코어는 CPU에서 채

굴을 실행했다. 2009년 여름에서 2010년 여름까지 계속된 비트코인 채굴 1단계에

서는 CPU만 이용해 채굴을 수행했다. 이 단계에 해시 레이트가 증가한 것은 새로

운 팬들이 채굴 분야에 진출한 덕분이었다.

### ■ GPU

GPU는 그래픽 처리장치(Graphics Processing Unit)를 의미하며 원래 그래픽 가속

에 이용하던 전문 컴퓨터칩이다. GPGPU, 즉 GPU를 이용한 범용연산 기술(General

-Purpose computing on GPU)로 알려진 범용 처리를 수행하기 위해 GPU의 병렬

처리 능력(parallel power)으로 계산하는 트렌드가 있다. 2010년 중반부터 GPU에

비트코인을 채굴하는 프로그램이 생겼다. 그 결과 CPU 채굴 방식은 경제성을 잃었

다.146) 계산단위가 소수에 지나지 않는 CPU에 비해 GPU는 수백 개 심지어 수천

개의 계산단위로 구성되었기 때문에 CPU보다 유리하다. GPU의 계산단위는 CPU

보다 훨씬 더 제한적이지만 SHA256 해시를 수행하기에는 충분하다. 최신 GPU는

100~500 MH/s이다.

### ■ FPGA

FPGA는 필드 프로그래머블 게이트 어레이(Field-Programmable Gate Array)를

의미한다. 특정한 작업을 수행하도록 프로그램하고 상호 연결할 수 있는 논리 블

록(logic block: 여러 개의 논리소자로 이루어진 논리회로로서 고유한 기능이 있는

집단으로 취급되는 것. 가산기, 컴퓨터, 레지스터 등—옮긴이)으로 구성된 칩이다.

---

146) 사토시 나카모토는 비트코인 논문에서 "본질적으로 작업증명은 1 CPU당 1표"라고 말하면서 처음에
는 채굴을 계산 민주주의로 구상했다(나카모토, 2008a). 그(혹은 그녀)는 게시판에 다음과 같은 글을 남겼
다. "우리는 네트워크를 위해 최대한 GPU 무기 경쟁을 연기하는 신사협정을 맺어야 한다[매리언(Marion),
2014]." 그는 GPU 채굴이 도입되면 비트코인 채굴 참여에 해로울 것이라고 보았다. 그 이유는 GPU가 CPU
에 비해 확산되지 않았기 때문이다.

이름에서 알 수 있듯이 '필드에서' 즉 운송된 후에 프로그램할 수 있도록 설계되었다. FPGA은 2001년 중반에 비트코인 채굴에 도입되어 한동안 GPU와 경쟁했다. FPGA는 전력소비가 적은 장점이 있지만 GPU는 GH/s당 비용과 재판매 가치 면에서 유리하다. 전형적인 FPGA의 해시 레이트는 약 1 GH/s이다.

- ■ ASIC

ASIC는 주문형 집적회로(Application-Specific Integrated Circuit)라는 뜻이다. CPU와는 대조적으로(혹은 GPU와는 달리) ASIC를 구성하는 칩은 여러 가지 애플리케이션을 운용하는 소프트웨어를 수용한다. ASIC 부품은 SHA256 함수의 논리를 따른다. 이때 이 함수는 칩이 허용하는 범위 내에서 여러 번 복사되어 병렬방식으로 최대한 여러 해시 시도를 실행한다. 초창기 ASIC 디자인은 FPGA를 위해 개발된 테크놀로지를 재사용했다(테일러, 2013). 이 글을 쓰는 현재 28나노미터 ASIC의 해시 레이트는 약 500 GH/s이며 20나노미터 3 TH/s 부품의 등장을 기대하고 있다.

네트워크 해시 레이트가 기하급수적으로 성장한(혹은 도약한) 일부 기간은 새로운 채굴 테크놀로지가 도입된 시기와 일치했다. 차세대 ASIC 반복(20나노미터)이 첨단 칩 제조 프로세스를 따라잡고 있으므로 해시 레이트의 기하급수적인 증가 추세가 안정될 것이다. 그 무렵부터 경제학 원리에 따라 칩 제조 프로세스가 발전하고 비트코인 가격이 상승하면 네트워크

---

147) 만일 채굴이 안정세에 접어들어 비트코인 가격이 내려가면 일부 채굴장비의 접속이 끊어질 수 있다. 이 장비들은 그대로 남아서 가격이 상승해 장비를 사용할 수 있을 때를 기다릴 것이다. 그러면 이후 비트코인 가격이 증가할 때 접속을 끊었던 장비가 다시 접속할 테니 나머지 채굴자의 수익 폭에 상한선이 형성될 것이다.

해시 레이트도 상승할 것이다.[147)

〈그림 9.3〉은 비트코인 채굴의 일간 총수입을 GH/s당 USD로 나타낸 것이다. 이 그림에 비트코인 채굴에 사용할 수 있는 모든 테크놀로지의 전력비용을 함께 실었다. 이 비용 수준은 전력비용을 0.2 USD/킬로와트시(kWh)로 추정해서 테일러의 자료에서 인용한 것이다. 채굴의 예상 수입이 감소하고 하드웨어를 운용하는 전력비용보다 낮아져 채굴기술이 낙후되었다. 그림에서 볼 수 있듯이 CPU, GPU, FPGA는 더 이상 수익성이 없다. 비트코인 채굴에 실행할 수 있는 테크놀로지는 ASIC뿐이다. 〈그림 9.3〉의 추세를 토대로 추정하자면 예전 프로세스 테크놀로지를 토대로 한 ASIC은 대부분 낙후되고 채굴의 총수입은 첨단 ASIC 테크놀로지의 전력비용에 가까운 수준으로 안정될 것이다.[148) 이 글을 쓰는 현재 28나노미터

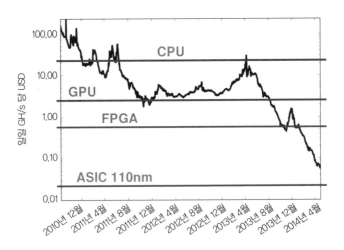

그림 9.3 다양한 테크놀로지의 전력비용과 채굴 총수입. 가격과 해시 레이트
출처: blockchain.info

AID 기술의 추정 전력비용은 약 GH/s당 0.003 USD이다.

채굴 난이도가 높아짐에 따라 (CPU와 GPU처럼) 더 이상 경쟁력이 없는 하드웨어를 이용하는 채굴자는 라이트코인 같은 다른 암호화폐 채굴로 옮겨갔다. 채굴자들이 옮겨간 암호화폐를 간략히 살펴보자면 GPU 같은 경우 이더리움을 채굴할 때 주로 사용한다. 이더리움은 비트코인 다음으로 시가총액이 큰 암호화폐로 다른 암호화폐(토큰이라고 부름)를 만들 수 있게 도와주는 독특한 기술을 지원한다. CPU를 활용해서는 모네로라고 불리는 익명화된 암화폐를 주로 채굴한다. 이는 모네로의 채굴 알고리즘이 CPU에 맞게 최적화되어 있기 때문이다.

만약 CPU와 GPU가 다른 암호화폐를 채굴하지 않고 비트코인 채굴 작업에만 투입된다면 현재 네트워크 해시 레이트는 약 12억 5천 최신 세대 CPU나 9천만 최신 세대 GPU에 해당한다. 하지만 CPU와 GPU는 비트코인 채굴뿐 아니라 더 다양한 작업을 수행할 수 있는 범용 하드웨어이므로 이는 완전히 공정한 비교는 아니다. 반면 대부분의 비트코인 채굴은 매우 한정된 계산(SHA256 해싱)만 수행할 수 있는 ASIC으로 수행한다.**149)** 때문에 비트코인을 혹자는 세계 최대 계산 네트워크라고 주장한다.

이 비교 결과로 짐작하건대 비트코인에 51% 공격을 실행하려는 공격자

---

148) 아마 채굴 총수입이 전력비용보다 더 많이 들어서 채굴 연산을 운용하는 나머지 비용을 충당할 것이다.

149) 크게 중요하지는 않지만 이따금 채굴 초당 부동 소수점 연산 횟수(FLOPs, floating point operations per second: 1초당 수행할 수 있는 부동 소수점 연산의 횟수를 의미하는 컴퓨터 성능 단위-옮긴이)와 슈퍼컴퓨터의 FLOP를 비교한다. 하지만 SHA256 알고리즘이 부동 소수점 연산을 수행하지 않으며 채굴 ASIC에는 부동 소수점 단위(floating point unit, FPU)가 없다는 문제가 있다. 따라서 ASIC의 '계산 역량'을 FLOP으로 바꾸는 것은 다소 임의적이다.

는 채굴장비에 드는 막대한 투자를 고려해야 할 것이다. 따라서 네트워크 해시 레이트는 블록체인을 뒷받침하는 보안의 지표이다. 해시 레이트가 높아지면 51% 공격을 노리는 공격자의 기대치가 높아진다. 반대로 해시 레이트가 낮아지면 분산 데이터베이스의 보안에 해로울 것이다.

일부 전문가는 비트코인 가격과 네트워크 해시 레이트 사이에 양성 되먹임 고리(positive feedback loop: 반응이 자극을 증가시키는 결과를 만들어 내는 피드백-옮긴이)가 있다고 주장했다. 비트코인 가격이 상승하면 채굴 투자가 증가하지만 그 역이 반드시 그렇지는 않다. 비트코인 가격이 하락하면 이후 접속을 끊는 채굴장비가 생길 것이고 그렇게 되면 블록체인의 보안이 약화될 것이다. 하지만 이런 채굴의 역학은 가격에 간접적인 영향만 끼칠 것이다. 네트워크 해시 레이트의 하락이 미치는 영향은 시장이 평형상태를 이루는 새로운 가격에 이미 통합되어 있을 것이다.

비트코인 채굴이 환경에 미치는 영향에 관해서는 어느 정도 논란이 있었다. 네트워크의 총전력 소비의 추정치가 정확하지 않다 보니 논란은 더욱 거세졌다. 일부 언론에서는 CPU 테크놀로지를 토대로 한 전력소비량의 추정치를 인용했으나 비트코인 네트워크의 총에너지 소비량을 너무 높게 평가한 수치였다. 사실 채굴 테크놀로지가 발전하고 현재 유일하게 실행이 가능한 채굴기술(ASIC)의 GH/s당 에너지 소비량은 훨씬 적다.

채굴기술이 첨단 프로세스 기술을 따라잡고 있으니 채굴비용은 주로 전력비용에 좌우될 것이다. 따라서 채굴장비는 십중팔구 전기가 더 저렴한 곳으로 옮겨갈 것이다. 전력비용이 낮은 곳에는 천연의 에너지원이 많으

292

니 전기가 환경에 미치는 영향이 더 적을 것이다. 게다가 비트코인 채굴로 소비되는 에너지는 분명 낭비되는 것이 아니라 블록체인을 안전하게 보관하기 위해 사용된 것이다. 좀 더 정확한 비유를 찾자면 이 에너지는 현재 금융 시스템이 이와 비슷한 목적을 성취하는 과정에서 발생하는 배기가스와 비슷할 것이다.

# 9.2 채굴조합

새로운 블록의 생성이 푸아송 과정(Poisson's process: 발생 확률이 작은 사건을 대량으로 관찰할 때 발생횟수의 분포를 나타내는 과정, 이를테면 수많은 사회 구성원들 사이에서 간혹 나타나는 교통사고와 같은 현상을 뜻한다-옮긴이)을 따른다고 가정하면 두 블록의 생성(새로운 블록 채굴) 사이의 시간은 기하급수적인 분포를 따라야 한다. 이 가설을 시험하기 위해 블록 사이의 여러 시간의 표본을 수집했다. 20만~25만**150)**의 블록을 이용하는 블록체인에서 연속적인 블록을 여러 시점에서 확인한 후 그 차이로 이 시간들을 계산한다. 〈그림 9.4〉와 〈그림 9.5〉는 각각 표본의 실험을 근거로 한 확률분포와 이 표본의 실험을 근거로 한 Q-Q 분포도이다. 높은 $R^2$ = 0.9993로 상당히 훌륭하지만 오른쪽 끝에 기하급수적인 분포로부터 약간 벗어나는 지점이 있다.

---

150) 채굴 서버의 시간 지정이 정확하지 않아서 타임 스탬핑 사이의 차이 가운데 일부는 음수이다. 〈그림 9.4〉와 〈그림 9.5〉에서 이 음의 차이는 0으로 반올림했다. 이 기간에 음의 생성시간을 조정하지 않았을 때 표본평균 시간은 544초이다.

블록 간 시간의 표본평균은 553초이다. 〈그림 9.4〉에 평균 생성시간 10분(600초)과 함께 이론적인 기하급수적 확률함수를 덧붙였다.

〈그림 9.4〉는 네트워크 전체의 블록 생성 분포이다. 블록을 해결하는 개

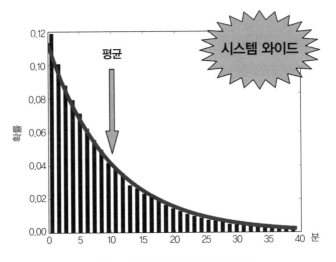

그림 9.4 블록 채굴 확률(네트워크 전체)

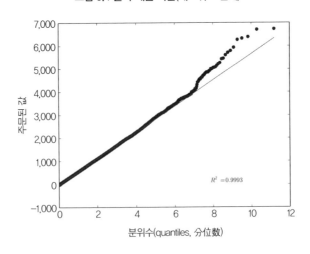

그림 9.5 실험을 근거로 한 블록 간 시간의 Q-Q 분포도(기하급수적 분포)

인 채굴자 역시 푸아송 분포를 따르지만 생성시간 사이의 차이가 더 크다. 개인 채굴자가 새로운 블록을 채굴할 가능성은 매우 불투명하다. 일례로 ASIC 채굴이 도입되기 전에 GPU가 아직 수익성이 있을 때 개인 채굴자가 GPU로 해결하는 블록들 사이의 시간은 대략 150일이었다.

채굴자들이 이 위험을 관리하도록 돕고자 2010년 말 채굴조합이 등장하기 시작했다. 채굴조합(mining pool)이란 조합에 해시 성능을 제공하고 채굴 보상을 나누는 채굴자들의 집단이다. 〈그림 9.6〉은 몇몇 개별 채굴자와 채굴조합이 채굴한 블록 사이의 예상시간과 해시 성능을 나타낸 것이다. 조합을 형성하면 채굴자들이 함께 거두어서 나눌 수 있는 수입의 흐름이 훨씬 커진다. 채굴조합의 총수입 공유는 각 채굴자가 제공한 해시 레이트에 비례하며 여기에서 대개 영리를 목적으로 운영되는 조합 운영자가

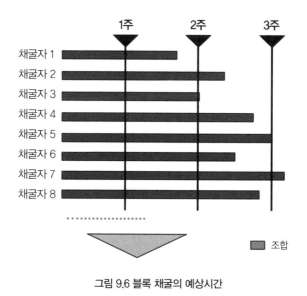

그림 9.6 블록 채굴의 예상시간

부가한 소액의 수수료를 뺀다. 조합에 참여하는 채굴자들에게는 블록체인 전체의 복사본을 보관하거나 모든 수신 트랜잭션을 처리할 필요가 없다는 추가적인 장점이 있다. 조합 운영자가 채굴자들에게 블록 헤더의 복사본을 피드하는 것만으로 충분하다.[151]

ASIC이 도입된 후 호스티드 채굴 서비스가 등장하는 등 채굴 활동의 전문성이 증가하면서 채굴조합의 필요성은 줄어들었을 것이다. 그래도 이 책을 쓰는 현재 소수의 조합이 대부분의 채굴을 실행한다.

참가자들이 채굴조합에 계산작업을 공유하기로 '약속하고' 운영자가 구성원들에게 조합 보상을 정직하게 분배하기로 '약속한' 채굴조합에는 이해 충돌 사례가 비일비재하다. 채굴자와 조합 운영자 모두 속임수를 쓸 만한 동기가 있다.

- 채굴자가 해시 레이트를 과장하거나 그들의 해시 레이트 가운데 일부만 제공하고 1인 채굴에 나머지 해시 레이트를 모두 이용할 수 있다. 조합은 채굴자들에게 채굴하고 있는 블록의 유효한 작업증명을 제시하라고 요구함으로써 채굴 작업을 통제할 수 있는데 이때 블록의 난이도는 더 낮다. 이를 할당 몫(shares)이라고 부른다. 조합 운영자는 채굴자들이 받는 할당 몫을 측정하고 이에 비례해서 블록 보상을 할당한다. 채굴자들의 작업을 통제하는 또 다른 방법으로, 채굴자들은 메타해

---

151) 몇 가지 채굴 프로토콜 표준이 서로 경쟁한다. 이 가운데 일부 프로토콜에서는 조합 운영자가 채굴자들에게 블록 헤더만 공유한다. 반면 GetBlockTemplate(비트코인 위키, 2014i) 같은 다른 프로토콜에서는 운영자가 전체 블록을 채굴자와 공유한다. 후자의 프로토콜에서는 채굴자가 어떤 트랜잭션을 포함시킬지 혹은 본인이 진행한 것 중 네트워크에 발표하지 않은 트랜잭션을 추가로 포함시킬지를 선택할 수 있다.

시(metahashes)를 제출해야 한다. 메타해시란 채굴자들이 생성한 여러 해시의 해시이다. 조합 운영자는 채굴자들이 생성한 메타해시를 점검한다. 이는 계산집약적인 작업이다. 조합 운영자가 모든 채굴자의 메타해시를 확인하려면 모든 채굴자의 작업을 모두 되풀이해야 하는데 이는 채굴조합의 목적에 어긋난다. 따라서 조합 운영자는 대개 라운드로빈 방식(CPU 시간을 태스크의 생성 순으로 차례로 분배하는 방식—옮긴이)으로 메타해시를 정기적으로 점검한다. **152)** 할당 몫 접근방식보다 메타해시 접근방식이 훨씬 더 계산집약적이기 때문에 실제로 쓰는 경우는 드물다.

■ 채굴자가 새로운 블록을 발견할 때 직접 발표할 수 있다. 조합 운영자가 채굴자에게 블록 헤더의 해시를 제시하면 이런 상황을 쉽게 피할 수 있다. 블록 헤더의 해시에는 조합 운영자가 코인베이스 트랜잭션에서 관리하는 어드레스가 포함된다. 따라서 채굴자는 블록 보상을 받을 어드레스를 변경할 수 없다.

■ 블록 운영자가 채굴자를 속일 수 있다. 새로운 블록이 제시되면 조합 운영자가 블록 보상을 분배하지 않거나 블록을 제시한 채굴자에게만 보상을 분배하고 조합의 나머지 채굴자에게는 알리지 않을 수 있다. 채굴자들이 조합 운영자에게 초기의 해시뿐만 아니라 블록 헤더 전체를 요구해서 블록체인을 직접 감시할 수 있다면 이런 문제를 막을 수 있다. 또 다른 해결책으로 조합이 채굴한 블록과 상관없이 채굴자들에게 작업에 대한 일정한 보상을 지급할 수 있다. 할당 몫 기준 지급(pay-per-share, PPS) 채굴조합에서는 이 방법을 이용한다. 다음을 참고하라.

---

152) 라운드로빈 스케줄(round-robin schedule)에서는 순환 방식으로 이용할 수 있는 프로세스로부터 작업을 선택한다. 이 스케줄은 각 프로세스에 같은 양의 작업을 할당한다. 메타해시 점검에 적용한다면 조합 운영자가 순서를 돌아가면서 모든 채굴자의 메타해시를 점검한다는 뜻이다. 라운드로빈 스케줄에서 메타해시 점검의 빈도를 채굴자가 추측할 수 있다면 속임수를 쓸 수 있다. 그래서 대개 이 프로세스에 무작위성을 가미한다.

이런 이해 충돌을 처리하는 프로토콜은 조합마다 다르다. 채굴조합과 그들이 준수하는 프로토콜 몇 가지를 살펴보자.

- ■ **비트코인 조합 채굴(Bitcoin Pooled Mining, BPM)**

채굴자들이 할당 몫, 즉 난이도가 낮은 블록을 해결해서 제출한다. 더 오래된 할당 몫일수록 중요도가 낮기 때문에 채굴자들은 라운드 중반에 조합을 바꾸지 않는다. 조합에서 블록을 해결하는 순간 한 라운드가 끝나고 다음 라운드가 곧바로 시작된다. 라운드가 끝날 때마다 제출한 할당 몫에 따라 보상을 분배하지만 조합 운영자의 속임수에 대처할 수 있는 메커니즘이 없다.

- ■ **할당 몫 기준 지급(pay-per-share, PPS)**

채굴자가 할당 몫을 제출하면 조합 운영자가 조합의 기존 잔액으로부터 각 할당 몫에 즉시 일정한 수수료를 지급한다. 그러면 조합 운영자가 채굴자들을 속일 위험이 없다. 새로운 블록 생성의 불확실성은 조합 운영자에게 넘어간다. 할당 몫 기준 지급 조합에서는 운영자가 이 위험에 대한 보상으로 소액의 수수료를 청구하기 때문에 채굴자들에 대한 보상이 1인 채굴의 예상 보상보다 적어진다.

- ■ **마지막 N 할당 몫 기준 지급(pay-per-last-N-shares, PPLNS)**

이 프로토콜은 할당 몫 기준 지급과 비슷하지만 채굴 보상을 배분할 때 채굴자가 제출하는 마지막 N 할당 몫을 고려한다는 점이 다르다. 마지막 N 할당 몫 윈도는 여러 블록에 적용된다. 즉 한 할당 몫에 여러 번 보상하거나(조합이 운이 좋아서 단시간에 연속해서 몇 블록을 채굴한 경우) 전혀 보상하지 않을 수 있다(운이 나빠서 윈도가 진행되는 동안 전혀 블록을 채굴하지 못한 경우). PPLNS에서 블록 채굴의

298

불확실성은 조합 운영자로부터 조합의 참가자들에게 넘어간다. 그 결과 조합 운영자가 받는 수수료가 더 적어진다. 이 글을 쓰는 현재 이 프로토콜의 변형을 이용하는 대형 채굴조합이 많다.

■ **P2조합(P2Pool)**

**P2조합**은 **할당 몫 사슬**(share chain)을 생성하는 채굴 노드의 피어 투 피어 네트워크이다. 할당 몫 사슬이란 할당 몫의 연속, 즉 난이도가 네트워크 난이도보다 더 낮은 해결된 블록을 뜻한다. 조합의 동료들이 할당 몫 사슬의 블록에 코인베이스가 있는지 확인한다. 코인베이스는 할당 몫 사슬의 이전 할당 몫에 비례해서 보상을 분배한다. 한 블록이 해결되면 그것을 해결한 채굴자가 블록체인에 공개하고 코인베이스를 통해 동료들에게 자동으로 보상이 분배된다. 할당 몫 사슬은 할당 몫 기준 지급 프로토콜의 조합 운영자와 똑같은 역할을 수행한다. 조합 운영자가 없어서 채굴 보상이 모두 동료들에게 분배된다. P2조합의 중대한 단점은 모든 채굴자가 조합 노드를 운영해야 한다는 점이다. 이는 조합 운영자가 채굴자들에게 블록 헤더만 피드하는 다른 프로토콜과 대조된다. 이처럼 P2조합에 참여하려면 블록체인을 처리할 계산능력과 대역폭이 필요하므로 채굴자들이 치러야 할 대가가 커진다.

난이도가 더 낮은 할당 몫을 생성하는 채굴자를 중심으로 형성된 채굴 프로토콜(PPS, PPLNS, P2Pool)은 블록 보류 공격을 당하기 쉽다. 블록 보류 공격에서는 악의적인 채굴자가 조합 운영자에게 유효한 할당 몫을 제시하지만 해결한 블록을 보류해서 조합이 그 블록에 대한 보상을 받지 못하게 만든다. 조합이 잃어버린 총수입은 모든 사용자의 보상에 동일하게 영향을 미치기 때문에 블록 보류 공격의 공격자도 약간의 손해를 본다. 블록 보류 공격은 채굴조합에 대한 사보타주와 비슷하다. 따라서 공격자가 약간의 대가를 치러야 한다는 점에서 원칙상 공격자에게 경제적이지 않다. 그럼에도 실제로 이런 공격들이 일어난다. 아마 경쟁하는 채굴조합과 연결된 채굴자가 공격 대상 조합의 사용자에게 해를 끼쳐서 조합을 옮기게 만들기 위한 목적의 공격일 것이다.[153]

지금까지 좀 더 눈에 띄는 몇 가지 프로토콜을 살펴보았지만 이 밖에도 여러 가지 프로토콜이 제시되어 있다.

비트코인 커뮤니티에서는 대개 소수의 조합에 채굴이 집중된 현상을 문제라고 생각한다. 그것은 채굴이 집중되면 이기적인 채굴 공격처럼 다른 채굴자들을 공격하기가 더 쉽고 얻을 수 있는 이익도 더 많기 때문이다. 이 밖에도 채굴 집중 현상에서 발생할 수 있는 또 다른 문제가 있다. 채굴자가 어떤 트랜잭션을 블록에 포함시킬지 선택할 때, 이를테면 특정한 어드레스의 자금을 이용하는 트랜잭션처럼 특정한 트랜잭션을 검열할 권력이 조합에 있다는 사실이다. 그러면 비트코인의 가치동일성(fungibility)이 훼손될 수 있다.

---

153) 2014년 6월 어떤 채굴조합이 채굴 능력 가운데 51%를 축적했다는 우려가 있고 난 후에 일부 채굴자들이 이 조합을 응징하고 그 사용자들을 다른 조합으로 몰아내려는 의도를 품고서 블록 보류 공격을 실행한 것으로 알려졌다.

# 9.3 트랜잭션 수수료

섹션 7.7에서 언급했듯이 이 블록은 총크기가 약 1메가바이트를 넘지 않아야 한다는 제한이 있다. 트랜잭션의 크기는 트랜잭션에서 자금을 인출하는 어드레스의 개수와 자금을 보내는 어드레스의 수에 따라 결정된다. 입력값과 출력값이 각각 하나뿐인 트랜잭션의 크기는 대략 157바이트이다.[154] 입력값이 추가될 때마다 트랜잭션 크기가 113바이트 커지지만 출력값이 추가되면 34바이트 커진다. 크기가 157바이트라면 매우 작은 트랜잭션이지만 트랜잭션 대부분은 여러 개의 입력값과 출력값을 이용한다는 점을 기억하라.

채굴자는 미사용 트랜잭션 메모리 풀에서 본인이 채굴하는 것 가운데 어떤 트랜잭션을 블록에 포함시킬지 선택해야 한다. 이는 블록 크기에 대한 최적화 문제이다. 채굴자는 일반적으로 〈그림 9.7〉에서처럼 이 문제를 풀기 위해 그리디 알고리즘(greedy algorithm: 항상 가치가 높은 것을 선택하는 알고리즘으로, '욕심쟁이' 알고리즘이라고도 한다-옮긴이)을 이용한다. 후보 트랜잭션들을 킬로바이트당 수수료를 기준으로 내림차순으로 배열하고 이 목록에서 블록에 포함시킬 트랜잭션을 선택한다. 비트코인 코어는 현재 이런 방식의 알고리즘을 지향하지만[155] 채굴자는 당연히 트랜잭션 선택 알고

---

154) 이는 헤더 10바이트, 이전 출력값 조회 40바이트, 이전 출력값에 서명한 〈*scriptSig*〉(압축 형태의 ECDSA 서명) 73바이트 그리고 (〈*scriptPubKey*〉의 25바이트를 포함해) 출력값의 34바이트로 구성된다. 비록 이 사례에서는 〈*scriptSig*〉의 두 배 크기인 압축하지 않은 ECDSA 서명을 사용했다.
155) miner.cpp의 **TxPriorityCompare** 클래스에서 이 논리를 수행한다.

리즘이 다른 채굴 소프트웨어를 사용할 수 있다.

'더 큰 블록을 발표하려면 시간이 더 오래 걸리는' 문제 때문에 채굴자가 본인이 채굴하는 블록에 트랜잭션을 포함시키지 않을 수도 있다. 블록에 포함시키는 트랜잭션이 많으면 블록이 더 커지고 블록을 네트워크에 발표할 때 시간이 더 오래 걸린다. 또한 그러다 보니 또 다른 채굴자가 동시에 경쟁 블록을 발견해서 발표할 위험이 존재한다. 블록 보상보다 총트랜잭션 수수료가 적을 경우에는 트랜잭션을 포함시키지 않아서 잃는 총수입이 경쟁 블록이 등장할 위험성이 줄어든다는 사실에서 얻는 보상보다 더 클 것이다.

프로토콜에는 트랜잭션 수수료의 하한선이 있다.156) 수수료가 있으면 그렇지 않은 트랜잭션으로 네트워크를 플러드시킬 수 있는 서비스 거부

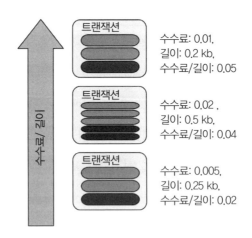

그림 9.7 채굴자들의 트랜잭션 우선순위 매기기

---

156) main.cpp의 **CTransaction::nMinRelayTxFee** 변수에서 이 수수료를 찾을 수 있다.

공격을 예방할 수 있다. 비트코인 코어 0.9.1 버전을 시행하는 현재 최저 트랜잭션은 1,000 사토시, 즉 0.00001 비트코인이다.

트랜잭션의 우선순위는 입력값의 가치(사토시)에 입력값의 수명(블록 개수)을 곱하고 트랜잭션의 크기(바이트)로 나눈 총합으로 계산한다.

$$우선순위 = \frac{입력값\ 가치 \cdot 입력값\ 수명}{트랜잭션\ 크기}$$

모든 블록은 우선 블록(priority block)이라는 이름으로 우선 트랜잭션을 위한 특정한 공간을 떼어놓는다.[157] 특정한 기준보다 우선순위가 더 높은 트랜잭션[158]은 우선 트랜잭션으로 간주되어 우선 블록에 포함될 자격이 있다. 우선 트랜잭션에는 어떤 수수료도 포함되지 않는 반면 비우선 트랜잭션을 네트워크에서 중계하려면 최저 수수료를 지급해야 한다.[159]

전통적으로 비트코인 코어 월렛 프로그램(그리고 다른 지갑)에서는 최저 트랜잭션 수수료를 고정하고 그 값을 바꿀 수 있는 사용자 옵션을 두었다. 시장 메커니즘이 트랜잭션 수수료를 결정하는 것이 이상적일 것이다. 이미 채굴자들은 이 시장의 이성적인 참가자인 것처럼 움직이면서 수익을

---

157) main.cpp의 **DEFAULT_ BLOCK_PRIORITY_SIZE** 변수가 우선 트랜잭션을 위해 떼어둔 공간의 크기를 결정하며 이 크기는 이 글을 쓰는 현재 5만바이트로 정해져 있다.

158) main.h에서 이 기준선을 **COIN * 144 / 250**으로 정했다. 여기에서 COIN은 사토시로 표시한 1 비트코인 가치, 즉 1억이다. 따라서 입력값의 총액이 1 비트코인이고 수명이 144 블록이며 크기가 250바이트인 트랜잭션은 우선순위 한계로 간주된다.

159) 트랜잭션을 중계해서 블록에 포함될 자격을 얻을 경우 최저 수수료는 킬로바이트 당 0.01 밀리비트코인(mBTC: BTC의 1,000분의 1-옮긴이)이다(비트코인 0.9 버전 현재). 그러나 이 수수료를 받기 위해 특히 사용량이 많은 기간에 채굴자들이 트랜잭션을 채굴할 것인지는 확실치 않다. 따라서 비트코인 코어 월렛은 우선순위가 낮은 트랜잭션의 기본 수수료를 킬로바이트 당 0.1 밀리비트코인으로 정했다.

극대화하는 트랜잭션을 선택하고 있다. 고정 트랜잭션 수수료를 제공하는 지갑은 블록에 포함되는 트랜잭션에 지나치게 혹은 부족하게 수수료를 지급해서 블록에서 제외하고 오랜 시간이 걸려서야 확인하는 등 효과를 거두지 못한다. 비트코인 개발자들(안드레센, 2013e)은 지금껏 스마트 수수료(smart fees)나 부동(浮動) 수수료(floating fees) 개념, 즉 다음번에 채굴된 블록에 트랜잭션이 포함될 확률이 높게끔 수수료를 산정하는 알고리즘을 중심으로 작업했다. 이 글을 쓰는 현재 부동 수수료가 시행되고 있으며 다음 버전 비트코인 코어에도 채택될 것으로 보인다.

블록에 포함되지 않은 트랜잭션은 미사용 트랜잭션 메모리 풀에 보관되어 다음 블록에 포함될 것으로 생각된다. 수수료가 적은 트랜잭션은, 특히 거래량이 많은 기간에는 한동안 확인되지 않고 남는다. 미확인 트랜잭션 메모리 풀에 있는 메모리를 비워야 하므로 수수료가 낮은 트랜잭션이라고 해도 결국 채굴자가 블록에 포함시켜야 할 것이다. 그런 한편 블록에 트랜잭션이 많이 포함되면 블록이 더 커져서 블록 확산이 지연된다. 그래서 채굴자들은 이따금 블록에 포함할 트랜잭션의 양을 제한하기로 결정했다.

마지막으로 트랜잭션은 블록체인의 공간을 놓고 다른 트랜잭션은 물론이고 블록체인에 데이터를 삽입하려는 다른 애플리케이션과도 경쟁해야 한다.

# 9.4 이기적 채굴

에얄과 귄 시러(2013)는 이기적 채굴(Selfish mining)이라고 일컫는 공격[160]을 소개했다. 어떤 채굴자가 개인 분기에서 작업하면서 그것을 공개 네트워크에 공개하지 않는다. 개인 분기가 공개 분기보다 더 긴 동안에는 채굴을 이 분기에 보관한다. 그러다가 결국 공개 분기가 개인 분기를 따라잡을 무렵이 되면 개인 분기를 공개한다. 그러면 그 프로토콜을 준수하는 모든 채굴자가 공개 분기를 버리고 새롭게 발표한 개인 분기로 옮겨갈 테니 공개 분기가 무효가 된다. 그러면 채굴자들이 공개 분기에서 수행한 모든 작업은 헛수고가 된다. 반면 개인 분기에 투자한 노력은 헛수고가 되지 않았으니 이기적인 채굴자에게는 유리하다. 이 전략을 선택한 이기적인 채굴자는 본인의 네트워크 해시 레이트의 할당 몫에 비해 더 많은 보상을 받을 수 있다. 이 전략은 나머지 채굴자들을 속여 시간을 낭비하게 만들기 때문에 이기적인 채굴자에게 유리하다. 섹션 7.5에서 소개한 다른 공격과는 달리 이 공격은 자금의 수령자가 아니라 다른 채굴자들을 겨냥한 것이다.

에얄과 귄 시러가 입증했듯이 다른 채굴자들을 자신의 조합으로 초대하면(필요할 경우 조합을 만들면) 이기적인 채굴자에게 유리하다. 그뿐만 아니라 이 조합에 합류한 다른 채굴자들에게도 이롭다. 이런 이동이 계속되면 결국 이기적인 채굴조합이 대부분의 네트워크 해시 레이트를 확보할 것

---

160) 예전에 R호닝(RHorning)의 비트코인 토론 게시판에서 이 공격이 제시되었으나 에얄과 귄 시러(Eyal and Gün Sirer, 2013)에서 공식화되었다.

이다. 이 무렵이면 나머지 채굴자들에게는 '게임이 종료되는' 상황이 일어난다. 이기적인 채굴조합은 채굴한 블록을 발표하지 않고 전체 블록만 주기적으로 발표한다. 따라서 다른 채굴자들은 새로운 블록을 채굴하지 못하게 될 테고 그러면 아마 네트워크를 떠나게 될 것이다. 이기적인 채굴조합이 성장하면 채굴의 통제권이 집중되는 부정적인 결과가 발생한다. 네트워크를 통제하는 집단이 트랜잭션을 검열하거나 이미 블록체인에 포함된 트랜잭션을 제외시킬 수 있다. 이는 비트코인의 근간인 개방성과 무(無)검열의 철학에 어긋난다. 이기적인 채굴의 또 다른 부정적인 결과로서 확인된 트랜잭션의 불확실성이 커져서 확인 시간이 훨씬 더 길어질 수 있다.

에얄과 귄 시러에 따르면 이기적인 채굴은 비교적 작은 규모의 채굴자들에게도 이롭다. 비트코인 프로토콜을 변경해 어떤 채굴자가 이기적인 채굴로 이익을 챙기려면 반드시 확보해야 하는 크기를 더 높이자는 제안이 등장했다. 블록체인에서 포크와 맞닥트렸을 때 현재 채굴자들은 임의로 (길이가 같은) 첫 번째 분기를 선택해서 계속 채굴한다. 또한 그들은 첫 번째 분기만 다시 발표하는 한편, 다른 분기는 본인들의 메모리에 보관한다. 만일 프로토콜을 변경한다면 노드에서 경쟁하는 모든 분기를 다시 발표하고 채굴자들이 어떤 분기에서 채굴할 것인지 임의로 결정할 것이다. 주장에 따르면, 그 결과 이기적인 채굴이 이익을 챙길 수 있는 해시 레이트의 상한선이 총네트워크 해시 레이트의 0%에서 25%로 올라갈 것이다.

이기적인 채굴 공격을 실제로 실행하기는 어려울 것이다. 그 이유는 첫째, 이기적인 채굴 전략은 들키기 쉽다. 이기적인 채굴자는 블록을 한꺼번에 발표한다. 이기적인 채굴자의 크기가 클수록 발표하는 개인 사슬이 더 길어진다. 다른 채굴자들이 이런 행동을 감시하고 조치를 취할 수 있다. 게다가 이기적인 채굴자가 성공하면 다른 채굴자들도 프로토콜을 준수하지 않을 빌미가 생긴다. 다시 말해 즉시 채굴한 블록을 발표하지 않고 자신들의 이기적인 채굴 연합을 형성해도 된다고 생각한다. 그러면 이기적인 채굴 연합들 사이에 전쟁이 일어날 가능성이 있으며 이 전쟁의 결과는 이 공격을 먼저 시작한 이기적인 채굴자에게 유리하지 않을 수 있다. 혹은 나머지 '정직한' 채굴자들이 함께 뭉쳐서 그 이기적인 채굴자에 대한 보복 전략(tit-for-tat strategy)을 선택할 수 있다. 게임이론상 이런 전략이 어떤 영향을 미칠 수 있는지에 대해서는 아직 연구가 부족한 상태이다. 하일만(Heilman)이 제시한 이기적인 채굴에 대한 또 다른 해결책은 유효한 타임 스탬핑을 토대로 포함시킬 블록을 차별하는 방법이다. 그러면 이기적인 채굴자가 한꺼번에 긴 부기를 모두 발표하기가 훨씬 어려워질 것이다.

표 9.1은 다양한 채굴조합의 채굴 능력 분포도이다. 이 분포는 비교적 균형 잡힌 것처럼 보이지만 어떤 채굴에서 50%에 근접할 정도(심지어 초과할 정도)까지 총해시 레이트를 축적하는 상황이 몇 차례 벌어졌다(2011년에 한 차례, 2014년에 두 차례). 이로 말미암아 채굴자들은 채굴조합을 버려야 할 상황이 발생했고, 결국 흔히 공격하던 채굴조합이 스스로 크기를 줄이기 위한 조치를 취했다. 표 9.1은 이와 같은 사건이 일어나고 며칠이 지난 후의 채굴 능력 분포도이다. 채굴 능력의 집중을 저지하기 위한 몇 가지 안건이 제시되었다.

표 9.1 채굴조합의 해시 레이트 분포. 출처: 2014년 6월 17일자 blockchain. info/pools 4일 평균

| 조합 | 백분율 |
|---|---|
| G해시.IO(GHash.IO) | 32% |
| 디스커스 피시(Discus Fish) | 14% |
| BTC 길드(BTC Guild) | 12% |
| 엘리지우스(Eligius) | 8% |
| 슬러시(Slush) | 4% |
| 폴마인(Polmine) | 2% |
| 비트민터(BitMinter) | 1% |
| 이클립스MC(EclipseMC) | 1% |
| 미상 | 26% |

■ 채굴자들이 전체 블록체인의 복사본을 저장하고 처리하도록 채굴 알고리즘을 수정한다. 그러면 어찌 되었든 채굴자들이 블록체인을 저장하고 처리해야 하므로 중앙집권 채굴조합이 P2조합보다 유리한 점이 없다. 따라서 채굴자들이 P2조합으로 옮기게 될 것이다.

■ **아웃소싱할 수 없는 퍼즐(non-outsourceable puzzles)**

이 제안은 조합 운영자에게 들키지 않고 운영자로부터 블록 보상을 '훔칠' 수 있는 채굴 알고리즘을 변경한다. 채굴자들이 차후에 자신에게 블록 보상을 돌릴 수 있다는 이유로 이 방법을 채택하면 조합 채굴을 실행할 수 없을 것이다. 이 제안은 영지식 증명[161]을 포함시켜 블록을 확장하며 그러면 하드 포크가 필요할 것이다.

---

161) 채굴자들은 영지식 증명에서 필수 채굴 난이도를 충족시키는 논스와 머클트리 루트를 안다는 사실을 입증한다. 영지식 증명 구조는 제로캐시(Zerocash)에서 사용되는 것과 유사하다(섹션 12.5.7 참고).

■ 다중 PPS

다중 PPS에서 채굴자들은 여러 조합에 블록 보상을 배정해서 각 채굴조합에 다양한 비율의 블록 보상을 할당한다. 그러면 채굴자들이 이 모든 채굴조합에 할당 몫을 제출하고 채굴조합은 그에 따라 보상한다. 로젠필드가 언급했듯이 이 제도하에서는 채굴자가 자신의 처리 능력을 조합의 크기에 맞춰 분산하는 것이 가장 좋다. 만일 모든 채굴자가 이 프로토콜을 준수한다면 대형 조합은 그들의 시장점유율을 더 이상 넓히지 않을 것이고 그 결과 소형 조합이 살아남을 것이다.

# PART 3

암호화폐의
세계

B i t c o i n

# 10장
# 비트코인의 기원

이 장에서는 30년 전에 등장했고 비트코인이 개발되면서 정점에 달한 암호화폐의 주요 개념을 대략 살펴볼 것이다. 전자화폐가 성취해야 할 두 가지 특성이 있다. 바로 익명성과 탈중앙화이다.

대개 익명성은 사용자에 대한 정보가 없고 인출과 지불 작업처럼 동일한 사용자가 수행하는 작업을 연결할 수 없는 특성이라고 이해한다. 익명성을 중요시하는 또 다른 이유는 익명성에서 가치동일성(fungibility)이 발생하기 때문이다. 가치동일성이란 다른 단위를 서로 대체할 수 있는 화폐의 특성을 말한다. 익명성이 보장되지 않으면 자금의 원천을 추적할 수 있기 때문에 가치동일성이 훼손된다.

비트코인을 비롯해 대부분의 암호화폐는 익명성이나 탈중앙화 가운데 어느 한 가지를 성취하는 경향이 있다. 초기 암호화폐는 사용자의 프라이버시를 보호하는 데 중점을 둔 반면, 최근 개발되는 암호화폐는 탈중앙화에 초점을 맞춘다. 이 두 가지를 통일성이 있는 한 시스템으로 융합하는 것은 여간 어려운 일이 아니다.

비트코인은 확실한 탈중앙화를 성취하는 쪽에 가까운 반면, 사용자에게는 반익명성(pseudonymity)을 허용한다. 그러나 비트코인의 익명성이 커지거나 완전히 익명이 보장되는 탈중앙화 암호통화를 구축하는 분야에 새롭게 관심이 모아졌다. 이 주제에 대해서는 12장에서 다룰 것이다.

디지털 통화를 구축할 때 이용하는 여러 개념은 사이퍼펑크(cypherpunk: 암호학의 진보와 프라이버시 보호의 대중화가 사회와 정치면에서 긍정적인 변화를 일으킨다고 믿는 사람들로 구성된 자유주의 운동-옮긴이) 운동에서 생성되었고 일부 암호화폐 옹호자들은 이 운동의 구성원들이다.

---

### 사이퍼펑크 운동(cyberpunk movement)

암호화폐 개념의 연구와 발표를 규제하는 미국 정부의 조치에 반대한 자유주의적 암호기술자들이 1990년대에 열렸던 일련의 회의에서 사이퍼펑크 운동이 탄생했다. 사이퍼펑크들은 사회를 변화시킬 수단으로 암호기술을 이용한다는 개념을 옹호한다.

사이퍼펑크라는 용어는 어떤 기술 전문 작가가 처음으로 만든 것인데 이 작가는 초창기에 열린 한 회의에 참석해 토론을 지켜보고서 "당신들은 사이퍼펑크"라고 말했다고 한다. 참가자들은 이 표현이 마음에 들어서 계속 사용했다.

사이퍼펑크 사조는 공개키 암호기술이나 은닉서명같이 초창기에 개발된 암호기술에 그 뿌리를 두고 있다.

제1회 회의에서 작성된 암호화 아나키스트 선언(Crypto Anarchist Manifesto) 이라는 문서[메이(May),1992]에 이어서 사이퍼펑크 선언(Cypherpunk's Manifesto)[휴스(Hughes), 1992]이라는 제목의 문서가 작성되었다. 이 문서들은 암호화 도구를 만들어 프라이버시와 익명성이라는 목적을 성취해야 한다고 촉구했다. "사이퍼펑크들이 암호를 작성한다." 또한 탈중앙화 시스템을 사용해야 한다고 주장했다. "소프트웨어는 파괴할 수 없으며 널리 분산된 시스템은 폐쇄할 수 없다." 아울러 선언문을 통해 다음과 같이 밝혔다. "우리 사이퍼펑크들은 익명 시스템을 구축하기로 결정했다. 우리는 암호기술, 익명을 이용한 메일 전송 시스템, 디지털 서명, 전자화폐로써 우리의 프라이버시를 보호하고 있다."

얼마 후 집단 토론은 메일링 리스트로 옮겨갔으며 구성원들은 여기에서 수학, 암호기술, 컴퓨터 과학부터 정치까지 다양한 주제에 관해 토론했다.

사이퍼펑크 운동은 탄생하고 몇 년이 지나 추진력을 잃었다. 아마 그 이유는 암호 테크놀로지에 대한 소비자의 이해가 부족했기 때문일 것이다. 비트코인 탄생에 도움이 된 사실을 발견한 일부 사람들 또한 사이퍼펑크로 인정받는다.

# 10.1 데이비드 차움의 이캐시

데이비드 차움(David Chaum)은 익명 커뮤니케이션, 투표 제도, 디지털 통화 분야에 신기원을 이룬 암호기술자이다. 그는 은닉서명과 집단 서명 같은 새로운 기본 암호들을 도입했다. 그리고 이캐시(Ecash)라는 이름의 익명 전자 결제시스템을 제안하고 이 테크놀로지를 상품화하는 회사를 설립했다.

차움(1982)은 은닉서명을 기반으로 하는 추적 불능 결제시스템을 제시했다. 이 결제시스템을 이용하면 사용자가 은행으로부터 익명의 토큰을 받을 수 있다. 여기서 각 토큰은 일정한 액수의 화폐를 의미한다. 우선 사용자가 은행에 은닉 일련번호(blinded serial numbers)를 제시한다. 그러면 은행은 은닉 일련번호에 서명하고 사용자의 계좌에서 그에 상응하는 액수를 인출한다. 일련번호는 사용자가 무작위로 선택하며 은행에는 알리지 않는다. 따라서 서명할 시점에 은행은 이 일련번호를 모른다.

그런 다음 사용자는 토큰에서 은닉 요소를 제거하고 은행에서 원래의 일련번호에 서명을 받을 수 있다. 서명을 받은 이 일련번호는 누구든 서명 은행에서 상환받을 수 있다. 사용자는 판매업체로부터 제품을 구매하고 판매업체에 이 토큰을 제시한다. 그러면 판매업체가 이 토큰을 은행에 제출하고 은행은 서명이 정확하며 일련번호가 아직 사용되지 않았는지 확인한다(은행은 사용한 일련번호의 개수가 담긴 데이터베이스를 보관한다). 그리고 마지막으로 판매업체의 계좌에 그 액수를 대변에 기재한다(혹은 판매업체를 위한 새로운 토큰에 서명한다). 인출과 사용은 분리할 수 없다. 은행은 은닉 일련번호에 서명하기 때문에 일련번호의 원래 소유자를 모른다. 특정한 일련번호가 이전에 사용된 적이 있는지만 확인할 수 있다.[162]

차움의 추적 불능 결제시스템의 원래 아이디어는 이중지불 공격을 받을

---

162) 이캐시는 본질적으로 익명성이 보장되지만 비트코인은 반익명적인 테크놀로지이다. 12장에서 익명성을 제공하는 비트코인 기술의 확장기능만큼 효과적으로 비트코인 사용자의 신원을 확인할 방법을 제시할 것이다.

수 있다. 토큰 사용자가 같은 토큰을 두 판매업체에 제시할 수 있다. 따라서 이 시스템은 온라인 결제시스템에서만 사용할 수 있다. 판매업체는 결제를 수용하기 전에 은행에서 토큰을 상환받아야 할 것이다.

차움 등(1990)이 제시한 이캐시는 오프라인 트랜잭션을 위해 제시된 이 시스템을 개선한 것이다. 또한 이캐시 설계는 은닉서명을 토대로 삼고 있다. 하지만 사용자는 무작위 일련번호뿐 아니라 신중하게 작성한 데이터를 은행에 보내야 한다. 이 데이터에는 무작위 일련번호와 사용자에 대한 숨겨진 정보가 일부 포함되어 있다. 토큰을 결제대금으로 받은 판매업체는 사용자의 신원정보에 접근할 수 없다. 하지만 만일 두 판매업체가 같은 토큰을 결제대금으로 받는다면 이 토큰을 합쳐서 사용자의 숨겨진 신원을 찾아낼 수 있다. 따라서 토큰을 1회만 사용하는 사용자의 익명성은 보호되지만 토큰을 1회 이상 사용하면 익명성이 보장되지 않는다. 토큰에 서명하기 전에 은행은 신원정보가 정확한지, 다시 말해 숨겨진 정보가 사용자의 진짜 신분을 정확하게 밝히는지 확인해야 한다. 이캐시 설계를 이용하면 은행에서 신원정보를 확인하는 한편, 일련번호를 밝히지 않을 수 있다. 따라서 정직한 사용자에 대해서는 추적 불능성이 보장된다.

이처럼 사기꾼의 신원을 확인할 수 있으니 이중지불을 시도하려는 사용자가 주춤할 것이라는 바람이 있었다. 하지만 사기꾼이 거액의 자금을 이중지불하는 데 성공한다면 사기꾼의 신원을 밝혀낸다고 하더라도 충분한 억제책이 되지 못할 것이다. 아니면 공격자가 합법적인 사용자의 지갑을 훼손해 원하는 만큼 지급의 자금을 반복적으로 사용할 수 있을 것이다. 이런 경우 이중지불의 책임은 의심하지 않은 사용자에게 있다.

이캐시의 또 다른 단점은 각 토큰이 일정한 액수의 화폐를 의미한다는 점이다. 다양한 액면 금액의 토큰을 만들 수 있으나(이를테면 은행에서 액면 금액마다 다른 공개키를 사용한다) 그러면 사용자의 익명성을 다소 잃게 된다. 이캐시 시스템은 1990년대에 발행된 몇몇 특허로 보호를 받았기 때문에 최근까지도 이 기술의 복제품은 존재하지 않았다.

차움의 이캐시 시스템의 효율성을 높이기 위한 몇 가지 개선책이 제시되었다. 이를테면 브랜즈(Brands)는 다양한 액면 금액을 지원하는 확장기능을 도입했다. 이로써 프레이밍(framing: 은행에서 이중지불자가 되도록 사용자를 유도하는 것)에 대비한 보호책, 익명 계좌, 여러 번 사용할 수 있는 코인과 같은 다른 몇몇 특성뿐 아니라 이중지불 확인과정의 효율성도 높였다. 또 다른 사례로 카메니쉬(Camenisch) 등이 제시한 것이 있다. 이들은 대량의 코인을 매우 효율적으로 저장하는 시스템을 제시했다. 이 시스템에서는 이중지불자의 신원은 물론 지출내역 전체를 공개한다.

탈중앙화 시스템인 비트코인과는 달리 차움의 이캐시와 그것의 모든 확장기능에는 중앙서버(은행)가 필요하다. 하지만 중앙서버가 토큰을 더 많이 발행하기로 결정하거나 개인키를 도둑맞아 공격자가 원하는 만큼 토큰을 발행할 가능성이 있기 때문에 문제가 발생할 수 있다.

# 10.2 애덤 백의 해시캐시

1997년 애덤 백(Adam Back)은 이메일 스팸을 제한하는 한 방법으로 해시캐시(Hashcash)를 소개했다. 해시캐시는 해시캐시라는 토큰을 이메일 메시지의 헤더에 추가할 것을 제안한다.

이 토큰을 만들려면 어느 정도 계산비용이 필요하지만 확인과정에 필요한 비용은 무시해도 좋을 정도에 지나지 않는다. 이메일에 해시캐시를 추가하면 스패머들이 어쩔 수 없이 상당한 양의 계산비용을 지출해야 하므로 이들의 경제학은 바뀔 것이다. 사실 해시캐시는 디지털 결제시스템이 아니지만 비트코인의 탄생에 중요한 자리를 차지하기 때문에 이 장에서 다루었다.

해시캐시를 만들려면 사용자가 다음과 같은 암호 문제를 해결해야 한다. 헤드에 추가되면[163] 특정한 수의 0비트로 시작하는 해시가 나오는 계수기(器)의 값을 구한다. 해시값에서 0의 개수에 따라 계수기를 구하는 난이도가 달라지며 사용자는 스위트스폿(이를테면 일반 컴퓨터에서는 이메일 한 통당 0.5초)에 0의 개수를 맞출 수 있다. 이 스위트스폿에서 해시캐시 계산은 사용자에게는 눈에 띠지 않지만 스패머는 주저하게 된다. 해시캐시를 만드는 계수기의 값을 구하려면 이메일의 발신자가 계수기의 값으로 시작해서 필수 난이도를 해결할 때까지 완만하게 그 값을 증가시키면서 그

---

163) 이 헤더에는 수신자의 이메일과 날짜가 포함되어 쉽게 재사용할 수 없다.

때마다 해시함수의 결과를 계산한다.

모든 해시캐시는 수신자에 따라 달라지므로 수신자는 제3 신뢰기관이 없어도 유효성을 확인할 수 있다. 그렇기 때문에 해시캐시가 탈중앙화 시스템인 것이다. 게다가 누구나 유효한 해시캐시를 만들 수 있기에 가치가 같으므로 익명 시스템이기도 하다. 원칙적으로 해시캐시는 거래가 가능하다. 계산능력을 갖춘 누군가가 온디맨드(이용자의 요구에 따라 네트워크를 통하여 필요한 정보를 제공하는 방식-옮긴이)로 해시캐시 토큰을 생성할 수 있으므로 사용자는 직접 계산능력을 써야할 필요가 없다.

해시캐시가 도입한 주된 혁신은 작업증명함수이다. 비트코인 분산 트랜잭션 분산원장의 토대이며 정밀하고 쉽게 조정할 수 있는 작업증명함수 말이다.

## 10.3 닉 자보의 비트 골드와 웨이 다이의 b-머니

1998년 닉 자보(Nick Szabo)와 웨이 다이(Wei Dai)는 각각 비트 골드(bit gold)와 b-머니(b-money)라는 이름으로 비슷한 디지털 화폐 설계를 제시했다. 이 두 설계에는 중앙서버의 역할이 필요하지 않다. 이 제안의 주된 개념은 잔액을 분산 데이터베이스에 저장하는 것이었다.

b-머니에서는 계산이 어려운 문제에 대한 해답을 제출하면 화폐가 발행되며 그 해답은 확인하기 쉽다. 즉 작업증명이다. 발행된 화폐 액수는

문제의 난이도에 비례한다. 작업증명의 난이도를 결정하는 방식은 네트워크에서 표결을 통해 선택한다. 이 시스템은 계산 자원이 풍부한 단일 실체에는 취약하다. 네트워크가 난이도를 업데이트할 기회를 얻기 전에 이 단일 실체가 막대한 액수의 새 화폐를 퍼부어 네트워크를 압도할 수 있기 때문이다.

비트 골드에서도 작업증명 문제를 해결하면 화폐가 발행되지만 각 문제의 작업증명이 이전 해답과 연결되어 순차적으로 화폐가 발행된다는 점이 다르다. 그러나 두 설계 모두 참가자가 화폐공급량을 증가시키기로 동의할 방법은 완벽하게 해결하지 못했다.

두 제안에서 사용자는 공개키로 대표된다. 사용자는 자금이체를 알리는 공개키로 메시지에 서명하고 이 메시지를 네트워크에 발표하는 방식으로 다른 사용자에게 자금을 이체한다. 이는 비트코인 트랜잭션의 원리와 상당히 비슷하다.

다이는 구속력이 있는 b-머니 계약을 제안했다. 이 방식에서는 일종의 억제책으로서 당사자들이 자금을 보내면 네트워크에서 에스크로에 보관했다. 계약이 성공적으로 이행되거나 당사자들이 합의하면 에스크로 자금을 풀었다. 당사자들이 합의에 이르지 못하면 양측이 에스크로 자금을 사용하기 위한 계획서를 보내고 네트워크 노드들이 에스크로 자금을 할당할 방법을 결정한다. 노드들이 합의에 이를 방법이나 네트워크에 대한 시빌(Sybil) 공격에 대처할 방법은 제안서에서 자세히 다루지 않았다.[164]

자보는 스마트 계약의 초기 옹호자였으며 현재 그의 많은 아이디어가

차용되고 있다.165)

비트 골드와 b-머니는 모두 반익명 기반 설계이며 사용자의 공개키를 이름으로 쓴다. 트랜잭션이 네트워크에 공개되기 때문에 두 설계는 네트워크 분석을 이용해 서로 연결할 수 있다. 따라서 이들은 비트코인과 비슷하게 완벽한 익명성을 제공하지 않는다.

두 시스템에서 서버는 서로 정보를 주고받으면서 공동 데이터베이스를 유지한다. 그 결과 비잔틴 장군의 딜레마 문제가 발생한다. 비잔틴 장군 문제를 다시 간단히 설명하자면 몇몇 장군은 전투 전략에 동의해야 하는 상황인데 그들은 물리적으로 떨어져 있기 때문에 메시지를 이용해 의사소통해야 한다. 그러나 메시지가 훼손되거나 장군 중에 반역자가 있을 수 있다. (충성스러운) 장군들이 이런 경우에 처했을 때 공동 전략을 어떻게 수립할 것인가라는 문제를 해결해야 한다. 이와 비슷하게 b-머니와 비트 골드에서는 노드들이 주고받는 메시지가 훼손되거나 분산 데이터베이스를 전복하려는 공격자가 존재할 경우 네트워크가 어떤 식으로 분산 데이터베이스의 상태에 합의할 수 있을지가 관건이다. b-머니는 비잔틴 장군의 문제에 대처하지 않는다. 반면 자보는 다음번 논문에서 '비잔틴 정족수 시스템(Byzantine Quorum System)'을 제안했다. 이 시스템에서는 비트 골드가 프로토콜로 이용할 수 있는 네트워크 어드레스의 정족수가 분산 데이

---

164) **시빌 공격**에서 공격자는 피어 투 피어 네트워크에서 여러 가지 신분을 만들어 균형에 맞지 않을 정도로 막강한 영향력을 발휘한다. b-머니 계약의 경우 공격자는 여러 노드를 만들어 어떤 에스크로 자금과 관련된 분쟁을 해결할 때 네트워크의 의견을 자신에게 유리하게 움직일 수 있다.

165) szabo.best.vwh.net/에서 자보의 논문을 참고하라.

터베이스의 변화를 받아들일지 결정한다.[166]

b-머니와 비트 골드는 모두 이론적인 제안이기 때문에 실제로 시행되지는 않았다. 하지만 비트코인은 이 설계들에서 제시한 몇몇 개념을 실제로 구현한 결과물로서 이런 제안에서는 대충 얼버무리고 넘어간 몇 가지 중요한 세부 문제를 해결한다.[167]

# 10.4 샌더와 타시마의 회계감사가 가능한 익명 전자화폐

1999년 토머스 샌더(Tomas Sander)와 암논 타시마(Amnon Ta-Shma)는 중앙서버에서 은닉서명을 발행할 필요가 없는 익명 전자화폐 시스템을 제시했다. 샌더와 타시마의 시스템에서 코인 한 개는 그것의 일련번호 해시로 나타낸다. 유효한 동전의 목록을 은행에 보관한다. 이 목록은 머클트리로 나타낸다. 그래야만 효율적으로 저장하고 발송할 수 있기 때문이다. 머클트리의 루트는 공개된다. 은행이 이것을 시스템 참여자에게 보낸다. 코인의 해시가 있는 트리의 나뭇잎에서부터 트리의 뿌리까지의 해시 체인만 있으면 어떤 코인이 트리에 속한다는 사실을 입증할 수 있다. 새로운 코인을 트리에 추가할 때마다 루트를 업데이트해서 다시 참가자에게

---

166) 또한 비트 골드는 새로운 토큰을 만드는 작업증명 사슬에 타임 스탬핑 해결책을 제안한다.
167) 사토시 나카모토는 b-머니나 비트 골드를 모른 채 독자적으로 같은 아이디어를 떠올렸을 가능성이 있다.

보낸다. 이 제안에서 트리는 몇 개의 라이브 트리로 구성된다. 이를테면 마지막 1분에 하나, 마지막 1시간에 하나, 마지막 1일에 하나 등으로 구성된다. 1시간이 지나면 시간 트리가 일(日) 트리에 합쳐지고 그러면 새로운 라이브 시간 트리가 만들어진다. 실제로는 라이브 트리에 분, 시간, 일 대신 2의 거듭제곱을 이용한다. 모든 라이브 트리에는 라이브 루트가 있고 루트 정보는 실제로 모든 라이브 루트의 목록이다. 빈도가 더 높은 라이브 루트가 빈도가 더 낮은 트리에 합쳐지고 새로운 트리가 만들어짐에 따라 정기적으로 이 목록을 업데이트한다.

코인을 인출하려면 사용자가 그 코인을 위한 무작위 일련번호 $s$를 만들고 트랩도어(trapdoor)를 이용해 일련번호로부터 코인 번호 $z$를 계산한다. 트랩도어에는 이중지불이 일어났을 때 사용자의 익명성을 제거하는 데 사용할 수 있는 정보가 포함된다.[168] 그런 다음 사용자가 코인 번호 $z$를 은행에 보내면 은행은 트리에 그 번호를 발표한다.[169] 그 후에 은행은 사용자에게 사용자 본인의 코인에서 라이브 트리 루트까지 이어지는 해시 사슬을 보낸다. (빈도가 낮은 라이브 트리와 합쳐지기 때문에) 라이브 트리 루트가 바뀔 때마다 은행은 사용자에게 새로운 라이브 트리의 루트까지의 새로운 해시 사슬을 보낸다. 이 업데이트의 빈도는 시간이 흐르면서 기하급수적으로 감소한다.[170]

---

168) 샌더와 타시마가 사용한 트랩도어 함수는 대략 $g(s',r) = g_1^{s'} \cdot g_2^r$이다. 여기에서 $s' = u1\|u2\|s$는 일부 사용자 정보를 코인 $s$의 일련번호와 연결한 것이다. $r$은 의사난수이다.

169) 또한 사용자는 코인이 제대로 형성되었으며 정확한 익명성 제거용 정보가 트랩도어 함수에 포함되었다는 영지식 증명을 은행에 보낸다. 이 영지식 증명에서는 일련번호를 밝히지 않는다.

170) 사용자는 코인의 총수 $N$과 함께 $log\ N$에 비례한 업데이트 개수를 받는다.

결제 과정에서는 판매업체가 사용자에게 판매업체에 보관하는 모든 라이브 루트의 목록을 보낸다. 그러면 사용자는 본인의 코인에서 루트 리스트에 있는 한 루트까지의 해시 사슬을 알고 있다는 사실을 입증한다. 이 증거는 집합 구성원의 영지식 증명이다. 영지식 증명에서 추가정보가 공개되는 것은 아니므로 판매업체는 어떤 코인이 사용자의 것인지 혹은 그 코인이 어떤 라이브 루트에 붙은 것인지조차 알 수 없다. 다만 코인이 유효하기 때문에 사용자의 익명성이 유지된다는 사실만 알 수 있을 뿐이다. 영지식 증명에는 코인의 원래 일련번호가 포함된다.171) 마지막으로 판매업체는 은행에 영지식 증명을 제출한다. 은행은 영지식 증명의 유효성과 코인의 일련번호가 전에 사용된 적이 있는지 확인하고 판매업체의 대변에 그 자금을 기입한다. 그러면 일련번호가 사용된 일련번호 목록에 추가된다.

머클트리에서는 모든 업데이트가 발표되므로 이 시스템은 회계감사가 가능하다. 따라서 참가자들이 트리에 붙은 모든 코인을 주시한다. 즉 화폐 공급량이 증가하면 누구나 알 수 있다. 그뿐만 아니라 새로운 코인에 서명할 때 사용하는 개인키가 없어서 이 시스템은 악의적인 은행이나 개인키의 절도 위험으로부터 안전하다.

원래 제안에서는 새로 코인이 발행될 때 머클트리를 업데이트해서 사용된 일련번호의 목록을 보관하는 은행이 있다고 가정했다. 그러나 이런 은행의 임무는 탈중앙화 방식으로 수행할 수 있으므로 비트코인과 마찬가

---

171) 영지식 증명에는 추가 한도가 포함된다. 만일 코인을 이중으로 사용하면 사용자의 익명성을 제거하기 위한 인출 작업에서 이 추가 한도의 두 사례를 은행에 보내는 정보와 합칠 수 있다.

지로 제3 신뢰기관의 필요성이 없어진다.

이 설계에서는 트랜잭션들을 연결할 수 없어서, 즉 인출 작업을 지불 작업과 연결할 수 없어서 익명성이 완전히 보장된다. 이전의 익명 결제시스템과 대조적으로 이 설계는 은닉서명 대신 집합 구성원의 영지식 증명을 이용한다. 이로써 작업을 수행하고 확인하는 과정에 필요한 계산능력과 데이터 크기 면에서 비효율적이다. 좀 더 최근 등장한 제로코인(Zerocoin)과 제로캐시(Zerocash)는 이 방식과 몇 가지 비슷한 점이 있다.

사토시는 이런 접근방식을 통한 익명성의 장점을 비트코인에 통합할 수도 있었을 것이다. 하지만 그가 비트코인을 발표할 때 이 작업을 알고 있었는지, 알고 있었으나 계산비용이 많이 드는 이 특성을 적용하지 않기로 했는지 혹은 의식적으로 비트코인을 반익명 시스템으로 남겨두기로 결정했는지는 확실치 않다.

## 10.5 할 피니의 RPOW

2004년 할 피니는 RPOW를 소개했다. 재사용이 가능한 작업증명(Reusable Proof-Of-Work)을 의미하는 RPOW는 해시캐시를 보편화한 것이다. RPOW에서는 특정한 이메일 주소에 연결된 해시캐시를 생성하는 대신 POW(작업증명) 토큰을 어떤 특정한 애플리케이션과도 연결하지 않고 자유롭게 사용할 수 있다. 클라이언트는 작업증명 계산을 수행해 POW 토큰을 만들 수 있다. RPOW는 해시캐시를 작업증명 시스템으로 사용한다. 따라서 POW 토큰의 가치는 그것을 만들 때 사용한 계산 자원으로 결정된다.

피니가 도입한 중대한 혁신 기술은 POW 토큰을 재생성하지 않고 교환할 수 있다는 점이다. 우선 사용자가 해시캐시 작업증명을 수행해 토큰을 생성한다. 사용자가 토큰을 사용하기로 결정했다면 다른 사용자에게 토큰을 보낸다. 다른 사용자는 새로운 POW를 위한 RPOW 서버에서 토큰을 상환한다. 사용자가 POW 토큰을 받으면 재빨리 RPOW 서버로 넘기고 새로운 POW로 교환함으로써 원래 소유자가 이중으로 사용하지 못하도록 막아야 한다. 따라서 RPOW 시스템은 온라인 시스템이다.

RPOW 서버를 이용하면 토큰을 연속해서 다시 사용할 수 있으며 한 토큰이 서버에 제시되면 새로운 토큰이 발행된다. RPOW 시스템의 핵심은 중앙서버이다. 중앙서버에서는 사용된 모든 POW 토큰이 담긴 데이터베이스를 보관한다. 이 서버에서는 이전에 사용하지 않은 토큰이 서버에 제출되면 토큰을 재발행할 수 있을 뿐 새로운 토큰을 만들지는 못한다. 피니는 RPOW 서버 프로그램을 만들어 오픈소소 라이선스로 발표했다. RPOW를 암호 보조 처리기를 포함한 서버에 설치한 다음 '신뢰 계산(trusted computing)'을 이용해 원격증명을 수행할 수 있었다. 암호 보조 처리기는 개인키의 복사본이 보조 처리기[172]를 벗어나지 않도록 보관하는 한편 이 개인키를 이용해

---

172) IBM 4758 PCI 암호 보조 처리기를 사용했는데 이후 보조 처리기는 중단되었다.

서버에서 운용되는 코드 해시에 서명할 수 있었다. 사용자는 서버에서 발표된 코드를 운영하고 있으며 코드가 변경되지 않았다는 사실을 확인할 수 있다. 하지만 만일 공격자가 암호 보조 처리기 제조업체로부터 개인키의 복사본을 얻는다면 RPOW 서버를 악성 버전의 코드로 운용하는 서버(이를테면 공격자를 위해 새로운 토큰을 주조하지만 원격증명으로 조사하면 정확하게 서명된 인증서를 만들어내는 서버)로 대체할 수 있다.

RPOW 서버는 결국 오프라인으로 옮겨졌고 서비스는 중단되었다.

## 10.6 사토시 나카모토

사토시 나카모토는 비트코인의 개발자 혹은 개발자들이다. 이 이름이 진짜 이름인지 가명인지는 확실치 않다. 그(혹은 그녀나 그들)는 2008년 비트코인 논문을 발표하고(나카모토, 2008a) 2008년 11월 metzdowd 암호 메일링 리스트에 기록했다. 2009년 초에 사토시는 비트코인 소스코드를 발표하고 소스포지(Sourceforge)의 바이너리를 컴파일했다. 〈그림 10.1〉은 이를 도식으로 나타낸 것이다. 사토시는 2009년 비트코인 1월 3일 피어 투 피어 네트워크를 개시하고 채굴을 시작했다.

비트코인 초창기에는 채굴에 참여하는 사람이 매우 드물었고 채굴 난이도는 낮았다. 이 소수의 채굴자들이 많은 비트코인을 모을 수 있었다. 블록체인을 분석한 결과 사토시는 약 100만 비트코인을 채굴한 것으로 보인다.173) 이는 이 글을 쓰는 현재 화폐공급량의 약 10%에 해당한다.

놀랍게도 이 가운데 사용된 비트코인은 없었다. 이유는 확실히 알 수 없다. 하지만 사토시가 그 비트코인을 모두 사용하기 시작한다면 결국 그가 누구인지 밝혀낼 수 있는 실마리가 생길 것이다. 블록체인의 트랜잭션이 공개되기 때문에 만일 사토시가 비트코인을 사용한다면 그가 관리하는 계정을 실제 세상의 사람과 연결할 수 있는 고리가 생길 것이다.

사토시의 일부 발언에서 명확히 알 수 있듯이 사토시는 의도적으로 탈중앙화 시스템을 만들었다. "내가 생각하기에 1990년대에는 관심이 있는 사람이 훨씬 많았다. 하지만 제3 신뢰기관 기반 시스템이 실패하고 10년 이

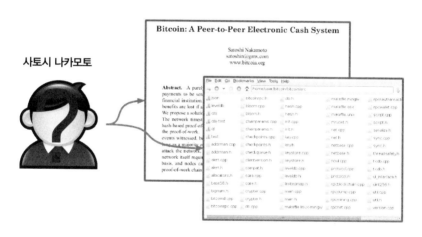

**그림 10.1 사토시 나카모토**

---

173) 이 분석은 코인베이스의 필드 ExtraNonce를 관찰한 결과를 토대로 실시한 것이다(섹션 7.4 참고). 이 필드는 사토시로 짐작되는 초창기 채굴자 가운데 한 사람이 운영하는 서버에서 임의로 초기화되지 않고 순차적으로 증가되었다. 따라서 ExtraNonce 필드를 도표로 나타낸 그래프에서 이 채굴자가 채굴한 블록을 확인할 수 있다.

상 지난 지금 사람들은 그것을 실패한 제도라고 볼 것이다. 나는 지금 내가 아는 한 우리가 최초로 비 신뢰 기반 시스템을 시도한다는 사실을 사람들이 구분할 수 있기를 바란다." 그런 다음 이어서 다음과 같이 썼다. "지금으로부터 10년 후에 우리가 어떤 식으로든 전자 통화를 사용하지 않는다면 나는 놀랄 것이다. 우리가 그렇게 할 방법을 알고 있고 그것은 제3 신뢰기관이 긴장할 때 부득이하게 축소되지 않을 방법이니 말이다."

사토시가 사이퍼펑크 운동의 일원인지는 확실치 않다. 하지만 그가 그 운동의 개념을 잘 알고 있다는 점은 확실해 보인다.

# 11장
## 계약(화폐의 인터넷 혹은 암호통화 2.0)

트랜잭션 스크립팅 언어, 다중서명 트랜잭션, 트랜잭션 서명 옵션 그리고 스크립트 해시 결제(P2SH) 트랜잭션 덕분에 저장과 자금이체 외에도 비트코인의 애플리케이션은 매우 다양하다.

이 장에서는 비트코인 커뮤니티에서 제시한 몇 가지 애플리케이션을 살펴볼 것이다. 이런 애플리케이션은 아직 널리 확산되지 않았지만 앞으로 이 가운데 몇 가지는 중요해질 수 있으니 알아두면 흥미로울 것이다.

블록체인 기술과 암호기술을 이용하면 사용자가 법률조항을 시행하는 중앙실체가 없어도 계약을 시작할 수 있다. 디지털 계약으로 법적 체제를 대신할 수 있는 몇몇 사례가 있다. 오늘날 법률의 관리를 받는 상호작용을 앞으로 디지털 계약과 암호 분산원장(cryptoledger) 174)으로 관리할 수 있을 것이다.

현재 비트코인 블록체인을 그대로 이용하거나 사소한 변경사항을 추가해 이 장에서 제시하는 여러 가지 애플리케이션을 완성할 수 있을지도 모른다. 하지만 일부 사례에서는 현재 비트코인 프로토콜에서 훨씬 더 중요한 부분을 확장해야 할 것이다. 비트코인을 확장하거나 대체하기 위한 기술을 대개 메타코인(meta-coins)이라고 일컫는다.

# 11.1 디지털 자산

**디지털 자산**(Digital asset)이란 자산의 소유권이 디지털 방식으로 기록되고 소유자가 직접 관리하는 자산을 말한다. 소유권이 블록체인에 기록되고 소유자가 개인키를 통해 직접 관리하므로 비트코인도 디지털 자산에 속한다.

블록체인의 원래 용도는 비트코인의 소유권과 이전을 등록하는 것이었다. 하지만 블록체인은 **탈중앙화 자산 등록부**(decentralized asset register)이므로 비트코인은 물론이고 모든 디지털 자산의 소유권과 이전을 기록할 때 비트코인을 사용할 수 있다. 디지털 자산을 블록체인 혹은 좀 더 정확히 말해 블록체인의 소비되지 않은 거래에 저장할 수 있다. 그러면 블록체인이 디지털 자산이 저장된 어드레스와 연결된 개인키로 자산의 재산권을

---

174) **암호 분산원장**은 비트코인 블록체인을 일컫는 일반적인 용어로, 알트코인과 암호기술을 이용해 안전하게 보관하는 다른 탈중앙화 디지털 분산원장이 여기에 포함된다.

행사한다. 개인키를 소유한 사람만 비트코인을 사용할 수 있듯이 디지털 자산 역시 개인키를 소유한 사람만 이전하거나 사용할 수 있다.

디지털 자산이 금융자산이라면 금융결제에 비트코인을 사용할 수 있다. 이를테면 디지털 채권은 쿠폰(무기명 이자부 채권의 이표-옮긴이)을 지불하고 디지털 채권을 소유한 어드레스에 원금을 상환한다. 따라서 디지털 자산은 보관은행을 이용하지 않아도 된다. 블록체인에 보관된 디지털 자산은 준익명이다. 다시 말해 비트코인과 마찬가지로 소유자의 신분을 알 수 없고 개인키와 연결된 어드레스만 공개된다. 디지털 채권이나 디지털 주식과 같은 여러 애플리케이션에서는 소유자의 신분을 몰라도 청산이 가능하다. 일부 애플리케이션에서 준익명성은 오히려 장점이 될 수 있다.

〈그림 11.1〉은 디지털 자산을 창출할 수 있는 간단한 방법이다. 발행자

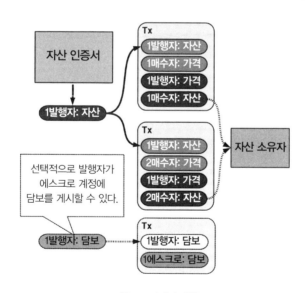

그림 11.1 디지털 자산

가 공개적으로 특정한 비트코인 어드레스에 있는 자금이 어떤 자산의 소유권을 의미한다고 선언한다. 이때 발행자는 자산을 소유한 보관은행이거나 자사의 주식을 발행하는 기업처럼 금융증권의 직접적인 발행자이다. 발행자는 신뢰를 받아야 한다. 그렇지 않으면 디지털 자산의 가치를 인정받지 못할 것이다. 발행자는 자산을 매수자에게 판매하고 일반 비트코인 트랜잭션으로 소유권을 이전할 수 있다. 〈그림 11.1〉에서처럼 입력값과 출력값이 각각 두 개인 트랜잭션을 이용해서 소유권을 이전한다. 디지털 자산의 매수자와 매도자 양측이 모두 트랜잭션에 서명해야 하며 그래야만 어느 한쪽이 속임수를 쓸 위험이 없다. 양측이 트랜잭션에 정확히 서명하지 않으면 트랜잭션은 유효하지 않으며 그러면 소유권이 이전되지 않는다.[175]

디지털 자산의 발행자는 블록체인을 통해 자산의 소유권을 추적할 수 있다. 따라서 어떤 어드레스가 디지털 자산을 소유하고 있는지 매 순간 기록하고 이 기록을 토대로, 예컨대 배당금이나 쿠폰 등을 이들 어드레스에 지급할 수 있다. 이런 경우 디지털 자산의 소유를 추적하는 비용은 보관은행이 아니라 발행인이 지불한다는 점에 주목하라. 그러나 디지털 자산의 소유주를 추적하는 비용은 상당히 감소했다.

블록체인에 디지털 자산을 저장하면 투표 같은 서비스를 이용할 수 있

---

175) 트랜잭션을 블록체인에 공개하기 전에 두 당사자가 트랜잭션에 서명해야 한다. 따라서 부분적으로 서명한 트랜잭션을 주고받는 비트코인 네트워크 외에 양측에 커뮤니케이션 채널이 필요하다. 예전에는 비트코인 네트워크의 미확인 트랜잭션 멤풀을 통해 종료되지 않은 트랜잭션을 전달할 수 있었다. 하지만 2010년 서비스 거부 공격을 예방하고자 '멤풀 트랜잭션 대체 메커니즘(mempool transaction replacement mechanism)'을 제거했다[섹션 6.5와 비트코인 위키, (2014f) 참고].

다. 예를 들어 어떤 회사에서 블록체인으로 주식을 발행한다. 주식을 보유한 어드레스에 연결되는 개인키로 메시지에 서명하는 방식으로 투표를 실시할 수 있다. 디지털 자산은 주식 소유자가 신분을 밝히지 않아도 투표권을 행사할 수 있는 특성이 있다.

신뢰도 때문에 디지털 자산을 블록체인에 공개하는 것이 어려운 발행자라면 에스크로가 일종의 담보 역할을 할 수 있으니 제3자가 관리하는 에스크로 계정을 만들어도 된다.

디지털 자산은 유가증권을 발행하는 사업에 새롭게 진입할 기회를 제공한다. 그 결과 자본시장에서 이전에는 접근할 수 없었던 프로젝트를 실행할 수 있다. 이런 방식으로 자금을 확보한 프로젝트들이 이미 존재한다.

지금껏 사람들은 디지털 자산을 블록체인으로 표시할 수 있다고 가정했다. 메타코인은 비트코인이나 다른 암호화폐 블록체인에 디지털 자산을 표시하는 문제에 대처한다.


## 11.2 스마트 재산


스마트 재산(Smart property)은 블록체인에 접근이 가능한 재산으로서 그곳에서 공개되는 정보를 토대로 조치를 취할 수 있다. 또 다른 시각에서 보면 스마트 재산은 블록체인을 통해 관리할 수 있는 재산이다. 스마트 재산의 일반적인 사례로 블록체인에 디지털 자산으로 소유권을 표시하는 자동차를 살펴보자. 물리적인 자동차를 인터넷에 연결하면 블록체인을 읽을 수 있고 그러면 그것이 표시하는 디지털 자산의 상태를 추적할 수 있다. 디지털 자산을 한 어드레스에서 다른 어드레스로 옮기면 물리적인 자동차가 블록체인에서 이 상태 업데이트를 확인해 필요한 조치를 취할 수 있다. 이를테면 소유주를 변경할 수 있다.

〈그림 11.2〉는 스마트 자산, 예를 들어 자동차의 소유권을 이전할 때 필요한 단계를 나타낸 것이다. 우선 판매자와 구매자가 가격에 합의하고 입력값과 출력값이 각각 두 개인 트랜잭션을 짜 맞춘다. 이 두 입력값은 자동차와 연결된 디지털 자산을 보유한 어드레스와 자동차를 구매하는 자금을 각각 조회한다. 트랜잭션은 구매자로부터 판매자에게 자금을 이체

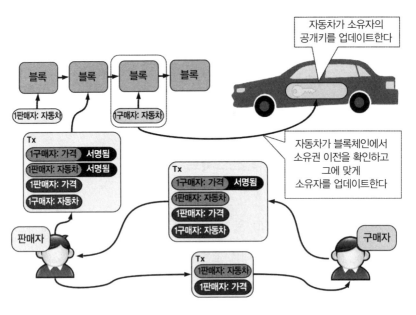

그림 11.2 스마트 재산

하는 한편 판매자로부터 구매자에게 재산을 이전한다. 구매자와 판매자가 서명하지 않으면 트랜잭션이 완료되지 않기 때문에 어느 한쪽도 거래 당사자 위험에 처하지 않는다.

일단 트랜잭션에 정확히 서명했다면 구매자나 판매자 가운데 한 사람이 블록체인에 트랜잭션을 발표한다. 자동차가 블록체인을 읽을 수 있으니 소유권이 변경되었다는 사실을 확인하고 그에 따라 소유자의 공개키를 업데이트한다. 그러면 자동차의 새로운 소유주가 공개키에 접근해서 본인의 비트코인 어드레스에 연결된 개인키로 메시지에 서명할 수 있다.

일반적으로는 스마트 재산이 블록체인에 접근할 수 있다고 가정한다. 하지만 블록체인에 접근할 수 없는 자산에도 스마트 재산의 여러 특성이 있을 수 있다. 위의 사례에서 자동차 구매자는 확인된 트랜잭션의 복사본과 블록 헤더에 그것을 연결하는 머클 분기(Merkle branch)를 얻는다. 아울러 트랜잭션이 확인된 블록 위에서 몇몇 블록 헤더의 복사본을 얻어 몇몇 블록에서 트랜잭션을 확인했음을 자동차에 입증할 수 있다. 그런 다음 블루투스(Bluetooth) 같은 무선 프로토콜을 통해 이 정보를 자동차에 제시한다. 자동차는 모든 정보가 정확한지 점검한 다음 소유주의 공개키를 업데이트한다. 이 과정이 완료되면 새로운 소유주가 자동차의 문을 열고 개인키로 메시지에 서명한다. 그리고 스마트폰의 지갑 애플리케이션을 통해 자동차에 서명을 발송함으로써 시동을 걸 수 있다.

이보다 더 복잡한 애플리케이션도 가능하다. 예를 들어 자동차가 임대 계약을 위해 일정 기간 어드레스에 접근할 권한을 허용할 수 있다. 아니면 융자로 자동차를 구매할 경우 자동차가 블록체인에서 제때 대금을 지불하는지 감시할 수 있다. 납부기한을 놓치면 자동차는 이전 주인에게 귀속된다.

# 11.3 소액결제

**소액결제**(micropayments) 혹은 마이크로트랜잭션(microtransactions)이란 최소액 계정의 트랜잭션을 의미한다. 소액결제는 매우 소액이라 전달하는 가치에서 트랜잭션 수수료가 큰 부분을 차지하므로 신용카드 같은 기존 결제방식을 이용해서 실행할 수 없다.

흔히 수수료가 적은 비트코인 덕분에 소액결제가 가능해졌다고 말한다. 물론 소액결제에서 수수료가 적다는 사실이 중요하지만 마이크로트랜잭션이 비트코인 트랜잭션의 융통성에서 얻을 수 있는 장점들도 있다.

**오프체인 트랜잭션**(off-chain transaction)이란 유효하지만 아직 블록체인에 공개되지 않은 트랜잭션을 뜻한다. 트랜잭션은 정확히 서명되어 자금 수령인의 손에 있다. 하지만 오프라인 트랜잭션의 자금 수령자는 트랜잭션이 변경될 것, 다시 말해 이체된 자금이 소폭으로 증가할 것이라고 기대하면서 트랜잭션의 발표를 미룬다.

오프체인 트랜잭션을 이용해 다음과 같은 방식으로 자주 소액결제를 실행할 수 있다. 일단 사용자와 서비스 공급업체(예를 들면 신문사)가 관계를 맺는다. 사용자가 기사를 읽을 때마다 신문사는 사용자에게 소액의 요금을 부과하려고 한다. 사용자가 처음 기사를 읽을 때 신문사가 클라이언트에게 자사의 어드레스를 제공하면 클라이언트는 읽은 기사에 부과한 소액의 요금을 담아 마스터 트랜잭션을 생성하고 서명한 다음, 신문사에 보낸다. 그런데 신문사는 사용자가 앞으로 기사를 더 읽어서 트랜잭션의 액수가 증가할 것이라고 예상하고 트랜잭션을 공개하지 않는다. 사용자가 다른 기사를 읽으면 신문사는 업데이트한 액수를 담아 마스터 트랜잭션을 클라이언트에게 보낸다. 그러면 클라이언트는 트랜잭션에 서명해서 다시 신문사에 보낸다. 만일 사용자가 서명을 거부한다면 신문사는 가장 최근에 서명한 트랜잭션을 공개하고 사용자와의 관계를 끊는다. 이 소액결제용 셋업에서는 사용자가 이중지불 공격을 실행할 수 있다는 점에 유의하라.

소액결제에 오프라인 트랜잭션을 이용하면 트랜잭션의 자금을 무려 초당 1,000회까지 재빨리 조정할 수 있다는 장점이 있다.[176] 그뿐만 아니라 각 소액결제에서는 트랜잭션의 극소 한계점 수준(dust threshold level)에 미치지 못하는 소액을 결제하며 총액수가 이 한계점 수준보다 높다고 가정한다.

소액결제 애플리케이션으로 와이파이 핫스폿(WiFi hotspots)이 자주 언급되는데 이 애플리케이션에서는 사용자가 본인의 데이터 소비량을 정확

---

176) 트랜잭션 당사자들이 사용할 수 있는 대역폭과 처리능력에 따라 조정속도가 달라질 수 있다. 초당 1,000회 조정이라는 속도는 현재 소비자 디바이스의 대역폭과 계산능력을 토대로 추정한 근사치이다.

히 결제한다. 사용자가 와이파이 연결을 위한 예산을 미리 할당하면 사용자가 개입하지 않아도 소액결제 소프트웨어가 데이터 연결 대금을 알아서 결제할 수 있다.

## 11.4 자동화 에이전트

**자동화 에이전트**(Autonomous agent)는 인간의 도움을 받지 않고 운용되는 에이전트이다. 컴퓨터 프로그램을 따르며 독자적으로 존재한다. 이들 에이전트는 계약을 시작하거나 자금을 받고 사용하거나 심지어 그들 대신 특정한 임무를 수행하도록 인간에게 도움을 구할 수 있다. 이런 에이전트들이 한 기업의 모든 기능을 수행할 가능성이 있다는 점에서 이따금 이들을 탈중앙화 자동화 기업, 탈중앙화 자동화 조직 혹은 분산 자동화 기업(줄여서 DAC나 DAO)이라고 일컫는다. 이따금 탈중앙화 애플리케이션이라는 용어도 쓰인다.

인터넷에서 운용되는 자동화 컴퓨터 프로그램은 새롭게 등장한 개념이 아니다. 하지만 자금을 확보해서 계약을 시작할 방법이 자동화 에이전트를 가로막는 한 가지 걸림돌이었다. 블록체인 기술과 그것이 구동하는 디지털 계약 플랫폼이 등장한 덕분에 이 걸림돌을 효율적으로 극복할 수 있었다.

비트코인은 확실히 탈중앙화 자동화 기업의 한 예일 것이다. 자생적으로 움직이며 인간에게 도움을 구해서 소프트웨어 개발, 채굴, 홍보 등 특정한 임무를 수행하게끔 만든다. 토큰이나 비트코인을 수여함으로써 대신 일하는 인간들에게 보상을 제공하는데, 네트워크가 성장하면 이 보상의 가치가 커진다. 따라서 비트코인을 위해 일하는 인간들의 목표는 비트코인의 목표와 일치한다. 지금껏 제시된 가장 일반적인 자동화 에이전트의 애플리케이션은 다음과 같다.

- 분산 파일 호스팅(distributed file hosting)

일명 분산 드롭박스. 파일 저장 에이전트가 공간을 저장해 파일 호스팅 서비스(일정 용량의 저장공간을 확보해 파일을 관리하고 불특정 다수의 사람과 파일을 공유하는 파일 관리 서비스–옮긴이)를 제공할 수 있다.

- 클라우드 컴퓨팅(cloud computing)이나 서버 브로커(server broker)

자동화 에이전트가 집단 서버 용량을 구매해서 되팔 수 있다.

- 탈중앙화 거래소

자동화 에이전트가 다른 암호화폐 사이의 교환이나 암호화폐와 다른 디지털 자산 사이의 교환을 조종할 수 있다.

- 뉴스 애그리게이터(news aggregators: 웹사이트의 소유자가 헤드라인을 직접 모아놓은 웹사이트–옮긴이)

필자들이 기사를 기고하면 기사 옆에 뜨는 광고에서 나오는 수수료를 기준으로 결제를 받는다. 뉴스 애그리게이터 자동화 에이전트는 필자가 기고한 기사를 걸러내는 코드를 운용할 수 있다.

자동화 에이전트를 출범할 때 자금을 지원받을 수 있다. 그런 다음 스스로 호스팅을 찾아 지원받은 자금으로 결제해서 서비스를 운영하고 제공한다. 성공적인(수익성이 있는) 자동화 에이전트는 자신을 복제해서 자식 에이전트를 양산하고 자금을 제공할 수 있다. 그러면 제공할 수 있는 서비스가 많아질 것이다. 반면 자동화 에이전트가 수익을 거두지 못하면 자산을 청산해 폐쇄한다. 자동화 에이전트를 운용하는 코드를 오픈소스로 개방하면 사회에 이로운 사업관행을 따르는 자동화 에이전트를 만들 수 있다. 이를테면 서비스에 대한 수요가 증가할 때 가격을 인상하는 대신 자식 에이전트를 더 많이 양산한다. 코드가 가시화되면 자동화 에이전트 서비스에 대한 사용자의 믿음이 커질 것이다. 예를 들면 금융 서비스를 제공하는 자동화 에이전트가 건전한 금융관행을 준수하고 있는지 스스로 점검할 수 있다.

자동화 에이전트를 배치하는 과정에 수반되는 몇 가지 기술적인 난제가 있다. 공격자가 자동화 에이전트를 운용하는 코드를 파괴해 초기의 목표에서 벗어나게 만들어 이익을 챙길 수 있다. 따라서 자동화 에이전트는 적대적인 환경, 이를테면 악성 운영체제에서 이용될 수 있다고 가정할 수 있어야 한다. 신뢰 플랫폼 모듈(Trusted Platform Modules, TPM) 같은 신뢰 컴퓨팅(trusted computing)기술을 이용하면 자동화 에이전트가 합법적인 코드를 운용하고 있는지 확인할 수 있다. 최근에 암호 난독화 테크닉이 더욱 발전하면서 자동화 에이전트의 실행가능성이 높아질 수 있다.

그런 한편 자동화 에이전트의 코드, 주로 자금을 관리하는 개인키에 저장된 비밀을 도둑맞을 가능성이 있다. 코드 안의 비밀을 난독화하는 것은 여간 어려운 일이 아니다. DRM 기법이 직면한 문제가 바로 이 어려움을 입증하는 증거라 할 것이다. 그러나 최근 발전한 동형암호에서 해결책을 찾을 수 있을지 모른다.

이런 기업의 법적 프레임워크가 부실한 탓에 자동화 에이전트가 확산되면서 법적인 문제까지 대두되었다.

# 11.5 기타 애플리케이션

앞으로 등장할 수 있는 디지털 계약의 애플리케이션은 무수히 많다. 이 섹션에서는 이 가운데 몇 가지만 살펴볼 것이다. 다중서명 에스크로 같은 일부 애플리케이션은 이미 섹션 4.5에서 다루었다. 탈중앙화 복권, 예측시장, 온라인 경매나 심지어 기존 온라인/오프라인 산업에서 출범한 새로운 통화 등 이미 알려진 몇몇 애플리케이션은 다루지 않았다. 디지털 계약에 새롭게 등장하는 애플리케이션이 성장해서 이 장에서 다룬 것들보다 더 중요해질 가능성도 분명히 존재한다.

## 11.5.1 크라우드펀딩

보증계약(assurance contract)은 사용자가 자금을 제공하겠다고 약속하지만 모금의 목표를 달성했을 경우라는 단서를 붙이는 계약이다. 입력값

(input)이 많고 출력값(output)은 하나뿐인 트랜잭션을 구성하면 이 계약을 쉽게 이행할 수 있다. 해시 타입 SIGHASH_ALL과 SIGHASH_ANYONE CANPAY를 이용해 모든 참여자가 본인의 입력값과 출력값에 서명한다. 새로운 입력값을 트랜잭션에 추가할 수 있으나 출력값을 변경하면 모든 서명이 무효가 되므로 출력값은 변경할 수 없다. 입력값을 충분히 추가해 출력값에 이르면 트랜잭션이 유효하므로 블록체인에 공개할 수 있다. 만일 입력값을 충분히 추가하지 않았다면 트랜잭션은 무효가 되고 참여자들은 다른 곳에서 약속한 자금을 마음껏 사용할 수 있다. 따라서 비트코인에서 중앙기관이 없어도 보장계약을 만들 수 있다.

어떤 기업가가 크라우드펀딩 캠페인을 시작하며 보장계약, 즉 한 개의 출력값에 크라우드펀딩의 목표를 표시해서 트랜잭션을 만들 수 있다. 사용자는 트랜잭션에 직접 서명한 입력값을 보냄으로써 프로젝트에 기금을 보내겠다고 기업가에게 약속한다. 기업가는 모든 입력값을 모으고 목표를 달성하면 기금이 조성되는 블록체인에 공개할 수 있다.[177]

세금징수를 찬성하는 한 가지 주장으로 흔히 공공재 제공이 언급된다. 보장계약은 공공재에 자금을 제공해 일부 공공재 건설을 촉진하는 대체 방식이다. 다시 말해 잠재적인 사용자가 도로건설에 자금을 지원하겠다고 약속할 수 있다.

---

177) 원래 약속된 입력값 가운데 이미 사용한 것이 있다면 기업가는 트랜잭션에서 그 입력값을 제거한 다음 블록체인에 공개해야 한다. 그렇지 않으면 크라우드펀딩 전체에 이중지불이라는 플래그(flag: 식별 또는 표시를 목적으로 하여 데이터에 붙여지는 표시기, 기(旗), 표지(標識), 표라고도 한다-옮긴이)가 붙기 때문에 노드들이 이를 폐기할 수 있다.

지배적인 보장계약(Dominant assurance contracts)에서는 기업가가 모금 목표를 달성하지 못했을 경우 참여자들에게 환불을 약속한다. 이는 경제학자 알렉산더 태버록(Alexander Tabarrok)이 소개한 개념이다. 참여자들에게는 추가로 계약에 참여할 동기가 생겼으므로, 다시 말해 프로젝트가 모금 목표를 달성하지 못하면 환불을 받을 수 있으므로[178] 모금이 성공할 확률이 일반 보장계약에 비교해 높아진다. 비트코인을 이용해 이런 지배적인 보장계약을 이행할 수 있다.

## 11.5.2 외부 상태 계약

특정한 조건이 충족될 경우 자금을 전달하라고 요청하는 애플리케이션이 있을 수 있다. 예를 들면 어떤 경기결과에 베팅할 때 경기결과에 따라 승자에게 내기의 수익금을 보내라고 요구한다. 비트코인은 외부 데이터를 조회하지 않는 독립적인 시스템이기 때문에 이 규칙을 트랜잭션에 암호화할 수 없다. 하지만 오라클 서버(oracle server)의 서명이 있을 때만 자금을 풀겠다고 조건을 붙이는 것은 가능하다. 오라클 서버가 요청을 받아 평가한 다음 출력값을 생성한다. 제공되는 한 출력값이 트랜잭션의 자금을 푸는 서명일 수 있다. 내기 사례에서는 오라클 서버가 트랜잭션에 서명해 자금을 내기의 승자에게 보낼 수 있다.

---

178) 게임이론 측면에서 참여자를 위한 내시 균형[Nash equilibrium: 미국의 수학자 존 내시(John Nash)가 개발한 게임이론의 한 형태로, 상대의 전략을 예상할 수 있을 때 자신의 이익을 최대화하는 전략을 선택하여 형성된 균형상태-옮긴이]은 프로젝트에 기금을 약속하는 것이다. 모금 목표가 성취되지 않을 경우뿐 아니라 성취되는 경우도 모두 그들에게 유리하기 때문이다.

외부 상태 계약(external state contract) 혹은 오라클 계약(oracle contract)에서는 오라클 서버가 미리 정한 규칙에 따라 자금의 수령자를 결정한다. 이를테면 두 사용자가 내기 돈을 걸기 위해 3개 중 2개 다중서명 트랜잭션 출력값에 자금을 넣기로 결정한다. 이 출력값에서 자금을 푸는 세 개의 키는 두 사용자의 두 개와 오라클 서버의 키 한 개이다. 일단 내기 행사가 결정되면 승자가 자금을 본인에게 보내는 트랜잭션을 만들어 서명한 다음 오라클 서버에 보낸다. 오라클은 규칙 스크립트(rule script)를 실행하고 긍정적인 결과가 나올 경우 트랜잭션에 서명하고 블록체인에 공개한다.

외부 상태 계약은 두 당사자와 오라클 서버가 서버에서 실행하는 규칙 스크립트와 그것을 특정한 트랜잭션에 연결하는 방법에 합의한다. 트랜잭션에는 다음과 같은 규칙 스크립트의 해시가 포함될 수 있다.

```
<rule script hash> OP_DROP 2 <oracleAddress>
<party1Address> <party2Address> 3 OP_CHECKMULTISIG
```

그러나 OP_DROP을 포함시킨 트랜잭션은 비표준이다. 비표준 트랜잭션을 블록체인에 포함시킬 수는 있으나 비트코인 코어 서버의 노드들은 이를 중계하지 않는다.

일반적인 n개 중 m개 다중서명 트랜잭션을 이용해 외부 상태 계약을 둘 이상의 참여자에게 확장할 수 있다. 하지만 $n$이 3 이상인 n개 중 m개 다중서명 트랜잭션은 표준 트랜잭션이 아니라는 점에 주의하라.

외부 상태 계약은 외부 서버에 의존하므로 이 외부 서버가 공격자와 협력하거나 훼손될 위험이 있다.

### 11.5.3 차액 정산 계약

차액 정산 계약(Contract for Differences, CFD)은 두 당사자 사이의 금융계약으로서 이 계약에서는 한 당사자가 상대방으로부터 자산(이를테면 특정한 주식이나 물품)가격의 차액과 계약에 명시된 준거가격(reference price: 소비자가 제품의 실제 가격을 평가하기 위하여 이용하는 표준가격-옮긴이)을 지급한다(혹은 받는다). 이는 선금이나 선물과 비슷한 금융 도구이지만 만기일을 정하지 않는다. 어떤 자산을 실제로 구입하거나 공매하지 않고 자산가격이 상승하거나 하락할 것이라고 내기할 때 CFD를 이용할 수 있다.[179]

CFD는 대개 장외거래(over-the-counter) 도구이다. 즉 두 당사자가 맺는 사적 계약이다. 따라서 양측은 상대방이 약속을 이행하지 않을 수 있다는 위험을 감수해야 한다. 선물계약은 교환을 도입하는 방법으로 거래상대방 위험을 완화시키는 비슷한 도구이다. 양측이 교환을 기준으로 선물을 거래한다. 그뿐만 아니라 교환할 때는 양측이 증거금을 공시하고 상황이 불리하게 변화하면 계속해서 보충해야 한다. 따라서 선물계약의 당사자들은 교환할 때 거래당사자 위험을 안게 되는데, 이 사실은 그들에게 불리한 것이 아니라 그들의 신용등급이 높은 것으로 해석한다. 블록체인에서 체결한 CFD는 선물과 비슷한 역할을 할 수 있으나 중앙 거래당사자가 필요하지 않다는 점이 다르다. 즉 모든 증거금 계산규칙을 계약규칙으로 이행할 수 있다. 블록체인에서 체결하는 CFD의 한 가지 특성은 당사자들이

---

179) 공매(short-selling)란 빌린 자산을 시장에서 판매하는 것이다. 공매자는 시장에서 자산을 되산 다음에 원래 주인에게 돌려준다. 그 기간 동안 자산가격이 하락하면 공매자는 수익을 거둔다. 반대로 자산가격이 상승하면 손해를 본다. 따라서 공매는 자산가격이 하락할 것이라고 내기하는 한 가지 방법이다.

신분을 밝힐 필요가 없다는 점이다.

현재 비트코인 기반 기술로는 CFD 계약을 체결할 수 없다. 그 이유는 첫째, 자산가격에 대한 믿을 만한 데이터 스트림이 필요하다. 몇 가지 방법으로 블록체인에 외부 데이터를 넣을 수 있다. 둘째, 이 데이터 스트림을 이용해 CFD 계약을 체결할 환경이 필요하다. 이 글을 쓰는 현재 비트코인에는 이런 기반 기술이 존재하지 않지만 메타코인 대부분은 이 문제에 대처한다.

### 11.5.4 분산 거래소

중앙집권 거래소에서는 참여자로부터 시장가 주문을 받으면 경매 알고리즘을 운용해서 이 주문을 매칭한다. 이와 반대로 분산 거래소(Distributed Exchange)에서는 참여자가 분산원장, 즉 블록체인에 본인의 제안(혹은 입찰)을 공개하면 블록체인을 운용하는 프로토콜이 주문을 매칭한다. 분산 거래소에서 거래되는 도구는 전형적으로 CFD나 디지털 자산이며 이들은 모두 분산원장에서 청산된다. 중앙청산소에서 경매 알고리즘을 시행하거나 거래를 청산할 필요가 없다.

또한 시장 참여자들은 프라이버시를 유지한다. 블록체인에 기웃거리는 다른 참여자들은 기껏해야 입찰과 제안, 이를 제시한 어드레스만 지켜볼 수 있을 뿐 그 어드레스의 배후에 있는 당사자에 대한 정보는 쉽사리 얻을 수 없다.

이 글을 쓰는 현재 비트코인에서는 분산 거래소를 만드는 기반 기술을 이용할 수 없지만 메타코인에는 대부분 이 기능이 내장되어 있다.

### 11.5.5 예치금

일부 서비스 공급업체는 사용자에게 예치금(Deposit)을 요청한다. 이런 서비스는 서비스 공급업체가 일방적으로 그 자금을 몰수할 수도 있다는 점에서 사용자에게 불리하다. 사용자의 어떤 행동 때문에 서비스 공급업체가 손해를 입을 경우라면 이런 결정은 합법적일 것이다. 그러나 그렇지 않은 경우에는 사용자의 약속에 대한 증거로서 예치금이 필요하다. 후자의 일례로 사용자 등록을 한 사람이 진짜 사람이라는 증거를 요구하는 웹사이트가 있다.

디지털 계약을 이용하면 두 당사자가 모두 사용할 수 없는 예치금을 조성할 수 있다. 이때 예치금을 갱신하지 않을 경우에는 예치한 사람에게 되돌려주는 방식을 채택한다. 이런 결과를 얻을 수 있는 한 가지 방법은 다음과 같다.

- 서비스 제공업체와 사용자가 어드레스를 주고받는다.
- 사용자가 2개 중 2개 다중서명 어드레스에 자금을 보내는 트랜잭션을 생성한다. 서비스 공급업체에는 트랜잭션이 아니라 트랜잭션의 해시만 보낸다.
- 서비스 공급업체가 다중서명 어드레스에 있는 자금을 사용자에게 돌려보내는 트랜잭션을 생성하는데 미래의 어떤 시점으로 설정한 잠금시간을 추가한다. 그런 다음 이 트랜잭션을 사용자에게 전송한다. 사용자는 다중서명 어드레스에 있는 자

금을 사용할 유효한 트랜잭션을 소유하고 있어서 때가 되면 그 자금을 회수할 수 있다고 확신한다.

■ 사용자가 두 트랜잭션을 발표한다. 서비스 공급업체는 첫 번째 트랜잭션이 확인되었다는 사실을 지켜보고 사용자에게 접근권한을 부여할 수 있다.

이 시점에 사용자나 서비스 제공업체는 자금을 사용하지 못한다. 사용자가 원래 날짜가 되기 전에 관계를 종결하기로 했다면 서비스 공급업체에 자금을 돌려주는 트랜잭션에 서명하라고 요청할 수 있다. 서비스 제공업체가 요청을 거절할 경우에 사용자는 잠금시간에 이를 때까지 기다려야 한다.

### 11.5.6 저축 어드레스

저축 어드레스(Savings addresses)는 저축 자금을 보관하기 위해 설계한 어드레스이다. 이 어드레스는 자금이 빨리 사용되지 못하도록 막거나 자금을 도둑맞을 경우 일정 기간 내에 자금을 환수할 수 있는 메커니즘을 제공해야 한다.

비트코인 프로토콜에서는 이 기능을 이용할 수 없으나 일부 메타코인 프로토콜에서는 제공한다. 이를테면 마스터코인(Mastercoin)을 이용하면 계약을 맺고 저축 어드레스를 구성할 수 있다. 이 계약에서는 사용자가 매일 혼자 자금의 일부(예컨대 1%)만 사용할 수 있다. 더 큰 액수를 사용하려면 에스크로 서비스의 추가 서비스가 필요하다.

# 11.6 블록체인에 데이터 삽입하기

블록체인에 임의적인 데이터를 넣을 수 있어야 한다는 요구가 증가하고 있다. 이런 특성을 이용하는 서비스의 일례로 비트코인 블록체인을 토대로 구축한 메타코인을 들 수 있다.[180) 몇 가지 방식으로 블록체인에 데이터를 삽입할 수 있는데 가장 일반적인 방식은 다음과 같다.[181)

- **코인베이스**

코인베이스는 블록에서 생성된 최초의 트랜잭션이다. 채굴자들은 코인베이스의 출력값에 채굴 보상을 보내야 하는 어드레스를 명시한다. 코인베이스 트랜잭션의 입력값은 프로토콜에 따라 폐기되기 때문에 어떤 임의적인 데이터라도 이 입력값에 포함시킬 수 있다. 채굴자만 이 영역에 접근할 수 있으므로 이 영역에 데이터를 포함시키고 싶다면 채굴자를 설득하거나 아니면 그에 대해 대가를 지불해야 한다.

- **위조 비트코인 어드레스**

임의적인 데이터를 위조 비트코인 어드레스에 부호화할 수 있다. 그런 다음 이 어드레스에 자금을 보낼 트랜잭션을 구성한다. 이 어드레스를 통제하는 개인키는 공개되지 않으므로 이 어드레스에 보내는 자금은 잃어버린다. 프로토콜에서는 비트코인을 겨냥한 서비스 거부 공격을 피하고자 한 어드레스에 보낼 수 있는 자금량

---

180) 데이터를 안전하게 보관하는 블록체인의 몇 가지 흥미로운 쓰임새가 있다. 이를테면 자신의 '존재'를 입증하기 위해 DNA의 해시를 저장하는 비트코인 열성팬이 있다.
181) OP_PUSHDATA2 명령을 이용하는 것을 비롯해 다른 여러 방법이 있지만 대개 비표준 트랜잭션이 일어난다.

의 하한선을 설정한다. 출력값이 이 한도에 미치지 않는 트랜잭션은 먼지 트랜잭션이라고 불리며 이 트랜잭션은 폐기된다. 보낸 자금을 잃어버리게 되니 대가가 따르는 방식이다. 그뿐만 아니라 원치 않는 데이터로 미확인 트랜잭션 메모리 풀이 가득 차게 되므로 이 방법은 권장되지 않는다.

- ■ 다중서명 트랜잭션

데이터를 위조 어드레스에 부호화하고 이 어드레스를 1개 중 1개 다중서명 트랜잭션에 포함할 수 있다. 이 다중서명 트랜잭션의 첫 번째 어드레스는 발신자가 관리하는 유효 어드레스이다. 따라서 발신자가 훗날 자금을 회수할 수 있다. 그뿐만 아니라 이 트랜잭션은 사용된 후에 UTXO에서 제거되므로 UTXO가 복잡해지지 않는다. 이런 한 트랜잭션에 포함할 수 있는 위조 어드레스는 총 $n - 1$개이다. 현재 표준 다중서명 트랜잭션의 한도는 $n = 3$이므로 총 두 개의 위조 어드레스를 부호화할 수 있다.

- ■ OP_RETURN

현재 이 작업에서는 OP_RETURN 명령을 선호한다. 이것은 블록체인에 임의적인 데이터를 삽입할 수단으로써 비트코인 0.9 버전에서 도입한 명령이다. 이 트랜잭션 출력값의 내용은 안전하게 가지치기된다. 즉 완벽한 블록체인을 기록하고 싶어 하는 이른바 아카이브 노드(archival nodes)를 제외한 모든 노드에서는 이 내용을 잊어버린다.

임의적인 데이터를 블록체인에 끼워 넣을 수 있는 또 다른 애플리케이션으로 디지털 공증(digital notaries)이 있다. 디지털 공증은 사용자가 비트코인 블록체인에 데이터의 존재를 안전하게 보관하고 네트워크의 계산능력으로 강화할 수 있는 서비스이다. **182)** 이 서비스는 섹션 7.2에서 소개한 타임 스탬핑 서비스와 유사하지만 공개된 매체의 광고에 대가를 지불할 필요가 없어서 상당히 저렴하다. 내용을 밝히지 않고 존재(이를테면 계약)의 증거를 블록체인에 공개할 수 있다. 현재 몇몇 기업에서 이 서비스를 상업용으로 제공한다. 작가는 이 가운데 한 서비스를 이용해

## OP_RETURN 논란

OP_RETURN은 블록체인에 데이터를 삽입할 때 선호되는 방법이다. OP_RETURN이 발표되었을 때 트랜잭션당 80바이트의 데이터를 허용하도록 정해져 있었다. 결국 비트코인 코어에 통합될 무렵인 버전 0.9에서는 40바이트의 데이터만 허용되자 논란이 일어났다. 일부 메타코인 개발자는 40바이트의 데이터로는 부족하다고 주장한 반면, 비트코인 개발자는 해시를 위한 공간을 충분히 제공하기 위한 설계라고 주장했다. 비트코인 개발자의 주장에 따르면 추가 데이터를 분산 해시 테이블에 저장하고 이 테이블의 루트 해시만 OP_RETURN 트랜잭션에 저장해야 했다. 분산 해시 테이블(Distributed Hash Table, DHT)은 해시 테이블과 비슷한 데이터 구조이지만 탈중앙화 방식으로서 네트워크 노드 무리의 관리를 받는다는 특성이 있다. 이 제안이 수용되면 메타코인은 비트코인 블록체인에 모든 데이터를 저장하는 대신 어쩔 수 없이 별도의 DHT 데이터 구조를 구축해야 한다. 논란의 한 가지 쟁점은 수수료이다. 필요한 양의 조각으로 나누면 모든 데이터 조각을 블록체인에 저장할 수 있으나 트랜잭션 수가 증가하면 수수료가 많아질 것이다. 따라서 블록체인의 데이터 메모리와 수수료는 서로 연관이 있으며 그렇기 때문에 비트코인 개발자와 메타코인 개발자가 균형을 맞추어야 한다.

---

182) 라이트 코인이나 비트코인 캐시 같은 다른 알트코인 블록체인에도 데이터 클라우드를 안전하게 보관할 수 있으나 블록 난이도가 가장 높아서 포함된 데이터가 더 안전하기 때문에 비트코인 블록체인을 대개 선호한다.

이 책의 초기 버전(의 해시)을 블록체인에 등록했다.


## 11.7 메타코인


메타코인은 비트코인 블록체인(신규 블록체인)을 이용해 메타데이터를 저장하는 네트워크이다. 디지털 자산, 자동화 에이전트, 외부 상태 계약, CFD, 분산교환, 저축 어드레스 등의 새로운 애플리케이션이 여기에서 탄생한다.[183] 모든 메타코인이 여기에서 제시된 특성을 전부 지원하는 것은 아니지만 메타코인 대부분은 이 가운데 여러 가지 특성을 지원한다. 모든 메타코인 프로토콜은 디지털 자산을 처리할 수 있으므로 모든 메타코인이 제공하는 기반 기술을 이용해 새로운 디지털 통화를 발행할 수 있다.

이 섹션에서는 이 목적을 위해 구축하고 있는 계산 네트워크에 대해 간단히 살펴볼 것이다. 메타코인은 현재진행 중인 작업이며 빠른 속도로 혁신이 거듭되고 있다. 네트워크 효과와 규모의 경제에 힘입어 십중팔구 적당한 기간 내에 이 가운데 소수의 메타코인에서 통합과정이 가속화될 것이다. 〈그림 11.3〉은 몇몇 메타코인의 시가총액이다.[184]

일부 메타코인은 비트코인 블록체인의 위(온블록체인)[185]에서 구축되는 반면 다른 메타코인은 독자적인 분산원장을 새로 만든다(오프블록체인). 온

---

183) 이 분류는 모든 사람에게 적합하지 않을 수 있다. 어떤 사람들은 비트코인을 토대로 구축된 네트워크만 메타코인이라고 일컫는 반면, 그 밖의 네트워크는 '차세대 암호화폐'라고 일컫는다.
184) 데이터를 수집하던 당시에 이더리움은 아직 출범하지 않아서 이 표에 포함되지 않았다.

블록체인을 이용해 메타코인을 구축할 때 장점은 다음과 같다.

■ 비트코인의 높은 보안 수준을 이용한다.

■ 온블록체인 메타코인을 위한 프로토콜을 쉽게 구축해 서로 교류한다.

■ 디지털 통화 생태계의 분열을 줄인다.

반대로 온블록체인 메타코인의 단점은 다음과 같다.

■ 비트코인 블록체인의 공간을 차지하며 메타데이터를 저장한다.

■ 비트코인보다 안전하게 보관하기 더 어렵다. 그것은 메타코인 트랜잭션이 일

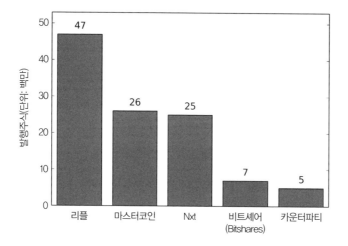

**그림 11.3 일부 메타코인의 시가총액.** 출처: 2014년 4월 19일자 coinmarketcap.com

---

185) 이런 메타코인을 구축할 때 비트코인 프로토콜을 변경할 필요는 없다. 따라서 사전에 허가를 받지 않아도 누구든 비트코인이나 다른 알트코인을 토대로 메타코인 프로토콜을 발표할 수 있다.

반 비트코인 트랜잭션으로도 유효하다 보니 블록체인에 포함되어 충돌하는 경우를 처리해야 하기 때문이다.

- 비트코인의 SPV 특성을 잃는다. 따라서 메타코인 지갑에서는 대량의 블록체인을 다운로드해서 저장해야 한다. 메타코인용 라이트 지갑은 비트코인과는 별도로 SPV 특성을 구축하거나 신뢰 서버에 의존해야 한다.

온블록체인 기술의 지지자들은 비트코인이 TCP/IP(인터넷에서 사용하는 커뮤니케이션 프로토콜의 집합으로, 이를 토대로 다른 애플리케이션을 구축할 수 있다)[186]와 비슷하다고 주장한다. 비판자들은 비트코인이 오히려 이메일의 기본 프로토콜인 SMTP(simple mail transfer protocol)와 비슷해서 특정한 한 애플리케이션에는 효과적이지만 융통성이 부족하다고 주장한다. 어떤 접근방식(온블록체인, 오프블록체인)이 성공할 것인지는 지켜보아야 할 것이다.

모든 메타코인은 코드를 오픈소스로 공개했다. 아마 클로즈드 소스 임플리먼테이션은 사용자들 사이에 불신을 조장하므로 경쟁력이 떨어진다고 생각했기 때문일 것이다.

이 장에서 다양한 메타코인에 관해 검토한 내용은 확실히 부족하고 피상적인 수준에 그칠 것이다. 모든 메타코인이 독자적으로 완벽한 생태계이므로 독자들에게 가장 유망한 메타코인들의 작동방식을 더욱 심층적으로 살펴볼 것을 권한다.

---

186) 기본적인 인터넷 프로토콜에 관한 검토는 테넌바움과 웨더롤(Tanenbaum and Wetherall, 2013)이나 쿠로세와 로스(Kurose and Ross, 2012)가 저술한 컴퓨터 네트워크의 기본 교과서를 참고하라.

### 11.7.1 컬러드코인

컬러드코인(Colored coins)은 메타코인 프로토콜 가운데 단연코 가장 단순한 암호화폐일 것이다. 컬러드코인의 핵심은 비트코인 트랜잭션 출력 값을 이용해 그것이 보유한 비트코인 외의 디지털 자산을 표시할 수 있다는 점이다. 디지털 자산을 창조하려면 디지털 자산의 발행자가 그 비트코인이 디지털 자산을 보유하고 있다고 선언해야 한다. 컬러드코인 프로토콜은 비트코인 프레임워크를 토대로 디지털 자산을 창조할 수 있다는 이 개념을 핵심으로 삼아 컬러드코인을 창조한다.

다음 내용은 아시아의 저술을 토대로 컬러드코인 프로토콜을 설명한 것이다. 물론 새로운 프로토콜에 대한 더 상세한 설명이 존재하지만 다음 내용은 이 기술을 설명한 삽화라고 생각하라.

〈그림 11.4〉는 일반 비트코인 트랜잭션에서 컬러드코인을 발행하는 방법을 나타낸 것이다. 트랜잭션의 입력값은 여러 개 있을 수 있지만 첫 입력값만 컬러드코인을 보유한 것으로 생각된다. 첫 번째 출력값이 컬러드코인을 받는다. 그런 다음 OP_RETURN이 이어지는데, 여기에는 트랜잭션이 컬러드코인 트랜잭션임을 표시하는 메타데이터와 컬러드코인에 관한 추가 데이터가 포함된다. 트랜잭션의 마지막 출력값은 추가 어드레스로서 색(color)을 입히지 않은 남은 자금을 이 어드레스에 보내야 한다. 컬러드코인이 발행자의 어드레스로 돌려보낼 수 있는 잔액은 비트코인 잔액 어드레스의 원리와 같다. 블록체인의 컬러드코인은 발행 어드레스(issuing address)로 구별된다.

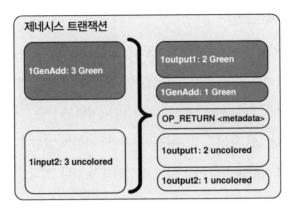

제네시스 트랜잭션

1GenAdd: 3 Green

1output1: 2 Green

1GenAdd: 1 Green

OP_RETURN <metadata>

1input2: 3 uncolored

1output1: 2 uncolored

1output2: 1 uncolored

그림 11.4 컬러드코인 제네시스 트랜잭션

컬러드코인은 제네시스 트랜잭션을 통해 먼저 발행된다. 제네시스 트랜잭션은 재발행 불능, 재발행 가능의 두 가지 유형으로 구분하며 OP_RETURN 메타데이터 필드에 트랜잭션 유형을 표시한다. 발행자가 적합하다고 생각할 때 새로운 자산을 재발행할 수 있다. 이는 주식을 발행하는 기업에 유용한 방식이다.

일단 컬러드코인이 유통되면 대체 트랜잭션(transfer transaction)을 통해 전달할 수 있다. 대체 트랜잭션은 제네시스 트랜잭션보다 더 복잡한데 이는 입력값(몇 가지 유형의 컬러드코인을 포함할 수 있다)이 보유한 컬러드코인을 출력값에 분산하는 방법과 관련된 규칙이 많기 때문이다. 만일 대체 트랜잭션이 컬러드코인 프로토콜을 따르지 않으면 비록 비트코인 트랜잭션으로는 유효할지언정 무효 컬러 트랜잭션으로 플래그가 붙고 컬러드코인은 소멸할 것이다.

컬러드코인 지갑이 컬러드코인의 위치에 대한 찾아보기를 만들려면 블

358

록체인을 돌아보아야 한다. 187) 컬러드코인의 발행자는 어떤 어드레스에서 컬러드코인을 소유하고 있는지 추적할 수 있다. 이런 특성은 컬러드코인 같은 주식을 발행해 주주들에게 배당금을 지급하는 애플리케이션에 유용할 수 있다.

멀티컬러드 트랜잭션(multi-colored transactions)을 이용하면 서로 다른 컬러드코인을 교환하는 자산 스와프(asset swap)가 가능하다. 그러면 디지털 자산의 탈중앙화 청산으로 이어질 물꼬가 트일 것이다. 그렇다고 해도 실행가능성이 있는 제안을 게시해 탈중앙화 거래소를 만들 방법이 선행되어야 한다. 크로마월렛(ChromaWallet)은 비트코인 네트워크에서 ('P2P 교환'이라는) 피어 투 피어 탈중앙화 거래소를 만드는 방안을 선택했다.

크로마월렛과 코인프리즘(CoinPrism)은 좀 더 최근의 컬러드코인 프로토콜 명세를 따른다. 이 두 프로토콜이 통합될 가능성은 있으나 이 글을 쓰는 현재 이들은 호환되지 않는다.

크로마월렛 프로그램은 컬러드코인 프로토콜 원본의 묘사에 더 가깝다. 컬러드코인의 값은 트랜잭션에 포함된 비트코인의 양으로 환산한다. 크로마월렛 프로그램은 채워 넣기를 이용해 먼지 한계선에 미치지 못하는 소규모 출력값의 발행 문제를 해결한다. 컬러드코인에 대한 정보는 트랜잭션 입력값의 *nSequence* 필드에 저장된다.

코인프리즘은 오픈 에셋(Open Assets) 프로토콜을 이용한다. 이 프로토

---

187) 현재 SPV 지갑(섹션 8.8 참고)에서는 컬러드코인이 작동되지 않는다. 비트코인 노드를 개편하거나 특별 컬러드코인 SPV 노드를 만들어야 SPV가 컬러드코인에서 작동할 것이다.

콜에서 컬러드코인은 발행 어드레스에 연결되며 컬러드코인 트랜잭션에 관한 더 세부적인 정보(입력값의 양과 출력값에 분배된 양)는 OP_RETURN 트 랜잭션에 부호화된다. 코인프리즘의 모든 자산은 재발행이 가능하며 발행 과 대체 트랜잭션을 단일 비트코인 트랜잭션에 혼합할 수 있다.

크로마월렛과 코인프리즘에 대한 더 상세한 정보는 <u>chromawallet. com</u>과 <u>www.coinprism.com</u>을 각각 참고하라.

## 11.7.2 카운터파티

카운터파티(Counterparty)는 비트코인 블록체인을 이용해 데이터를 안전 하게 보관하는 메타코인이다. 카운터파티를 채택하면 디지털 자산을 창 조하고 데이터 피드를 공개할 수 있다. 카운터파티는 분산교환 거래환경 을 수립해 이 디지털 자산을 거래하고, 데이터 피드로 공개된 가격을 토대 로 내기나 CFD를 진행한다.

카운터파티 네트워크의 고유 통화는 **XCP**이다. XCP는 비트코인 블록 이 278,310~283,810에 이르렀을 무렵 탄생했다. 비트코인을 소각하는, 다시 말해 사용 불능으로 입증된 어드레스로 보내는 소각증명(proof-of-burn)을 통해 탄생된 메타코인이다.[188] 소각증명은 XCP를 공정하고 투명 한 방식으로 분산시킨다는 장점이 있다. 반면 소각된 비트코인을 사용한 다는 단점이 있다.[189] 위의 시기가 시작될 무렵에 소각된 비트코인은 끝날

---

188) 카운터파티 소각증명의 경우에는 1CounterpartyXXXXXXXXXXXXXXXXXUWLpVr으로 비트코인을 보 낸다. 이는 아무도 자금을 풀 수 있는 개인키를 소유하지 못하도록 구성한 어드레스이다. 어드레스의 마지 막 여섯 글자에서 계산 합계가 정확하므로 어드레스가 유효하다는 사실을 보장한다.

무렵에 소각된 비트코인보다 제공된 XCP의 총량이 더 많았다.

카운터파티 트랜잭션에는 입력 어드레스와 출력 어드레스 그리고 트랜잭션 데이터 출력값, 즉 카운터파티 데이터를 블록체인에 끼워 넣는 OP_RETURN 트랜잭션이 포함된다. 이 OP_RETURN 트랜잭션을 메시지라고 부른다. 블록체인에서 카운터파티 메시지를 읽고 시간순으로 분석한다.[190] 이 메시지는 다음과 같이 몇 가지 유형으로 구분된다.

### ■ 발행하기

디지털 자산을 발행할 때 사용한다. 원래의 발행 어드레스에서 더 많은 디지털 자산을 재발행하거나 디지털 자산을 재발행할 능력을 다른 어드레스로 전송할 수 있다. 디지털 자산이 더 이상 발행되지 않도록 잠금이라고 표시할 수 있다. 자산은 가분 자산과 불가분 자산으로 나뉜다. 발행자가 미리 밝힌 XCP의 양[상환가격(call price)]을 돌려달라고 요청할 수 있다.

### ■ 보내기

디지털 자산을 보낼 때 사용한다. 주문하기뿐 아니라 부분적으로 보내기를 이행할 수 있다.

### ■ 주문하기

디지털 자산들을 교환하라고 주문할 때 사용한다. 새로운 주문이 발행되면 프로토콜이 신규주문을 이행할 수 있는 오픈 주문이 있는지 자동으로 점검한다. 주문은

---

189) 비트코인이 소각되면 비트코인의 화폐공급량이 줄어들기 때문에 소각된 비트코인은 다른 비트코인 소유자에게 선물과도 같다.
190) 카운터파티 서버는 비트코인 코어 서버를 운용해야 한다.

자동으로 이행된다. 이행할 수 없는 주문은 사용자가 구체적으로 정한 블록 수만큼 보류한 주문에 보관된다. 주문한 자금, 즉 디지털 자산은 자동적으로 에스크로로 보관되어 가짜 주문 스패밍을 예방한다. 주문이 종료되고 나면 이 자금을 반환한다. 주문 청산은 자동으로 진행되는데 교환된 자산에 비트코인이 포함된 경우는 예외이다. 비트코인은 차후 트랜잭션에서 비트코인을 지급하라는 메시지(BTCPay 메시지)가 있을 때 결제된다.

■ **공개하기**

데이터 피드의 항목을 공개할 때 사용한다. 데이터 피드와 그것을 공개하는 어드레스는 연결되어 있다. 다시 말해 이 원래의 어드레스에서만 데이터 피드를 발표할 수 있다. 피드의 절댓값을 이용해 내기를 할 수 있다. 피드가 *잠겼음*을 알리는 소식을 공개함으로써 피드를 종료할 수 있다. 아직 내기가 보류 중인 상황에서 피드가 종료되면 내기가 끝난다.

■ **내기하기**

피드의 결과에 내기나 CFD를 할 때 사용한다. 내기는 데이터 피드의 값이 특정한 값과 동등할 것이라고 내기하는 *웨이거(wagers)*와 결제 날짜가 있는 *CFD* 두 유형으로 나눈다. 주문과 비슷한 방식으로 내기를 대조하고 청산한다.

■ **배당금**

디지털 자산 보유자에게 배당금을 지급할 때 사용한다. 디지털 자산이나 XCP의 형태로 배당금을 지급한다. 비트코인으로 지급하는 배당금은 그 자산을 보유한 어드레스로 보내는 일반 비트코인 트랜잭션에서 전달한다.

■ **소각하기**

소각 증명과정에서 XCP를 처음 발행하는 동안 이 메시지 유형을 사용한다.

카운터파티 트랜잭션에는 출력 잔액 어드레스가 포함될 수 있으나 이 어드레스는 프로토콜에서 어떤 역할도 수행하지 않는다. 비트코인 어드레스 그리고 연결된 공개키 기반 구조를 이용해 디지털 자산을 발행하고 보유하며 CFD와 내기를 청산한다.

백서의 저술에서 카운터파티 프로토콜에 대한 자세한 내용을 참고할 수 있다. 지갑과 다른 도구를 비롯한 다른 정보는 www.counterparty.co 를 참고하라.

### 11.7.3 이더리움

이더리움은 튜링 완전 플랫폼과 연결된 오픈소스 차세대 분산원장으로서 탈중앙화 애플리케이션을 구축하고 배포할 때 사용할 수 있다. 튜링 완전성인 이더리움은 사용자들이 계약이라고 일컫는 메커니즘을 통해 애플리케이션을 코드화할 수 있다. 이더리움의 계약은 계약을 보유한 계정으로 트랜잭션을 보낼 때마다 블록체인에서 노드가 실행하는 코드에 속한다.[191] 계약을 보유한 계정은 내부 메모리 상태를 유지해 계약에서 사용할 수 있다. 그뿐만 아니라 계약은 액수와 발신 어드레스, 그 밖의 보조 필드 등 계약을 활성화시키는 트랜잭션의 몇몇 인수(argument, 引數)에 접

---

191) 계약이 연결되지 않은 일부 계정이 있다. 이들을 외부 소유 계정이라 일컫는다. 반면 연결된 계약이 있는 계정은 계정의 자금에 접근할 수 있다고 해서 계약계정이라고 일컫는다.

근할 수 있다. 계약에서 보낸 트랜잭션은 원래의 발행자에게 가치를 돌려보낼 수 있다. 이런 점에서 계약은 프로그램 함수와 비슷하게 움직인다.

저급 언어(기계어상에서 컴퓨터 프로세서와 직접 통신하는 것을 허락하는 프로그래밍 언어-옮긴이)로 계약서를 작성해서 자바 가상머신(Java Virtual Machine)과 성격이 비슷한 이더리움 가상머신(Ethereum Virtual Machine, EVM)으로 실행한다. 파이선(Python)을 토대로 한 서펀트(Serpent), 고(Go)를 토대로 한 뮤탄(Mutan), 리스프(Lisp)를 토대로 한 LLL 등 계약 개발을 지원할 수 있는 몇 가지 고급 언어가 존재한다.

계약은 세 가지 유형의 메모리를 이용할 수 있다.

- 후입선출 스택(stack). 계약코드를 실행하고 나면 이 메모리는 지워진다.
- 어떤 대가를 치르더라도 원하는 만큼의 메모리를 할당할 수 있는 힙(heap). 계약코드를 실행하고 나면 이 메모리는 지워진다.
- 스토리지라고 부르는 장기 키값 스토어. 일단 트랜잭션에 이어서 계약 스크립트를 실행한 후에 지속되는 유일한 형태의 메모리이기 때문에 계약 상태를 저장할 때 사용할 수 있다. 자동화 에이전트를 배치할 때 이 특성이 매우 유용하다.

이더리움의 계약은 블록체인에서 실행하는 자동화 에이전트와 비슷하다. 이더리움 지지자들은 튜링 완전 언어로 (금융과 다른 분야의) 수많은 혁신적인 애플리케이션을 개발할 수 있을 것이라고 믿는다. 이는 자바 스크립트가 도입되면서 혁신적인 웹 애플리케이션이 개발된 것과 상당히 비슷한 현상이다.

이더리움 블록에는 시스템의 상태(state)가 포함된다. 원칙적으로 첫 블록에서 상태를 재구성할 수 있으므로 엄격하게 말하면 필수요건은 아니다. 비트코인에서 시스템 상태는 소비되지 않은 거래(UXTO)로 포착되는데, 이것은 블록체인을 분석해서 재구성할 수 있다. 원칙적으로 이더리움에서도 같은 절차를 따를 수 있다. 하지만 그러려면 계약코드를 전부 다시 운용해야 해서 효율이 떨어질 것이다. 그래서 블록마다 시스템 상태를 저장하는데 이런 방식은 노드에서 전체 블록체인을 저장할 필요가 없다는 장점이 있다.[192]

이더리움 계약 메커니즘의 애플리케이션으로 제안된 것들은 다음과 같다.

- 다른 가상 통화(virtual currencies), 애플리케이션 코인, 메타코인[193] 등과 같은 디지털 자산. 이런 자산은 이더리움 네트워크에 보안과 부기(book keeping)를 위임할 것이다.

- 차액 정산 계약 같은 파생상품, 사실 모든 파생 보수기능(derivative payoff function)을 계약에 프로그래밍할 수 있을 것이다. 외부 가격에 따라 보수를 받는 파생상품에는 외부 데이터 피드(feed)가 필요하다.

---

192) 상태를 퍼트리샤 트리[Patricia tree, 검색기법의 일종으로, 수문자식으로 코드화된 정보를 검색하는 실용적인 알고리즘(practical algorithm to retrieve information coded in alphanumeric)의 머리글자이다-옮긴이]로 저장해서 효율성을 높인다.
193) 이더리움은 튜링 완전이라는 특성이 있으므로 원칙적으로 이더리움에서 모든 메타코인을 복제할 수 있을 것이다.

■ 다중서명 에스크로

비트코인으로도 가능하지만 이더리움 계약은 융통성이 있어서 더 복잡한 규칙을

만들 수 있다.

■ 느린 속도로만 자금을 사용할 수 있는 저축계좌

이것을 다중서명 에스크로와 결합해 몇 가지 흥미로운 애플리케이션을 개발할

수 있다.

■ 피어 투 피어 도박(gambling).

■ 이더리움 메모리 저장을 이용할 수 있는 디지털 자산과 애플리케이션.

■ 탈중앙화 교환.

■ 탈중앙화 데이터 저장

이를 위해 데이터 저장전용 독립 네트워크가 필요할 것이다.

■ 탈중앙화 신원 및 평판 서버

사용자가 이더리움 계약에 가명을 등록할 수 있다. 그러면 다른 애플리케이션이 이

계약을 조회해서 네임코인과 비슷한 기능성을 제공한다.

■ 계산문제의 해답에 보상을 제공한다.

■ 자동화 에이전트

자동화 에이전트를 정의하는 코드를 몇몇 계약에 분산할 수 있다. 그런 다음 다

른 조각(계약)을 통합해서 복잡한 작업을 수행하게 하는 자동화 에이전트를 구축

할 수 있다.

■ 비동기(非同期)식 다중서명 에스크로

사용자가 비트코인에서처럼 오프라인과 의사소통할 필요가 없이 부분 서명한 트

랜잭션을 블록체인에 보낸다. 이를테면 5개 중 3개 다중서명 에스크로처럼 더 진보한 특성을 만들 수 있다. 이 에스크로에서는 서명이 두 개면 자금의 10%만 사용할 수 있지만 세 개가 있으면 100% 사용할 수 있다.

프로토콜에서 비트코인의 트랜잭션 수수료를 정하지 않는다. 정해진 수수료로 어떤 트랜잭션을 받아들일지 결정하는 것은 채굴자들의 몫이다. 그뿐만 아니라 비트코인 트랜잭션은 의도적으로 크기와 스크립트 내용을 제한한다.

비트코인의 수수료 구조는 좀 더 정교하다. 계약에 보내는 트랜잭션에는 수수료가 포함되어 있어야 한다. 이 수수료로 트랜잭션으로 풀린 계약 코드를 실행할 비용을 지급해야 한다. 어떤 트랜잭션을 발송할 때 지불할 수수료의 총개수와 그 총액을 포함시킨다. 채굴자들은 이 가격을 토대로 트랜잭션을 선택한다. 트랜잭션이 선택되면 계약코드가 실행되고 이 과정에서 채굴자들은 수수료를 뽑아낸다. 트랜잭션에 포함된 수수료가 계약 실행에 대한 대가를 지급할 만큼 충분하면 트랜잭션은 블록체인에 포함된다. 반면 충분하지 않다면 계약 실행의 모든 효과가 원상회복되며 수수료는 채굴자가 가진다. 후자의 경우에는 수수료가 부족해서 계약이 실행되지 않는다. 만일 계약을 실행한 다음에 수수료가 약간 남아 있다면 발신자에게 돌려보낸다.

실행 수수료는 새로운 계약을 만들거나 데이터를 저장하거나 암호 계산 같은 작업을 위해 부과하는 것이다. 수수료가 있으면 사용자가 무한고리(infinite loop: 프로그램 내에서 계속 반복되는 명령어의 집합-옮긴이)를 시작하거나194) 대량의 메모리를 요구하는 등 도에 넘치는 계약을 맺지 않을 것이다. 아울러 계약 작성자가 자원을 흥청망청 쓰지 않고 메모리 사용량을 최소한으로 유지해야 할 동기가 생긴다.

트랜잭션 발신자는 계약이 운용할 수 있는 최대 단계 수를 표시해야 한다. 만약 이 최대 수에 이르지 못하면 네트워크의 노드들이 실행을 중단할 것이다. 그러면 정지 문제(halting problem)를 토대로 한 서비스 거부 공격을 해결할 수 있다. 컴퓨터 공학의 정지 문제는 임의의 알고리즘이 주어질 경우 다른 알고리즘을 구성해서 원래 알고리즘이 끝날지 아니면 영원히 계속될지를 미리 결정할 수 없다고 규정한다. 공격자는 이 결과를 이용해 거액의 수수료가 포함된 무한고리가 있는 계약을 만들 수 있을 것이다. 이 계약은 수수료가 있을 때까지 운용되다가 본래 상태로 되돌아갈 것이다. 그러나 거액의 수수료가 포함된 계약이라면 계약을 실행하는 채굴자가 십중팔구 블록체인의 몇 블록을 건너뛰었을지 모르므로 해당 트랜잭션을 포함시켜도 수수료를 받지 못할 것이다. 트랜잭션에서 최대 실행 단계를 밝혀야 할 경우에는 채굴자들이 이런 종류의 공격을 피할 수 있다.

이더리움의 고유 통화는 이더(ether, ETH)이다. 이더는 수수료를 지급할 때는 물론이고 기본적인 트랜잭션 토큰으로 쓰인다. 일단 네트워크가 운영되면 이더가 발행되어 일정한 비율에 따라 채굴자에게 영구적으로 보상

---

194) 두 가지 방식으로 이더리움의 고리를 만들 수 있다. 첫째, 명령어 집합에 건너뛰기 명령어가 포함된다. 둘째, 공격자가 순환(recursion) 방식으로 스스로 명령하는 계약이나 서로 명령하는 두 계약을 이용해 무한순환을 만들 수 있을 것이다.

을 제공한다. 따라서 이더의 공급량은 비트코인처럼 고정되어 있지 않고 선형적으로 증가할 것이다. 공급량 증가율, 즉 총공급량 대비 증가한 공급량은 시간이 지나면 0이 될 것이다. 반면 개인키를 잃어버리면 이더를 잃을 수 있다. 따라서 손실비율이 공급비율보다 더 클 경우에 실제로 이더는 디플레이션을 일으킬 것이다. 지지자들의 주장에 따르면 이 같은 방식을 채택할 경우 이더는 지나친 인플레이션이나 디플레이션을 일으키지 않는다. 또한 총공급량이 고정되어 있는 비트코인과 달리 투기행위를 예방할 수 있는 한편 비트코인에 비해 부의 집중 현상을 줄일 수 있을 것이다.

이더리움은 ASIC 저항성이 있는 탈중앙화 채굴을 확립하는 것을 목표로 삼고 있다. 현재 채굴 제안은 다음과 같은 단계를 거친다.

- 마지막 16개 단계에서 각각 한 개씩 의사 무작위 트랜잭션을 선택한다.
- 이 각 트랜잭션을 의사 무작위 방식으로 수정한다.
- 수정된 이 트랜잭션을 시스템 상태에 적용해 새로운 상태를 얻는다.
- 새롭게 얻은 시스템 상태를 논스와 함께 해시한다.
- 이 해시를 채굴 난이도와 비교해서 작업증명 요건이 충족된다면 유효한 블록이 발견된 것이다.

이 채굴 절차의 핵심은 채굴자가 시도하는 논스마다 이 과정을 반복해야 한다는 점이다. 스크립팅 언어가 튜링 완전이기 때문에 채굴장비에 튜링 완전 프로세서를 포함시켜야 할 것이다. 이더를 채굴할 수 있는 ASIC

을 만들려면 이 ASIC에 튜링 완전 코어를 장착해야 한다. 그러면 SHA256 해싱 알고리즘만 시행할 경우 비트코인 ASIC보다 비용이 훨씬 더 많이 들 것이다.

또한 이 설계에서는 채굴자가 블록체인의 완벽한 복사본을 보관해야 하므로 조합 채굴에서 얻을 수 있는 이점이 줄어들 것이다. 이더리움 지지자들은 이 결과로 대다수 채굴자가 중앙집권조합 대신 피어 투 피어 채굴조합에 참여함으로써 채굴이 민주화되기를 바란다.

### 11.7.4 마스터코인

마스터코인은 비트코인 블록체인을 이용해 메타데이터를 저장하는 메타코인이다. 이 프로토콜을 마스터 프로토콜(Master protocol)이라고 일컫는다. 마스터(Master)는 기록 내장 표준 트랜잭션의 메타데이터 아카이벌(Metadata Archival of Standard Transaction Embedding Records)을 의미한다. 마스터코인 지지자들이 표현하듯이 마스터코인과 비트코인의 관계는 HTTP와 TCP/IP의 관계와 같다. 마스터코인은 디지털 자산(혹은 사용자 통화)의 발행, 데이터 피드 공개, 탈중앙화 교환, CFD, 내기 등의 기능을 수행한다.

마스터코인 네트워크의 고유 통화는 마스터코인 혹은 MSC이다. MSC은 2013년 8월 한 기금모금 행사에서 처음 등장했다. 엑소더스 어드레스(Exodus Address, E1EXoDusjGwvnjZUyKkxZ4UHEf77z6A5S4P)로 비트코인을 보내는 비트코인 어드레스의 대변에 MSC가 기입되었다. MSC의 총수는 619,478.6 MSC로 고정되어 있다.

마스터코인과 그 밖의 디지털 자산은 일반 비트코인 어드레스에 보관된다. 마스터코인 트랜잭션으로 이 디지털 자산을 전송할 수 있다. 마스터코인 트랜잭션은 일반 비트코인 트랜잭션이지만 첫 번째 출력 어드레스는 엑소더스 어드레스이다. 이것은 소액의 비트코인 수수료를 엑소더스 어드레스로 보내는 한편 마스터코인 트랜잭션에 트랜잭션이라는 플래그를 붙이는 두 가지 목적을 수행한다. 마스터코인 트랜잭션의 두 번째 출력값은 수령자 어드레스이다. 이 출력값에 이어 마스터코인 메타데이터를 블록체인에 삽입하는 OP_RETURN 출력값을 얻는다. 마스터코인 노드와 지갑에서 메타데이터를 분석한다. 마스터코인 트랜잭션에서 도입한 몇 가지 기능은 다음과 같다.[195]

- **마스터코인 구매하기**

2013년 8월 기금모금 행사에서 이 유형의 트랜잭션이 일시적으로 허용되었는데 현재 이 트랜잭션을 이용해 비트코인을 전송하면 발신자에게 반환될 것이다.

- **마스터코인과 다른 디지털 자산 발송하기**

비트코인 어드레스와 이 어드레스는 일치하는 서명을 이용하지만 마스터코인 데이터 필드에서 발송할 디지털 자산정보와 양을 부호화한다.

- **디지털 자산 창조하기**

디지털 자산은 이산(discrete) 자산과 가분(divisible) 자산으로 구분할 수 있다. 그

---

195) 이 글을 쓰는 현재 마스터 프로토콜이 아직 개발되는 중이어서 이 가운데 아직 사용할 수 없는 기능들이 있다.

러면 사용자가 뒷받침하는 통화를 만들 수 있다. 마스터코인 명세[컴퓨터 용어로 서 명세란 재료나 제품, 공구, 설비 등에 대한 구조, 성능, 특성 등의 요구 조건을 규정한 것을 의미—옮긴이, 윌렛(Willett) 등, 2014]에서는 자가 안정화 통화(self-stabilizing currencies)를 창조하는 프로토콜을 소개한다. 이 통화는 가격이 상한선을 넘어서면 더 많은 통화를 발행할 자금과 전략을 얻는다. 반면에 가격이 하한선에 이르면 통화를 구입할 자금과 전략을 얻는다. 자가 안정화 통화가 실제로 효과를 거둘지 혹은 자금을 고갈시킬 목적으로 그들을 공매하는 거래 전략에 좌지우지될지에 대해서는 다소 논란이 있다(부테린, 2013k).

■ '저축' 어드레스 창조하기

어드레스에 '저축'이라고 표시해 이 어드레스에서 시작하는 트랜잭션을 원상복구할 수 있다. 사용자가 원상복구 가능 기간[(reversibility period) 사고 예방 차원에서 최대 1년]을 선택할 수 있다. 저축 어드레스에 저장된 모든 디지털 자산에 저축 규칙을 적용한다. 저축 어드레스는 관리/보호 어드레스(guardian address)와 연결되는데 이 어드레스는 대개 콜드 스토리지에 보관된다. 결제를 원상복구할 수 있는 것은 관리 어드레스뿐이다. 이때 원상복구한 자금은 저축 어드레스에 남은 모든 자금과 함께 관리 어드레스로 전송된다.

■ '비율제한' 어드레스

이를테면 1일당 자금의 1% 비율로 어드레스의 지출비율을 제한할 수 있다. 한 어드레스에 속한 각 디지털 자산에 개별적으로 비율제한이 적용된다. 비율제한(rate-limited) 어드레스는 관리 어드레스와 연결되며 관리 어드레스를 이용해 비율제한을 얻을 수 있다. 비율제한 어드레스는 인터넷 접근처럼 페이 애즈 유 고 서비스

(pay-as-you-go: 사용료를 먼저 지불해서 사용하는 서비스-옮긴이)에 유용할 것이다. 이 방식을 통해 어드레스 소유자가 계정에 있는 자금에 대한 제한적인 접근을 서비스 제공업체에 허용할 수 있다.

## ■ 디지털 자산에 배당금 지급하기

발행 어드레스에서 단일 트랜잭션으로 디지털 자산에 대한 배당금을 보낼 수 있다. 프로토콜에서 자산 보유자의 대변(貸邊)에 자동으로 배당금을 기입하므로 발행자가 소유자를 계속 추적해야 할 필요가 없다.

## ■ 구매/ 판매주문 제출하고 실행하기

마스터 프로토콜은 자동으로 일치하는 주문을 찾아서 그 거래를 청산하는 탈중앙화 교환을 운용한다. 부분적으로 주문을 이행할 수 있다. 주문이 공개되면 곧바로 주문 액수를 자동으로 공제하고 주문이 실행되지 않았다면 환불한다. 새로운 가격으로 주문을 다시 제출하기만 하면 주문 액수를 바꿀 수 있으며 반대오퍼(counter-offers: 원래의 오퍼조건을 변경하거나 새로운 조항을 추가하여 다시 제시하는 오퍼-옮긴이)도 가능하다. 비트코인 자금이 포함된 주문에는 청산 시간제한이 있다. 주문을 정확하게 청산하려면 이 시간제한이 끝나기 전에 비트코인 자금을 보내야 한다. 평판시스템이 내장되어 있어서 디지털 자산 구매자가 피드백을 남기고 트랜잭션을 평가할 수 있다.

## ■ 데이터 스트림 등록하기

발행 어드레스에서 데이트 스트림을 등록할 수 있다. 그러면 이 발행자 어드레스의 소유자가 그 스트림의 티커(ticker: 증권거래소에서 시시각각으로 변동하는 시세를 보도하는 유선 인자식 전신기 데이터-옮긴이)를 공개할 수 있다. 마스터코인의 데이터스트림은 스트림 발견을 지원하는 카테고리 트리(category tree)를 따른다.

■ **내기와 CFD 제출하고 실행하기**

데이터 스트림의 결과에 대한 내기와 CFD가 지원된다. 디지털 자산을 이용해 내기와 CFD를 청산할 수 있다. 프로토콜이 자동적으로 거래 체결과 결제를 수행한다.

부테린(2013k)의 저술은 마스터코인의 개관을 훌륭하게 설명했다. 마스터 프로토콜의 명세는 윌렛 외(2014)의 저술을 참고하라. www.mastercoin. org에서 지갑과 다른 도구를 비롯해 더 많은 정보를 얻을 수 있다.

### 11.7.5 Nxt

Nxt는 비트코인과는 다른 코드 베이스를 이용해 완전히 새롭게 작성되었다. 또한 Nxt는 독자적인 블록체인을 만들어 100% 지분증명 시스템을 확보했다. Nxt의 주요 애플리케이션은 탈중앙화 교환과 투표시스템, 메시지 발송, DNS 등이다.

어드레스는 타원곡선 공개키 암호기술을 이용한다.[196] 트랜잭션과 다른 메시지를 블록체인에 등록한다. Nxt 블록체인은 지분증명 알고리즘을 이용한다. Nxt는 네트워크의 모든 클라이언트가 풀 노드를 운용한다고 가정한다. 1,440 블록마다 적어도 한 개의 수신 트랜잭션이 검증되는 어드레스를 잠그지 않은 어드레스(unlocked addresses) 혹은 활동계정(active

---

196) Nxt는 비트코인과 다른 타원곡선 알고리즘을 사용한다. Nxt가 분산된 비밀 생성(shared secret generation)을 위해 사용하는 알고리즘은 Curve25519로 메시지에 서명하는 타원곡선 한국 인증서 기반 디지털 서명 알고리즘(Elliptic-Curve Korean Certificate-based Digital Signature Algorithm, EC-KCDSA)이다.

accounts)이라고 일컫는다. 이 어드레스는 다음번 지분증명 블록을 생성할 자격이 있다

Nxt의 고유 통화는 NXT로서 첫 공급량은 10억 NXT이다. Nxt 블록에는 생성서명(generation signature)이라는 필드가 있다. 활동계정은 개인키로 생성에 서명한 다음 서명을 해시한다. 만일 얻은 해시가 목표보다 낮으면 활동계정에서 다음번 블록을 생성해서 모든 수수료를 획득할 수 있다. 블록을 만드는 것을 블록을 구축한다고 말하는데 블록 구축은 계산능력이 필요한 비트코인 채굴과는 대조된다. 모든 활동계정의 목표는 그 어드레스의 자금량으로 측정되어(따라서 지분증명) 네트워크의 한 노드가 다음 블록을 구축할 때까지 매초 증가한다(두 배가 된다). 이 네트워크 목표는 평균 60초마다 새 블록이 구축될 수 있도록 조정된다.

만일 노드가 블록 초기에 일반적인 생성서명 해시를 집어넣으면 해시가 가장 낮은 노드가 다음 블록을 구축한다. 어떤 노드가 다음 블록을 구축하는지를 사전에 알린다고 해서 이를 **투명 구축**(transparent forging)이라고 부른다. 다른 노드들이 해당 노드로 미확인 트랜잭션을 직접 보낼 때 이 방식이 유리할 수 있다. 투명 구축을 채택하면 어떤 노드가 블록을 구축하지 않으려고 거부하는지 확인해서 해당 노드를 구축과정으로부터 제외할 수 있다.

발행 어드레스의 개인키로 트랜잭션에 서명한다. Nxt에서 가능한 트랜잭션으로는 송금, 가명 등록, 메시지 전송, 디지털 자산 발행, 자산을 위한 제안 제출하기/실행하기 등이 있다.

블록 구축과정에는 계산능력이 많이 필요하지 않아서 지지자들은 모바일 디바이스를 포함해 모든 디바이스에서 풀 노드를 운용할 수 있다고 생각한다. 그뿐만 아니라 그들은 활동계정으로 재유통되는 트랜잭션 수수료가 인플레이션 방지책으로 작용하기를 바란다.

### 11.7.6 리플

**리플**(Ripple)은 2004년 라이언 퍼거(Ryan Fugger)가 처음 제안한 탈중앙화 금융 네트워크이다. 원래 리플 네트워크의 사용자들은 서로 신뢰관계를 맺는다. 신뢰관계는 기본적으로 사용자들 사이의 크레디트 라인(lines of credit: 환거래은행 또는 고객에게 미리 설정해 둔 신용공여의 종류 및 한도-옮긴이)이다. 사용자는 다른 사용자들과의 크레디트 라인에 각각 할당할 액수를 선택한다. 일단 이런 관계가 형성되면 사용자가 관계 웹을 통해 다른 사용자에게 자금을 보낼 수 있다. 〈그림 11.5〉는 사전에 관계를 맺지 않고 사용자 로라(Laura)가 다른 사용자인 폴라(Paula)에게 자금을 보내는 방식을 나타낸 것이다. 리플 프로토콜은 신뢰 사슬을 통해 자금을 발송한다. 즉 트랜잭션이 목적지에 도달할 때까지 리플 네트워크를 통과한다. 이 사례에서는 로라와 폴라 모두와 신뢰관계에 있는 베아트리스(Beatrice)를 통해 청산이 이루어진다. 사용자들은 리플에서 어느 정도 거래당사자 위험을 안고 있지만 적절한 신용한도를 형성함으로써 이 위험을 관리할 수 있다.

리플 연구소(Ripple Labs)에서 개발한 현대 리플 네트워크는 디지털 자산이나 암호화폐뿐 아니라 모든 자산을 발송할 때 이용할 수 있다. 따라서 리

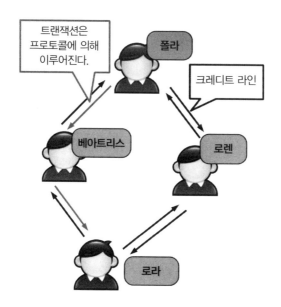

**그림 11.5 리플 프로토콜**

플은 통화에 구애를 받지 않는 결제시스템이다. 네트워크에서 신용화폐나 귀금속 같은 자산을 처리할 수 있다.

리플 네트워크는 **분산원장**이라고 일컫는 분산 데이터베이스를 관리한다. 분산원장에는 모든 계정의 잔액과 신용한도가 기재되어 있다. 비트코인과는 달리 이 분산원장은 모든 트랜잭션을 기록하지 않아서 훨씬 더 가볍다.197) 리플 클라이언트는 분산원장의 복사본을 저장할 필요가 없다. 비트코인의 SPV와 비슷하게 서버에서 관련 트랜잭션이 분산원장에 기재되었다는 암호증명을 받을 수 있기 때문이다. 리플 분산원장의 복사본은 비트코인 블록체인 복사본에 비교해 관리가 더 쉽다. 리플 지지자들은 리

197) 비록 개별 서버는 저장할 필요가 없지만 전체 리플 네트워크는 전체 트랜잭션 기록을 관리한다.

플 서버를 선택해서 전체 분산원장의 복사본을 보관하는 사용자가 많아질 것이라고 기대한다.

분산원장은 **원장 사슬**(ledger chain)로 구성된다. 분산원장 사슬에서는 분산원장의 모든 버전에 부모 버전의 해시가 포함되어 있다. **합의**(consensus)라는 과정을 통해 분산원장의 새 버전이 만들어진다. 새 버전의 분산원장에 어떤 정보를 포함할지도 합의과정을 밟는다. 리플 서버는 새 트랜잭션을 위해 이웃 서버를 폴링(입력 포트, 기억장치 등의 상태를 정기적으로 조사하는 것-옮긴이)하고 그들을 분산원장의 새 버전으로 통합한다. 이중지불 트랜잭션을 발견했을 때 리플 서버는 이웃 서버의 대다수가 올바른 것으로 생각하는 트랜잭션을 선택한다. 이는 이중지불 시도가 발생하면 비트코인 노드가 어떤 미확인 트랜잭션이 올바른 것인지 결정하는 방식과 비슷하다. 합의과정을 거치면 몇 초마다 네트워크가 새로운 버전의 분산원장이 유효한지를 확인하고 트랜잭션 결제속도를 크게 높일 수 있다. 리플을 이용하면 머클트리와 라딕스 트리(Radix tree)를 결합해 합의과정이 진행되는 동안 서버가 분산원장을 효율적으로 업데이트하고 신/소형 클라이언트에 트랜잭션의 암호증명을 제공할 수 있게끔 한다.

리플은 합의과정에 대한 시빌 공격을 막고자 독특한 노드 리스트를 도입한다. 모든 사용자에게는 독특한 노드 리스트가 있다. 예컨대 이는 이중지불 같은 공격을 받을 때 본인에게 등을 돌릴 가능성이 없다고 생각되는 노드를 모은 리스트이다. 이 리스트에 속한 노드는 대개 지리적으로 흩어져 있거나 네트워크에서 이해관계가 없는 기관이나 신뢰 노드에 속해 있다. 따라서 합의과정 동안 서로 협력해서 사용자에게 거짓정보를 피드할 가능성이 없다. 독특한 노드 리스트는 네트워크의 밀도를 높이고 합의과정의 이견을 더 빨리 해결할 수 있다는 추가적인 장점이 있다.

리플 **계정**은 타원곡선 공개키 암호기술을 사용해 트랜잭션에 디지털 방식으로 서명한다. 또한 어드레스도 공개키에서 도출하는데[198] 예컨대 'rhaWwMcmP5DehVyuY2Kz38AmfLB9NWr11W'에서처럼 'r'로 시작한다.

리플의 발행한도는 1,000억 XRP이다. 리플의 도구들은 XRP와 새롭게 만든 암호화폐를 제외하면 대부분 부채 기반(투자자에게 투자원금에 이자를 지급하는 방식-옮긴이)이다. XRP는 리플 네트워크의 다른 디지털 자산 사이의 교량 통화(bridge currency) 역할을 담당한다. 트랜잭션 수수료 역시 XRP로 지급되어 소멸함으로써 스팸 트랜잭션을 방지한다. 트랜잭션 수수료가 소멸하므로 XRP의 양은 시간이 흐르면서 (천천히) 줄어든다.

리플의 원본 기반 기술의 한 가지 문제는 새로운 사용자가 네트워크에 아는 사람이 있어야 진입할 수 있다는 점이다. 이로 말미암아 새로운 사용자에게 인위적인 진입장벽이 생겨 네트워크의 분열이 일어났다. 이 바람에 일부 하위네트워크가 고립되었다. 리플은 이 문제를 해결하고자 게이트웨이 개념을 제시했다. **게이트웨이**(gateways)는 다른 리플 사용자와 사전에 관계없는 사용자가 네트워크에 진입할 수 있게끔 돕는 기업이다. 일

---

198) 리플은 비트코인과 같은 타원곡선 명세, 즉 secp256k1을 이용한다. 따라서 원칙적으로 같은 비트코인 개인키를 이용해 리플 어드레스를 생성할 수 있다.

반적으로 이들은 수많은 사용자의 신뢰를 받으며 자칫 네트워크에서 고립될 수 있던 부분들을 연결한다. 새로운 게이트웨이를 만드는 분야에는 진입장벽이 없다. 즉 기존 기업이 게이트웨이가 될 수 있으며 이때 필요한 것은 사용자의 신뢰뿐이다.[199] 사용자는 몇 개의 게이트웨이를 신뢰하기로 결정할 수 있다. 그 결과 어느 정도 시스템의 탈중앙화가 가능해진다. 특히 네트워크의 토폴로지(network topology: 구내 정보 네트워크 등 컴퓨터 네트워크 내의 노드의 배치 형태 또는 네트워크의 기하학적인 형상-옮긴이)가 빈약할 때 크레디트 라인으로 연결된 게이트웨이를 통해 결제를 발송할 수 있다.[200] 게이트웨이 사이에 신뢰가 형성되지 않은 경우에는 XRP를 이용해 결제를 청산할 수 있다. 게이트웨이에 제3 신뢰 조직을 도입할 수 있으나 리플 지지자들은 네트워크의 밀도가 높아지면 게이트웨이의 중요성이 줄어들 것이라고 예상한다.

리플 프로토콜은 내장 분산교환(built-in distributed exchange)을 제시한다. 모든 사용자가 분산원장에 주문을 제시하면 리플 프로토콜이 자동으로 거래를 처리한다. 양측에서 사용하는 통화가 다를 경우 리플의 분산 거래소를 이용해 결제를 발송할 수 있다. 원하는 통화를 교환할 만큼 유동성이 충분치 않을 때는 XRP를 중간단계로써 이용할 수 있다. 리플 프로토콜은 신규 암호화폐 같은 디지털 자산의 발행을 지원한다. 또한 리플 개발자들은 프로토콜에서 디지털 계약을 지원할 방법을 연구하고 있다.

---

199) 대부분의 관할 구역에는 새로운 게이트웨이가 있어야 송금업체로 등록하고 인가를 받을 수 있다는 규제가 있다.
200) 게이트웨이끼리 결제를 청산하는 과정은 대리은행과 몇 가지 비슷한 측면이 있다.

# 12장
# 프라이버시 전쟁

비트코인의 모든 트랜잭션은 블록체인에 저장되기 때문에 공개된다. 하지만 트랜잭션에는 비트코인 어드레스만 포함될 뿐 그 배후에 있는 사용자에 대한 정보는 포함되지 않는다. 사용자의 프라이버시가 가명, 즉 비트코인 어드레스에 숨겨져 있으므로 비트코인은 준익명적이다.

그러나 그렇다고 해서 사용자의 프라이버시가 보호된다는 의미는 아니다. 그 이유로 첫째, 각 어드레스가 보유한 잔고가 공개되며 UTXO(소비되지 않은 거래)를 조회하기만 해도 쉽게 입수할 수 있다. 둘째, 어드레스 간의 트랜잭션을 관찰해서 서로 연결할 수 있다. 그래서 비트코인은 이따금 온라인에서 입수할 수 있지만 이름이 지워져 있는 어떤 사람의 은행계좌 통지서에 비유된다.

익명성이 부족하다 보니 비트코인이 가치동일성을 잃을 가능성이 존재한다. 자금의 원천을 추적할 수 있기 때문에 훔친 비트코인이나 불법적인 목적으로 사용된 것으로 알려진 비트코인에 오염되었다고 표시함으로써 비트코인의 가치동일성을 파괴할 수 있다. 이미 비트코인 기업과 사용자를 등록하자는 몇 가지 제안이 등장했고 비트코인의 원천을 통제하는 것이 자연스러운 다음 차례가 될 것처럼 보인다. 그러면 비트코인 시스템이 분열될 수 있다. 일반적으로 비트코인 커뮤니티는 분열 가능성을 위험하다고 생각한다.

이 장에서는 프라이버시를 제고하기 위해 제안된 몇 가지 기술과 더불어 비트코인 사용자의 익명성을 제거하는 몇 가지 테크닉을 소개할 것이다.

## 12.1 네트워크 분석

**트랜잭션 그래프**(transaction graph)는 비트코인 트랜잭션을 꼭짓점에 두고 변으로 트랜잭션 입력값과 트랜잭션 출력값을 연결하는 그래프이다. 〈그림 12.1〉을 참고하라. 모든 트랜잭션 출력값이 전액을 지출해야 한다는 점에서 트랜잭션 그래프는 **방향성 비사이클 그래프**(directed acyclic graph, DAG)이다. 따라서 그래프에 사이클이 없다. 즉 트랜잭션 출력값은 블록체인의 이전 트랜잭션의 입력값이 될 수 없다.

트랜잭션 그래프 분석에서는 대부분 같은 트랜잭션의 모든 입력값이 한 사용자에게 속한다고 가정한다. 하지만 반드시 그런 것은 아니다. 11장에서 서명을 받기 위해 여러 사용자에게 단일 트랜잭션을 전달하는 몇몇 애플리케이션을 소개했다. 그러나 이런 애플리케이션들은 아직 틈새시장을 차지하고 있을 뿐이므로 단일 사용자가 각 트랜잭션에 서명한다는 가정은 대부분 정확하다. 앞으로 다중서명 지갑이나 11장에서 묘사한 일부 애플리케이션이 대중화되면 상황은 변할 수 있다.

따라서 단일 트랜잭션의 모든 입력 어드레스가 같은 사용자에게 속한 것이라고 가정하면 서명연산에 따른 종결(closure under signing operation)을 적용해서 트랜잭션 그래프를 단순화할 수 있다. 한 어드레스의 종료는 다음과 같이 정의되는 순환연산(recursive operation)이다.

- 한 어드레스는 그것의 종료에 속해 있다.
- 입력값이 어드레스 A와 어드레스 B에 모두 속해 있는 트랜잭션이 있다면 두 어드레스는 같은 종료에 속한다. 즉 두 어드레스의 종료는 두 종료의 결합이다.

다시 말해 종료 작업은 함께 서명된 모든 어드레스를 한데 모은다. 이 과정에 두 개의 다른 어드레스에 서명하는 사용자가 모든 어드레스의 개인 키를 통제하므로 같은 사용자라고 가정한다.

어드레스를 재사용하면 트랜잭션 분석이 더 쉬워진다. 〈그림 12.1〉의 사례에서 'Tx 2'는 이전에 사용했던 어드레스인 '어드레스 1'로 자금을 보낸다. 이처럼 어드레스를 재사용하면 이전에는 종료 작업으로 연결되지 않았던 두 집단의 어드레스를 연결할 수 있다. 그림에서 이것은 점선으로

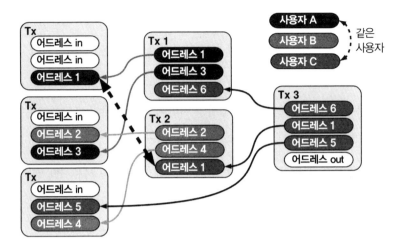

그림 12.1 트랜잭션 그래프

나타난다. 새로운 무작위 어드레스를 생성하는 지갑의 백업 과정이 복잡하다 보니 아직도 어드레스를 재사용하는 클라이언트가 많다. 앞으로 어드레스 재사용량을 줄이기 위해 HD 지갑과 같은 새로운 지갑 기술로 전환할 것이다.

잔액 어드레스도 종료 작업에 포함시킬 수 있다. 그러나 트랜잭션의 어떤 어드레스가 잔액 어드레스인지 결정하는 일은 정확도가 다소 떨어져서 오류가 발생할 수 있다. 그뿐만 아니라 잔액 어드레스에서 한 어드레스에 담긴 총자금에 관한 정보가 누출될 수 있다.

트랜잭션 그래프의 모든 어드레스에 종료 작업을 적용한 결과물은 **사용자 그래프**(user graph)이다. 사용자 그래프는 정보를 압축시켜 트랜잭션 그래프를 크게 단순화한다. 〈그림 12.2〉는 〈그림 12.1〉의 트랜잭션 그래프에서 도출한 사용자 그래프이다. 사용자 그래프에서 꼭짓점과 변은 각각 사

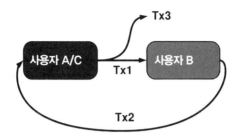

그림 12.2 그림 12.1의 트랜잭션 그래프에 상응하는 사용자 그래프

용자들과 그들 사이의 트랜잭션을 의미한다. 이를테면 사재기하는 사람을 비롯해 사용자의 유형을 구별하고 웹지갑 서비스나 교환 같은 커뮤니티나 대형 운영자를 표시할 때 이 네트워크를 이용할 수 있다.

　사용자 그래프에 몇 가지 테크닉을 적용해 비트코인 사용자에 대한 정보를 더 얻을 수 있다.

### ■ 오프라인 네트워크 정보를 통합한다

공격자들이 기부 어드레스의 신원이나 온라인 지갑 서비스 어드레스 혹은 배니티 어드레스 등의 다른 정보와 네트워크 분석을 통해 얻은 정보를 통합한다.

### ■ IP 트래픽을 통합한다

비트코인 네트워크의 IP 트래픽을 지켜볼 수 있는 공격자라면 비트코인 사용자와 IP 어드레스를 연결할 수 있을 것이다. 모든 인터넷 트래픽을 조사할 수 있는 사람이 이 공격을 실행할 수 있다. 하지만 모든 인터넷 트래픽에 접근하지 않아도 비트코인 네트워크 노드의 모든 사람과 연결점을 만들 수 있을 것이다. 네트워크에 새로운 트랜잭션이 발표되면 가장 먼저 발표하는 노드가 트랜잭션의 원천일 가능성이 매우 높다. 그러나 SPV 클라이언트[201]의 사용이 증가함에 따라 이 접근방식의 효과가 감소하고 있다.

## ■ 네트워크 토폴로지

사용자 그래프로부터 그래프 연결성, 꼭짓점의 입력차수(in-degree: 한 꼭짓점으로 들어오는 변의 개수–옮긴이)와 출력차수(out-degree: 한 꼭짓점에서 나가는 변의 개수–옮긴이), 자금 집중도, 비트코인 유통량 등 몇 가지 척도를 추론할 수 있다. 이런 토폴로지 측정 기준을 토대로 비트코인 사용자의 행동을 더 정확하게 이해할 수 있다

## ■ 군집 분석(cluster analysis)

사용자 그래프 꼭짓점의 움직임을 클러스터링(clustering: 유사성 등의 개념에 기초하여 데이터를 몇몇 그룹으로 분류하는 수법–옮긴이)하면 사용자를 더 정확히 확인함으로써 사용자 그래프의 크기를 효과적으로 줄일 수 있다.

## ■ 흐름과 시기 분석(flow and temporal analysis)

사용자 네트워크에서 자금의 큰 흐름을 추적할 수 있다. 어떤 시점에 남은 잔액보다 이례적으로 큰 흐름을 받은 사용자가 있다면 그를 골라낼 수 있다. 혹은 네트워크에서 가장 활동적인 실체를 골라 더욱 심층적으로 연구할 수 있다. 어떤 사용자(이를테면 경쟁 회사)를 이미 확인했다면 그 사용자가 주고받는 흐름을 연구해 그 회사에 대한 실마리를 찾을 수 있다.

---

201) 풀 노드를 운용하는 비용이 증가하기 때문에 네트워크에서 SPV 모드로 라이트 클라이언트를 운용하는 경향이 있다. 그러면 이 공격이 다소 어려워진다. 그 이유는 모든 노드와 연결점이 있는 공격자가 SPV 클라이언트에게 서비스를 제공하는 한 노드에서 모은 트랜잭션만 볼 수 있기 때문이다. 그러나 이 노드에 그것과 연결된 지갑들의 IP 정보가 담겨 있을 수 있다. 뛰어난 공격자라면 SPV 지갑에 서비스를 제공하는 노드를 만들어 이 정보에 접근할 수 있을 것이다.

■ 다른 사회적 네트워크와의 그래프 동형(graph isomorphism)

다른 사회적 네트워크의 사용자 그래프에 접근할 수 있는 공격자는 두 그래프를 결합해 그 그래프의 사용자를 연결할 수 있다. 그래프 동형 문제는 두 그래프의 꼭짓점 사이에 모든 변을 담고 있는 전단사함수(bijection: 일대일 대응—옮긴이)가 존재하는지를 결정하는 문제로 구성된다. 두 그래프의 꼭짓점을 겹칠 수 있다면 직관적으로 보아 두 그래프는 동형이며 레이블링(labeling)만 바꾸면 같은 그래프가 될 수 있다. 비록 그래프 동형 문제는 두 그래프가 정확히 동형인지 아닌지와 무관하지 않지만 두 그래프의 내부 대칭을 이용해 그들의 중대한 부분들을 '겹칠 수' 있는 탄탄한 알고리즘이 있다. (이를테면 한 사회적 네트워크의) 사용자를 확인한 어떤 그래프를 비트코인 사용자 그래프와 겹쳐서 그 결과를 토대로 비트코인 사용자의 익명성을 제거할 수 있다.

비트코인 사용자의 익명성을 제거할 수 있는 정보는 사용자 그래프만이 아니다. 예를 들어 이따금 전송된 액수의 소수 자리를 어떤 교환에서 한 주문의 매칭이나 당시 현행 환율에 따라 비트코인으로 가격을 전환한 어떤 판매업체의 결제를 추적할 수 있다.

적극적인 익명성 제거 공격 또한 가능하다. 이를테면 불법자금의 경로를 추적하는 경찰처럼 한 적극적인 공격자가 네트워크에서 표시한 비트코인을 주입하고 그 경로를 추적할 수 있다. 또 다른 공격으로, 원본 비트코인과 사용자들의 IP 주소를 기록해 세탁 서비스를 운영할 수 있다.

## 12.2 세탁 서비스

**세탁 서비스**(laundry services) 혹은 **믹싱 서비스**(mixing services)를 이용하면 사용자가 중앙조합에 자금을 보냈다가 나중에 다른 비트코인 어드레스로 보내서 회수할 수 있다. 여러 사용자의 입력값을 결합하기 때문에 출력값으로 입력값을 추적하기 어렵다. 〈그림 12.3〉은 세탁 서비스의 원리를 묘사한 것이다. 우선 서비스 운영자에게 속한 일반적인 어드레스로 사용자의 자금을 보낸다. 그런 다음 자금의 경로를 추적하려는 사람들을 혼동시키기 위해 이 어드레스의 자금을 내부 트랜잭션들의 한 층 전체에 보낸다(그림에서는 하나만 나타냈다). 마지막으로 다른 어드레스나 여러 개의 어드레스를 통해 소유자에게 되돌려 보낸다. 세탁 운영자는 이 서비스에 대한 보상으로 수수료를 받는다.

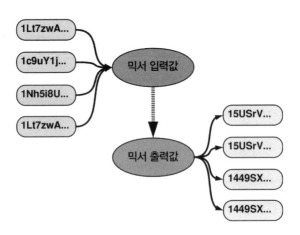

그림 12.3 세탁 서비스

세탁의 출력값을 입력값과 쉽게 연결할 수 없다. 세탁 운영자만 이 정보를 가지고 있다. 세탁 서비스는 대개 입출금 사이에 지연을 일으킨 다음, 그사이에 트랜잭션이 충분히 축적되기를 기다린다.

세탁 서비스는 사용자가 많고 트랜잭션 규모가 클 때 더 효율적이다. 이 글을 쓰는 현재 비트코인 사용자 가운데 이 서비스를 이용하는 사람은 소수이다. 따라서 이 서비스를 사용할 의향이 있는 사람들이 얻을 수 있는 효용은 제한적이다.

세탁 서비스는 시빌 공격에 취약하다. 시빌 공격에서는 공격자가 대부분 한 세탁에 보내는 트랜잭션을 만들어 다른 사용자에게 세탁 규모가 충분하다는 잘못된 인상을 줄 수 있다. 그러면 세탁의 일반 사용자들을 확인하기가 더 쉬워진다. 이런 시빌 공격은 공격자가 트랜잭션 수수료를 지불해야 하므로 효율성이 크지 않다.

세탁 서비스에는 운영자를 믿어야 한다는 또 다른 문제점이 있다. 운영자가 세탁에 들어오는 입력값을 받아서 상환하지 않는 간단한 수법으로 사용자의 자금을 훔치기 쉽다.

특정한 입력 어드레스에서 세탁 서비스를 이용한 사실이나 세탁한 자금 액수 등 중요한 정보가 누출될 수 있기 때문에 세탁 서비스는 완벽한 익명성을 제공하지는 않는다. 더구나 세탁 운영자가 진행되는 트랜잭션의 기록을 보관할 수 있는데 사용자에게는 이 기록을 파괴할 만한 확실한 방법이 없다. 심지어 공격자가 직접 세탁을 실행할 수 있다.

# 12.3 그린리스트 작성하기

지금껏 비트코인 사용자 등록을 위해 서비스를 개발할 수 있는 몇 가지 방법이 제시되었다. 비트코인 어드레스를 등록하는 것을 흔히 **그린리스트 작성하기**(greenlisting) 혹은 **어드레스 검증**(address validation)이라고 일컫는다. 사용자는 그린리스팅 제공업체에 본인의 어드레스를 등록하고 신원 확인과정을 거칠 것이다. 공급업체는 등록된 어드레스를 데이터베이스에 저장한다. 서비스 고객들은 API를 통해 이 데이터베이스를 조회할 수 있다. 서비스 제공업체는 고객(이를테면 판매업체)에게 서비스 이용료를 부과한다. 〈그림 12.4〉에서 묘사했듯이 사용자는 판매업체에 결제하고 싶을 때 고객의 어드레스가 그린리스트에 올라 있는지 검증하고 만일 그렇지 않으면 트랜잭션을 거부할 수 있다.

중앙 데이터베이스를 연장해서 트랜잭션을 추적하고 특정 자금에 오염되었다는 플래그를 붙일 수 있다. 판매업체는 오염된 비트코인을 결제대금으로 받지 않겠다고 거부하거나 블록체인에 기재되어 있는 트랜잭션이라도 무시할 수 있는데, 그러면 비트코인 사용자가 부담해야 할 비용과 위험이 더 커진다. 또한 그린리스트 작성을 반대하는 사람들은 만약 비트코인이 깨끗한 것과 오염된 것으로 나뉜다면 깨끗한 비트코인이 프리미엄을 요구할 것이라고 지적한다. 오염된 비트코인을 '깨끗하게 할' 능력이 있는 일부 기업이 가격 차액을 차지할 것이다. 그러면 비트코인의 모든 사용자가 부담할 비용은 커지지만 그래도 비트코인과 관련된 범죄는 줄어

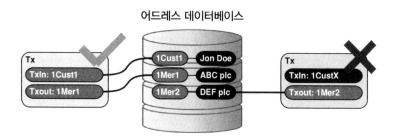

어드레스 데이터베이스

그림 12.4 그린리스팅

들지 않을 것이다.

그뿐만 아니라 그린리스트를 작성하면 데이터베이스에 있는 사용자들을 토대로 사용자 그래프의 기준점을 만들고 섹션 12.1에서 소개한 도구들을 이용해 비트코인 사용자 그래프에서 많은 부분의 익명성을 제거하기가 훨씬 쉬워질 것이다.

커뮤니티는 그린리스트 작성에 대한 대응책으로 여러 테크닉을 채택해 사용자의 프라이버시를 강화하는 한편 이 제안을 무용지물로 만들기 위해 노력할 수 있다. 이 장의 나머지 부분에서는 이와 같은 몇 가지 테크닉을 살펴볼 것이다.

## 12.4 프라이버시 강화기술

세탁 서비스를 이용하려면 중앙 공급업체가 필요한데 이 업체는 자금을 훔치거나 정보를 누출할 가능성이 있다. 따라서 커뮤니티는 탈중앙화 방식으로 혼합 서비스 기능을 수행할 방법을 찾는 일에 상당한 관심을 기울였다. 이 장에서는 비트코인 개발자들이 제안한 기술 가운데 비트코인 프로토콜을 수정하지 않고 익명성을 제거할 수 있는 몇 가지를 살펴볼 것이다.

### 12.4.1 코인조인

코인조인(CoinJoin)은 맥스웰의 저술에서 소개되었다. 코인조인에서는 몇몇 사용자들이 혼합할 수 있는 자금 크기에 동의하고 참여자마다 하나씩 선택된 크기의 여러 입력값과 출력값을 보유한 트랜잭션을 생성한다. 이 트랜잭션을 오프체인으로 전달해 모든 참여자들의 서명을 받는다. 그런 다음 〈그림 12.5〉에서처럼 블록체인에 공개한다.

코인조인은 대개 참여자조차 어떤 출력값이 어떤 입력값에 해당하는지

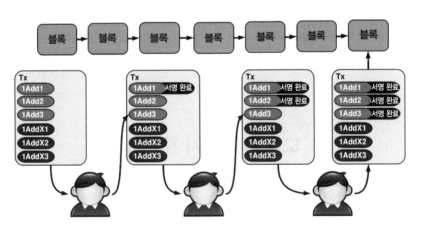

그림 12.5 코인조인

모르도록 미트업 서버(meet-up server)로 실행한다. 중앙 미트업 서버에 대한 신뢰가 필요 없는 탈중앙화 버전을 이용할 수 있다.

코인조인의 한 가지 한계는 모든 입력값과 출력값의 양이 같아야 한다는 사실이다. 그러나 단일 금액을 이용하면 추가로 정보가 누출되지 않으니 이 사실 역시 장점으로 작용할 수 있다.

이런 전략에서는 대개 단일 트랜잭션의 출력값인 어드레스가 같은 사용자의 소유라고 가정한다. 따라서 코인조인은 지금껏 제안된 대부분의 네트워크 분석 전략을 무산시킬 수 있는 특성이 있다. 코인조인 사용자가 추가로 얻을 수 있는 혜택을 소개하면 참여자 수와 상관없이 한 개의 트랜잭션만 블록체인에 공개되기 때문에 다른 설계와 비교해 트랜잭션 수수료가 저렴하다.[202]

혼합 서비스와 마찬가지로 코인조인은 시빌 공격에 취약하다. 이 공격을 통해 공격자가 코인조인의 한 라운드에서 참여자 어드레스를 대부분 통제할 수 있으므로 다른 코인조인 사용자의 신원확인은 그리 중요하지 않다.

### 12.4.2 코인스와프

**코인스와프**(CoinSwap)는 맥스웰의 저술에서 소개되었다. 코인스와프는 트랜잭션에 제3자를 포함시켜 지급인 어드레스와 수령인 어드레스를 연

---

202) 그러나 채굴자들이 대개 크기가 큰 트랜잭션에 더 많은 수수료를 요구한다는 점을 주목하라(섹션 9.3 참고).

결하지 않는다. 〈그림 12.6〉에서 나타나듯이 앨리스는 밥에게 보내는 트랜잭션을 만들고 싶지만 본인의 어드레스를 밥의 어드레스와 연결하는 것은 원치 않는다.[203] 코인스와프에서는 제3자인 캐럴을 트랜잭션에 포함시킨다. 캐럴은 앨리스의 자금을 수령해 밥에게 지급하기로 동의한다. 캐럴은 앨리스에게 받은 자금과 다른(연결되지 않는) 자금을 밥에게 지급해 두 트랜잭션을 연결할 수 없다.

코인스와프는 해시잠금 트랜잭션을 이용해 캐럴이 자금을 훔칠 수 없게 만든다. **해시잠금 트랜잭션**(Hashlocked transactions)은 해시를 풀기 위해 해시의 역상을 알아야 하는 트랜잭션이다. 즉 어떤 해시에 의해 잠긴 트랜잭션이다. 해시로 잠근 트랜잭션의 〈*scriptPubKey*〉의 한 가지 예는 다음과 같다.

```
OP_RIPEMD160 <hash> OP_EQUALVERIFY
<pubkey> OP_CHECKSIGVERIFY
```

이 트랜잭션 출력값을 상환하려면 사용자가 〈*hash*〉로 해시하는 값(〈*hash*〉의 역상)과 정확한 서명을 제공해야 한다.

코인스와프 프로토콜은 다음과 같이 진행된다. 우선 앨리스는 다중서명 트랜잭션 출력값에 자금을 넣는다. 이 자금을 사용하기 위해서는 앨리스와 캐럴의 서명이 필요하다(TxOut1). 이와 마찬가지로 캐럴은 캐럴과 밥의 서명이 필요한 다중서명 출력값에 자금을 넣는다(TxOut2).[204] 일

---

203) 이는 프로토콜을 상당히 단순화한 버전이다.
204) TxOut1과 TxOut2에는 잠금시간을 정해서 정확하게 서명한 환불 트랜잭션이 연결되어 있다. 환불 트랜잭션은 일정한 기간이 지난 후에 원래 소유자에게 자금을 돌려보낸다.

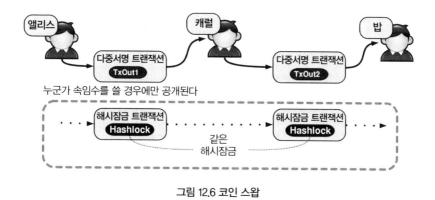

그림 12.6 코인 스왑

이 순조롭게 진행되면 앨리스와 캐럴이 TxOut1에 서명해서 캐럴에게 자금을 보내고 그다음 캐럴과 밥이 TxOut2에 서명해서 밥에게 자금을 보낼 것이다.

그러나 TxOut1과 TxOut2에 서명해서 자금을 푸는 프러시저가 까다로워질 수 있다. 이를테면 앨리스가 먼저 TxOut1에 서명한다(캐럴도 자금을 받을 테니 서명할 것이다)고 가정하자. 그런데 캐럴이 TxOut2에 서명하지 않겠다고 거부하거나 앨리스나 밥에게 자금을 풀어주는 대가로 뇌물을 요구할 수 있다. 캐럴이 TxOut2에 먼저 서명하는 경우에도 이와 비슷한 싸움이 일어날 수 있다. 따라서 앨리스나 캐럴은 먼저 자금을 풀려고 하지 않을 것이다. 바로 이때 해시로 잠근 트랜잭션이 효과를 발휘한다.

이런 진퇴양난의 상황을 피하고자 다음과 같은 단계를 거쳐서 서로 연결된 해시로 잠근 트랜잭션을 만든다.

- 밥이 해시를 생성해 해시의 역상(해시잠금의 열쇠)을 비밀로 간직한다. 그리고

그 해시를 앨리스와 캐럴에게 보낸다.

■ 그런 다음 앨리스가 TxOut1을 지불하는 해시로 잠근 트랜잭션을 만들어 서명하고 캐럴에게 보낸다. 캐럴은 이 트랜잭션에 서명해서 공개할 수 있으나 그러면 자금이 출력값에 잠겨 있게 될 것이다. 이 자금을 풀기 위해서는 본인의 서명과 해시의 역상이 필요하지만 이 단계에서 그녀는 해시의 역상을 모른다.

■ 캐럴은 직접 밥에게 TxOut2를 지불하는 해시로 잠근 트랜잭션을 만들어 밥에게 보낸다.

■ 그러면 밥은 해시의 역상을 캐럴에게 보낸다. 이 시점에 앨리스나 캐럴은 정해진 대로 원래 다중서명 트랜잭션(TxOut1과 TxOut2)을 푼다. 그렇지 않으면 해시로 잠근 트랜잭션은 풀리지 않을 것이다.

■ 과정을 진행하기 위해 캐럴은 TxOut2를 푼다. 만일 앨리스가 TxOut2를 풀지 않으면 본인이 해시의 역상을 이용해서 해시로 잠근 트랜잭션을 직접 풀 수 있다고 확신하기 때문이다.

■ 앨리스는 캐럴이 TxOut2의 자금을 풀기를 기다렸다가 직접 TxOut1의 자금을 풀 것이다.

이 설계의 핵심요소는 해시로 잠근 두 트랜잭션이 연결되어 있다는 사실이다. 만일 그 가운데 하나가 블록체인에 공개되면 역상 또한 자동으로 공개되므로 이를 이용해 나머지 하나를 풀 수 있다.

해시로 잠근 트랜잭션은 공개되지 않으며 누군가 속임수를 쓰려고 할 경우에만 블록체인에 공개된다.[205] 해시로 잠근 트랜잭션이 공개될 경우,

이 설계는 익명성을 잃게 된다. 역상의 값으로 해시로 잠근 두 트랜잭션을 연결할 수 있기 때문이다. 어떤 어드레스의 자금을 '세탁할 때'도 코인스 와프를 이용할 수 있다. 이 경우에 앨리스와 밥은 같은 사람이다.

코인스와프는 모든 당사자 사이에 개인적인 커뮤니테이션 채널이 있다고 가정한다.

### 12.4.3 스텔스 어드레스

**스텔스 어드레스**(Stealth addresses)를 이용하면 수신자가 시드(seed)를 공개해 어드레스를 생성해 통제할 수 있다. 그러면 발신자가 이 시드로부터 도출된 어드레스로 지불하는 한편 공격자는 최종 어드레스를 공개된 시드와 연결할 수 없다.

스텔스 어드레스는 디피-헬만 키 교환 프로토콜을 기반으로 삼는다. **디피-헬만 키 교환 프로토콜**(Diffie-Hellman key exchange protocol)은 두 사용자가 비밀을 만들어 공유할 수 있는 암호기법이다.[206] 이를테면 지금 모든 커뮤니케이션을 지켜볼 수 있는 공격자가 있다는 비밀을 공유한다. 흔히 디피-헬만 키 교환 프로토콜을 다음과 같이 비유한다. 앨리스와 밥이 비

---

205) 이 글을 쓰는 현재 해시로 잠근 트랜잭션은 표준이 아니므로 그것을 블록체인에 포함시키기 위해서는 채굴자의 동의가 있어야 한다(섹션 6.7 참고).

206) 최근 들어 디피-헬만 키 교환(DHKE)에 대한 관심이 커졌다. TLS에 포함된 프로토콜 가운데 완전 순방향 비밀성(perfect forward secrecy)을 제공하는 것은 디피-헬만 키 교환뿐이기 때문이다. 완전 순방향 비밀성이란 TLS에 포함된 것을 비롯해 키 수립 프로토콜의 한 특성으로서 인증서의 개인키가 훼손된 경우에도 암호화한 데이터의 비밀성을 보장한다. 완전 순방향 비밀성에서는 서버와 클라이언트가 모두 논스를 만들어 DHKE에서 교환함으로써 그 세션의 비밀 공유키에 도달한다. 공격자가 모든 트래픽을 기록하고 TLS 인증서의 개인키를 보유하고 있다고 하더라도 DHKE에서 만든 세션키를 전혀 모르니 메시지를 해독할 수 없을 것이다.

밀 공유 컬러에 동의한다. 우선 공통 컬러 (c)에 동의한다. 그런 다음 각자 비밀 컬러(앨리스는 a, 밥은 b)를 선택해 공통 컬러 (c)와 혼합한 후 혼합한 것을 공유한다. 따라서 앨리스와 밥은 각각 (c + a)와 (c + b)를 보낼 것이다. 마지막으로 각자 받은 혼합 컬러를 자신의 비밀 컬러와 섞는다. 두 사람 모두 같은 성분을 섞어 넣었으니 비밀 공유 컬러 (a + b + c)를 얻을 것이다. 하지만 커뮤니케이션 채널을 지켜보는 공격자 트루디는 비밀 공유 컬러를 얻지 못한다. 트루디가 (a + c)를 (b + c)와 혼합하면 (a + b + 2c)를 얻을 것이다. 즉 정확한 비율의 컬러를 얻지 못할 것이다.

암호화 원시함수 몇 가지를 토대로 디피-헬만 키 교환을 만들 수 있다. 가장 일반적인 것은 이산대수문제의 난이도를 토대로 삼는다. 이 부분에서 소개한 것은 타원곡선에 관한 이산대수문제의 난이도를 토대로 한 것, 즉 **타원곡선 디피-헬만** 키 교환(Elliptic Curve Diffie-Hellman key exchange, **ECDH**)이다.

〈그림 12.7〉은 ECDH 키 교환을 이용해 분산된 비밀키를 만드는 과정

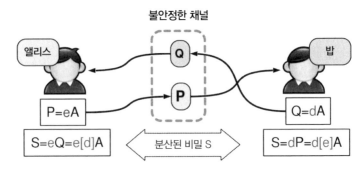

그림 12.7 타원곡선 디피-헬만 키 교환

이다. 우선 앨리스가 비밀키 $e$를 생성해 $P = e \cdot A$를 계산한다. 이때 $A$는 타원곡선의 생성기이다.[207] 그리고 밥에게 $P$를 보낸다. 밥은 비밀키 $d$를 생성하고 $Q = d \cdot A$를 계산해서 앨리스에게 보낸다. 분산 된 비밀키는 간단히 $S = e \cdot Q = d \cdot P$이다.

스텔스 어드레스 프로토콜에서 발신자와 수신자는 ECDH 분산 된 비밀을 만들어 어드레스를 도출하는 데 사용한다. 이 어드레스의 개인키는 수신자에게만 알려줄 것이다. 〈그림 12.8〉은 이 절차를 묘사한 것이다.

- 〈그림 12.8〉에서 수신자 밥이 개인 EC 키 $d$와 그에 상응하는 공개키 $Q = d \cdot A$ 를 생성한다. 본인의 웹사이트에 공개키 $Q$를 공개한다.

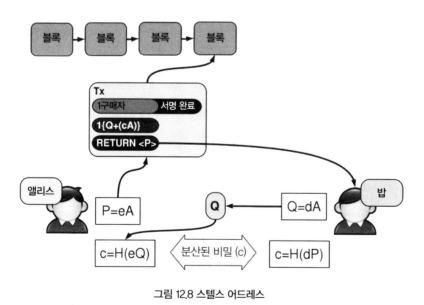

그림 12.8 스텔스 어드레스

207) 모든 타원곡선연산은 소체의 계산차수인 모듈로 $P$로 수행해야 한다는 점에 주목하라.

- 〈그림 13.8〉에서 발신자 앨리스는 개인 EC 키 $e$와 그에 상응하는 공개키 $P$를 생성한다. 앨리스와 밥 사이의 분산된 비밀은 $c = H(e \cdot Q) = H(d \cdot P)$가 될 것이다. 여기에서 $H$는 암호 해시함수이다(섹션 7.1 참고). 이 단계에서 밥은 $P$를 모르므로 아직 분산 된 비밀 $c$를 도출할 수 없다는 점에 주목하라.

- 그런 다음 앨리스가 공개 EC 키 $Q + (c \cdot A)$로 자금을 보내는 트랜잭션을 만든다. 본인의 분산 된 비밀키 $P$를 넣은 OP_RETURN 트랜잭션 출력값도 이 트랜잭션에 포함시킨다.

- 그러면 밥은 블록체인을 스캔해서 분산된 비밀 일부가 OP_RETURN에 포함된 새로운 트랜잭션을 찾는다.

밥이 지급을 받으려면 블록체인에 모든 수신 트랜잭션을 스캔해야 한다.

- 더 심층적인 프로세싱을 위해 OP_RETURN을 포함한 트랜잭션을 걸러낸다.

- OP_RETURN 트랜잭션 출력값 $P$에 포함된 데이터가 EC의 한 점이라고 가정하고 $c = H(d \cdot P)$를 계산한다.

- 같은 트랜잭션에 공개키 $Q + (c \cdot A)$로 생성된 어드레스에 대한 지불이 포함되어 있는지 점검한다. 만일 일치하면 그 어드레스와 연결된 개인키를 $d + c$로 얻는다. 발신자는 $d$를 모르니 이 개인키를 알 수 없다는 사실에 주목하라.

커뮤니티에서 지불 프로토콜과 스텔스 어드레스를 통합하기 위한 몇 가지 방법이 제시되었다. 스텔스 어드레스의 한 가지 단점을 들자면 프로세싱 과정에 수신 트랜잭션을 모두 스캔할 수 있는 풀 노드가 필요하다는 것이다.

### 12.4.4 머지 방지

머지 방지는 비트코인 트랜잭션의 프라이버시를 강화하는 것이 목적이다. **머지 방지** 프로토콜을 이용하면 비트코인 결제를 요구하는 지갑이 더 큰 집단의 어드레스와 액면 금액으로 결제를 확산할 수 있다. 이를테면 10 비트코인을 결제해야 하는 지갑은 0.5~0.0001까지 다양한 양의 비트코인을 위한 어드레스 100개를 표시하는데 어드레스 자금의 총액수는 10 비트코인이다. 그러면 자금의 발신자는 출력값이 100개인 큰 트랜잭션을 만들거나 각각 소수의 출력값이 담긴 작은 트랜잭션 여러 개를 만들 수 있다. 어떤 경우든 수신자는 소액 트랜잭션 출력값 여러 개를 받게 된다. 그런 다음 이 출력값을 합쳐서 결제할 수 있다. 그러면 거액의 자금이 담긴 소수의 트랜잭션 출력값을 받는 경우에 비교해 누출되는 정보가 적다. 따라서 머지 방지를 이용하면 네트워크 분석 알고리즘을 적용하기가 더 어려워진다.

머지 방지를 지불 프로토콜에 통합하는 것은 어렵지 않다. HD 지갑을 이용하면 머지 방지로 생성된 여러 개의 어드레스를 쉽게 처리할 수 있다.

머지 방지에는 발신자가 부담해야 할 트랜잭션 수수료가 크게 높아진다는 중대한 단점이 있다. 중대하지는 않지만 두 번째 단점도 있다. 어드레스를 여러 개 만들기 때문에 지갑 클라이언트에 필요한 메모리가 커진다. 그러면 스마트폰의 지갑처럼 메모리가 한정된 지갑에서는 문제가 될 수 있다.

### 12.4.5 공약 트랜잭션

공약 트랜잭션(Committed transaction)은 특정한 트랜잭션을 차단할 의도를 품은 공격자가 있어도 가치동일성 문제를 해결할 수 있다. 이때 사용자의 프라이버시나 익명성이 아니라 코인의 가치동일성만 개선된다. 이 트랜잭션을 실행하려면 비트코인 프로토콜을 변경해야 할 것이다.

**공약 트랜잭션**에서는 트랜잭션을 만드는 사람이 처음에는 입력 어드레스와 출력 어드레스를 밝히지 않은 채 트랜잭션을 만들겠다고 공약한다. 어드레스를 공약하는 한 가지 방법으로 다른 해싱 알고리즘을 이용해 EC 공개키를 어드레스 도출에 이용한 공개키로 해시할 수 있다. 이 해시된 공개키를 이따금 비공개 어드레스라고 일컫는다. 비록 어드레스가 비공개이기는 하지만 채굴자들은 그 트랜잭션이 이중지불이 아니라는 사실을 점검할 수 있다.

> ■ 만일 공약 트랜잭션과 일반 트랜잭션이 같은 트랜잭션 출력값을 이중지불하려 한다면 채굴자들이 눈치챌 것이다. 일반 트랜잭션의 공개키는 노출된다. 따라서 그 공개키에서 비공개 어드레스를 도출할 수 있기 때문이다. 이렇게 도출한 비공개 어드레스는 공약 트랜잭션의 비공개 어드레스와 일치할 것이다. 채굴자들이 일반 UTXO(소비되지 않은 거래)뿐 아니라 모든 미사용 출력값의 비공개 어드레스로 캐

시를 보관해야 한다는 사실에 주목하라.

- 만일 두 개의 공약 트랜잭션이 같은 트랜잭션 출력값을 이중지불하려고 한다면 두 비공개 어드레스가 일치하므로 채굴자들이 눈치를 챌 것이다.

따라서 채굴자들이 공약 트랜잭션을 블록에 받아들여도 이중지불을 당할 위험은 없다. 블록체인에서 공약 트랜잭션이 몇몇 블록 아래에 묻힌다면 공약 트랜잭션을 만든 사람이 비공개 어드레스를 밝혀서 공개키를 공개할 수 있다. 이 무렵에 트랜잭션을 차단하고 싶은 채굴자가 있다면 현행 블록체인에서 포크를 만들어서 그 분기를 더 길게 해야 하기 때문에 채굴자들과 경쟁해야 할 것이다. 공약 체인이 포함된 지점에서 블록체인에 포크가 일어나야 초기에 원래 분기가 상당히 유리할 것이다.

채굴자들이 이런 활동에 참여하는 것이 경제적으로 불리하지 않도록 몇 블록이 지나고 나서 공약 트랜잭션을 밝힐 것인지를 선택할 수 있다. 그뿐만 아니라 사용자가 중간에 공약 트랜잭션을 포함시켜 발표함으로써 이 트랜잭션을 차단하려는 채굴자가 나머지 채굴자와의 경쟁에서 승리할 수 없을 것임을 확인시킬 수 있다.

# 12.5 완벽 익명성 탈중앙화 통화

완벽하게 익명성이 보장되는 탈중앙화 통화를 만드는 기술이 이미 존재한다. 이런 테크놀로지들은 영지식 증명, 공약(commitments), 누산기(accumulators: 累算器), 간편 비대화식 영지식 증명(succinct non-interactive zero-knowledge proofs) 등 좀 더 최근에 등장한 암호화 원시함수를 토대로 삼는다. 이런 기술들은 대개 비트코인보다 (트랜잭션 당) 계산능력이 더 많이 필요하며, 필요 메모리도 비트코인보다 훨씬 더 크다는 단점이 있다.[208] 그러나 이런 기술에 대한 관심이 점점 증가하는 한편 희망적인 결과를 얻으면서 기술을 최대한 활용하기 위한 노력은 계속되고 있다.

이 섹션에서는 이런 기술의 토대가 되는 암호화 원시함수를 소개하고 최근에 등장한 몇 가지 제안을 요약할 것이다. 다소 수학적인 자료가 포함되어 있으므로 초보자들은 건너뛰어도 무방하다.

## 12.5.1 영지식 증명

**영지식 증명**(zero knowledge proof)은 사항(statement)이 참이라는 사실 외에 어떤 추가정보를 노출하지 않는 어떤 사항이 참이라는 증명이다. 언뜻 보기에는 모순되는 정의인 것 같지만 몇 가지 사례를 보고 나면 이 정의를 더 확실하게 이해할 수 있을 것이다. 영지식 증명의 묘미는 누군가가 특정한 특성이 있는 숫자나 어떤 문제의 해결책과 같은 정보를 노출하지 않은

---

208) 최근 등장한 한 제안인 제로캐시는 비트코인에 버금가는 필요 메모리와 검증시간을 확보했다.

채 그것을 보유하고 있음을 증명할 수 있다는 점이다.

영지식 증명에서는 공약기법이 널리 쓰인다. **공약기법**(commitment schemes)은 어떤 값을 당장 노출하지 않은 채 그 값을 공약하는 전략을 말한다. 공약기법을 이용하면 두 플레이어가 서로 떨어져서 동전 던지기 게임을 할 수 있다. 즉 첫 번째 플레이어가 먼저 앞면이나 뒷면을 약속하고 두 번째 선수가 동전을 던져서 그 결과를 전달하면 마지막으로 첫 번째 플레이어가 공약을 노출한다. 대칭암호문을 이용해 값을 암호화하고 나중에 비밀키를 노출하는 방식으로 간단하게 공약할 수 있다.[209]

## 12.5.2 그래프 3색의 영지식 증명

이 섹션에서는 그래프 3색(3-colorability) 문제를 위한 영지식 증명을 소개한다. **계산 복잡도 이론**(computational complexity theory)은 특정한 문제를 해결할 때 필요한 자원에 관한 컴퓨터 공학의 한 분야이다. 복잡도 이론은 해결과정에 수반되는 계산비용을 기준으로 문제를 분류한다. 만일 이 비용이 문제의 크기에 따라 다항적인 방식으로 증가한다면 그것은 다항 클래스(polynomial class) (P)에 속하며 해결 가능하다고 표현한다. 반면 기하급수적인 방식으로 증가한다면 그 문제는 해결 불가능으로 생각된다. 해결 불가능이라도 문제의 크기가 작을 경우에는 이따금 해결할 수 있다. 이

---

209) 이것은 간이 공약기법인데 사용할 때는 각별히 주의해야 한다. 예컨대 공약된 값이 몇 비트라면 증명자가 원하는 결과를 제시할 키를 무작위 대입하기 쉽다. 해시함수를 이용해서 간단한 공약기법을 완성할 수 있다. 공약한 값을 해시해서 그 값을 나중에 노출한다. 대칭암호문이나 해시함수를 이용하는 모든 공약기법은 공격자가 무작위 대입하지 못하게끔 암호화한 메시지에 추가정보를 포함시켜야 한다.

런 문제가 해결 불가능해지는 것은 문제가 커질수록 기하급수적으로 어려워지기 때문이다. 이와 대조적으로 크기가 큰 해결 가능 (P) 문제는 일상적으로 해결할 수 있다.

일부 해결 불가능 문제는 다항시간에서 해답을 검증할 수 있다. 이런 문제는 NP 클래스에 속한다. NP란 **비결정성 다항시간**(indeterministic polynomial time)을 의미하며 컴퓨터 복잡도 이론에서 가장 중요한 클래스로 손꼽힌다. NP 문제의 해답은 다항시간에서 비결정성 튜링기계로 검증할 수 있다. 다시 말해 NP 문제는 제시된 해답을 일반 컴퓨터(결정성 튜링기계)를 이용해 빠른 알고리즘(다항시간)으로 검증할 수 있는 문제이다.[210] 그렇다고 NP 문제의 해답을 다항시간에서 발견할 수 있다는 의미는 아니다. 다항시간에서 해답의 유효성을 검증할 수 있을 뿐이다.

NP 문제의 일례로 **그래프 3색 문제**가 있다. 어떤 그래프의 꼭짓점을 세 가지 색상 가운데 하나로 칠한다. 3색 문제는 어떤 변도 같은 색상으로 두 꼭짓점을 연결하지 않는 방식으로 꼭짓점을 채색할 방법이 존재하는지를 결정한다. 〈그림 12.9〉는 유효한 해답이 꼭짓점에서 채색된 3색 그래프의 한 예이다.

어떤 그래프와 제시된 꼭짓점의 컬러링이 주어지면 다항시간에서 채색이 유효한지 아닌지를 결정할 수 있다는 점에서 3색은 NP 문제이다. 모든 변에서 알고리즘을 운용해서 변으로 연결된 두 꼭짓점의 색상이 다른지 검증한다. 이 알고리즘은 변의 수가 다항적이다.

---

210) 양자컴퓨터와 반대되는 개념의 일반 컴퓨터(섹션 13.6 참고).

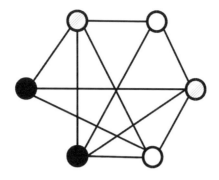

그림 12.9 그래프 3색

그래프 3색을 위한 효율적인 영지식 증명이 있다. 다시 말해 그래프가 주어지면 그래프 3색 문제에 대한 해답을 가지고 있는 사람(증명자)은 자신이 해답을 가지고 있다는 사실을 또 다른 사람(검증자)에게 증명할 수 있다(영지식 증명). 영지식 증명은 다음과 같은 단계를 반복한다.

- 증명자가 해답에서 색상의 무작위 순열을 선택한다. 검증자가 해답을 전혀 알지 못한다는 사실을 보증하려면 이 무작위 순열이 필요하다.

- 증명자가 색상의 값을 노출하지 않고 순열로 배열된 색상들을 공약한다.

- 검증자가 그래프의 한 변을 무작위로 선택해서 증명자에게 보낸다.

- 증명자가 그 변으로 연결된 두 꼭짓점의 값을 검증자에게 노출한다. 증명자가 공약한 꼭짓점의 값을 모두 노출하지 않는다는 점에 주목하라. 만일 그렇게 한다면 그래프 3색 문제의 해답을 알게 되기 때문이다. 증명자는 요청받은 두 꼭짓점의 공약된 값만 노출한다.

- 검증자가 노출된 두 꼭짓점의 색상이 다르다는 사실을 검증한다.

검증자는 이 절차를 여러 번 반복함으로써 증명자가 그래프 3색 문제에 대한 유효한 해답이 있음을 최대한 확신할 수 있다. 이 절차를 $m^2$번 반복하면(이때 $m$은 그래프의 꼭짓점 수이다) 속임수가 일어날 확률이 수용할 수 있는 정도로 낮아진다고 가정한다. 증명자가 그래프 3색 문제의 유효한 해답을 모른다고 가정하라. 하지만 증명자는 한 변에 연결된 여러 노드가 같은 색상을 가지고 있다는 사실을 제외하면 해답에 거의 가까운 컬러링을 알고 있다. '거의 가까운' 해답을 안다는 사실은 속임수를 쓰는 사람에게 가장 유리한 상황이다. 만일 그녀가 이를 유효한 해답으로 제시한다면 검증자가 해결책을 받아들일 확률은 $1-1/m$이다. 이때 $m$은 변의 수이다. 이 프러시저를 $m^2$번 반복할 경우 무효인 해답을 받아들일 확률은 $(1-1/m)^{m^2} \approx e^{-m}$이다. $m$이 적당히 작은 숫자라 하더라도 무시할 만한 정도인 확률이다. 이를테면 무효인 해답을 받아들일 확률은 $m = 20$일 경우 약 $10^{-9}$이다.

검증자가 반복할 때마다 어떤 변의 꼭짓점을 노출하고 싶은지 선택한다고 해서 이 절차를 흔히 **잘라서 선택하기**(cut-and-choose)라고 일컫는다. 뒤섞은 카드 한 벌에서 카드 한 장을 선택하는 공정한 방법에 비유한 이름이다. 잘라서 선택하기 테크닉을 이용하면 검증자를 확신시키기까지 여러 단계를 거쳐야 하므로 영지식 증명의 효율성이 떨어진다. 다음 섹션에서 잘라서 선택하기 프러시저가 필요하지 않은 영지식 증명을 소개할 것이다.

그래프 3색 문제는 NP 완전이다. **NP 완전**(NP-complete)은 NP 클래스의 부분집합이다. 모든 NP 문제는 다항시간에서 NP 완전 문제로 전환할 수 있다. 그래프 3색 문제는 NP 완전이기 때문에 다른 모든 NP 문제를 그래프 3색 문제로 바꿀 수 있다. 영지식 증명에서 이 특성을 이용해 **모든 NP 문제의 해답을 영지식 증명으로 증명할 수 있다**는 사실을 입증하는 쾌거를 거두었다. 이때 유일한 조건은 공약을 암호화하기 위해 사용한 암호화 함수는 제거해야 한다는 것이다.

이 정리의 증명은 세 가지 단계를 거친다. 우선 NP 문제를 그래프 3색 문제로 바꾸고 3색 문제에 대한 해답을 영지식으로 증명한다.

### 12.5.3 이산대수를 위한 영지식 증명

**트랩도어 함수**(trapdoor function)는 한 방향으로 계산하기 쉽지만 역으로 계산하기는 어렵다. 예를 들면 $f(x) = g^x \bmod n$은 강한 RSA 가정에 따른 트랩도어 함수이다. **강한 RSA 가정**(strong RSA assumption)은 $n$을 적절히 선택하고 $c$가 주어지면 $x$와 $y$를 찾는 것이 불가능해서 다항시간에서 $c = x^y \bmod n$가 된다고 규정한다. 이 트랩도어 함수를 이용해 이산대수의 영지식 증명을 만들 수 있다. 이때 증명자는 공약한 값 $c$의 이산대수인 숫자 $x$를 알고 있다. 즉 $c = g^x \bmod n$이다. 이때 $g$는 집단 생성기이다.

공약 $c$는 언제나 공약한 값을 노출함으로써 간단히 증명할 수 있다. 검증자에게 $x$를 노출하면 검증자가 $c = g^x \bmod n$을 검증해서 그 공약을 증명한다. 그러나 검증자가 공약된 $x$값을 알고 있으므로 이 증명은 영지식이 아니다.

이산대수의 영지식 증명에 가능한 몇 가지 구조가 있다. 가장 일반적인 것은 슈노 프로토콜(Schnorr protocol)이다. 슈노 프로토콜을 이용하는 영지식 증명은 다음과 같은 단계를 따른다.

- 증명자가 무작위 숫자 $r$을 선택해서 $t = g^r \bmod n$을 계산하고 검증자에게 보낸다.
- 검증자가 무작위 숫자 $e$를 선택해서 증명자에게 보낸다.
- 증명자가 $u = r + e \cdot x$를 계산해서 검증자에게 보낸다. 무작위 숫자 $r$로 은닉되었기 때문에 검증자는 $x$를 알지 못한다는 점에 주목하라.
- 공약이 유효할 때 성립되는 $g^u \bmod n = t \cdot c^e \bmod n$이라면 검증자가 받아들인다. 즉 $g^u \bmod n = g^{r+e \cdot x} \bmod n = g^r \cdot g^{e \cdot x} \bmod n = g^r \cdot (g^x)^e \bmod n = t \cdot c^e \bmod n$이다.

영지식으로 어떤 이산대수에 관한 지식을 증명하는 또 다른 중요한 프로토콜은 페데르센이 소개한 **페데르센 공약기법**(Pedersen commitment scheme)이다. 페데르센 공약기법에서는 증명자가 무작위 숫자 $r$을 선택해서 $c = g^x \cdot h^r \bmod n$을 계산함으로써[211] $x$를 공약한다. 이때 $g$는 생성기이며 $h = g^a \bmod n$은 이 기법의 초기 설정에서 무작위 값 $a$로부터 계산된다. 페데르센 공약 $c = g^x \cdot h^r \bmod n$은 영지식에서 다음과 같은 단계를 거쳐 증명할 수 있다.

---

211) 이런 짧은 묘사로는 여러 가지 세부요소를 정확히 담을 수 없다.

- 증명자가 두 무작위 숫자 $p$, $q$를 선택해서 $d = g^p \cdot h^q \bmod n$을 계산하고 검증자에게 보낸다.

- 검증자가 무작위 숫자 $e$를 선택해서 증명자에게 보낸다.

- 증명자가 $u = p + e \cdot x$, $v = q + e \cdot r$을 계산해서 검증자에게 보낸다.

- $g^u \cdot h^v \bmod n = d \cdot c^e \bmod n$이면 검증자가 받아들인다. 공약이 정확하다면 이 명제는 참이다. 즉 $g^u \cdot h^v \bmod n = g^{p+e \cdot x} \cdot h^{q+e \cdot r} \bmod n = g^p \cdot h^q \cdot (g^x)^e \cdot (h^r)^e \bmod n = d \cdot (g^x \cdot h^r)^e \bmod n = d \cdot c^e \bmod n$이다.


일방향 누산기에 포함된 값을 안다는 사실을 증명할 때 슈노와 페데르센 프로토콜을 사용할 수 있다. 제로코인은 페데르센 공약을 이용해 어떤 일련번호로부터 코인을 만들고 나중에 그 일련번호를 가진 코인이 일방향 누산기에 포함되어 있다는 사실을 영지식으로 증명한다.

## 12.5.4 비상호적 영지식 증명

이제까지 제시한 모든 영지식 증명은 증명이 진행되는 동안 증명자와 검증자가 상호작용해야 하므로 대화식 영지식 증명이었다. 특히 검증자는 검증하는 과정 동안 증명자가 속임수를 쓰지 못하도록 일련의 무작위 숫자를 생성한다.

**비대화식 영지식 증명**(non-interactive zero-knowledge proof, NIZKP)은 증명자와 검증자의 상호작용이 필요 없는 영지식 증명이다. 익명성의 코인을 사용하려면 영지식 증명이 선행되어야 하므로 완전 익명성 탈중앙화 통화를 구축할 때는 비대화식 영지식 증명이 필수적이다. 코인 소유자가 나중에 누구라도 검증할 수 있는 NIZKP 지불 트랜잭션을 만들 수 있어야 한다.

NIZKP에서 증명자는 지식 증명을 생성하며 누구든지 이 증명을 검증할 수 있다. 이런 의미에서 NIZKP는 디지털 서명과 비슷하다. ZKP를 비대화식 ZKP로 바꾸기 위해 가장 폭넓게 사용하는 구조는 피아트와 샤미르(Fiat and Shamir)가 소개한 피아트-샤미르 휴리스틱(Fiat-Shamir heuristic)이다. 피아트-샤미르 휴리스틱(heuristic: 어떤 사안이나 상황을 엄밀하게 분석하기보다는 제한된 정보만으로 즉흥적이고 직관적으로 판단하거나 선택하는 의사결정방식-옮긴이)은 검증자의 반응(무작위 값)을 몇몇 중간결과를 해시한 결과로 대체한다. 이 비대화식 지식 증명은 증명자가 해시함수의 결과, 즉 해시함수가 무작위 오라클(oracle, 블록체인 밖의 데이터를 블록체인 내부로 가져오는 것-옮긴이)로 작용한다는 사실을 예측할 수 없다고 가정한다. 따라서 NIZKP의 증명은 **무작위 오라클 모형**(random oracle model)에서 참이라고 알려져 있다.

증명자는 다음과 같은 단계를 거쳐 페데르센 공약 $c = g^x \cdot h^r \bmod n$의 NIZKP를 만들 수 있다.

- 두 무작위 숫자 $p$, $q$를 선택해서 $d = g^p \cdot h^q \bmod n$을 계산한다.
- $e = H(d)$를 계산한다. 이때 $H$는 암호 면에서 안전한 해시함수이다.
- $u = p + e \cdot x$과 $v = q + e \cdot r$을 계산한다.
- $(d, e, u, v)$를 NIZKP로 공개한다.

그러면 누구든지 $e = H(d)$를 검증함으로써 공약 $c$의 NIZKP 유효성($d$, $e$, $u$, $v$)과 $g^u \cdot h^v \bmod n = d \cdot c^e \bmod n$임을 검증할 수 있다.

## 12.5.5 누산기

일방향 누산기는 베날로와 드마레(Benaloh and de Mare, 1994)가 소개했다. **일방향 누산기**(one-way accumulators)는 일정한 크기의 데이터 구조에 여러 원소(숫자)를 결합하는 효과적인 방법이다. 누산기를 이용하면 특정한 원소가 누산기에 포함되어 있음을 효율적으로 증명할 수 있다. 베날로와 드마레(1994)가 제안한 누산기는 강력한 RSA 가정을 토대로 하고 있으며 집합 $\{y_1, y_2, ..., y_m\}$을 다음과 같이 나타낸다.

$$z_m = x^{y_1 \cdot y_2 \cdots y_m} \bmod n$$

이때 $z_m$이 누산기이다. 누산기가 원소들의 집합에 정보를 압축하기 때문에 누산기 $z_m$이 개별 원소들 $y_i$와 크기가 같다는 점에 주목하라. $n$이 클 경우 적당히 많은 원소 $y_i$가 누산기에 포함될 수 있다.

특정한 원소 $y_i$가 누산기에 포함되어 있음을 증명하려면 증명자가 먼저 **증인**(witness) $w_i$를 계산해야 한다.

$$w_i = x^{y_1 \cdot y_2 \cdots y_{i-1} \cdot y_{i+1} \cdots y_m} \bmod n$$

증명자가 누산기의 ($y^i$) 값을 안다는 영지식 증명은 다음과 같은 단계로 진행된다.

- 증명자가 무작위 숫자 $r$을 선택해서 $C = w_i^r \bmod n$을 계산하고 증인 $w_i$와 $C$

를 모두 검증자에게 보낸다.

- 검증자가 무작위 값 $e$를 선택해서 증명자에게 보낸다.

- 증명자가 $u = r + e \cdot y_i$를 계산해서 검증자에게 보낸다. 검증자가 $r$로 은닉되어 있는 $y_i$를 알지 못한다는 점에 주목하라.

- $w_i^u \bmod n = C \cdot z_m^e \bmod n$일 경우 검증자가 받아들인다.

이 영지식 증명에서는 누산기 중 어떤 원소 ($y_i$)의 증인을 증명자가 가지고 있는지 노출하지 않는다. 하지만 증인 $w_i$을 노출하므로 이 영지식 증명을 이용하는 디지털 통화의 익명성은 파괴된다. 그렇기 때문에 제로코인 같은 실용적인 기반 기술은 누산기 $y_i$의 원소와 증인 $w_i$을 모두 숨기는 좀 더 복잡한 영지식 증명을 사용한다.

$z_{m+1} = z_m^{y_{m+1}} \bmod n$을 계산함으로써 누산기에 새로운 원소 $y_{m+1}$을 효율적으로 추가할 수 있다. 새로운 원소가 누산기에 추가되면 누산기의 기존 증인을 그에 따라 업데이트해야 한다.

### 12.5.6 제로코인

제로코인(Zerocoin)은 이 장에서 소개한 암호 도구들, 즉 공약, 누산기, 증인(witness), 비대화식 영지식 증명(non-interactive zero-knowledge proof)을 이용해 비트코인 프로토콜을 확장한다. 제로코인은 비트코인 위에 탈중앙화 혼합기로 작용하는 층을 만든다. 1 비트코인을 사용하면 1 제로코인을 만들 수 있다. 훗날 이 제로코인 에서 ('다른') 1 비트코인을 회수할 수 있다. 이때 주조연산과 상환연산을 연결하는 것[212]은 불가능하다.

다음과 같은 단계를 거쳐 제로코인을 만든다.

- 사용자가 일련번호 $S$와 무작위 트랩도어 숫자 $r$을 생성하고 이를 이용해 페데 르센 공약 $C = g^S \cdot h^r \bmod n$을 만든다. 기존 제로코인의 일련번호와 충돌할 확률을 무시해도 좋을 정도가 되도록 일련번호 $S$를 무작위로 선택한다. 지금부터는 공약 $C$를 간단히 제로코인이라고 표현할 것이다. [213]

- 사용자가 제로코인 주조 트랜잭션을 만든다. 이는 사용자가 비트코인을 사용해 제로코인을 만드는 일반 비트코인 트랜잭션이다. 제로코인 $C$가 트랜잭션에 포함된다.

- 네트워크의 노드들은 기존 제로코인을 보유한 누산기를 업데이트해서 새로운 제로코인 $C$: $z_{new} = z^C \bmod n$을 포함시킨다.

이때 제로코인은 누산기에 $z_{new}$로 기록된다. 사용자가 일련번호 $S$나 무작위 트랩도어 $r$을 노출하지 않았다는 점에 주목하라. 다음과 같은 단계를 거쳐 이 제로코인을 사용해 비트코인으로 상환할 수 있다.

---

212) 비록 제로코인 주조와 제로코인 사용 트랜잭션을 수학적으로 연결하는 것은 불가능하지만 두 트랜잭션의 원래 IP 주소나 트랜잭션의 시간을 측정하는 등의 다른 수단으로 연결할 수 있을 것이다.

213) 제로코인 프로토콜은 제로코인의 이중지불을 막고자 $C$가 소수여야 한다고 규정한다. 사용자가 제로코인 $C' = g^{S_1} \cdot h^{r_1} \cdot g^{S_2} \cdot h^{r_2} \bmod n$을 만든다면 코인 $C_1 = g^{S_1} \cdot h^{r_1}$과 $C_2 = g^{S_2} \cdot h^{r_2}$의 두 제로코인을 지불할 수 있다. 이와 같은 이중지불 가능성을 막고자 제로코인 $C$를 소수여야 한다고 규정하는 것이다. 따라서 $S$와 $r$을 선택한 후에 제로코인 $C$가 소수가 아닌 것으로 판명되면 사용자는 소수 $C$가 생성될 때까지 되풀이해서 $S$와 $r$을 선택해야 한다.

- 사용자가 비대화식 영지식 증명(NIZKP)을 만든다. 이 영지식 증명은 사용자가 일련번호 $S$에 끼워넣은 제로코인을 알며 이 제로코인이 누산기에 있다는 사실을 증명한다. 이 영지식 증명은 이 장에서 앞서 소개한 영지식 증명보다 약간 더 복잡하다. 누산기의 멤버십 영지식 증명(zero-knowledge proof of membership)을 토대로 삼고 있으며 이중 이산대수의 영지식 증명을 사용한다.[214] 이는 기본적으로 일련번호가 제로코인에 일치하며 이 제로코인이 누산기에 포함되어 있다는 이중증명이다. 이 증명은 제로코인 $C$와 트랩도어 무작위 숫자 $r$ 혹은 누산기 $w_i$의 증인을 노출하지 않는다.

- 사용자는 비트코인 트랜잭션에 이 NIZKP를 끼워넣는다. 이 트랜잭션에서는 출력값이 비트코인을 사용자가 선택한 비트코인 어드레스에 돌려보낸다.

- 노드는 이전의 상환된 트랜잭션에서 사용한 일련번호의 목록을 보관함으로써 제로코인 소유자가 이중으로 사용하지 못하도록 막는다. 제로코인 상환 트랜잭션을 받은 후에 노드에서는 일련번호 $S$가 이미 사용한 일련번호 목록에 포함되어 있지 않은지, NIZKP가 유효한지를 검증한 다음 마지막으로 이미 사용한 일련번호 목록에 일련번호 $S$를 추가한다.

주조연산에 사용한 비트코인은 어디에도 가지 않고 제로코인 공약이 노출되면 상환될 태세로 에스크로에 남는다. 제로코인 지불(zerocoin spend)을 동일한 트랜잭션의 제로코인주조(zerocoin mint)와 결합해 한 제로코인에서 한 제로코인으로 직접 연결되는 트랜잭션을 만들 수 있다. 그러면 중

---

214) 대수의 밑 $g$와 $a$에 대한 이중 이산대수 $y$는 $y = g^{a^x}$을 충족시키는 $x$값으로 정의된다.

간단계로서 비트코인으로 전환할 필요가 없다.

실제로 제로코인을 실행하려면 비트코인 코어를 업그레이드해야 한다. 네트워크의 모든 노드가 동시에 업그레이드해야 할 것이다. 일단 업그레이드하면 제로코인 확장기능을 운용하는 모든 노드가 다음과 같은 보조 관리연산을 수행한다.

- 새로 주조한 제로코인을 누산기에 추가해야 한다. 마이어스 등은 채굴자들에게 코인베이스 트랜잭션에 누산기 체크포인트를 저장할 것을 제안했다. 그러면 다른 노드들이 블록에서 주조한 새로운 제로코인으로 누산기가 정확히 업데이트되었는지 검증한 다음에 블록을 받아들인다. 이 과정을 이용하면 더 가벼운 노드들이 직접 누산기를 업데이트하지 않아도 무방한 한편, 일부 노드는 직접 누산기를 업데이트하거나 적어도 누산기 체크포인트를 검사할 수 있다.
- 새로운 사용 트랜잭션의 일련번호를 이미 사용한 일련번호 목록에 추가해야 한다. 이중지불된 제로코인 상환 트랜잭션을 채굴한 블록에 포함시키면 블록이 무효가 되므로 채굴 노드는 이 점을 각별히 유념해야 한다.
- 제로코인을 위해 정확한 수의 비트코인을 남겨 두었는지 구조적으로 보장되므로 노드에서 검증할 필요가 없다.

주조 트랜잭션은 이를테면 1 비트코인 당 1 제로코인으로 제로코인에 정해진 액면 금액을 사용한다. 그러나 각 액면 금액에 다른 누산기를 운용함으로써 여러 가지 액면 금액을 만들 수 있다.<sup>215)</sup>

흔히 셋업 단계에서 계산되는 누산기 변수가 백도어를 구성한다는 이유를 내세워 제로코인을 비판한다. 이 변수들을 소유한 공격자라면 마음대로 제로코인 만들 수 있을 것이다. 하지만 셋업 단계에서 안전하게 트랩도어를 만들 수 있는 테크닉들이 존재한다. 일례로 복수 당사자 계산(multi-party computation)이 있다. 이 테크닉을 이용하면 참여자 가운데 한 명만이 정직해서 자신의 입력값을 폐기한다고 하더라도 안전한 트랩도어를 만들 수 있다.

그러나 제로코인의 주된 결점은 제로코인을 상환할 때 사용하는 NIZKP의 크기에 있다. 잘라서 선택하는 제로코인의 성질이 문제의 원인이다. 제로코인의 NIZKP의 크기는 약 25킬로바이트인데 현재 비트코인 트랜잭션의 상한선인 10킬로바이트를 넘는 수치다 보니 현행 비트코인 규칙에서는 실용성이 없다. 이 문제를 피하기 위한 한 가지 방법으로 이 NIZKP 오프 블록체인을 전용 서버나 분산 해시 테이블에 저장할 수 있다.

그뿐만 아니라 제로코인이 주조와 사용, 검증연산에 0.3~0.8초가 걸린다는 결점도 있는데, 이것이 트랜잭션을 검증하는 노드에 문제가 될 수 있다. 한 가지 해결책으로 보안이 훼손되지 않는 범위에서 이 계산작업을 여러 노드에 분산하는 방안이 제안되었다.

후속 작품에서 제로코인 개발자들은 익명성을 보존하는 한편 NIZKP의 크기를 줄이고 처리속도를 높일 수 있는 몇 가지 변화를 제안했다. 이와

---

215) 제로코인 개발자들은 액면 금액이 다양한 제로코인을 만들 수 있는 몇 가지 확장기능을 제안했다[가먼(Garman) 외, 2014].

비슷한 제로코인에 대한 제안으로 피노키오 코인(pinocchio coins)이 있다. 피노키오 코인은 RSA 누산기 대신 타원곡선 누산기를 사용하는데 그러면 증명 크기를 약 350바이트까지 줄일 수 있다. 하지만 피노키오 코인에서는 코인 생성시간이 기존 코인 수에 따라 선형적으로 증가하기 때문에 확장성 문제가 발생한다.

### 12.5.7 제로캐시

제로캐시(Zerocash)는 비트코인 프로토콜의 또 다른 확장기능으로서 완전 익명성 탈중앙화 통화를 생성한다. 제로캐시의 주된 장점은 지불 트랜잭션의 크기가 제로코인에 비해 훨씬 작고 속도가 더 빨라서 제로코인이 직면한 한 가지 문제를 해결한다는 것이다. 액면 금액을 고정할 필요가 없고 전송 액수를 숨기며 결제 원천과 목적지를 숨기는 등 이 밖에도 여러 가지 장점이 있다.

사용자는 주조 트랜잭션을 통해 모든 가치의 코인을 주조하며 이 과정에 일련의 공약이 수반된다. 한편 **주입 트랜잭션**(pour transaction)을 이용하면 이전에 주조된 두 트랜잭션을 모아서 그 액수를 두 출력값 코인으로 주입할 수 있다. 주입 트랜잭션 몇 개를 연결함으로써 이전에 주조한 모든 코인을 모아서 새로운 출력값 코인의 집합에 주입할 수 있다. 주입 트랜잭션은 코인을 사용한 어드레스나 새로운 코인이 향하는 어드레스를 노출하지 않고 코인을 분할하거나 혼합할 수 있다.[216] 또한 사용한 액수나 총

---

216) 제로캐시 어드레스가 비트코인 어드레스와 다르다는 점에 주목하라.

액수를 여러 목적지의 어드레스로 나누는 방식도 노출하지 않는다. 따라서 주입 트랜잭션은 완전히 익명으로 수행된다. 주입 트랜잭션을 이용하면 익명 코인의 소유권을 세분하거나 합치거나 혹은 이전할 수 있다. 아울러 주입 트랜잭션에는 공개적으로 사용한 액수가 포함되므로 익명 코인으로 저장된 자금을 사용해서 공개적으로 결제할 수 있다.

주입 트랜잭션은 일반 비트코인 트랜잭션과 비슷한 방식으로 점검한다. 이를테면 입력값 합계가 출력값 합계와 일치해야 하고 입력값은 정확히 짜 맞추어야 한다. 하지만 제로캐시 주입 트랜잭션은 트랜잭션에 포함된 어드레스와 액수에 대한 정보를 전혀 노출하지 않는 영지식으로 수행한다는 차이점이 있다. 이 과정에 주입 트랜잭션은 zk-SNARKs[217]라는 간편 비대화식 영지식 증명(간편 NIZKP) 암호화 프로토콜을 이용한다. 일반 NIZKP에서는 증명하는 사항의 크기에 따라 증명 길이와 검증시간이 선형적으로 증가한다. 이와 대조적으로 zkSNARK에서는 증명 길이가 보안 변수에만 영향을 받으며 그런 이유에서 *간편* NIZKP라고 부른다. (주입 트랜잭션에서) 증명할 사항이 비교적 복잡한 한편 zk-SNARK를 이용하면 노드의 검증시간이 단축되고 콤팩트 증명(compact proof)이 가능하기 때문에 이 사실은 오히려 제로캐시의 장점이 된다.

제로캐시는 제로코인처럼 누산기가 아니라 머클트리에 코인을 저장한다. 제로캐시 증명의 크기는 288바이트이며,[218] 검증시간은 약 9밀리초이

---

217) zk-SNARK는 영지식 간편 비대화식 지식 증명(zero-knowledge Succinct Non-interactive ARgument of Knowledge)의 머리글자이다.

다. 코인 생성시간은 1~3분으로 디바이스에서 사용할 수 있는 코어(core)의 수에 따라 달라진다.

새로운 코인을 생성할 때 사용하는 공개키는 0.9기가바이트로 다소 큰 편이지만 키의 복사본을 하나만 저장하면 된다. 공개키에 트랩도어가 포함되므로 이 트랩도어를 알면 공격자가 원하는 만큼 새 코인을 주조할 수 있다. 그러나 트랩도어를 안다고 해서 공격자가 익명성을 제거할 수는 없다. 제로코인의 경우와 마찬가지로 셋업 단계에서 트랩도어를 안전하게 만들 수 있는 테크닉이 존재한다.

제로코인에는 페어링 기반의 암호기술이나 어떤 지수에 대한 지식 등 몇 가지 새로운 암호 원시함수에 의존한다는 단점이 있는데, 이 같은 단점은 암호기술 커뮤니티에서 아직 충분히 검토되지 않은 상태이다.

---

218) 288바이트는 제로캐시 트랜잭션에 포함된 zk-SNARK의 크기이다. 제로캐시 트랜잭션의 크기는 이보다 약간 더 크다.

# 13장

# 부가 설명

이 장에서는 앞에서 간단히 언급하고 지나갔던 몇 가지 주제를 더 자세히 살펴볼 것이다.

## 13.1 기타 트랜잭션 프로토콜

### 13.1.1 소액결제 채널

일부 애플리케이션에서는 여러 개의 작은 트랜잭션, 즉 소액결제를 진행해야 한다. 소액결제의 전형적인 한 가지 용도는 네트워크 연결성이나 콘텐츠 시청처럼 지속적으로 사용하는 서비스의 대금을 결제하는 것이다. 비트코인 트랜잭션은 수수료가 비교적 적기 때문에 액수가 적은 여러 개의 트랜잭션을 이용해 소액결제를 수행할 수 있다. 그러나 소액결제 채널에는 몇 가지 단점이 있다. 첫째, 모든 트랜잭션에 수수료가 부가된다. 둘째, UTXO의 팽창을 막기 위한 트랜잭션 액수의 하한선, 즉 먼지 한계가 있다. 셋째, 수신자가 사용비용이 많이 드는 여러 개의 작은 트랜잭션을 받을 경우 때문에 발생하는 지불 트랜잭션의 크기가 커질 수 있다.

　소액결제 채널을 수립하면 이런 단점들을 극복할 수 있다. **소액결제 채널**(micropayment channel)은 두 당사자(이를테면 클라이언트와 서버) 사이의 커뮤니케이션 링크로 트랜잭션 스트림을 생성한다. 이 스트림은 자주 업데이트되지만 관계가 끝날 때까지 블록체인에 공개되지 않는다. 소액결제 채널을 수립하려면 다음과 같은 단계를 거쳐야 한다.

- 클라이언트가 트랜잭션 (Tx1)을 만들어 클라이언트와 서버의 어드레스와 함께 2개 중 2개 다중서명 어드레스로 거액을 보낸다. 클라이언트가 트랜잭션에 서명하지만 공개하지는 않으며 서버에도 보내지 않는다.
- 그런 다음 클라이언트가 새로운 트랜잭션 (Tx2)를 만들어 이전 다중서명 트랜잭션의 자금을 사용하고 다시 본인에게 보낸다. 이 트랜잭션은 이후 일정 시간(이를테면 1시간) 동안 잠금시간을 설정한다. 이 트랜잭션을 서버에 보낸다.
- 서버가 이 두 번째 트랜잭션 (Tx2)에 서명한다. 클라이언트의 서명도 필요하므로 이는 부분 서명이다. 서버는 부분 서명된 이 트랜잭션을 클라이언트에게 보낸다. 이 시점에 서버는 원래 트랜잭션 Tx1을 아직 보지 못했다는 점에 주목하라. 서버에 담긴 트랜잭션에 관한 정보는 Tx2에 포함된 해시뿐이다.

- 클라이언트가 부분 서명된 Tx2가 정확한지 점검한다. 그런 다음 Tx1을 공개한다. 그래야만 잠금시간이 만료되면 부분 서명된 Tx2를 이용해 자금을 회수할 수 있다. 자금은 현재 Tx1의 다중서명 트랜잭션 출력값에 잠겨 있다.

- 소액결제 채널의 셋업 단계가 이제 끝났다. 클라이언트가 서비스를 이용하고 채널을 통해 소액의 자금(이를테면 1 밀리비트코인)을 사용하려 한다고 가정하자. 그러려면 클라이언트가 세 번째 트랜잭션 Tx3을 만들어 서버의 어드레스(소액)와 본인의 어드레스(나머지)에 Tx1의 출력값을 사용한다. Tx3에 서명해서 그것을 서버에 보낸다.

- 서버가 Tx3에 서명해서 공개하면 1 밀리비트코인을 받을 수 있지만, 만일 서버와 클라이언트의 관계가 진행 중이라면 서버는 클라이언트가 서비스를 더 사용할 때까지 기다리는 편을 더 좋아할 것이다.

- 클라이언트가 다시 서비스를 이용하면 Tx3을 업데이트해서 서버에게 보내는 자금을 늘리고 본인에게 반송되는 자금을 줄일 것이다. 이 업데이트한 Tx3에 서명해서 서버에 보낸다. 이 프러시저를 여러 번 반복하고 매번 액수를 업데이트할 수 있다.

이 절차를 진행하는 동안 블록체인에 공개되는 트랜잭션은 Tx1뿐이라는 점에 주목하라. 서버와 클라이언트의 관계가 끝나면 서버가 클라이언트에게 받은 마지막 Tx3에 서명해서 발표한다. 채널에서 액수를 업데이트하는 것은 클라이언트의 몫이므로 서버는 Tx1에 저장된 자금에 결코 접근할 수 없다는 점을 주목하라. 또한 잠금시간이 만료되면 클라이언트가 Tx2를 이용해 Tx1의 자금을 회수할 수 있기 때문에 서버가 Tx1 랜섬(ransom)에 자금을 보관할 수 없다는 점도 주목해야 한다.

마지막으로 Tx2의 잠금시간이 끝나면, 예컨대 서버가 마지막 Tx3을 공개함으로써 소액결제 채널을 폐쇄하고 새로운 소액결제 채널을 수립해야한다. 그렇지 않으면 잠금시간이 만료되었을 때 사용자가 Tx2를 공개해서 서버가 불리해질 위험이 있다.

비트코인j(bitcoinj) 라이브러리에 있는 소액결제 프로그램에 관한 자세한 내용은 비트코인j 문서화(Bitcoinj Documentation)를 참고하도록 한다.

## 13.1.2 아토믹 크로스 체인 거래

아토믹 크로스 체인 거래(atomic cross-chain trading)는 별도의 두 블록체인끼리 안전하게 자금을 교환하는 문제를 해결한다. 이 프로토콜을 원자(atom)라 일컫는 이유는 두 트랜잭션(각 블록체인에 하나씩)이 함께 진행되거나 둘 다 진행되지 않기 때문이다. 다시 말해 자금이체가 원자 조작(atomic operation: 기능적으로 분할할 수 없거나 분할되지 않도록 보증된 조작-옮긴이)이다. 이 프로토콜은 체인 거래 스크립트라는 특수한 유형의 트랜잭션을 이용한다. **체인 거래 스크립트**(chaintrade script)는 해시로 잠근 트랜잭션과 비슷하지만 두 개의 혹은 한 개의 서명과 해시의 역상이 있으면 체인 거래 스크립트 트랜잭션을 사용할 수 있다는 차이점이 있다. 체인 거래 스크립트 트랜잭션은 비트코인에서 표준 트랜잭션이 아니라는 점에 주목하라.

두 사용자(앨리스와 밥)가 별도의 두 블록체인에 있는 자금을 교환하려한다. 이를테면 앨리스가 밥에게 첫 번째 블록체인에 있는 자금을 보내면 밥이 두 번째 블록체인에 있는 자금을 앨리스에게 보낼 것이다. 두 사람은 다음과 같이 원자 크로스 체인 거래 프로토콜을 이용할 수 있다.

- 앨리스가 해시의 역상인 무작위 숫자 $x$를 생성하고 첫 번째 블록체인의 자금을 체인-거래 스크립트로 보내는 트랜잭션 (Tx1)을 만든다. 앨리스와 밥 두 사람의 서명이 있거나 밥의 서명이 있고 역상 $x$를 알면 이 스크립트를 상환할 수 있다.

- 앨리스는 체인-거래 스크립트의 자금을 본인에게 돌려보내는 두 번째 트랜잭션 (Tx2)를 만들어 서명한다. 이 트랜잭션은 미래의 어느 시점까지 잠금시간이 설정되어 있다. 앨리스는 부분 서명된 Tx2를 밥에게 전달한다.

- 밥이 Tx2에 서명해서 앨리스에게 돌려보낸다.

- 앨리스는 Tx2의 서명이 정확하다는 사실을 검증한 다음 첫 번째 블록체인에 Tx1을 공개한다. 이때 앨리스가 $x$를 숨기고 있기 때문에 밥은 $x$를 알지 못한다. 밥이 알 수 있는 것은 Tx1에 포함된 $x$의 해시 $H(x)$뿐이다.

- 이제 두 번째 블록체인에서도 같은 단계를 역순으로 수행한다. 우선 밥이 앨리스와 밥 두 사람의 서명이나 앨리스의 서명과 해시의 역상[Tx1에서 사용한 같은 해시 $H(x)$[219]]로 상환할 수 있는 체인-거래 트랜잭션 (Tx3)을 만든다. 그런 다음 Tx3의 체인-거래 스크립트의 자금을 본인에게 돌려보내는 트랜잭션을 만들어 잠금시간을 설정하고 앨리스의 서명을 받는다. 마지막으로 밥이 두 번째 블록체인에 Tx3을 공개한다.

219) 비록 해시 $(x)$의 역상은 모르지만 밥은 Tx1에서 공개된 해시 $H(x)$를 알고 있다.

- 이때 자금은 두 블록체인에 들어있으나 교환은 아직 종료되지 않았다. 앨리스는 교환을 종료하기 위해 체인-거래 스크립트에 있는 자금을 본인에게 보내는 트랜잭션 (Tx5)을 만든다. 이를 위해 그녀는 자신의 서명과 해시 $x$의 역상을 제공한다. 하지만 일단 앨리스가 트랜잭션을 공개하면 해시의 역상 $x$가 공개된다. 따라서 밥이 이를 이용해 트랜잭션 (Tx6)을 만들고 체인-거래 스크립트 Tx1에 있는 자금을 본인에게 보낼 수 있다. 그러면 교환이 종료된다.

교환이 계획대로 진행되는 경우에는 Tx2과 Tx4가 공개되지 않는다는 점에 주목하라. 문제가 생겨서 크로스체인 교환이 무산될 경우 앨리스와 밥은 이 두 트랜잭션을 이용해 각자의 자금을 되찾을 수 있다.

연결된 두 블록체인 가운데 어느 한쪽에서 포크가 발생하면 여기에서 묘사한 프로토콜은 실패한다. 예컨대 Tx5가 어쩌다 두 번째 블록체인의 포크에 포함되고 Tx5가 위치한 분기가 고아로 전락해 Tx5가 유효하지 않을 경우 역상 $x$가 노출될 것이다. 따라서 원자 크로스체인 거래를 실행하는 비트코인 기반 프로그램은 블록체인 구조개편을 고려해야 한다.

## 13.2 작업증명의 대안들

작업증명은 어떤 트랜잭션을 분산원장에 포함시켜야 하는지 결정하는 분산 동기화(同期化) 문제의 훌륭한 해결책이다. 그러나 작업증명 외에도 이 문제를 해결할 수 있는 기법들이 있다. 비트코인 커뮤니티에서는 다른 잠재적인 기법보다 훌륭한 작업증명을 두고 많은 토론을 벌였다. 작업증명의 비판자들은 대개 다음과 같은 단점을 언급한다.

- 채굴 이외에는 쓰임새가 많지 않고 에너지 소비가 많은 특수 하드웨어 ASIC에 대량 투자한다. 블록 보상이 채굴장비를 운용하는 비용(이 가운데 전력비용이 상당 부분을 차지한다)과 같아질 때까지 비트코인 채굴의 난이도가 높아질 것이다. 일단 이 평형상태에 이르면 블록 보상은 모두 채굴비용을 지불하는 데 쓰일 것이다. 따라서 비판자들은 채굴이 사회적인 혜택도 받지 못한 채 비트코인 보유자에 대한 세금으로 생각될 것이라고 주장한다. 채굴 옹호자들은 채굴이 어떤 목적, 이를테면 블록체인을 안전하게 보호하는 일을 수행하므로 수여된 비트코인이 낭비되는 것은 아니라고 응수한다.
- 소수의 플레이어에게 채굴 능력이 집중되는 현상. 채굴 하드웨어가 전문화됨에 따라 소수의 전문 채굴자에게 채굴이 집중되는 경향이 있다. 비판자들은 이 같은 채굴 능력의 집중 현상이 네트워크를 위태롭게 만들 수 있다고 주장한다.

이 섹션에서는 작업증명의 두 대안, 즉 지분증명과 소각증명을 소개한다. 리플의 합의과정 등의 다른 기법도 대안으로 쓰일 수 있다. 이 밖에도 대역폭 증명, 기억증명, 자원증명, 활동증명 등 다른 여러 가능성이 제시되었다.

## 13.2.1 지분증명

지분증명에서 블록을 채굴할 확률은 채굴자가 수행한 계산작업에 따라 달라진다. 지분증명에서는 사용자가 새로운 블록을 채굴하는 것이 아니라 생성한다고 말한다. 블록을 생성할 확률은 사용자가 보유한 지분에 따라 달라지므로 블록 생성에는 계산능력이 필요 없다. 대개 자금량이나 보유한 코인 수명 같은 기준을 토대로 사용자들의 보유량에 비례해 블록 생성권을 수여한다. 코인 수명은 자금과 이 자금의 수명(그 자금이 마지막으로 사용된 이후의 기간)을 곱한 결과이다. 흔히 언급하는 지분증명의 장점은 다음과 같다.

- **환경친화적이다**

지분증명은 작업증명과는 달리 대량의 계산 자원을 사용하지 않아서 소비하는 에너지가 매우 적다.

- **중앙집권도가 낮다**

이는 자금의 모든 소유자가 새로운 블록을 생성할 수 있고 그럴 만한 경제적인 동기가 있기 때문이다.

- **51% 공격을 실행할 때 치러야 할 비용이 커진다**

그것은 통화에서 과반수의 지분을 소유해야 공격에 성공할 수 있기 때문이다. 하지만 그렇게 지분이 많은 사람이라면 통화는 물론이고 본인에게 해로운 공격을 실행할 만한 동기가 없다. 그뿐만 아니라 통화의 과반수 지분은 채굴 투자의 과반수보다 대개 가치가 더 높다. 이 글을 쓰는 현재 비트코인에서도 마찬가지이다. 즉 통화의 시가총액은 약 60억 USD이지만 현행 기술을 이용해서 네트워크 해시 레이트를 달성하기 위해 필요한 투자액은 약 5,000만 USD(1 USD/GH/s의 비용으로 약 5,000만 GH/s)이다.[220] 이와 대조적으로 작업증명 시스템의 채굴 능력 가운데 51%를 보유한 공격자는 공격을 실행해도 잃을 것이 없다. 공격에 성공한 다음 하드웨어를 다른 목적으로 바꾸어 다른 암호통화를 채굴할 수 있기 때문이다.[221]

### ■ 트랜잭션 수수료가 적다

채굴장비에 대한 투자가 거의 없고 블록을 생성할 때 드는 전력비용은 무시할 정도이기 때문이다. 그러나 지분증명 암호통화에서 트랜잭션 수수료는 희귀한 자원, 다시 말해 블록 공간의 가격을 반영하는 것이며 이 가격은 블록을 생산하는 비용과 무관하다는 주장이 있을 수 있다.


블록체인 포크를 해결하는 과정이 어렵다는 사실은 지분증명 시스템의 주된 문제점이다. 포크가 발생하면 지분증명 사용자는 포크의 두 분기에 모두 본인의 자금이 들어 있으니 두 분기에서 계속 블록을 생성할 동기가 있다. 작업증명에서는 채굴자들이 포크의 어떤 분기에 계산능력을 제공해야 할지 결정해야 하므로 이런 문제가 발생하지 않는다. 이를 **잃을 것**

---

220) 채굴장비에 대한 총누적 투자액과 혼동하지 마라. 이 가운데 상당 부분이 효율성이 떨어지는 테크놀로지에 투자되었기 때문에 총누적 투자액은 훨씬 더 많다.

221) 후이(Houy, 2014)의 주장에 따르면 믿을 만한 공격자가 지분증명 암호통화의 과반수를 매입해 통화를 소멸시키겠다고 공언한다면 아주 적은 비용으로 코인의 과반수를 매입할 수 있을 것이다. 공격자가 믿을 만할 경우라면 모든 코인 보유자가 가격과 상관없이 코인을 매각하는 것이 내시 균형이기 때문이다. 이 주장을 비판하는 사람들은 사용자가 아주 낮은 가격으로 코인을 매각하지 않거나 연합을 만들어서 공격자를 물리칠 것이라고 응수한다. 게다가 과반수 코인을 보유한 사람이라면 통화를 소멸시킬 동기가 없으니 공격하겠다는 위협은 신빙성이 떨어질 것이다.

**이 전혀 없다 문제**(nothing at stake problem)라고 일컫는다. 즉 지분증명 시스템에서는 포크의 어느 한 분기에도 지분이 없는 사용자가 둘 다 지원하기로 결정할 가능성이 있기 때문에 포크를 해결하기가 더 어려워질 수 있다.

포크의 한 분기에 속해 있으면서 다른 분기에도 채굴하는 채굴자들을 처벌하면 어쩔 수 없이 채굴자들이 한 분기만 선택할 테니 한 가지 해결책이 될 것이다. 그러면 포크가 저절로 해결될 수 있다. 그런데 한 가지 현실적인 문제가 존재한다. 지분증명의 채굴은 확률에 좌우되기 때문에 소규모 채굴자가 (각 분기에 한 블록을 채굴할 확률을 고려하면) 두 분기 동안 한 블록을 채굴할 확률은 매우 적다. 따라서 소규모 채굴자에게는 포크의 모든 분기에서 채굴할 만한 동기가 있다. 현실적으로 모든 지분증명 시스템은 이런 '잃을 것이 전혀 없다' 문제를 처리해야 한다.

지분증명 시스템의 프로토콜은 네트워크의 참여자에게 주조할 수 있는 새로운 블록을 수여한다. 전체 자금 가운데 보유한 몫에 비례해서 다음 블록을 생성할 참여자를 '선택한다'222)는 의미에서 이 과정은 대개 무작위로 공정하게 진행된다.

자금이 많은 사용자가 이중지불 공격을 실행하기가 쉽다 보니 자금이 적은 사용자가 대규모 플레이어에게 자금을 받지 않을 가능성이 있다. 이것이 지분증명 시스템의 또 다른 결점이다.

---

222) 탈중앙화 시스템이기 때문에 블록을 주조할 사람을 '선택하는' 중앙실체가 없다. 예컨대 해시함수처럼 모든 사용자가 운용하는 알고리즘이 있으며 일반적으로 사용자의 지분에 따라 결과가 달라지는 이 알고리즘이 목표를 성취하면 사용자는 새로운 블록을 주조할 자격을 얻는다. 이때 사용자는 블록을 주조하고 공개한다.

아울러 채굴과 자금 보유가 구분되지 않는다는 결점도 있다. 그래서 자금을 보유한 사람이면 누구든 돈을 잃지 않으려고 채굴까지 해야 한다. 풀노드를 운용할 수 없는 사용자는 어쩔 수 없이 대신 채굴해주는 서비스에 자금을 저장할 수밖에 없고 그러면 소규모 사용자의 거래상대방 위험이 커진다. 지금껏 제안된 지분증명의 몇 가지 다른 대안 암호화폐는 다음과 같다.

### ■ 피어코인(Peercoin)

피어코인은 코인 수명을 토대로 다음번 지분증명 블록을 생성해야 할 사람을 선택한다. 그러면 작업증명과 지분증명의 혼합채굴을 이용해 '잃을 것이 전혀 없다' 문제를 해결할 수 있다.

### ■ Nxt

활동 Nxt 계정만[223] 새로운 블록을 생성할 자격이 있다. Nxt는 계정이 보유한 자금량을 토대로 다음번 블록을 생성할 사람을 선택한다.

### ■ 쿠니쿨라(Cunicula)

피어코인이나 Nxt와는 달리 이는 실용적인 암호화폐가 아니라 이론적인 제안이다. 쿠니쿨라 제안에서는 어떻게 지분증명 채굴과정에 참여하도록 사용자를 유도할지가 관건이다. 비활동적인 사용자에게 무려 매년 자금의 5%를 과세하고 적극적으로 주조에 참여하는 사용자에게 그 수익금을 분배하는 방법을 택할 수 있다. 이 제안에서는 공격자가 은밀하게 새로운 체인을 생성하는 51% 공격이 성공할 가능성

---

223) 활동계정이 되려면 적어도 1,440 블록마다 입력값을 확인받아야 한다.

이 없다고 주장하면서 '잃을 것이 전혀 없다' 문제에 직접 대처하지 않는다. 마지막으로 분기가 공개되었을 때 다른 사용자들은 그것을 받아들일 이유가 없다. 그러면 합법적인 분기에서 받을 보상을 잃을 수 있다.

■ 메니(Meni)

이 또한 이론적인 제안으로서 작업증명과 지분증명의 혼합 시스템을 제안한다. 일반 작업증명 채굴을 이용해 블록이 채굴된다. 정기적으로(이를테면 100 블록마다) 지분증명 블록이 생성된다. 사용자는 개인키로 이 블록에 서명해서 본인이 보유한 자금에 비례해 보상을 받는다. 포크가 발생할 경우 한 포크의 두 분기에 있는 서명은 무시될 테니**224)** 사용자에게 본인이 서명한 분기를 택할 것을 권한다. 지분증명 층의 목표는 51% 공격과 이중지불에 대비해 시스템 보안과 탄력성을 높이는 것이다.

■ 슬래셔(Slasher)

사용자에게는 여러 블록, 이를테면 2,000개 블록 앞에서 정보를 얻는 해시 결과를 토대로 블록에 서명할 특권이 있다. 사용자는 블록에 서명한 대가로 블록 보상을 받는다. 포크가 발생하면 포크의 두 분기에 공통으로 존재하는 옛 블록의 정보를 이용해 '복권 뽑기(lottery)'를 실시한다. 그러면 같은 사용자가 선택되어 포크의 두 분기에서 새로운 분기를 생성할 것이다. 슬래셔는 포크의 두 분기에서 블록을 생성하는 사용자를 처벌함으로써 '잃을 것이 전혀 없다' 문제에 대처한다. 다른 사용자들은 한 포크의 분기들을 단속해서 만일 같은 계정이 서명한 다른 분기에서 두

---

224) 중요도 평가시스템이 있다. 즉 지분증명에 참여하는 어드레스의 중요도는 시간이 지나면서 높아질 것이다. 만일 어떤 어드레스가 한 포크의 두 지분증명 블록에 서명하면 이 어드레스의 중요도는 0으로 맞춰질 것이다.

블록이 발견되면 주 블록체인에 그 증거를 제출할 수 있다. 그러면 주 블록체인은 속임수를 쓴 계정의 보상을 박탈하는 방식으로 처벌하고 단속한 사용자에게 작은 보상을 제공한다. 이런 방식을 택하면 지분증명 계정이 포크의 분기 가운데 성공 확률이 더 높아 보이는 한 분기를 선택하도록 유도할 수 있다.

### 13.2.2 소각증명

사용자가 지불 불능으로 검증할 수 있는 자금을 어떤 어드레스로 소각 했다는 사실을 입증한다는 것이 소각증명(Proof of burn)의 기본개념이다. 지금껏 제안된 소각증명의 몇 가지 적용사례는 다음과 같다.

- **새로운 블록을 생성할 권리를 수여한다**

이는 지분증명 시스템과 비슷하지만 생성한 블록을 소각한 코인의 양에 비례해서 수여한다는 차이점이 있다. 시간이 지날수록 소각된 코인에서 블록을 생성할 특권의 등급이 낮아지기 때문에 사용자가 새 코인을 소각할 동기가 생긴다. 새 코인을 소각하면 본원 통화가 감소하므로 소각된 코인의 소실속도를 이용해 통화량을 조절할 수 있다.

- **다른 블록체인으로 가치를 이전한다**

만일 두 블록체인이 서로를 알고 있다면 한 블록체인에서 자금을 소각했다는 사실을 증명해서 나머지 한 블록체인으로 자금을 이체할 수 있다. 이런 블록체인끼리 자금을 이체하는 방식은 두 체인 사이의 본원 통화를 보존할 수 있다는 장점이 있다. 이 절차는 사이드 체인 제안과 비슷하지만 사이드 체인 제안에서는 쌍방 연계 환율 메커니즘(2-way pegging mechanism)을 통해 체인 사이에 가치를 이전한다는 차이점이 있다.

- **새로운 디지털 자산의 초기 분배량을 할당한다**

카운터파티 같은 일부 프로젝트에서는 소각증명을 이용해 코인의 초기 할당을 결정했다. 초기 할당에 참여한 사용자들은 지불 불능을 검증할 수 있는 어드레스의 비트코인을 소각해 새로운 통화 XCP의 일부를 받았다.

# 13.3 병합채굴

최근 원래 비트코인에서 소개한 블록체인 기술을 이용하는 애플리케이션이 많이 등장했다. 몇 가지 예를 들면 알트코인, 메타코인, 사이드 체인, 디지털 공증 등이 있다. 이런 애플리케이션에서 관리하는 블록체인을 흔히 **대체 체인**(alternative chains)이라고 일컫는다.

이 대체 체인을 확립하는 데 투자된 자원은 비트코인 채굴에 들어간 투자보다 대체로 적다. 그러므로 대체 체인이 비트코인 블록체인의 보안을 이용할 수 있다면 바람직할 것이다. 병합채굴에서 이 목적을 달성할 수 있는 한 가지 방법을 찾을 수 있다. **병합채굴**(Merged mining)에서 대체 체인은 대체 체인의 일반 블록이나 대체 체인의 한 블록이 비트코인 블록체인에 안전하게 보관되었다는 증명을 채굴 블록으로 인정한다. 일반 비트코인 채굴자들이 비트코인 블록체인과 대체 체인을 동시에 채굴할 수 있다고 해서 이를 병합채굴이라고 일컫는다.

비트코인 코어 서버와 대체 코인을 위한 채굴 서버를 모두 운용하는 채굴자는 다음과 같은 방식으로 병합채굴을 수행한다.

- 채굴자가 대체 체인에서 유효한 블록을 만들어 해시한다. 그런 다음 본인이 현재 채굴하는 비트코인 블록의 코인베이스 트랜잭션 입력값에 이 블록의 해시를 포함시킨다.[225] 예컨대 새로운 트랜잭션이 추가되어 대체 체인 블록이 업데이트되면 이 블록의 새로운 해시를 계산해서 현재 채굴하고 있는 비트코인 블록의 코인베이스 트랜잭션의 해시를 업데이트한다.
- 어떤 시점에 이르면 채굴자가 유효한 비트코인 블록을 발견해서 비트코인 블록체인에 추가할 것이다. 이 블록에는 구조상 대체 체인 블록의 해시 복사본이 포함된다.
- 그런 다음 채굴자는 대체 체인 블록이 포함된 비트코인 블록의 해시와 함께 블록을 대체 체인에 공개하고 코인베이스의 머클 분기는 비트코인 블록 헤더에 공개한다. 대체 체인 프로토콜은 블록이 채굴되었다는 작업증명으로서 이 머클트리를 기꺼이 받아들인다.

대체 체인에는 대개 고유의 채굴 메커니즘이 있다. 이 일반 채굴에서 새로운 블록을 채굴하거나 아니면 비트코인 함께 병합채굴할 수 있다. 〈그림 13.1〉은 이 방식을 간략하게 묘사한 것이다. 대체 체인이 어떤 식으로

---

225) 비트코인 블록체인에 데이터를 삽입하는 또 다른 방법으로도 병합채굴이 가능하다.

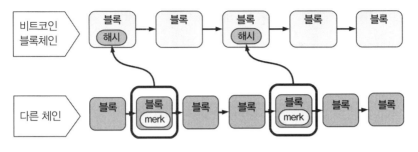

그림 13.1 병합채굴

더(아니면 덜) 빈번하게 블록을 생성하는지 눈여겨보라. 따라서 일부 대체 체인 블록만 병합채굴될 것이다.[226] 병합채굴 프로토콜은 불규칙한 간격으로 병합채굴된 블록을 기꺼이 수용할 테니 이는 문제가 되지 않는다. 대체 체인용 풀 노드를 운영하는 추가비용만 들여서 블록 보상은 물론 두 체인에서 수수료를 받을 수 있으니 병합채굴은 대개 채굴자들에게 수익성이 높다.

병합채굴의 가장 큰 결점은 대규모 채굴자가 비용을 들이지 않고 대체 체인을 공격할 수 있다는 사실이다. 이미 일부 대체 코인은 이런 식으로 공격을 받았다.

비트코인 프로토콜을 전혀 변경하지 않고 대체 체인 프로토콜만 바꾸면 병합채굴이 가능하다. 병합채굴은 원래 네임코인을 비롯한 일부 알트코인이 비트코인의 블록체인에 그들의 블록 해시를 포함시켜 알트코인 블록체인의 보안을 강화하는 한 방법으로 등장했다. 분산 공증 같은 다른 애플

---

226) 덧붙이자면 모든 비트코인 채굴자가 특정한 대체 체인과 병합채굴을 할 것이라고 기대할 수는 없다. 일부 비트코인 채굴자는 병합채굴에 전혀 참여하지 않는 편을 선호할 것이다.

리케이션도 이런 목적에서 등장한 것이었다.

## 13.4 사이드 체인

사이드 체인(side-chains: 스마트 계약 별로 존재하는 '특수화된' 블록체인-옮긴이)은 비트코인과 본원 통화를 공유하는 블록체인이다. 직접 토큰을 발행하지 않고 비트코인 블록체인으로부터 토큰을 받는다. 사이드 체인과 비트코인 블록체인이 일정한 비율(환율)로 자금을 주고받을 수 있다. 사이드 체인 토큰 가치가 비트코인 가치와 연계된다고 해서 이 과정을 쌍방 연계(2-way pegging)라고 일컫는다.

일방 연계(1-way pegging)라는 이름의 쌍방 연계 프로세서가 있었다. 일방 연계에서는 비트코인을 어떤 어드레스로 소각한다. 그런 다음 소각증명을 이용해 고정 페그(fixed peg: 사전에 약정한 비율로 원화와 교환해줄 것을 약속하는 것-옮긴이)를 사용하는 사이드 체인의 토큰을 상환할 수 있다. 토큰 가격이 페그로 결정된 가격을 넘지 않는다고 해서 이 과정을 일방 연계라고 일컫는다. 만일 그렇지 않으면 비트코인 소유자가 그것을 새 토큰으로 전환해서 판매하고 그 수익금으로 비트코인을 구매할 것이다. 이 재정거래(arbitrage: 동일한 상품에 대해 두 시장에서 서로 가격이 다른 경우 가격이 저렴한 시장에서 상품을 매입하고 가격이 비싼 시장에서 매도해 이익을 얻고자 하는 거래-옮긴이)가 사이드 체인 토큰 가격을 페그로 결정된 선까지 떨어트릴 수 있다. 그러나 일방 연계에서는 이들 토큰을 (고정환율에 따라) 다시 비트코인으로 전환할 직접적인 방법이 없으니 사이드 체인 토큰의 가치는 비트코인의 연계 가치에 미치지 못할 것이다. 원래 일방 연계는 기존 비트코인의 점진적인 이동을 통해 새로운 버전의 비트코인 프로토콜로 변화하기 위한 구상이었다.

사이드 체인의 주된 장점은 비트코인의 본원 통화를 약화시키지 않고 혁신적인 개념을 시험할 수 있다는 것이다. 다시 말해 사이드 체인과 메인 블록체인이 서로 통화량을 이전해서 모든 체인을 위한 상호교류 통화로 비트코인을 유지하는 한편 새로운 애플리케이션을 창조할 수 있다.

쌍방 연계를 수행하는 방법에 대한 명세는 아직 연구 중이지만 비트코인 개발자들은 기술적으로 실행이 가능한 일이라고 믿는다. 매우 높은 수준에서 가능한 쌍방 연계 방법은 다음과 같다.

- 첫째 사용자가 P2SH 어드레스에 일부 비트코인을 지불한다. 이 P2SH 어드레스에는 사이드 체인의 토큰이 소멸되었다는 증명, 즉 소각증명이 제시될 경우 비트코인을 풀 수 있는 스크립트가 포함되어 있다.

- 그런 다음 사용자는 사이드 체인으로 트랜잭션의 처리를 의뢰하는데 이 사이드 체인에는 비트코인 블록체인의 트랜잭션이 일어났다는 암호증명이 담겨 있다. 비트코인 블록체인에서 P2SH 트랜잭션을 만들었던 개인키로 사이드 체인으로 보낸 이 트랜잭션에 서명한다.

- 사이드 체인이 그 증명을 검증하고 일치하는 어드레스에 새로운 토큰을 수여

한다.

- 만일 미래에 토큰을 다시 비트코인으로 전환하고 싶다면 사용자는 특별한 어드레스(증명 가능한 지불 불능 어드레스)로 이 토큰을 소각하고 원래 비트코인 P2SH 어드레스에 지불하는 트랜잭션을 보낸다. 이 트랜잭션에는 사이드 체인에서 소각 증명 트랜잭션이 일어났다는 증명이 포함된다.

이 부분에서는 다른 블록체인에서 트랜잭션이 일어났다는 증명을 구성하는 방법, 이 증명을 (아마 영지식으로) 검증하는 방법, 증명의 크기를 압축하는 방법, 사이트 체인을 채굴하는 방법 등 여러 가지 중요한 세부사항은 다루지 않았다. 이 글을 쓰는 현재 여러 가지 세부사항이 구체화되고 있다.

쌍방 연계 메커니즘은 사이드 체인과 메인 블록체인 사이의 보안 방화벽을 제공한다. 만일 어떤 사이드 체인에서 버그가 발견되면 사이드 체인과 사이드 체인에 이체된 자금만 손상을 입는 반면에 메인 블록체인이나 다른 사이드 체인은 영향을 받지 않는다.

지지자들은 사이드 체인이 메타데이터로 비트코인 블록체인을 복잡하게 만들지 않으니 온블록체인 메타코인을 만드는 것보다 한층 효율적이라고 주장한다.

사이드 체인은 단순히 자금의 저장소일 뿐이며 채굴은 메인 블록체인에서만 일어날 것이다. 사이드 체인의 채굴자는 트랜잭션 수수료로 보상받을 것이다. 게다가 사이드 체인이 비트코인과 함께 병합채굴될 가능성도 존재한다. 비판자들은 비트코인 채굴자들이 병합채굴된 블록체인으로부터 얻을 보상을 포기하는 것 외에는 다른 불이익을 당하지 않고 병합채굴된 체인을 공격할 수 있다(심지어 공격에 성공하면 수익을 거둘 수도 있다)는 이유를 내세워 비트코인과 병합채굴된 블록체인이 위험하다고 주장한다.

사이드 체인으로 가능한 한 가지 애플리케이션은 비트코인의 베타 버전을 창조하는 것이다. 이를테면 블록 크기를 키우거나 일부 메타코인에서 사용할 수 있는 계약기능을 통합하는 등 중대한 변화를 포함한 버전이 탄생할 수 있다. 사이드 체인에서 이 새로운 버전의 비트코인을 철저하게 테스트하고 이동과정을 원활하게 만들 수 있을 것이다. 새로운 기능을 사용하고 싶은 사용자라면 본인의 비트코인을 이동시키고 새로운 시스템을 시험 실행할 만한 동기가 있을 테니 말이다. 이처럼 여러 비트코인 버전을 개발해 혁신적인 여러 기능과 통합하면 새로운 기능을 소개하는 면에서도 알트코인이나 메타코인과 경쟁할 수 있을 것이다.

블록 간격을 줄이고 블록 크기를 더 키워서 트랜잭션 속도가 한층 빠른 사이드 체인을 수립하는 방안도 제시되었다. 이 방안이 성공한다면 탈중앙화 교환의 빈도가 훨씬 높아져서 고빈도 거래(high-frequency trading) 같은 새로운 형태의 거래가 등장할 수 있다.

사이드 체인으로 쌍방 연계가 가능해지려면 비트코인 프로토콜을 변경해야 할 것이다.

# 13.5 오픈 트랜잭션

오픈 트랜잭션(Open Transactions, OT)은 이따금 '화폐의 PGP'로 묘사되는 오픈소스 금융 암호기술 라이브러리이다. 오픈 트랜잭션은 삼식부기 회계(triple entry accounting)를 토대로 하고 있다. 이 방식을 이용하면 암호면에서 안전한 방식으로 디지털 자산을 창조하고 서버의 여러 계정으로 이전할 수 있다. 이미 서버와 클라이언트 기반 기술은 모두 마련되어 있다.

오픈 트랜잭션의 사용자 신원은 공개키로만 확인된다. 따라서 비트코인과 마찬가지로 반익명성이 보장되고 원하는 만큼 가명(공개키)을 만들 수 있다. 오픈 트랜잭션의 가명을 '님(nyms)'이라고 부른다.

발행자(모든 님이 발행자가 될 수 있다)는 리카르도 계약서를 작성해 개인키로 서명함으로써 자신만의 디지털 자산(이를테면 통화)을 창조할 수 있다. 리카르도 계약(Ricardian contract)은 발행자가 계약의 해시(메시지 개요)에 암호로 서명하는 디지털 계약이다.[227] 리카르도 계약은 인간 및 기계 판독형이며 대개 XML 같은 표준 프로토콜을 이용한다. 이 계약은 계약 발행자가 나중에 내용을 바꾸지 못하도록 방지한다. 또한 기계 판독형이므로 현재의 일반 계약보다 더 효율적으로 처리할 수 있다. 아울러 발행자의 공개키가 계약에 포함되어 있기 때문에 계약서를 소유한 모든 사용자가 이 공개키를 이용해 발행자와 안전하게 의사소통하고 결제액을 발송

---

227) 발행자가 구체적으로 어떤 계약에 서명하는 키를 만들 수 있지만 이 경우에는 발행자의 최고 수준 공개키로 이어지는 키 사슬이 계약에 포함되어야 한다. 따라서 계약을 검증하는 데 필요한 모든 정보가 그 안에 모두 담겨 있다.

할 수 있다는 장점도 있다.

어떤 발행자가 디지털 자산 계약을 만들면 다른 사용자에게 자산의 단위를 발행할 수 있다.[228] 새로운 단위의 디지털 자산이 다른 사용자의 대변에 기입되면 디지털 자산의 단위가 발행자의 차변에 기입된다. 그러면 발행자는 그 자산에 대한 채권을 얻게 되어 쿠폰을 결제하거나 채권의 경우 원금을 상환할 수 있다. 완전히 익명으로나 가명으로 님들끼리 디지털 자산을 이전할 수 있다. 완전 익명성 이전은 데이비드 차움의 은닉서명의 변형을 사용하며[229] 추적이 불가능하다. 가명 이전은 은행이체와 비슷하지만 님(발신자와 수신자)과 서버의 개인키로써 암호화 방식으로 서명한다.

오픈 트랜잭션은 은행 역할을 담당하며 모든 사용자가 소유한 자산의 잔고를 보관한다. 하지만 트랜잭션은 **3중 서명 영수증**(triple-signed receipts)의 논리를 따르며 이때 서버와 사용자는 모든 운용의 영수증에서 서명된 대차 약정서(balance agreement)를 교환한다. 대차 약정서에는 자금의 대차와 이를테면 사용자가 요청한 미변제 이체의 오픈 포지션(open positions: 매도 초과나 매입 초과 포지션이 보호되지 않아 환리스크의 상태에 있는 포지션-옮긴이)이 포함된다. 서명된 영수증이 있으니 서버나 사용자가 트랜잭션의 기록을 보관할 필요는 없다. 분쟁이 일어나면 마지막으로 서명된 영수증만 유효하다. 그뿐만 아니라 서버와 사용자가 모두 영수증에서 서명하기 때

---

228) 악의적인 서버가 직접 디지털 자산을 발행할 수 없다. 디지털 자산을 발행할 수 있는 사람은 개인키 복사본을 소유한 발행자뿐이다.

229) 오픈 트랜잭션은 차움 은닉서명의 변형인 루크르(Lucre)를 실행한다. 차움(1982)과 브랜즈(1993) 등의 저술에 다른 은닉서명 기법들이 제시되어 포함되었다.

문에 서버는 사용자의 잔고를 바꿀 수 없다. 따라서 오픈 트랜잭션의 사용자에게는 서버가 임의로 자신의 잔고를 바꾸지 않을 것이라는 신뢰가 필요하지 않다. 하지만 사용자가 보유한 디지털 자산의 발행자는 신뢰할 수 있어야 한다.

사용자가 선택할 수 있는 서버 연합을 만들 때 오픈 트랜잭션을 이용할 수 있다. 디지털 자산과 그 운용(현금인출, 이체, 수표 등)은 동일한 리카르도 계약 프로토콜을 준수하므로 서버들끼리 원활하게 자금을 이체할 수 있다. 오픈 트랜잭션의 주된 장점은 디지털 자산 발행자와 트랜잭션 서버의 역할을 분리한다는 사실이다. 그래서 두 가지 역할을 모두 수행하는 중앙서버가 발행된 토큰의 공급량을 증가시켜야 하는 유인책의 역효과(perverse incentive: 인센티브를 제공한 사람이 의도하지 않았던 바람직하지 못한 결과-옮긴이)를 피할 수 있다. 오픈 트랜잭션의 다른 특성들을 살펴보면 다음과 같다.

- 사용자들은 '현금전용(cash-only)' 모드로, 다시 말해 어떤 서버에 계정을 만들지 않고 작업할 수 있다. '현금전용' 모드로 작업하는 사용자라도 토큰을 교환하려면 서버와 (익명으로) 계약해야 한다.
- 교환. 서버는 교환의 역할을 수행해 거래주문을 받고 거래를 체결하고 청산한다.
- 송장시스템. 송장 발행자가 송장에 서명한다.
- 발행자가 채권과 같은 도구를 발행할 수 있는 결제방식. 그러면 서버가 발행자 계좌로부터 디지털 자산 소유자에게 자동으로 결제(예컨대 쿠폰)를 처리할 것이다.

444

- 공개키 기반 구조를 이용한 개인 메시지 전송시스템.

- 비트코인과의 통합. 최근 일어난 변화로 말미암아 계약 발행자가 없어도 블록체인 기반 통화를 지원할 수 있다. 스크립터블(scriptable: 스크립팅으로 확장하거나 자동화할 수 있는—옮긴이) 조항을 통한 스마트 계약. 오픈 트랜잭션은 닉 자보의 계약 언어에서 영감을 얻은 계약의 스크립팅 언어를 실행한다.

오픈 트랜잭션이 개발된 것은 비트코인이 등장하기 이전이었다. 오픈 트랜잭션은 원래 귀금속이 뒷받침하는 가상 통화를 발행하기 위한 구상이었다. 비트코인이 개발된 이후 오픈 트랜잭션 개발자들은 이를 암호통화 생태계와 통합해 여러 가지 흥미로운 애플리케이션을 개발하고자 노력했다.

그 가운데 한 가지가 교환과 웹지갑을 위한 다중서명 투표조합을 만드는 것이다. 사용자의 자금을 보유하는 웹지갑과 교환이 장애 지점을 일으킨다는 사실이 입증된 터라 이 같은 웹지갑과 교환에 의존하지 않을 방법에 관심이 고조되었다. 오픈 트랜잭션의 옹호자들은 **다중서명 투표조합**(multisignature voting pools)을 이용할 수 있는 교환이나 웹지갑을 제안했다. 다중서명 투표조합 혹은 멀티시그(multisig) 투표조합은 이를테면 웹 서비스마다 하나씩 가지고 있는 독자적인 오픈 트랜잭션 서버의 집단이다. 특정한 웹지갑에서는 사용자들이 자금을 입금하면 다중서명 어드레스에 보관한다. 이 어드레스의 자금에 접근하려면 대다수 서버가 공동으로 작업해야 한다. 자금을 예금한 사용자는 원래 서버(웹지갑)에서 서명한 입금 영수증을 받는다. 사용자가 자금을 사용하고 싶을 때 OT 요청서에 서명하는데 여기에는 트랜잭션의 처리방식에 관한 세부정보가 담겨 있다. 이 요청서를 투표조합의 서버에 발송하면 사용자의 서명이 정확한 경우에 조합에서 트랜잭션을 처리할지를 투표로 결정한다.

웹지갑 서비스 제공업체가 사라진다 해도 사용자가 투표조합에 속한 다른 한 서버를 통해 자금에 접근할 수 있다. 게다가 웹지갑이 해킹이나 위법행위를 통해 사용자의 자금을 훔치거나 분실할 수 없다. 그러려면 투표조합에 속한 대다수 서버가 협력해야 하기 때문이다.


# 13.6 양자컴퓨팅


양자컴퓨터(Quantum computer)는 양자역학 작용을 직접 이용해 계산을 수행하는 디바이스이다. 이와 대조적으로 고전적인 컴퓨터(classical computer: 양자컴퓨터가 아닌 컴퓨터를 일컫는 말-옮긴이)는 고전 물리학에서 다루는 물질의 특성만 이용한다. 지난 몇십 년 동안 양자컴퓨팅(Quantum computing)에 관한 수많은 연구가 이루어져 몇 차례 중대한 성과를 거두었다. 고전적인 컴퓨터에서 정보의 기본단위는 비트이며 비트는 0이나 1로 저장된다. 양자컴퓨터에서 정보의 기본단위는 큐빗(qubit), 즉 퀀텀 비트(quantum bit)이다.[230] 비트와 대조적으로 큐빗은 $|0\rangle$, $|1\rangle$[231] 상태나 이들의 중첩 (superposition)일 수 있다.[232] $n$ 큐빗의 집단을 예로 들면 이 가운데 $|0\rangle$

and |1⟩ 상태의 어떤 중첩에 있는 큐빗이 있을 수 있으니 전체 집단은 $2^n$ 상태의 중첩에 들어 있다. 따라서 한 큐빗 집단에 저장된 정보의 양은 큐빗 개수에 따라 기하급수적으로 증가한다. 이와 대조적으로 일반 비트 집합에 저장된 정보의 양은 비트 개수에 따라 선형적으로 증가하는 데 그친다.

큐빗을 측정할 때 큐빗의 모든 정보는 특정한 확률을 가진 두 상태, 즉 0이나 1 가운데 하나로 붕괴된다. 마찬가지로 큐빗의 집단을 측정하면 그것의 상태가 붕괴되고 대량의 정보를 기하급수적으로 잃는다. 그러나 측정하지 않은 큐빗의 집단에 저장된 정보는 **양자 게이트**(quantum gates)를 이용해 조작할 수 있다. 양자 게이트를 짜 맞추면 측정하지 않은 큐빗 집단에서 모든 계산을 수행할 수 있다. 이는 불 논리(Boolean logic: 0과 1 또는 참과 거짓의 두 가지 값을 이용하는 논리학의 한 분야-옮긴이) 게이트를 짜 맞추어 고전적인 컴퓨터로 모든 계산을 수행할 수 있는 것과 상당히 비슷하다. 양자컴퓨팅이 위력적인 이유는 큐빗 집단에서 기하급수적으로 대량의 정보를 저장하고 양자 게이트로 이 정보를 처리할 수 있다는 사실 때문이다. 하지만 계산이 끝난 다음 큐빗에 저장된 정보를 어떻게 회수하는지가 양자컴퓨팅의 최대 난제이다. 가장 일반적으로 해답을 노출할 간섭무늬(pattern of interference: 두 개 이상의 파동이 중첩하여 만드는 밝고 어두운 띠로 된 무늬-옮긴이)를 만드는 방식을 이용한다.

---

230) 광자 분극화(photon polarization), 전자스핀(electron spin), 핵스핀(nuclear spin) 같은 큐빗을 물리적으로 실현할 수 있는 여러 가지 방법이 있다. 이런 여러 방법에서 큐빗의 기본 특성들은 비슷하다.
231) 상태 |0⟩과 |1⟩을 계산상 기본상태라고 일컫는다. |⟩는 디락 표기(Dirac notation)라고 불린다.
232) 큐빗 상태는 복소 벡터 공간(complex vector space)의 벡터로 해석할 수 있다. 이 공간에서 상태 |0⟩와 |1⟩는 정규 직교 기저(orthonormal basis)를 형성한다.

양자컴퓨터는 다항시간을 조정해 고전적인 컴퓨터로 가능한 모든 작업을 수행할 수 있다. 그뿐만 아니라 고전적인 컴퓨터로 수행하려면 기하급수적인 수의 단계가 필요하지만 양자컴퓨터로는 가능한 작업이 있다.

RSA나 타원곡선처럼 실제로 쓰이는 공개키 암호시스템은 대부분 고전적인 컴퓨터로 해결하기 어려울 것 같은 수학 문제들이 존재한다는 사실을 토대로 개발되었다. 이를테면 RSA와 타원곡선 알고리즘은 각각 대정수의 인수분해는 계산상 어렵다는 사실과 타원곡선에서 이산대수를 계산하기가 계산상 어렵다는 사실을 토대로 삼는다. 이런 문제들이 계산상 어렵다는 것은 가정일 뿐 사실로 입증되지는 않았다.

공개키 암호기술에서 양자컴퓨팅이 중요한 것은 다항시간에 대정수를 인수분해할 수 있는 양자 알고리즘이 존재하기 때문이다. 이것이 바로 **쇼어 알고리즘**(Shor's algorithm)이며 현재까지 양자컴퓨팅 이론 중 중대한 한 가지 성과로 손꼽힌다. 쇼어 알고리즘을 이용하면 정수 인수분해문제는 그저 집단에 속한 한 정수의 주기(period of an integer)를 찾는 일에 지나지 않는다. 이 주기는 정수의 인수분해와 관련이 있으므로 주기만 알면 인수분해를 계산할 수 있다. 아론슨(Aaronson)은 쇼어 알고리즘을 이해하기 쉽게 설명했다. 이후 쇼어 알고리즘은 확장되어 유한 순한군(디피-헬만)과 타원곡선에 관한 이산대수문제를 해결했다. 따라서 *양자컴퓨터를 이용하면 실제로 쓰이는 모든 공개키 프로토콜을 해결할 수 있다*.[233]

또 다른 양자컴퓨팅 알고리즘으로 **그로버 알고리즘**(Grover's algorithm)이 있다. 그로버 알고리즘을 이용하면 $O(N^{1/2})$의 미분류 문제 공간에서 해답을 찾을 수 있다. 고전적인 무작위 대입 알고리즘은 $O(N)$의 문제 공간을 찾을 수 있다. 이 알고리즘을 이용해 이를테면 해시함수의 충돌을 찾거나 대칭키 암호문을 해독할 수 있을 것이다. 그러나 *그로버 알고리즘은 고전적인 무작위 대입 알고리즘에 제곱근 스피드업(square root speed-up)을 제공할 뿐이므로 해시함수와 대칭 대칭키 암호문은 모두 양자컴퓨터에 안전하다고 생각된다.* 그것은 키 길이를 배로 늘리면 같은 수준의 보안을 유지할 수 있기 때문이다.

하지만 충분히 강력한 양자컴퓨터를 실제로 구축할 수 있는지는 아직 확인되지 않았다. 지금껏 가장 강력한 양자컴퓨터는 숫자 21을 인수분해하는 수준에 그쳤다. 양자컴퓨터를 구축하는 과정에는 현실적으로 여러 가지 어려움이 따른다. 이를테면 결잃음[decoherence: 한 양자계가 그 자체만으로 간섭현상을 일으킬 수 있는 결맞음(coherence)을 외부와의 상호작용을 통하여 잃어버리는 것-옮긴이]으로부터 시스템을 고립시킬 수 있다. 어떤 외부 과정 때문에 시스템이 원하는 방향으로 발전하지 못하면 이런 상황이 벌어질 것이다.

비트코인에 양자컴퓨터가 실제로 등장할 경우 어떤 일이 일어날 것인가라는 문제로 다시 돌아가 보자. 어드레스는 공개 타원곡선 키의 해시이다. 따라서 타원곡선 공개키는 어드레스를 사용할 때 비로소 노출된다. 다

---

233) 양자컴퓨팅 연구원들은 암호를 푸는 일 이외에 양자컴퓨터를 이용해 다른 유형의 문제를 해결할 방법도 중점적으로 연구한다. **BQP, 즉 경계 에러 양자 다항시간(bounded error quantum polynomial time)**은 P를 일반화하는 계산 복잡도의 클래스이다. 다시 말해 양자컴퓨터를 이용해 다항시간에 해결할 수 있는 클래스의 문제이다. 정수 인수분해는 BQP 문제의 한 예이다. BQP가 NP를 포함하고 있는지는 비록 거짓으로 생각되지만 사실 계산 복잡도 이론의 미결 문제이다.

시 말해 어드레스에서 자금을 사용하는 트랜잭션은 〈scriptSig〉 공개키에 포함되어야 한다. 그렇기 때문에 사용한 어드레스는 블록체인에 공개키의 복사본을 가지고 있지만 사용하지 않은 어드레스는 그렇지 않다. 그러므로 사용하지 않은 어드레스는 사용한 어드레스보다 양자저항성이 크며 이는 어드레스를 재사용하지 않아야 한다는 주장의 근거가 된다.

그러나 양자컴퓨터로 무장한 공격자라면 노드를 설치해서 발표된 트랜잭션에 주목할 것이다. 수신 트랜잭션의 공개키를 얻은 공격자는 쇼어 알고리즘을 이용해 개인키를 계산하고 이 키를 이용해 본인이 통제하는 어드레스로 자금을 보내는 트랜잭션에 서명할 수 있다. 따라서 양자컴퓨터가 등장한 세계에서 비트코인 어드레스를 재사용하지 않는 방안은 장기적인 해결책이 되지 않는다. 다행히도 양자저항성이 있는 몇몇 공개키 기법이 이미 존재한다. 이를테면 해시 기반 공개키 서명[램포트(Lamport) 서명], 매켈리스(McEliece) 같은 코드 기반 암호화, NTRU 같은 격자 기반 (lattice-based) 시스템, HFEv- 같은 다변량 이차(multivariate-quadratic) 시스템 등이 있다.

이 모든 공개서명 기법의 한 가지 문제는 타원곡선 기법보다 효율성이 훨씬 떨어진다는 사실이다. 같은 보안 수준을 유지하려면 서명이 더 커야 하고 계산시간도 더 많이 걸린다. 공개키 암호기술은 비트코인 보안은 물론이고 인터넷 보안에 반드시 필요하다. 따라서 이런 양자저항 공개키 시스템의 효율성이 높아지거나 필요할 경우 비트코인의 타원곡선 암호기술의 역할을 효율적으로 수행할 수 있는 새로운 공개키 기술이 개발되기를 바란다.

# 13.7 암호기술의 최근 발전

이 섹션에서는 암호기술의 몇 가지 최근 발전과 암호통화 애플리케이션을 이용할 방법을 간단히 살펴볼 것이다.

### 13.7.1 동형암호

**동형암호**(homomorphic encryption)란 암호화된 데이터에 특정한 유형의 연산을 수행할 수 있는 암호화 클래스를 일컫는다. 이런 연산의 결과는 계속 암호로 남으며 해독키를 이용해야만 해독할 수 있다. 계산을 수행하는 컴퓨터가 원본 데이터에 접근할 필요가 없다는 사실은 동형암호의 주된 장점으로 꼽힌다. 최초로 개발된 동형암호기법은 암호화한 데이터에서 특정한 유형의 연산, 즉 대개 덧셈과 곱셈만 수행할 수 있었다. 암호화한 숫자에서 덧셈만 가능했던 일례로 전자 투표 같은 흥미로운 애플리케이션을 제시한 펠리에(Paillier) 기법을 들 수 있다. 더 최근에 들어서는 데이터의 임의적인 연산이 가능한 몇 가지 암호화 시스템이 제안되었다. 이들을 **완전 동형암호**(fully homomorphic encryption, **FHE**)라 일컫는다. FHE를 이용하면 암호화 데이터의 일반연산이 가능하다.

또한 FHE는 민감한 데이터 처리를 클라우드에 맡길 수 있다. FHE가 없다면 클라우드에 데이터를 보내기 전에 암호화하는 것이 최선일 것이다. 하지만 연산을 수행하는 클라우드의 서버가 그 데이터를 해독해야 한다. 그러면 보안상 위험이 발생한다. FHE를 이용하면 데이터가 누출되지 않을 것이라고 믿고 클라우드에서 서비스를 운용할 수 있다. FHE 시스템은 아직 다소 효율성이 떨어져 클라우드 컴퓨팅에 직용할 수 있는 범위가 제한적이다.

암호통화 세계에서 FHE 시스템의 한 가지 중요한 실용적인 용도는 자동화 에이전트에서 사용하는 것이다. FHE를 이용하면 개인키의 암호화된 복사본을 자동화 에이전트에 보관할 수 있다. 그러면 어쩌다 자동화 에이전트를 운용하는 적대적인 서버가 자금을 훔치는 일은 없을 것이다.

### 13.7.2 난독화

컴퓨터 프로그램은 대개 컴파일된 바이너리(compiled binary)로 배포된다. 컴파일된 바이너리의 지시는 인간이 이해해서 변경하기보다는 컴퓨터가 실행할 수 있는 포맷이다. 한 가지 이례적인 컴퓨터 프로그램은 컴파일된 바이너리와 함께 소스코드가 배포되는 오픈소스 프로그램이다. 소프트웨어의 소유자는 대개 프로그램의 상업적인 용도가 사용자들에게 알려지는 것을 원치 않는다. 혹은 이를테면 DRM 보호를 이용해 허락 없이 복사하지 못하도록 제한한다. 어떤 경우든 소프트웨어의 소유자는 리버스 엔지니어링이 불가능한 프로그램 복사본을 생산하고 싶어 한다. 상징 정보를 제거해 코드를 암호화거나[234] 코드를 난독화(Obfuscation)하거나 안티-디버거(오류분석을 방해하는 장치-옮긴이) 테크닉을 배치하는 등 리버스 엔지니어링 시도를 둔화시킬 수 있는 몇 가지 테크닉이 있다. 그러나 대부분의 특허 DRM 보호 컴퓨터 프로그램과 다른 매체가 쉽게 풀리는 것에서 알 수 있듯이 이런 테크닉은 대부분 작정한 공격자에게는 속수무책이다. 에일람은 리버스 엔지니어링 테크닉과 몇몇 리버싱 방지 테크닉을 효과적으로 검토했다.

따라서 암호기술 도구를 이용해 컴퓨터 프로그램의 내부구조를 도청이나 조작으로부터 보호하는 한편 잠재적인 공격자의 컴퓨터에 프로그램을 운용할 수 있는 상품에 대한 관심이 많다. 최근까지 난독화 암호기술에서 얻은 결과는 대부분 부정적이었다. 버락의 저술에서 **범용 난독기**(general purpose obfuscator)를 만들 수 없다는 사실이 입증되었다.235)

하지만 최근 연구한 결과 난독기의 일반적인 정의에는 미치지 못해도 암호기술 난독기가 실제로 가능한 것으로 나타났다. 이 난독기를 구성할 수 있는 정의는 **구별 불가능성 난독화**(indistinguishability obfuscation)이다. 정확하게 같은 기능을 수행하는 다른 두 프로그램이 주어지면 구별 불가능한 난독기가 난독화된 두 프로그램을 생성한다. 이들 프로그램에서는 난독화한 어떤 프로그램이 원래 프로그램과 일치하는지를 구별하는 것이 불가능하다.236) 연구원들은 가그(Garg) 등(2013)의 저술에서 그들이 **다중선**

---

234) 바이너리 코드를 암호화하는 것은 결정적인 해법이 아니다. 한 번은 해독키가 배포된 코드 어딘가에 반드시 존재해야 하며 더구나 어떤 시점에 코드를 해독해서 컴퓨터가 운용할 수 있는 메모리에 저장해야 하기 때문이다.
235) 공정하게 말하면 범용 난독기에는 난독화되지 않도록 특별히 설계한 프로그램이 포함되었으니 범용 난독기에 대한 정의는 지나치게 엄격했다고 할 수 있다.

**형 조각 그림 맞추기**(Multilinear Jigsaw Puzzle)라고 일컫는 것을 토대로 구별 불가능성 난독화의 한 후보를 제안했다. 다중선형 조각 그림 맞추기의 기본개념은 프로그램의 각 조각을 무작위 원소와 혼합하는 것인데 이때 의도한 방식대로 프로그램이 운용되면 이 무작위성은 상쇄된다. 하지만 이 제안의 바탕이 되는 기술은 커뮤니티에서 철저하게 검토하지 못한 상태이다. 게다가 소형 프로그램을 난독화하면 훨씬 더 크고 복잡해지기 때문에 현재 형태로는 아직 효율성이 떨어진다.

구별 불가능성 난독기로 난독화한 프로그램은 패스워드나 개인키 같은 정보를 숨길 수 있다. 부테린(2014e)의 저술에서 이것이 사실이라는 증거를 제시했는데, 이 증거는 원래 두 가지 프로그램이 존재한다고 가정한다.

- 한 프로그램은 패스워드의 복사본을 보관해서 프로그램을 실행할 때마다 패스워드의 해시를 계산한다. 그런 다음 해시를 출력한다.
- 두 번째 프로그램은 해시의 복사본을 직접 저장했다가 호출을 받으면 이 값을 출력한다.

구별 불가능성 난독기를 적용하면 난독화가 끝난 후에 두 프로그램을 구별할 수 없다. 첫 번째 난독화된 프로그램은 패스워드를 누출할 수 없다. 그렇기 때문에 만일 누출하는 경우가 발생한다면 패스워드의 복사본이 없어서 패스워드를 누출할 수 없는 두 번째 프로그램과 구별할 수 있을 것이

---

236) 계산산 실행가능성이 없다는 의미에서 불가능하다.

다. 따라서 구별 불가능성 난독화는 사실 프로그램의 개인정보를 숨긴다.

어떤 의미에서 난독기는 암호기술의 성배(聖杯)이다. 난독기는 그저 대칭암호키로 프로그램을 난독화함으로써 대칭암호문으로부터 공개키 설계를 구축할 수 있다. 혹은 완전 동형 시스템을 만들 수 있다.

난독기를 이용하면 자동화 에이전트에 모든 웹사이트의 로그인 정보 같은 내부 패스워드를 담을 수 있다. 또한 특허 계산을 수행하는 자동화 에이전트를 구축하는 것도 가능하다. 즉 경쟁업체에서 자사 디자인을 복사할지도 모른다고 두려워하지 않고 마음껏 자동화 에이전트를 발표할 수 있다.

# 13.8 알트코인

알트코인(Alternative coins, alt-coins)은 비트코인의 여러 특성을 모방한 암호화폐이다. 알트코인 대부분은 비트코인의 소스코드를 약간 변경했다. 비트코인 코드는 오픈소스이기 때문에 이 코드를 복사해서 수정하여 새로운 암호화폐를 만들 수 있다. 많은 개발자들이 이런 과정을 거쳐 알트코인을 만든다.

비트코인은 보수적이고 가치를 보존하는 과정에서 오류를 일으키지 않는 점에 중점을 두었다. 반면 알트코인은 비트코인처럼 일반적으로 생산

시스템에 대한 제약이나 하위 호환성이라는 필수조건이 없다. 그렇기 때문에 새로운 변경과 특성을 시험할 수 있다. 하지만 비트코인은 개발자가 가치 있다고 판단할 경우 이런 몇몇 특성을 도입할 수 있다.

알트코인의 특성 가운데 논란을 일으키는 것은 사전채굴(pre-mining)이었다. 사전채굴이란 일부 알트코인 개발자가 출시에 앞서 높은 비율의 코인을 채굴해 놓는 것을 말한다. 흔히 알트코인을 관리하고 확장하는 개발자들에게 지불할 예비비를 조성한다는 것을 사전채굴의 근거로 제시한다. 하지만 높은 비율의 사전채굴 때문에 잠재 사용자들이 망설이다가 결국 채택하지 않았다. 이런 이유로 오히려 역효과가 일어났다.

알트코인에서는 멀티풀(multipool)이 네트워크에 진입할 수 있다. 멀티풀이란 기회주의자처럼 항상 특정 시점에 가장 수익성이 높은 알트코인을 채굴하다가 다른 알트코인으로 옮겨 다니는 채굴조합을 일컫는 말이다. 채굴 수익성은 알트코인의 채굴 난이도와 환율에 따라 달라진다. 멀티풀로 말미암아 알트코인의 채굴 난이도가 크게 변할 수 있다. 이를테면 어떤 알트코인에 멀티풀이 참여하면 채굴 난이도가 높아진다. 그랬다가 멀티풀이 그 알트코인을 떠나면 원래 채굴 난이도로 돌아오기까지 오랜 시간이 걸릴 수 있다.

알트코인은 카운터파티, 이더리움, 리플과 같은 메타코인과는 구별된다. 일반적으로 알트코인은 비트코인 소스코드의 포크를 약간 변경한 기반 기술을 시행하는 화폐이다. 반면에 메타코인은 이를테면 전무한 상태에서 [혹은 카운터파티나 마스터코인처럼 비트코인을 토대로] 만든 새로운 프로토콜이며 디지털 자산 지원을 비롯해 현재 비트코인에서는 이용할 수 없는 특성이 추가된다. 하지만 이런 차이는 미미한 수준에 지나지 않다 보니 알트코인과 메타코인이라는 용어가 혼용된다.

알트코인을 출범하는 데 드는 비용은 매우 적다. 비트코인 코어 소스코드를 포킹하고 로고를 바꾸기만 하면 알트코인을 만들 수 있다. 그렇다 보니 이미 출범한 알트코인이 무척 많다.[237] 초창기의 많은 알트코인들은 비트코인 기반 기술에 몇 가지 변화를 주었다. 그렇다 보니 비판자들은 알트코인이 비트코인의 희소성 경쟁을 복제하는 것을 주된 목표로 삼는다고 주장한다.

아울러 비트코인에 추가할 수 없는 특성이 있고 추가할 수 없는 필요성을 충족시키는 알트코인만 살아남을 것이라고 주장한다. 그렇지 않으면 비트코인이 네트워크 효과에 힘입어 지배적인 시장점유율을 획득할 것이다. 네트워크 효과 혹은 네트워크 외부성(network externalities)이란 사용자의 수를 증가시켜야 하는 제품이나 기술의 특성을 뜻한다. 네트워크 효과가 있는 제품의 전통적인 예로 전화가 있다. 전화는 네트워크에 연결된 사람이 많을수록 더 유용하다. 이것은 직접적 네트워크 효과이다. 또 다른 전통적인 예는 DVD이다. DVD 플레이어가 있는 사용자가 많을수록 그 플랫폼을 지원하는 콘텐츠 생산산업의 매력도는 더욱 높아진다. 이것은 간접적 네트워크 효과이다. 비트코인 옹호자들은 비트코인이 직접적 네트워크 효과(비트코인을 가치 저장수단으로 사용하는 사람이 많을수록 비트코인

---

237) 사용자들이 클릭 몇 번만으로 독자적인 알트코인을 만들 수 있는 웹사이트도 있다.

의 가치가 커진다)와 간접적 네트워크 효과(비트코인을 사용하고 싶어 하는 사람이 많을수록 판매업체에서 비트코인을 지원할 동기가 더 커진다)를 모두 가지고 있다고 주장한다.

네트워크에 $N$명의 사용자가 있다고 가정하자. 각 사용자는 다른 모든 사용자와 각각 하나씩 총 $N$-1개의 연결점을 만들 수 있다. $N$명의 사용자가 있으니 네트워크 전체의 총연결점 수는 $(N \cdot (N-1))/2 \sim N^2$이다. 어떤 네트워크의 가치가 만들 수 있는 연결점의 개수에 비례한다고 가정할 때 네트워크 가치는 사용자 수 제곱에 비례한다. 메트칼프의 법칙(Metcalfe's law)이라고 알려진 이 법칙은 네트워크 외부성을 측정할 수 있는 한 가지 방법이다.[238] 〈그림 13.2〉는 네트워크 효과와 메트칼프 법칙을 도식으로 나타낸 것이다. 연결점의 개수가 네트워크 노드의 개수보다 훨씬 더 많다는 점에 주목하라. 매트칼프 법칙은 이 비선형적인 효과를 포착했다.

유동성은 네트워크 효과를 경제적으로 표현한 것이다. 어떤 자산의 유동성이란 그것이 그 가격에 영향을 미치지 않고 금세 팔릴 수 있는 정도를 의미한다. 유동성은 판매속도와 가격 하락 사이의 균형을 측정하는 척도이다. 알트코인의 비판자들은 유동성에는 자기 강화적인 특성이 있으니 사용자가 가장 유동적인 암호통화에 이끌려 암호통화의 유동성이 더욱 커질 것이라고 주장한다. 그뿐만 아니라 이 과정이 알트코인을 소멸시킬 것이라고 덧붙인다.

---

238) 메트칼프 법칙은 모든 잠재적인 연결점의 가치가 같다고 가정한다. 이를테면 다른 언어처럼 노드 사이에 유용한 연결점을 만들지 못할 장벽이 존재할 경우에는 이 가정이 옳지 않을 수 있다.

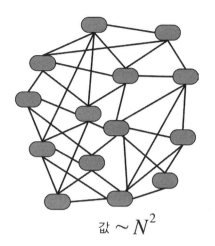

$$값 \sim N^2$$

그림 13.2 네트워크 효과

한편 알트코인의 지지자들은 네트워크 효과가 반드시 세계적인 규모로 일어나지는 않는다고(이를테면 국경이나 언어 경계선을 넘지 못할 여지가 있다고) 주장한다. 그뿐만 아니라 네트워크 효과가 일어나는 상황에서 비트코인을 보완할 기술이 등장할 여지도 존재한다.

네트워크 효과를 제외하고 알트코인을 비판하는 그 밖의 다른 경제계의 몇 가지 주장을 살펴보면 다음과 같다.

- 여러 가지 통화 표준이 경쟁한다는 것은 이치에 맞지 않는다. 단일 표준이 존재할 때 모든 사용자에게 가치가 커진다. 따라서 경쟁하는 표준은 어떤 목적도 성취할 수 없으며 통화 간의 경쟁으로 분열이 야기될 수 있다.
- 전환비용

일단 결제 기반 구조가 많이 완성되면 비트코인에서 알트코인을 옮길 때 전환비용이 상당히 클 수 있다. 알트코인 옹호자들은 대부분의 경우 소프트웨어를 업그레이드하는 방법으로 전환할 수 있으며 다중 통화 지갑과 그런 지갑에서 자동으로 통합하는 교환 등의 도구를 통해 공존할 수 있는 몇몇 암호통화가 있다고 주장한다.

■ 조율 문제

이를테면 기술적인 장점 때문에 사용자들이 대부분 어떤 알트코인 대신 비트코인을 사용하고 싶어 한다면 그들은 조율 문제를 겪을 것이며 그러면 이행이 어려워진다.

흔히 제기되는 알트코인에 찬성하는 주장들은 다음과 같다.

■ 경쟁에서 혁신이 탄생하므로 경쟁은 좋은 것이다. 하지만 알트코인 비판자들은 비트코인 커뮤니티에 이미 수많은 혁신이 존재할뿐더러 이런 내부 혁신이 기본적인 기술을 혁신하는 것보다 더 중요하다고 말한다. 더구나 몇몇 메타코인 프로젝트에서처럼 이미 비트코인을 한 층으로 이용한 기술혁신이 일어나고 있다. 알트코인 지지자들은 새로운 기술을 비트코인에 포함시키는 것은 매우 위험하며(혹은 일부 경우에는 포함시키기가 기술적으로 불가능하며) 새로운 알트코인을 만드는 혁신이 훨씬 더 안전한 방법이라고 반박한다. 게다가 알트코인을 채택하면 허가가 필요 없는 혁신이 가능하다. 다시 말해 비트코인이라면 개발자들이 심사숙고할 아이디어를 시도할 수 있다. 비판가들은 사이드체인을 이용하면 비트코인의 통화 기반을 약화시키지 않고 디지털 통화의 특성을 확보할 수 있다고 응수한다.
■ 병렬 블록체인(Multiple blockchains)은 네트워크 부하를 줄일 수 있다. 만일 어

떤 시점에 비트코인이, 이를테면 블록체인 확장성 문제처럼 규모의 불경제(dis-economies of scale: 생산요소를 똑같은 비율로 변동시킬 때 총생산량이 생산요소의 증가율보다 더 낮은 비율로 증가하는 현상–옮긴이)에 직면하면 비트코인 네트워크의 부담을 줄일 수 있는 알트코인이 유리할 수 있다. 알트코인 비판자들은 만일 어떤 기능성을 위해 또 다른 블록체인이 필요하다면 노드들이 새로운 알트코인 블록체인과 원래 비트코인 블록체인을 지원해야 할 것이라고 말한다. 게다가 둘 사이에 트랜잭션이 일어날 수 있으므로 노드에 가해지는 전반적인 부담이 더 커질 것이다.

■ 일부 알트코인은 공적 기능을 성취하는 데 도움이 될 수 있다. 일례로 프라임스톤처럼 작업증명으로 유용한 과학적 성과를 거두는 알트코인이 있다. 또 다른 사례를 들면 데브코인, 큐어코인, 세이프코인 등 일부 알트코인은 공공재에 자금을 지원할 목적으로 출범했다. 이와 마찬가지로 예술가나 다른 프로젝트에 자금을 지원할 목적으로 알트코인 브랜드를 출범할 수 있다.

■ 알트코인은 비트코인 시가총액에 상한선을 정함으로써 비트코인의 변동성을 낮출 수 있다.

■ 일부 알트코인은 비트코인과 직접 경쟁할 필요가 없으며 서로에게 유익한 관계를 맺어 협력할 수 있다. 일례로 (이를테면 소액결제를 이용해) 트랜잭션 비용을 크게 줄이고 비트코인의 확장성 압박을 줄일 수 있다.

알트코인 비판자들은 알트코인 개발과정의 실질적인 단점을 지적한다.

- 알트코인은 비트코인의 고정 화폐공급량에 적용되지 않는다. 비판자들은 모든 알트코인의 주된 목표는 비트코인을 모방해 희소성 경쟁을 일으킴으로써 알트코인 개발자들을 부자로 만드는 것이라고 주장한다. 희소성 경쟁은 결국 수많은 알트코인이 등장함으로써 화폐공급량이 무한대가 되는 상황을 초래할 것이다.[239]

- 알트코인은 인재를 빼돌린다. 알트코인을 개발하고 홍보하는 데 투자하는 시간과 노력을 비트코인 기술과 마케팅 메시지를 발전시키는 데 활용할 수 있다.

- 잠재적인 사용자를 혼란스럽게 만든다. 사용자들은 암호통화를 사용하기로 마음먹기 전에 수많은 암호화폐의 차이점을 익혀야 할 것이다.

- 어떤 알트코인이 비트코인을 밀어내면 또 다른 알트코인이 다시 이 알트코인을 밀어내고 이 현상이 반복되는 시발점이 될 것이다. 결국 사용자들은 다음번 암호화폐에 밀려나게 될까 두려운 나머지 어떤 암호화폐에도 큰 가치를 부여하기를 주저할 것이다.

---

239) 이 주장은 비트코인이 다른 알트코인을 몰아낼 것이라는 네트워크 효과의 논거와 일치하지 않는다. 네트워크 효과가 발생하면 암호화폐의 본원 통화가 증가하지 않을 것이다.

# 경제경영 & 자기계발 & 재테크

### 초보자가 꼭 알아야 할 **펀드투자 기초 가이드**
적립식펀드와 변액보험으로 고수익 올리는 비법
김동범 지음 | 19,500원

**펀드투자 성공 지침서**

초보자를 위한 펀드투자 성공 비법을 다룬 이 책은 펀드투자로 더 높은 수익을 올릴 수 있도록 펀드에 대해 속속들이 파헤치고 펀드에 효율적으로 가입하기 위한 솔루션과 투자 수익 증대를 위한 실천 로드맵을 제시했다.

[ eBook 구매 가능 ]

### 현장에서 바로 써먹는 **비즈니스 영어 생존 대화법**
이세훈(마이클 리) 지음 | 15,000원

비즈니스 해외 영어
실전 노하우!

[ eBook 구매 가능 ]

### 442 시간 법칙
하태호 지음 | 15,000원

일론 머스크와 빌 게이츠에게
배우는 시간의 힘!

[ eBook 구매 가능 ]

### 젊은 부자의 수수께끼
부자는 너처럼 안해
김정수 지음 | 16,000원

누구나 부의 주인공이 되는 부
자 특급 프로젝트!

[ eBook 구매 가능 ]

### 완벽한 **기획실무의 정석**
천진하 지음 | 16,000원

상품기획자, MD, 개발자, 마케
터, 디자이너, CEO, 자영업자
필독서!

[ eBook 구매 가능 ]

### 세상을 바꾼 **플랫폼 성공 비법**
김성겸 지음 | 15,000원

### 월급쟁이가 부자되는 **재테크 첫걸음** [최신 개정판]
최현진 지음 | 16,000원

### 단번에 고객을 사로잡는 **보험 실전 화법**
김동범 지음 | 16,000원

[ eBook 구매 가능 ] [ eBook 구매 가능 ] [ eBook 구매 가능 ]

### 4차 산업혁명시대 **누가 돈을 버는가**
김정수 지음 | 16,000원

### 제대로 알면 성공하는 **보험 재테크 상식사전**
김동범 지음 | 15,000원

### 알기 쉬운 **보험 세테크 100% 활용법**
김동범 지음 | 19,500원

[ eBook 구매 가능 ] [ eBook 구매 가능 ] [ eBook 구매 가능 ]

중앙경제평론사 Joongang Economy Publishing Co.
중앙생활사 | 중앙에듀북스 Joongang Life Publishing Co./Joongang Edubooks Publishing Co.

중앙경제평론사는 오늘보다 나은 내일을 창조한다는 신념 아래 설립된 경제 · 경영서 전문 출판사로서
성공을 꿈꾸는 직장인, 경영인에게 전문지식과 자기계발의 지혜를 주는 책을 발간하고 있습니다.

제대로 배우는 비트코인과 블록체인

초판 1쇄 발행 | 2019년 6월 27일
초판 3쇄 발행 | 2021년 6월 10일

지은이 | 페드로 프랑코(Pedro Franco)
감 수 | 염후권(HooKwon Yeom)
옮긴이 | 김동은(DongUn Kim) · 어경훈(KyungHoon Eoh)
펴낸이 | 최점옥(JeomOg Choi)
펴낸곳 | 중앙경제평론사(Joongang Economy Publishing Co.)

대 표 | 김용주
기획참여 | 김회승
편 집 | 한옥수 · 백재운
디자인 | 박근영
마케팅 | 김희석
인터넷 | 김회승

출력 | 한영문화사 종이 | 한솔PNS 인쇄 · 제본 | 한영문화사

잘못된 책은 구입한 서점에서 교환해드립니다.
가격은 표지 뒷면에 있습니다.

ISBN 978-89-6054-224-2(03320)

원서명 | Understanding Bitcoin

등록 | 1991년 4월 10일 제2-1153호
주소 | ⑩ 04590 서울시 중구 다산로20길 5(신당4동 340-128) 중앙빌딩
전화 | (02)2253-4463(代) 팩스 | (02)2253-7988
홈페이지 | www.japub.co.kr 블로그 | http://blog.naver.com/japub
페이스북 | https://www.facebook.com/japub.co.kr 이메일 | japub@naver.com
♣ 중앙경제평론사는 중앙생활사 · 중앙에듀북스와 자매회사입니다.

도서
주문  www.japub.co.kr
      전화주문 : 02) 2253-4463

※ 이 도서의 국립중앙도서관 출판시도서목록(CIP)은 서지정보유통지원시스템 홈페이지(http://seoji.nl.go.kr)와
국가자료공동목록시스템(http://www.nl.go.kr/kolisnet)에서 이용하실 수 있습니다.(CIP제어번호:CIP2019022382)

중앙경제평론사에서는 여러분의 소중한 원고를 기다리고 있습니다. 원고 투고는 이메일을 이용해주세요.
최선을 다해 독자들에게 사랑받는 양서로 만들어 드리겠습니다. 이메일 | japub@naver.com